汉语言文学本科专业核心课程研究导引教材

顾　问

北京大学	陈晓明
北京师范大学	过常宝
复旦大学	陈引驰
华东师范大学	朱国华
吉林大学	张福贵
南开大学	沈立岩
武汉大学	涂险峰
中山大学	彭玉平

图书在版编目(CIP)数据

古代汉语 / 魏宜辉等编. —南京:南京大学出版
社,2019.8(2021.5 重印)
汉语言文学本科专业核心课程研究导引教材/徐兴
无,徐雁平主编
ISBN 978 - 7 - 305 - 22282 - 5

Ⅰ. ①古… Ⅱ. ①魏… Ⅲ. ①古汉语—高等学校—教
材 Ⅳ. ①H109.2

中国版本图书馆 CIP 数据核字(2019)第 104404 号

敬告作者

为编写《汉语言文学本科专业核心课程研究导引教材》,选编了一些优秀
作品,得到许多作者的大力支持,我们表示衷心感谢! 由于地址不详等方面
的困难,未能与一些作者或译者取得联系,谨表歉意。敬请有著作权的作者
与我们联系,以便按国家有关规定支付稿酬并赠送样书。

出版发行　南京大学出版社
社　　　址　南京市汉口路 22 号　　　　邮　编 210093
出 版 人　金鑫荣
书　　　名　**古代汉语**
编　　　者　魏宜辉　高小方　等
责任编辑　董慧敏　马蓝婕
照　　　排　南京紫藤制版印务中心
印　　　刷　常州市武进第三印刷有限公司
开　　　本　718×1000　1/16　印张 25.25　字数 413 千
版　　　次　2019 年 8 月第 1 版　2021 年 5 月第 2 次印刷
ISBN　978 - 7 - 305 - 22282 - 5
定　　　价　90.00 元

网址:http://www.njupco.com
官方微博:http://weibo.com/njupco
微信服务号:njuyuexue
销售咨询热线:(025)83594756

"江苏高校品牌专业建设工程"资助项目

国家"双一流"建设学科"南京大学中国语言文学艺术"资助项目

汉语言文学本科专业核心课程

研 究 导 引 教 材

主 编　徐兴无

徐雁平

古 代 汉 语

魏宜辉　高小方 等 编

南京大学出版社

序

徐兴无

任何一所大学的本科课堂教学，都要随着知识内涵和教学手段的更新而不断地改进。课堂教学改进的途径是多种多样的，在当下中国高等教育"以本为本，植根课堂"，打造"金课"的基调中，中国的高校主要在三个方面下功夫，一是培育教学名师和优秀教学团队；二是变革教学方式，有所谓"线下课堂"、"线上课堂"、"线上线下混合课堂"；三是打造精品教材，"精品"是一个流行词汇，应该指有内涵、高等级的产品，包括文化产品。这三方面的核心是提高学生的知识积累和学习能力。

但是，不同的学科、不同的培养目标，其课堂教学的三个方面各有其规律与特点。汉语言文学是基础性人文学科，按照英国学者托尼·比彻和保罗·特罗勒尔所著《学术部落及其领地》中形象的学科分类，属于所谓的"纯软科学"，其知识带有整体性和有机性的特点，关注事物的特殊性和复杂性，包含着人的主观色彩以及价值观与信仰，本质上是人类对世界的理解或阐释，因而涉及的领域广，问题分散，甚至很难有共识。上述特点，决定了人文学科的主要传授方式就是讲学与讨论，古人叫做"讲习"、"讲论"或者"讲辩"。"讲"的本义，就是不同观点与思想的商议,《说文解字》曰:"讲,和解也。"段玉裁注曰:"不合者调龢之、纷纠者解释之是曰讲。"从孔子、苏格拉底这些人类文明"轴心时代"的思想家开始直到现代大学的人文学科教育,无不如此,既古老,又现代,即便线上课堂也应设计讨论的场域,但终究不如面对面,"见而知之"。这和具有普遍性、规律性、客观性的知识传授不同,后者主要通过验证事实、计算推理、技能训练等方式教学。

因此,尽管不需要很多物质条件的支撑,人文学科的教学永远是成本最高的教学,因为它对人力资源的要求最为苛刻,所以荀子在《劝学篇》中说:"学莫便乎近其人。学之经莫速乎好其人。"这里的人,指的是知识渊博、富有智慧而且能以人格和道德魅力影响学生的师长。人文学科的教学方式,绝不是一两本教材、一张嘴、一支笔、一块黑板或一个PPT、一教室的学生、一两张考试卷子。人文学科教学的第一步,就是要真正地将"一言堂"改进为"多言堂",由集中讲授与平行小班研讨共同构成课堂教学的实践过程。只有学会聆听不同的声音,才能提出问题;只有学会与他者对话,才能克服偏见;只有学会自我陈述,才能主动学习。需要特别指出的是:这样的理想绝不是什么先进的教学改革理念,而是大学人文学科教学方式的"题中之义"和"应然"的状态,只是当下的"实然"状态,与此相差甚远。作为研究型大学的人文学科,如果具备师资基础和教学投入能力,与其不断地创新教学方式,还不如让课堂教学回到其"应然"状态。

随着知识信息的网络化和云端化,人文学科的主要教学目标必须由获得与掌握系统化知识或纯粹的信息,转变为培养问题意识、提升理解与阐释能力。这就要求教师的教学水平要从讲授技巧的提升转变为讲授内容的提升:集中讲授讲得少,讲得精,讲成有新意有深度的学术讲座。还要求教师从一个讲授者转变为训练者与组织者:在平行小班研讨课上和助教一道,向学生抛出有启发性的问题,提供研习材料与书目,训练、督促学生开展阅读、讨论、报告,辅导课程论文、习题训练,管理学生的学习环节和评价环节;既要避免漫谈式的研讨,又要避免小班化的"一言堂"。

传统的中文本科专业,以通史、通论和作品选作为专业核心课程的教材形式，旨在传授系统的知识和经典作品的内容。现在看来，这些常识性的知识只能是工具性的，起到接引和背景坐标的作用，而不是教学内容的主体。如果以问题作为教学的核心内容，就要围绕问题设计一系列的研讨活动与研究课题，这就需要有面向"应然"的课堂教学，并为其提供示范的教材。早在2006年，南京大学就已经规划编纂文史哲等人文学科本科专业的"大学研究型课程专业系列教材"，由周宪教授担任总主编，并出版了其中"中国语言文学类导引系列"8种，部分教材如《中国古代文学研究导引》《文学理论研究导引》等已经在南京大学汉语言文学本科教学中使用，受到师生们的广泛好评，作为"中文本科专业研究型课程体系建设"的成果之一，荣获2009年国家优秀教学成果二等奖。随着一流学科建设的开展，创新型人才培养的教学改革逐步深化，南京大学文学院自2018年起，对汉语言文学本科和戏剧影视文学本科专业的核心课程实行全面提升计划，实施集中讲授与平行小班研讨教学，编纂了《核心课程助教手册》，各核心课程的任课教师也编纂了《小班研讨教学资料汇编》《学生研讨会论文集》等，边实践边总结，积累了一些经验。在此基础上，我们决定对2006版"中国语言文学类导引系列"8种的内容进行改编，有的重新编纂，有的修订三分之一以上的内容并修改体例，经过各专业一年的努力，推出这套新编的"汉语言文学本科专业核心课程研究导引"教材。

这套教材的编纂思路体现在三个方面：

一、以问题建构教材的内容体系。在每门课程的知识领域内，结合本课程的教学实践与科研成果，提炼最主要的问题集群。这些问题既是本课程的核心知识集群，又是本学科基础性或前沿性乃至带有方法论启示性的科研课题。通过对问题的发现、分析和研究，培养学生的问题意识和科研能力。

二、围绕问题，选择具有权威性、文献性、可读性与引导性的经典学术文献。通过对这些典范性文献和研究方法的解析，训练学生把握或体会研究方法和理论。

三、设计研讨、研究和课外延展学习的方案。这些方案，既可以为平行小班研讨课程提供参考,又可以为本科生的学年论文与毕业论文写作提供前期训练,甚至对研究生的学习也具有参考价值。

梁启超先生说过:"教科书死物,教员所讲则活物也。"在人文学科中,任何教材都是知识或学术的"导游图",在使用时,既不能指定教材,也不能"照本宣科",绝不能将"导游图"当成在场的体验。因此,我们将这套教材定义为一个开放的体系,它的目的只是"导引"而已,老师和学生可以参考教材的体例与功能,在具体的教学过程中,创造性地自行拓展问题,选择研讨文献,设计研究方案,深化、更新教学内容。我们衷心地希望这套教材能够帮助、启发师生进入学术对话的场域,变被动接受知识为主动探求知识,从而创新中文本科专业教材的形式。更希望广大师生在教学实践中对这套教材提出批评与建议。

前　言

　　"古代汉语"这门课程,首要任务是培养学生的古书阅读能力,并在此基础上培养学生的研究能力和人文精神,因此,这门课在综合素质教育中有着不可替代的重要作用。

　　"古代汉语"的课程教学,一般是以文选为中心,以词汇为重点,以常规语法为次重点,让学生精读古典文献例文,熟悉各种语言现象,系统了解常用词词义、古书用字、文言词法和句法特点以及相关常识,较好掌握音韵学、文字学、训诂学、词汇学、语法学的基础知识,并能利用古代汉语语料开展初步的学术研究。

　　这是一个较高的教学目标。为了达到这一目标,我们认为除了课堂讲授文选外,还要让学生涉猎经典的语言学研究论著。出于这一需要,我们汉语言文字学科共同编著了《古代汉语》这本教材。

　　《古代汉语》这本教材以文编为主。其编写目的,就是为了进一步提高学生阅读古书的能力,培养他们的学术兴趣。针对"古代汉语"课程学习由文选阅读阶段向专题研究阶段提升的具体要求,我们从诸多前辈学者、语言学家的代表性论著中精选出部分单篇论文(或专著的有关章节),分为"音韵"、"文字"、"训诂"、"词汇"、"语法"五个专题。每一专题前有"导论",点出此章内容中的核心问题,说明本章所选文章之用意所在。每篇文章前面有"导言",标明本文之出处,交代写作的背景,提示文章之精义等,以便学习者掌握。需要说明的是,编写这部课程导引教材,既需要考虑学术的历史和现状,还得顾及"古代汉语"课程教学的实际需要和大多数学生的接受能力,故篇目的选定颇费心思。为了方便同学阅读,我们对有些选文作了一些必要的处理,或删去枝蔓,或另行编辑。参考文献著录格式和标点符号使用习惯尽量保留选文原貌,每篇选文内统一。

在课程教学中,《古代汉语》这本研究导引教材与王力先生的《古代汉语》教材配合使用。学生在学习"古代汉语"课程的各个知识点时,可按计划选读此书的有关部分,以进一步拓展学术视野,强化专业基础。此书亦适合作为学生从事研究、撰写论文的参考书。

初版《古代汉语研究导引》于 2006 年由南京大学出版社出版,文学院汉语言文字学科参加编写的老师有:鲁国尧、李开、柳士镇、高小方、刘晓南、陈文杰、魏宜辉。新版《古代汉语》所选篇目较初版有了很大的调整和改动,五位老师参加修订工作,具体分工如下:

张玉来负责音韵学部分的导论、导言;

魏宜辉负责文字学部分的导论、导言及全书的统稿;

陈文杰负责训诂学部分的导论、导言;

张福通负责词汇学部分的导论、导言;

苏婧负责语法学部分的导论、导言。

编写这部研究导引是我们深化教学改革、努力培养高素质人才的一项新尝试,肯定会有不足之处,欢迎大家批评指正。

目　录

第一章　音　韵

导　论

音韵学是研究汉语历史语音的学问,包括历史语音学的基本理论和上古音、中古音、近代音和等韵学等分支学科。

上古音,是指以《诗经》音为代表的周秦两汉时期的汉语语音系统。研究上古音的学问,称为"古音学"。传统古音学研究,主要是进行古韵分部研究,相比之下,人们对古音声母、声调的研究开展得不够。古音学的研究,导源于宋明。宋吴棫、郑庠开始探索古韵分部,明陈第彻底廓清唐宋"叶音"说的迷雾,明确提出古今音异的观点,为古音学的健康发展扫清了道路。清初顾炎武离析唐韵,客观归纳以《诗经》为代表的先秦韵文韵字,分古韵为 10 部,为古韵分部奠定了基础。清段玉裁将《说文解字》的谐声系统跟《诗经》韵部互相参证,提出"谐声声符相同者古韵必同部"说,创立执简驭繁的古韵研究方法。清戴震以等韵学原理观察古韵结构,将古韵分为阴、阳、入 3 类,表现古韵的系统性。清孔广森阐明"阴阳对转"之理,说明古韵通转现象。发展至近代,章太炎(炳麟)、黄季刚(侃)分别总结古韵分部考古派与审音派的研究成果,章氏由脂分出队,定为 23 部,晚年又合冬于侵,改为 22 部;黄氏则主张阴、阳、入三分,分古韵为 28 部。其后,黄永镇、钱玄同由黄侃萧部分出觉部,王力又主张脂微分部,于是得到古韵 30 部。

传统古音学关于声母(纽)的研究,主要是利用古籍异文、又读(异切)、读若、声训、谐声偏旁等材料,在传统三十六字母的基础上加以合并。清人钱大昕,近人章太炎、黄侃、曾运乾、钱玄同等各有贡献。钱大昕证明古无轻唇、重唇和舌头、舌上的分别，其说见于《十驾斋养新录》卷五和《潜研堂文集》中。章太炎取钱氏"古无轻唇、古无舌上"说，又创"古音娘日二纽归泥"说，因分古纽为五类21个。黄侃取钱、章等之说，依据等韵学原理来确定古本韵本声，定上古声母为19纽，即影、晓、匣、见、溪、疑、端、透、定、泥、来、精、清、从、心、帮、滂、並、明。曾运乾作《喻母古读考》，首倡"喻三归匣、喻四归定"说。钱玄同作《古音无"邪"纽证》，提出"邪纽应归定纽"。王力提出"上古音三十二声母"说。

关于古音声调，明陈第观察到《诗经》中平仄常可通叶，首先提出古人未辨四声的主张。顾炎武又提出古音"四声一贯"的观点，以为古音一字可有三声或四声，随意变读。他们未能客观分析上古调类与中古调类的出入异同，仅从中古四声观察上古声调，从四声通叶的现象，以偏概全，看法未免片面。段玉裁首倡"古四声不同今韵"，并提出"古无去声"的论断。后来王力又提出，上古声调分为平入两类，每类又各分长短，即长平、短平，长入、短入，后来演变为平上去入四声。较多学者认为上古音已具平上去入四声。上古音声调问题有待继续研究。

中古音，是指以《切韵》、《广韵》为代表的隋唐宋读书音。研究中古音的学问，称为"今音学"。今音学的研究成果，对于上古音和现代汉语方言的研究，具有沟通古今、折合南北的作用。由于缺乏描写工具和科学方法，传统音韵学未能对今音的声母、韵母、声调的音值进行研究和构拟。

近代音，即近代汉语语音。近代汉语北方方音（即北音）以元代周德清所编《中原音韵》语音系统为代表。研究北音的学问称"北音学"。北音学建立于20世纪初。1918年前后，钱玄同在《文字学音篇》里首次强调研究《中原音韵》的重要性，把北音学引进音韵学教学领域。1932年，罗常培发表《中原音韵声类考》。同年，赵荫棠成《中原音韵研究》一书，奠定了北音学的基础。1946年至1948年，陆志韦在《燕京学报》上连续发表了9篇论文，较为系统地探讨了古官话语音史。60年代初，赵遐秋、曾庆瑞、李新魁等就《中原音韵》问题作了深入研究。80年代初，杨耐思、李新魁、宁继福等发表了研究《中原音韵》的专著，并有一大批年轻学者对各种近代汉语语音资料进行了研究。罗常培、蔡美彪刊布了《蒙古字韵》和其他八思巴字材料，介绍了前苏联学者龙果夫的有关研究成果，照那斯图、杨耐思写了一些关于八思巴字对音材料的研究文章，进一步丰富了北音学的研究内容。

　　等韵,是系统分析汉语语音结构的一种传统方法,包括字母、等呼、韵摄、等韵门法等方面的内容,等韵图则是所有这些内容的集中体现。等韵学,就其历史顺序言,可分为"宋元切韵学"和"明清等韵学"两部分,都是以音节表为主要方式对汉语字音进行分析的一门科学。所以王力先生曾直截了当地说:"等韵就其狭义说,是关于韵图的科学。"(《中国语言学史》,山西人民出版社,1981年,第84页)我国现存最古的等韵图是《韵镜》,其次是《切韵指掌图》、《四声等子》等。这些等韵图对于研究中古音和音韵学史均具有重要价值。

　　由于音韵学是中国历史上很发达的一门传统语言学,前人已经研究了一千多年,近代又引入西方语言学理论,使研究不断拓宽,更加深入,因此其内容丰富,资料繁多,要掌握它颇有难度。从循序渐进的教学原则出发,大学本科阶段应当先打基础,学习音韵学的基础知识,即了解音韵学的名词术语体系,粗知《切韵》音系及其发展。为了达到这一目的,与课堂教学相配合,我们选编了五篇著名论文。《反切》、《说清浊》这两篇文章主要论述了音韵学的名词术语体系。反切拼音法的出现,标志着古人对汉语音节的分析达到了自觉的程度,这是音韵学作为一门学问的开始。王力先生《反切》一文,全面介绍有关反切拼音的知识。《说清浊》则集中论述音韵学一些重要的名词术语的来源、它们的最初意义以及在音韵学中的含义。另外两篇《陆法言的〈切韵〉》和《周德清的〈中原音韵〉》介绍了两种音韵学上最重要的韵书:中古的《切韵》和近代的《中原音韵》。《陆法言的〈切韵〉》全面地介绍了《切韵》的成书、编者、编排体例、《切韵》系列韵书和《切韵》的重要意义。《周德清的〈中原音韵〉》全面介绍了近代语音史上重要韵书《中原音韵》,作者多年研究《中原音韵》,自成一家。这篇文章全面介绍了《中原音韵》一书的成书、作者、编排体例、语音系统和研究《中原音韵》的重要意义。这两篇文章可以帮助初学者粗知《切韵》和《中原音韵》等重要韵学典籍,打好基础。

选 文

反 切

王 力

导言——

　　本文选自王力著《汉语音韵》(中华书局,1963/1991)第三章。

　　作者王力(1900～1986),字了一,广西壮族自治区博白县人。1931年获法国文学博士学位,返国后执教于清华大学、西南联大、中山大学,解放后一直任北京大学教授。

　　作者是现代著名语言学家。《汉语音韵》是为初学者写的比较通俗的音韵学入门书,其中融入了作者多年来研究上古音和中古音的新成果和新见解,至今仍有参考价值。

　　《反切》这一章列出反切的原理、反切的改良和双声叠韵等三个标题,但所说的内容很丰富,概括而言,大致讲述了如下几方面问题:1.汉语拼音方法演进的四个阶段,即从直音法到反切的二拼法,民国时期注音字母的三拼法,现代拉丁字母的四拼法亦即音素拼音法。反切曾是一个长期使用的拼音方法,历代音韵学家都对它进行过不同程度的拼读改良。2.反切拼音的原理,上下字的功能。着重讲述"两个字拼一个字音"不等于"二字连读一音",必须正确取舍方能切出字音。还有由于古今音变,有些反切在今天难以切出正确的读音,所以必须在拼读时按音变规律进行折合。3.简述古代音韵学家分析汉语音节的双声叠韵说。

　　中国古代没有拼音字母,只好用汉字来注音。《说文》①中常常说"读若某",后人说成"音某"。例如《诗・周南・芣苢》"薄言掇之"毛传②:"掇,拾

---

① 《说文》的全称是《说文解字》,汉许慎所著,是文字学上的权威著作。
② 毛传指毛亨的《诗故训传》。

也"，陆德明《经典释文》说："拾，音十。"这就是说，"拾"字应该读像"十"字的音。这种注音方法叫做"直音"。直音有很大的局限性：有时候，这个字没有同音字，例如普通话里的"丢"字，我们找不到同音字来注直音；有时候（这是更常见的情况），这个字虽有同音字，但是那些同音字都是生僻的字，注了直音等于不注，例如"穷"字，《康熙字典》音"藭"①。以生僻字注常用字，这是违反学习的原则的。

另有一种注音法跟直音很相近似，那就是利用同音不同调的字来注音。例如"刀"字，《康熙字典》注作"到平声"。"刀"是平声字，"到"是去声字，单说"音到"是不准确的，必须把"到"字的声调改变了，才得到"刀"字的音。这种注音法是进步的，因为可以避免用生僻字注常用字（如"刀"音"舠"）；但是也有缺点，因为需要改变声调，然后能读出应读的字音。

反切是古代的拼音方法，比起直音法来是很大的进步。可以说，反切方法的发明，是汉语音韵学的开始。

一、反切的原理

反切的方法是用两个字拼出一个音来。例如宰相的"相"音"息亮反"，这就是说，"息"和"亮"相拼，得出一个"相"音来。这个方法大约兴起于汉末，开始的时候叫做"反"，又叫做"翻"。唐人忌讳"反"字，所以改为"切"字。例如"相，息亮切"。"反"和"切"只是称名的不同，其实是同义词（都是"拼音"的意思）。有人以为上字为"反"，下字为"切"，那是一种误解。

反切虽是一种拼音方法，但是它和现代的拼音方法不一样。现代的拼音方法是根据音素原则来拼音的，每一个音素用一个字母表示（有时用两个字母，但也认为固定的一个整体，如 zh，ch，ng，er），因此，汉字注音，既可以用一个字母，如"阿"a，也可以用两个字母，如"爱"ài，"路"lù，或三个字母，如"兰"lán，或四个字母，如"莲"lián（汉语拼音字母有用五个字母和六个字母的，但只应该当作三个字母看待，如"张"zhāng，或者当作四个字母看待，如"专"zhuān，"良"liáng，"庄"zhuāng）。古代的反切是根据声韵原则来拼音的，它是一种双拼法，总是用两个字来拼音，不多也不少。

---

① 若依今普通话，可以注为音琼，但《康熙字典》要照顾古音，不能这样注。

反切上字代表声母。即使是"零声母",也必须有反切上字。例如：

乌	哀都切	今音[u]①
伊	于脂切	今音[i]
忧	于求切	今音[iu]
央	于良切	今音[iaŋ]
安	乌寒切	今音[an]
烟	乌前切	今音[ian]

反切下字代表整个韵母(以及声调)。即使是既有韵头又有韵尾的韵母,也只用一个反切下字。例如：

条	徒聊切	今音[tʻiau]
田	徒年切	今音[tʻian]
桓	胡官切	今音[xuan]
宣	须缘切	今音[ɕyan]
香	许良切	今音[ɕiaŋ]
黄	胡光切	今音[xuaŋ]

反切方法也有它的局限性。反切上字既然是代表声母的,就应该只表示辅音,但是实际上每一个汉字都代表整个音节,单纯表示辅音的汉字是不存在的。反切下字既然是代表韵母的,就应该只表示元音,但是以元音开头的汉字是很少的,常常不能不借用以辅音开头的字作为反切下字。我们看古人的反切的时候,应该按照下面的两条原则去了解它：

1. 反切上字只取它的声母,不计较它的韵母和声调；

2. 反切下字只取它的韵母和声调,不计较它的声母。

假定依照现代汉语的拼音,"条,徒聊反",应该依照下面这个公式去了解：

$$[tʻú](徒)+[liáu](聊)$$
$$=[tʻ]+[iáu]=[tʻiáu](条)$$

现在再详细加以讨论。

(1) 反切上字不一定跟它所切的字同"呼"②,因为决定被切字的"呼"的是反切下字,不是反切上字。例如：

---

① 古今音是不同的,但是,在没有讲到古音以前,暂用今音来说明问题。

② "呼"的概念有两种不同的解释。现在先按现代汉语的语音系统去了解它。

乌,哀都切。乌,合口呼;哀,开口呼。

唐,徒郎切。唐,开口呼;徒,合口呼。

田,徒年切。田,齐齿呼;徒,合口乎。

渠,强鱼切。渠,撮口呼;强,齐齿呼。

(2) 反切上字不一定跟它所切的字同声调,因为决定被切字的声调的也是反切下字,不是反切上字。例如:

钩,古侯切。钩,平声;古,上声。

苏,素姑切。苏,平声;素,去声。

曹,昨劳切。曹,平声;昨,入声。

姊,将几切。姊,上声;将,平声。

遣,去演切。遣,上声;去,去声。

宝,博抱切。宝,上声;博,入声。

送,苏弄切。送,去声;苏,平声。

诰,古到切。诰,去声;古,上声。

秀,息救切。秀,去声;息,入声。

局,渠玉切。局,入声;渠,平声。

朔,所角切。朔,入声;所,上声。

却,去约切。却,入声;去,去声。

(3) 有人认为,反切就是二字连读成为一音。如果是那样,反切上字最好是不带韵尾的字。但是,事实上有许多反切上字是带韵尾的。例如:

乌,哀都切。哀,[i]尾。

都,当孤切。当,[ŋ]尾。

西,先稽切。先,[n]尾。

崔,仓回切。仓,[ŋ]尾。

瞋,昌真切。昌,[ŋ]尾。

旬,详遵切。详,[ŋ]尾。

翰,侯旰切。侯,[u]尾。

切,千结切。千,[n]尾。

(4) 如果反切就是二字连读成为一音,反切下字最好是没有辅音开头的字。但是,实际上没有辅音开头的反切下字只占少数,而多数的反切下字都是有辅音作为声母的。例如:

遵,将伦切。伦,声母[l]。

海,呼改切。改,声母[k]。

萧,苏雕切。雕,声母[t]。

困,苦闷切。闷,声母[m]。

损,苏本切。本,声母[p]。

左,臧可切。可,声母[kʻ]。

驮,唐佐切。佐,声母[ts]。

因此,我们对于宋代以前的反切,不应该简单地了解为二字连读成为一音;必须把反切上字的韵母去掉,反切下字的声母去掉,按照上文所讲的公式,然后拼出正确的读音来。

有时候,按公式也拼不出正确的读音来,那是由于古今音不同的缘故。关于古今音的不同,要等全书读完,才能得到一个比较全面的知识。现在先提出两件事来谈一谈,作为举例的性质。

(1)反切下字和被切字的声调必须一致,但是阳平声的反切下字可以切阴平字,阴平声的反切下字也可以切阳平字,这是因为宋代以前平声不分阴阳的缘故。例如:

公,古红切。今音:公,阴平;红,阳平。

羁,居宜切。今音:羁,阴平;宜,阳平。

恢,苦回切。今音:恢,阴平;回,阳平。

新,息邻切。今音:新,阴平;邻,阳平。

刀,都劳切。今音:刀,阴平;劳,阳平。

轻,去盈切。今音:轻,阴平;盈,阳平。

鸠,居求切。今音:鸠,阴平;求,阳平。

(以上是以阳平切阴平。)

龙,力钟切。今音:龙,阳平;钟,阴平。

慈,疾之切。今音:慈,阳平;之,阴平。

徒,同都切。今音:徒,阳平;都,阴平。

团,度官切。今音:团,阳平;官,阴平。

樵,昨焦切。今音:樵,阳平;焦,阴平。

房,符方切。今音:房,阳平;方,阴平。

谈,徒甘切。今音:谈,阳平;甘,阴平。

（以上是阴平切阳平。）

（2）反切上字和被切字的声母必须一致，但是由于语言发展的关系，拿现代普通话的语音读去就不一致了。现在只指出其中一种情况，就是普通话的[tɕ]，[tɕʻ]，[ɕ]有一部分来自古代的[k]，[kʻ]，[x]①。如果就吴方言的一般情况说，所有的[tɕ]，[tɕʻ]，[ɕ]都来自[k]，[kʻ]，[x]。这些读[tɕ]，[tɕʻ]，[ɕ]的字在古代反切中就应该当作[k]，[kʻ]，[x]来看待。例如：

鸡，古奚切。今音：鸡[tɕ-]，古[k-]。

契，苦计切。今音：契[tɕʻ-]，苦[kʻ-]。

奚，胡鸡切。今音：奚[ɕ-]，胡[x-]。

皆，古谐切。今音：皆[tɕ-]，古[k-]。

谐，户皆切。今音：谐[ɕ-]，户[x-]。

奸，古颜切。今音：奸[tɕ]，古[k-]。

间，古闲切。今音：间[tɕ-]，古[k-]。

坚，古贤切。今音：坚[tɕ-]，古[k-]。

敲，口交切。今音：敲[tɕʻ-]，口[kʻ-]。

嫌，户兼切。今音：嫌[ɕ-]，户[x-]。

以上所述的反切，是根据《广韵》的。《广韵》的反切，和六朝人的反切基本上是一致的。唐陆德明所著的《经典释文》，其中所采的反切是六朝人的反切，在语音系统上和《广韵》没有显著的差别。有时候反切上字或反切下字稍有不同，但是它们所代表的声母或韵母则是一样的。例如"萎"字，《经典释文》有两读，即力俱反和力侯反，《广韵》也有两读，即力朱切和落侯切。"俱"与"朱"所代表的韵母是一样的（应该是[iu]）；"力"与"落"所代表的声母也是一样的（即[1]）。我们学会了这一套反切，就能看懂古书上的注音了。

二、反切的改进

六朝的反切，就其本身的体系来说，没有什么可以非难的。既然上字只取其声母，自然可以不管韵母和声调；既然下字只取其韵母，自然可以不管声母。这样，用字可以更自由，避免选择反切上下字的困难。六朝有所谓"双反

---

① 还有浊音[ɣ]。

语",反切上下字的位置可以对调。梁武帝建同泰寺,开大通门对寺的南门,"同泰"和"大通"就是双反语,因为"同泰"切"大"(古音"大"[i]尾,近似现在称医生为"大夫"的"大"),"泰同"切"通"。假如反切上字一定要没有韵尾的,下字一定要没有声母的,双反就成为不可能的了。由此可见,六朝反切自有它的原则,不能简单地从二字连读成为一音的道理去了解它。

但是,反切旧法也未尝没有可以改进的地方。例如"蒌"字从力侯切改为落侯切,这就是一种改进,因为"力"字与"侯"字不同呼,拼起音来不那么顺口。

《广韵》和《集韵》都是宋代的书,成书时期相差只有几十年,①但是《集韵》的反切已有许多改进。原来在韵母系统中有所谓洪音和细音,很粗地说起来,洪音相当于开口呼和合口呼,细音相当于齐齿呼和撮口呼。《集韵》的作者已经注意到反切上字要跟被切字洪细相当,对《广韵》的反切有了系统性的修正。例如:

条,《广韵》徒聊切,《集韵》田聊切②。

田,《广韵》徒年切,《集韵》亭年切。

鸡,《广韵》古奚切,《集韵》坚奚切。

契,《广韵》苦计切,《集韵》诘计切。

奚,《广韵》胡鸡切,《集韵》弦鸡切。

皆,《广韵》古谐切,《集韵》居谐切。

谐,《广韵》户皆切,《集韵》雄皆切。

奸,《广韵》古颜切,《集韵》居颜切。

间,《广韵》古闲切,《集韵》居闲切。

坚,《广韵》古贤切,《集韵》经天切。

敲,《广韵》口交切,《集韵》丘交切。

嫌,《广韵》户兼切,《集韵》贤兼切。

但是,如果要求二字连读成为一音,《集韵》的做法还是很不够的。明代的吕坤著《交泰韵》,清初的潘耒著《类音》,都设计了新的反切方法,使二字连读成为一音。他们二人的意见大致可以概括成为下面的几条:

1. 反切上字要用本呼,也就是以开口切开口,齐齿切齐齿,合口切合口,

---

① 《广韵》成书在 1008 年;《集韵》成书在 1039 年,一说成于 1066 年以后。

② 在细音方面,《集韵》根据一个相当严格的原则,就是以四等字切四等字。

撮口切撮口。

2. 反切下字要用以元音开头的字。

3. 关于反切上字的声调,吕坤主张以入切平,以平切入,以上切上,以去切去;潘耒主张以仄切平,以平切仄(仄声指上去入三声)。

4. 关于反切下字的声调,吕潘二人都注意区别阴平和阳平,即阴平切阴平,阳平切阳平。这是因为从元代以后,平声已经分化为阴阳两类了。

5. 反切用字尽可能统一起来。

这样做,的确给人很大的方便。但是,走到了极端,也带来了一些缺点。特别是以元音开头的同韵母的字不好找,势必找出一些生僻的字来作为反切下字。例如《类音》把“中”字注为“竹㠯切”,“㠯”字大家都不认识。① 不认识的字用来注音,就没有实用的价值了。

清初李光地等奉敕写了一部《音韵阐微》(1726),继承了吕潘二人的书的优点,避免了他们的缺点。《音韵阐微》的反切原则主要表现在以下五点:

(1) 虽然尽可能做到用元音开头的字作为反切下字,但是不要绝对化,不要勉强使用生僻的字。② 在个别地方可以灵活些,借用舌根擦音的字或邻韵的字作为反切下字。

(2) 尽可能用没有韵尾的字作为反切上字,但是也不要绝对化。

(3) 尽可能做到反切上下字都有固定的字。一般地说,同声母并同声调的字所用的反切上字一定相同;同韵母并同声调的字所用的反切下字一定相同。唯一例外是当反切上下字自身及其同音字被切的时候,不能不变通一下。

(4) 反切上字要跟被切字同呼。

(5) 反切下字要分阴阳(指平声)。③

现在举出一些例子来说明《音韵阐微》的反切方法实在是大大改善了,如果按照二字连读成为一音的话④:

干,《广韵》古寒切,《阐微》歌安切。

看,《广韵》苦寒切,《阐微》渴安切。

---

① “㠯”音[iuŋ],按现代汉语与“雍”同音,潘耒没有用“雍”,是由于拘泥古音系统。

② 《音韵阐微》也有个别生僻的字作为反切下字,如“臀”(i)。这是拘泥古音系统的缘故。

③ (3)(4)(5)三点与吕、潘完全相同。

④ 解放前的《辞源》、《辞海》,基本上用的是《音韵阐微》的反切。

官,《广韵》古丸切,《阐微》姑剜切。

宽,《广韵》苦官切,《阐微》枯剜切。

坛,《广韵》徒干切,《阐微》驼寒切。

兰,《广韵》落干切,《阐微》勒寒切。

团,《广韵》度官切,《阐微》徒丸切。

鸾,《广韵》落官切,《阐微》卢丸切。

坚,《广韵》古贤切,《阐微》基烟切。

牵,《广韵》古贤切,《阐微》欺烟切。

涓,《广韵》古玄切,《阐微》居渊切。

宣,《广韵》须缘切,《阐微》胥渊切。

乾,《广韵》渠焉切,《阐微》奇延切。

钱,《广韵》昨仙切,《阐微》齐延切。

权,《广韵》巨员切,《阐微》渠员切。

旋,《广韵》似宣切,《阐微》徐员切。

用汉字拼音,无论如何改进,总有一定的局限性。举例来说,韵母为[ɿ],[ʅ]的字,就不可能找到以元音开头的字作为反切下字,这一类的反切下字仍不能不以辅音开头。例如:

资,则私切。

雌,此斯切。

思,塞兹切。

慈,层时切。

要打破这种局限性,除非创造一种拼音字母。我们现在有了汉语拼音字母,这个问题已经完满地解决了。在汉语拼音字母以前,有一种注音字母也是带有拼音字母性质的。1913 年,"读音统一会"制定了注音字母三十九个,后来又增一个ㄛ母,总共 40 个。列举如下:

声母二十四:

ㄅ[p] ㄆ[pʻ] ㄇ[m] ㄈ[f] 万[v]①

ㄉ[t] ㄊ[tʻ] ㄋ[n] ㄌ[l]

---

① [v],例如上海"微"字[vi]的声母。

巜[k] ㄎ[kʻ] ㄫ[ŋ]① ㄏ[x]

ㄐ[tɕ] ㄑ[tɕʻ] ㄬ[ȵ]② ㄒ[ɕ]

ㄓ[tʂ] ㄔ[tʂʻ] ㄕ[ʂ] ㄖ[ʐ]

ㄗ[ts] ㄘ[tsʻ] ㄙ[s]

韵母十五③：

ㄧ[i] ㄨ[u] ㄩ[y]

ㄚ[ʌ] ㄛ[o] ㄜ[ɤ] ㄝ[ɛ]

ㄞ[ai] ㄟ[ei] ㄠ[au] ㄡ[ou]

ㄢ[an] ㄣ[ən] ㄤ[aŋ] ㄥ[əŋ]

ㄦ[ər]

开始的时候，为了照顾古音系统，所以制有万，ㄫ，广三个声母，并规定了入声。后来 1932 年公布了《国音常用字汇》，指定北京音为标准，于是万，ㄫ，广三个声母被取消了，只剩三十七个注音字母，入声也被取消了。

注音字母继承了传统音韵学，而又有所发展。最显著的发展是由双拼法发展为三拼法。ㄧ，ㄨ，ㄩ被规定为"介母"，它们除了用作主要元音以外，还可以用来表示韵头。例如：

家ㄐㄧㄚ　　　写ㄒㄧㄝ　　　边ㄅㄧㄢ

瓜巜ㄨㄚ　　　灰ㄏㄨㄟ　　　春ㄔㄨㄣ

决ㄐㄩㄝ　　　略ㄌㄩㄝ　　　君ㄐㄩㄣ

注音字母在一定程度上已经音素化了，所以不再有字母表示零声母。一方面，三拼法比旧反切多了一个字母；另一方面，又有单写法，用来写那些单元音。例如：

ㄧ衣　　　ㄨ乌　　　ㄩ鱼

ㄚ阿　　　ㄜ鹅

三拼法比起双拼法来，优点在于大大减少了字母的数目。假如依照《音韵阐微》的旧反切方法，即使不照顾古音系统，也需要声母 51 个，韵母 36

———————

① [ŋ]，例如上海白话"牙"字[ŋa]的声母。

② [ȵ]，例如上海"泥"字[ȵi]的声母。

③ 当时没有为[ɿ]制定韵母，"知"、"资"等字只注声母，不注韵母。后来增制了一个帀（＝[ɿ]）作为备用韵母。

个,总共需要注音字母 87 个①。三拼法是摆脱汉字束缚走向音素化的第一步。

汉语拼音字母比注音字母做得更彻底,它把三拼法更进一步改为四拼法,就是最多可以用四个字母拼写一个音节(双字母代表一个音素的只当一个字母看待)。这样就只需要辅音字母 21 个②([p],[p‘],[m],[f],[t],[t‘],[n],[l],[k],[k‘],[x],[ŋ],[tɕ],[tɕ‘],[ɕ],[tʂ],[tʂ‘],[ʂ],[ɻ],[ts],[ts‘],[s]),元音字母 8 个([a],[o],[ɤ],[ï],[ə],[i],[u],[y])。元音还可以归并一下,ï 并于[i],[ə]写成双字母。有些辅音可以用双字母表示(如[tʂ],[tʂ‘],[ʂ]写成 zh,ch,sh)。这样,共只需要字母 23 个,现在利用 y,w 来表示半元音,总共也只用了 25 个字母。这是彻底的音素化。从旧反切到拼音字母,是一个极大的变革,中间经过一个改良的办法,就是注音字母。现在拼音方法已经走到了完善的地步,我们研究旧的反切,只是为了阅读古书罢了。

三、双声、叠韵

两个字的声母相同,叫做双声;两个字的韵部相同,叫做叠韵。今天我们有了拼音字母,双声和叠韵都是很容易了解的。从前的文人们要了解双声叠韵,则是不容易的事情。

《广韵》后面附有一个双声叠韵法。从这一个双声叠韵法中,我们可以知道古人是从"双反语"去了解双声叠韵的。双声叠韵法举了"章"、"掌"、"障"、"灼"、"厅"、"颍"、"听"、"剔"八个字的反切为例。现在我们只提出一个"章"字来加以说明:

---

① 声母 51 个,包括[p],[p‘],[m]的开口呼、合口呼、齐齿呼共 9 个,[f]的开口、合口共 2 个,[t],[t‘]的开口、合口、齐齿共 6 个,[n],[l]的开口、合口、齐齿、撮口共 8 个,[k],[k‘],[x]的开口、合口共 6 个,[tɕ],[tɕ‘],[ɕ]的齐齿、撮口共 6 个,[tʂ],[tʂ‘],[ʂ],[ɻ]的开口、合口共 8 个,[ts],[ts‘],[s]的开口、合口共 6 个。韵母 36 个,包括开口呼单韵母 5 个,即[a],[o],[ɤ],[ï],[ə];复韵母 8 个,即[ai],[ei],[au],[ou],[an],[ən],[aŋ],[əŋ],齐齿呼单韵母 1 个,即[i];复韵母 8 个,即[ia],[iau],[ie],[iou],[ian],[in],[iaŋ],[iŋ];合口呼单韵母 1 个,即[u];复韵母 8 个,即[ua],[uo],[uai],[uei],[uan],[uən],[uaŋ],[uŋ];撮口呼单韵母 1 个,即[y];复韵母 4 个,即[ye],[yan],[yn],[yŋ]。
② 编者按:原文统计如此。

$$\begin{matrix}\text{平}\\\quad\text{章}\\\text{声}\end{matrix}\begin{matrix}\text{灼良切①}\\\ \\\text{章略切}\end{matrix}\qquad\begin{matrix}\text{章灼良略是双声}\\\ \\\text{灼略章良是叠韵}\end{matrix}$$

正纽入声为首　　　到纽平声为首

双声平声为首　　　叠韵入声为首

先肯定了"章"字是灼良切,然后把"灼良"作为双反语,"灼良"为"章","良灼"为"略"②。"灼"、"良"、"章"、"略"四个字放在一起,就形成了两个双声,两个叠韵。它们的关系如下图:

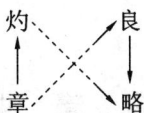

灼　　　　良

章　　　　略

（实线表示双声,虚线表示叠韵。）

所谓正纽,指的是"章"字的反切;所谓到纽,就是把反切上下字颠倒过来（"到",同"倒"）。正纽入声为首,因为"灼"字是入声③;到纽平声为首,因为"良"字是平声。双声平声为首,因为"章灼良略"第一字是平声"章";叠韵入声为首,因为"灼略章良"第一字是入声"灼"。这样反复说明,可见古人由于没有拼音字母,要懂得双声叠韵的道理是很不容易的。

直到唐末的守温和尚才创造了字母来代表声母。至于韵部的区分,据说在三国魏李登已写了一部《声类》,但是其书不传,现在的《广韵》的韵部大致依照隋陆法言的《切韵》。但是,双声叠韵的概念的确立则远在守温字母与陆法言《切韵》之前。《文心雕龙·声律》说:"双声隔字而每舛,叠韵杂句而必睽。"可见这两个术语的出现也是很早的。

古代汉语是单音词占优势的,但也有一部分纯粹双音词,即所谓"连绵字"。连绵字的绝大多数是由双声叠韵构成的。不过,这里所谓叠韵是指同韵部,韵头不一定相同。例如:

双声：唐棣　流离　蟋蟀　兼葭

　　　踟蹰　踊跃　颠倒　邂逅

---

① 这个双声叠韵法大约是后人附在《广韵》后面的,反切用字与《广韵》并不完全一致。"章"字在《广韵》是诸良切。假如依照《广韵》的反切,则"诸良"倒过来是"章闾",不是"章略"。

② 古音"章"、"灼"都属齐齿呼,所以"灼良"能拼成"章","章略"能拼成"灼"。

③ 入声字作为反切上字,这是吕坤的主张,吕坤可能是有所本的。

　　　　　参差　　黾勉　　燕婉

叠韵：崔嵬　　芄兰　　扶苏　　芍药

　　　　绸缪　　栖迟　　苍茫　　逍遥

　　　　觑隙　　朦胧　　婉娈　　恺悌

　　连绵字本身不属于音韵学范围，但是要了解连绵字的道理就必须具备双声叠韵的知识，所以在这里附带讲一讲。

说　清　浊

赵元任

导言——

　　本文原载于台湾《中研院史语所集刊——三十周年纪念专号》（第三十本，1960 年），现选自《赵元任语言学论文集》（吴宗济、赵新那编，商务印书馆，2002）。

　　作者赵元任（1892～1982），原籍江苏武进（今常州），生于天津，1918 年获哈佛大学哲学博士学位，曾任清华大学国学研究院导师、中央研究院院士。著名语言学家。

　　本文曾于 1959 年傅斯年先生诞辰纪念日在台湾大学宣读，文章中多次提到的傅孟真先生，就是傅斯年。傅斯年（1896～1950），字孟真，山东聊城人，曾任中央研究院历史语言研究所所长。

　　本文讨论音韵学上"清浊"这一对名词在不同领域、不同时代的不同意义，着重介绍它们在音韵学上的含义。说明清浊这一对学术名词是怎么由最初的"非常浑浊"到后来"渐渐的澄清"的。文章指出，清浊的日常语义是指水或透明物的清浊。作为学术术语有音乐和音韵学两类用法。音乐的清浊是指音的高低。音韵学的清浊，最初内涵很不确定，如《切韵序》里的清浊可能跟韵母的元音开口度有关。唐宋等韵图将清浊作为声母的分类，如《韵镜》。自此之后，音韵学上的清浊就逐渐用来指声母的带音与不带音。带音为浊，不带音为清。但宋元以后的等韵学家，往往混淆清浊跟声调的阴阳，这是要注意的。又，现代汉语里保留浊音的方言，其浊音往往不是带音，而是清音浊流。

　　本文告诉我们论定一套古代学术名词时，要能分清三种不同的问题，一是这名词普通有几种说法,二是这名词在学术上曾经有过哪几种用法,三是它在学术史上有过的那些用法是否可以成立,如果不能成立应当改叫什么好。这种态度与做法,显然是符合科学精神的。

清浊这概念,是一个音韵学跟语音学里相当专门的一个题目。可是从这个题目的研究的途径看起来,对于一般的治学方法论上,也不无相当的重要性,也是曾经引起过傅孟真先生很多兴趣的一个题目。

清浊这两个字,当日常的语言里的用语,只是讲水或其他透明物的清浊,或当抽象形容词用作清楚的清,污浊的浊,或引申到更抽象的意义。这些用法,无论是具体或者是抽象,当然不是学术上的名词。

当学术上名词用的,清浊有音乐里跟音韵学里讲的两类用法。前者相当简单,后者在内容上,在用法的沿革上,都非常复杂,就是本文的主要题目。

音乐里所讲的清浊只须一两句话就说完了。比方宫、商、角、徵、羽,相当于简谱的1、2、3、4、5,宫是1,清宫就是1̇,浊宫就是1̣。所以旧乐书里所谓清浊就是新乐书里所谓高音低音,也说高一组,低一组:清就是高,低就是浊。

在音韵学里,大致说起来,也是高的叫清,低的叫浊——这是很笼统的说法。至于到底高多少,低多少,甚么东西高,怎么高法子;低多少,甚么东西低,怎么低法子,要是细细的问,要确确实实的解释起来,那就没有音乐里的清浊那么简单了。

大凡讨论一个或是一套名词的时候,得要分清楚三种不同的问题:一、这名词在平常语言文字里是当哪一种或是哪几种讲法;二、这名词在学术思想史上曾经有过哪些用法;三、从这名词所引起的些学术问题分析起来,究竟有些甚么观念可以成立,然后再问用哪些名词或另造些甚么名词代表哪些观念最为合式。

清浊这对名词在音韵史上用法沿革,起初是非常浑浊,后来才渐渐的澄清的。大致说起来可以分两派:切韵派跟韵镜派。比方《切韵》的序里说:

> 古今声调,既自有别,诸家取舍,亦复不同。吴楚则时伤轻浅,燕赵则多涉重浊。……欲广文路,自可清浊皆通,若赏知音,即须轻重有异。

虽然《切韵》本身是一部很严格、很紧凑的著作,可是这几句好像有点儿近乎印象派的说话。又《广韵》卷五后附录有个辨四声轻清重浊法。里头的分类跟《广韵》本身好像毫不相干。这东西可也不是完全没有道理。关于这个问题,唐兰曾经发表过以下的结论[①]:前元音算清,后元音浊;开口算清,合口算浊,例如羌清匡浊;韵母四等最清,一等最浊,例如仙清清,先青(原来是一等)浊;又知清照浊,娘清日浊。以上可以叫作切韵派的清浊用法,大半是注意到韵母的分类,对于声母几乎没有关系。

第二派,韵镜派,分清浊的观念,跟现代最常见的用法相近。到江慎修《音学辨微》分的最清楚。陈兰甫在《切韵考外篇》也从江说。这一派跟切韵派不同处是拿清浊的名词只用在声纽而不用在韵。大致是以帮(非)端知见精照心审影晓为(全)清;滂(敷)透彻溪清穿为次清;並(奉)定澄群从邪床禅匣为(全)浊;明(微)泥娘疑喻来日为次浊(或称清浊)。用现代语音学的名词说起来么,清是不带音的辅音,浊是带音的辅音;同时全清是不送气的塞音(包括塞擦音,下仿此)跟摩擦音;次清是送气的塞音;全浊是送气的塞音(一说不送气)跟摩擦音;次浊是鼻音边音半元音等发音较软性的辅音[②]。江陈两氏都特别强调群是溪之浊而见无浊,定是透之浊而端无浊,等等,高本汉从之,陆志韦相信古全浊都不送气。看现代方言最南最北是平送气仄不送气,中部除少数还有带音声母外,湘不送气而赣客家一律送气,这是附属的问题,现在不作结论。主要的是清就是不带音,浊就是带音。

要是按声学来讲呐,清音如[p´,s,f,x]之类,是有许多种很乱的频率不清不楚的声浪,而发浊音的时候,因为声带在发乐音,每秒有有定的次数,有清清楚楚的一条或少数几条频率带,我们反而管它叫浊音,好像把名词用颠倒了。不过这种用名词的习惯已经约定俗成了,很难再改了。比方《辞海》这书只记实际的用法,不注重沿革,就下了下列的定义:"凡气息发出成声时,不颤动声带者谓之清声,或无音声符";"凡气息发出成声时,颤动声带者;谓之浊声或带音声符"。("声符"跟声本身相提并论不妥,不在话下。)

---

① 唐兰《论唐末以前的"轻重"和"清浊"》,《北京大学五十周年纪念论文集》(1948年出版)。

② 相当于近人所谓 sonorants,可以译作朗鸣(辅)音,包括鼻音,边音,半元音之类。参看Charles F. Hockett, *A Course in Modern Linguistics*, New York, 1958: p. 75, 97.

不过刚才说的名词好像用颠倒了,从另一方面看,也并不颠倒。因为清音的频率虽乱,可是多半是高频率,都是每秒四五千、六七千之谱;而浊音的频率多半是每秒几百,即使连共鸣的陪音也只有二三千的样子。《韵镜》的作者,甚至江慎修、陈兰甫,当然没有高频率几千、低频率几百的观念。可是耳朵里听高音觉着清,低音觉着浊这是人耳所共有印象。所以不带音叫清,带音叫浊,跟上文说的音乐里的清浊,也不是没有自然的道理在里头。

可是惟其自然啊,在观念上,在名词上,就发生了不少的纠纷。在不同的地方,不同的时代,往往古清声母的字读高调(不但声母,连全音节都比较高),浊声母的字读低调,例如吴语东通高,同低,答榻高,达低。结果好些地方平上去入四声变了八声了。江慎修就说:"平有清浊,上去入皆有清浊,合之凡八声。那么再加上现代江浙一带,特别是江苏;古浊音字往往本塞音不带音,仅附有带音的气流(所谓清音浊流),就更复杂化了。那么到底清浊应该指甚么呐? 应该指声母的带音不带音呐,还是指四声的高低呐?

上文讲到讨论名词的第二个问题是名词在历史上只有用法变迁的沿革,无所谓应该不应该,无所谓对不对,只有谁在甚么时代用甚么名词当甚么讲。这并不是说学说只有变迁没有进步,进步就在各种观念渐渐的辨别清楚,各种名词渐渐的分化。比方音乐里有高一组低一组的乐音,语音里的辅音有不带音跟带音,要是我们大家同意管这个简称为清浊,也是个方便的办法。至于四声因古音清浊而成今调的不同,那就得另外用声调的名词来辨别它,最好不要拿清浊同一套名词来一当两用。比方通同天田这类字,古音异纽同调,吴语又异纽又异调,北方音同纽异调。那么如果把因古只异纽而今只异调的情形来给它一套名词,就把两件事分而不乱了。现在在中国语言学界里通行的调类名称是叫阴阳平,如果有的方言上去入也按古清浊而异调,就叫阴阳上,阴阳去,阴阳入。那么我们对通同之类可以清清楚楚的说古音 $_c$t'uŋ、$_c$d'uŋ 有清浊之分,而平声只有一个。吴音(例如上海)t'uŋ˥(53)、d'uŋ˩(13)有清浊,同时也有阴阳平。北平音 t'uŋ˥(55)、t'uŋ˧(35),声母完全一样,只有阴阳平调的差别。

这事情现在说起来像是够清楚的,可是古人没有字母文字的分析没有声学的各种仪器能那么剖析毫厘,咱们现代人要是没有过孟真先生所谓"摩登训练"的,更是没有办法的。关于这一点我很记得从前傅先生抱怨钱玄同先生的话。钱先生是浙江人,声母有清浊,调类也有阴阳,因此他对于北方音的见解也受南方音系的影响。傅先生是北方人，他觉着只有调的不同，怎么又有清浊的不同。他说为了这类的争执，因而就没把音韵学学下去。但是傅先生是多方面的学者，他对于语言学不但是积极的鼓励，并且常常参加研究。记得民国十八年（1929）在广州时候，他对于清浊问题又发生兴趣。那时他还是照一般习惯把外国语的浊音[b,d,g]念成不送气清音的[p,t,k]，这是在中国最常遇见的对于英语 b、d、g 的读法。可是他那天不满意他自己把 good baby，bad baby 读[kut peipi,pæt peipi]（以上辅音当然都是不送气的ㄅ、ㄉ、ㄍ了）所用的清音，于是就大用起功来练习[b,d,g]音，终于能发出喉部呱呱有音的 good baby，bad baby 来了。

现在既然说到外国的浊音，那么就讨论两件外国浊音问题来作本文的结束。第一是：一个语言里有无清浊，于那个语言的优劣完全无关。本来有浊音的 good baby 用清音来读固然不成其为英语的发音；因同样理由，本来用清音的"给你八百九十九"（用ㄍ、ㄅ、ㄐ），如果用浊音来说成好像英文的 gay knee bar by jew she jew，也不成为中国话。这个理好像明显得用不着说了，可是事实上竟有些人就那么做。因为他们曾经费了很大的劲儿把向来错读清音的 big black dog 改正了成浊音读法，跟着在他们下意识层里得了一个结论：似乎浊塞音是高等文明之音，不送气清塞音是退化文明之音。这话一点儿不是形容过分。因为我屡次遇见过学过唱外国歌儿的唱家，学会了唱外国歌词里的浊塞音，就把中国的全清ㄅ、ㄉ、ㄍ等声母也唱成浊音，唱"教（浊音）我如何不（浊音）想他"那类不中不西的音。殊不知教字见母，不字帮母，即在吴东湘西保存古浊塞音最多的地方，也绝没有把那类字读成浊音的道理的。

傅孟真先生是个最富于国家思想的教育家。他听了那种洋派国语是极不以为然的。傅先生又是一位富于国际思想的学者。他不但注重上文所提的"摩登训练"，并且还主张打通学门与学门当中的界限。他在德国留学，我跟他初次认得的时候，我们还不大谈"语言历史学研究"，也不大谈"历史语言研究"（那是后话），我们常常谈数理逻辑跟科学方法论。他去世以前不久，最后两次通信对于那些问题还是长篇大论的。所以他很了解我们一班搞音韵学的，虽然把清浊定为 voiceless 跟 voiced 讲，可是只算是为求逻辑的紧严（rigor）而定的名词的用法，并不是甚么天经地义。他很领略我们并不坚持名词，也不一定要把名词的定义（definition）跟以后的命题（theorems）固定式的分开，因为在科学史上，例如力啊，能啊，温度啊，热量啊，定义与定律之间很有伸缩的。

要是从西洋的音韵学史看起来,我们能讨论的那些观念跟在中国的清浊阴阳等等一样的复杂。在古典学里从前分 tenues 跟 aspiratae,就是不送气的 π、τ、κ 跟送气的 φ、θ、χ(现在通行的把后者读成摩擦音的[f、θ、χ]是现代希腊语才如此)。介乎两者之间的叫 mediae,就是 β、δ、γ。至于 β、δ、γ 的音值是带音还是不带音,早先并没有清楚的观念。同时呐,在印欧语系里又有硬软的观念:tenues 跟 aspiratae 算硬,mediae 算软。在有些现代德国南部方言,对于 b、p 难分就说 weiches b、hartes p,而说的时候两者都不带音,很像国语罗马字用 b、d、g 当 ㄅ、ㄉ、ㄍ,用 p、t、k 当 ㄆ、ㄊ、ㄎ 的办法。在世界别的语言里也常有类似的情形。可见音分 voiceless、voiced 并不是惟一的主要的发音方法的分别,以清浊的名词来配 voiceless、voiced 也只是为求逻辑上的整齐方便,也不是天经地义。大凡一种理论求其整齐紧凑就可能只照顾到事实的一部,一方面;如果求其包括的事实丰富,多方面来照顾,系统就不免会松弛下来。这也是丹麦的 Niels Bohr 教授常常讲的对补原则(principle of complementarity)。这本来是讲质子的动量与地位之间的相互关系,可是 Bohr 给它推广了用在好多问题上。这个他在民国二十六年(1937)春在南京演讲时候就提到过。我用 Bohr 的对补原则作为本章的结束,因为 Bohr 的方法论是我跟傅孟真先生常常爱谈的一个题目。

谈谈语音构造和语音演变的规律

丁声树

导言——

本文是著名语言学家丁声树先生的代表性论文之一,原文发表在《中国语文》1952 年创刊号上。

作者丁声树(1909～1989),河南邓州人,曾任中国科学院哲学社会科学学部委员、中国社会科学院语言研究所研究员。他以博古通今而著称,在音韵、训诂、语法、方言、词典编纂等各个学科都有很深的造诣,并且都取得了突出的成就。他主持编写了《现代汉语词典》、《昌黎方言志》,编录《古今字音对照手册》。

本文用极其简明的语言讲解了汉语的语音构造、语音对应及语音演变等方面的重要问题,用一批实例阐明了语音构造、语音演变都有着严整规律,而且两者互相影响,互为因果。

本文可以帮助我们理解汉语语音结构形成的历史渊源以及语音演变的规则,是学习音韵学的入门论文之一。

斯大林《论马克思主义与语言学问题》正确地指出:"语言学的主要任务是研究语言发展的内部规律。"一个语言的发展有各式各样的内部规律,其中最显明最严整的是语音方面的规律。语音的规律分两类:一类是构造上的规律,一类是演变上的规律。什么是语音构造的规律呢?任何一个语言的语音都不是乱七八糟的,都有相当严密的语音系统。我们分析它的语音成素,研究每一音素在字中的位置,各音素彼此配合的情形,两音相连有没有什么变化,重读轻读有没有什么分别等等;这样得出一些规律,就是语音构造上的规律。例如北京话里,ㄩ这个音的前头只可以拼ㄋ、ㄌ、ㄐ、ㄑ、ㄒ五个声母(当然也可以没有声母),跟别的声母拼不出字来。ㄅㄩ、ㄆㄩ、ㄇㄩ之类都不成字音。又如ㄈ这个声母不跟ㄧ或ㄩ拼,ㄈㄧ、ㄈㄧㄢ或者ㄈㄩ、ㄈㄩㄢ之类也都不成字音。又如两个上声字相连,第一个上声变阳平。"老虎"音如"劳虎"。这都是语音构造的规律。语音构造的规律是就语言的现实情况求出来的。

什么是语音演变的规律呢?任何一个语言的语音都不是一成不变的,都是不知不觉地在变化。变的虽然很慢,但是经过一个较长的时期,就有很显著的差异。奇怪的很,语音变化并不是乱变的,总有相当整齐的规律。我们研究一个语言的历史,看看古音在什么情形之下后来保存着没变,在什么情形之下后来变了;在什么情形之下,本来不相同的音后来变的相同了;又在什么情形之下,本来同音的后来分化成各不相同的音。这样求出来的规律就是语音演变的规律。语音演变的规律往往是有条件的。古代上声字只有在全浊声母这个条件之下才变成北京话的去声。比如"动"字古代是上声,由于声母是全浊的,现在北京话读去声。古代的-m、-p韵尾在广州话里照例保存着,但是在唇音声母这个条件之下,-m变-n,-p变-t。比如"三"字古音收-m,

"十"字古音收-p，广州话依旧收-m，收-p。但"凡"字古音收-m，由于声母是唇音，广州话读 fan，不读 fam，"法"字古音收-p，也由于声母是唇音，广州话读 fat，不读 fap。这都是语音演变的规律。语音演变的规律是就语言的历史情况求出来的。

语音构造的规律和语音演变的规律同样重要，而且往往互相关联。例如上面所举广州话里古韵尾-m、-p 在唇音声母条件之下变成-n、-t，这是一条演变的规律。而由于这个演变，广州话里唇音声母的字就一律没有-m、-p 韵尾，换言之，-m、-p 不在唇音声母之后出现，这又是一条构造的规律。强调语音构造的研究而忽视语音演变，是不对的；强调语音演变的研究而忽视语音构造，也是不对的。

我们再从北京话里举一个例来说明这两类语音规律的相互关系。

北京话和许多别的方言一样，平声字分阴阳。阴平字和阳平字往往成对，比方：

> 天—田；枪—墙；通—同；烘—红；
> 荒—黄；飘—瓢；飞—肥；腌—盐。

但是有一类阴平字，像"东、单、中、坚"，找不着相对的阳平字。[①] 这是什么道理呢？是不是偶然有音无字呢？我们研究一下北京话的语音构造，就知道"东、单、中、坚"这类阴平字之所以没有相对的阳平字，其中包含若干语音上的规律，并不是偶然的现象。

为讨论的方便，我们把北京话的韵母分成两类：一类是附有鼻音尾的韵，如ㄢ、ㄣ、ㄥ、ㄧㄢ、ㄧㄣ、ㄧㄥ等，简称鼻韵；一类是不附鼻音尾的韵，如ㄚ、ㄜ、ㄞ、ㄟ、ㄠ、ㄡ等，简称非鼻韵。再取ㄅ、ㄆ、ㄉ、ㄊ、ㄍ、ㄎ、ㄐ、ㄑ、ㄓ、ㄔ、ㄗ、ㄘ十二个声母，分成两类：ㄅ、ㄉ、ㄍ、ㄐ、ㄓ、ㄗ六个不送气的声母为一类，简称ㄅ类声母，ㄆ、ㄊ、ㄎ、ㄑ、ㄔ、ㄘ六个送气的声母为一类，简称ㄆ类声母。拿这两类声母先和鼻韵拼一下，看看阴平阳平和这两类声母有什么关系。下面表里，有字的举一个字为代表，无字的以〇号为记。

---

① 这只是就单字音说的。连词变调中往往发生单字音中所没有的音。如"胆小"的"胆"字音在北京话里就像是"单"字相对的阳平。但"胆"字单读是上声，不是阳平。

ㄅ类声母		ㄆ类声母	
阴平	阳平	阴平	阳平
般	○	潘	盘
奔	○	喷	盆
边	○	篇	便(价钱便宜)
宾	○	拼	贫
单	○	滩	檀
颠	○	天	田
当	○	汤	堂
登	○	鼟	腾
东	○	通	同
丁	○	听	亭
端	○	湍	团
敦	○	吞	屯
光	○	筐	狂
坚	○	牵	虔
今	○	钦	琴
精	○	清	晴
将	○	枪	墙
瞻	○	搀	蟾
真	○	嗔	陈
张	○	昌	长
征	○	称	程
中	○	冲	虫
尊	○	村	存
宗	○	葱	从

我们看，ㄆ类声母阴平阳平都有字，而ㄅ类声母只阴平有字，阳平全没有字。由此我们可以得出一条语音构造的规律：

鼻韵的阳平字没有ㄅ类声母。

这样我们对于"东、单、中、坚"等阴平字之所以没有相对的阳平字就有了一个初步的认识。但是我们不禁要问：为什么鼻韵的阳平字有ㄆ类声母而没有ㄅ类声母呢？要回答这个问题，必须看看非鼻韵的阳平字有没有ㄅ类声母。我们再把ㄅ、ㄆ两类声母和非鼻韵拼一下，看看北京话的阴平阳平在这方面的配合情形：

ㄅ类声母		ㄆ类声母	
阴平	阳平	阴平	阳平
巴	拔	趴	爬
逋	醭	铺	蒲；仆
掰	白	拍	牌
包	薄	抛	袍
低	笛	梯	题
都	读	秃	图
多	夺	拖	骆；橐
歌	格	科	咳（咳嗽）
基	极	欺	旗
居	局	区	渠
焦	嚼	锹	樵
知	直	痴	迟
渣	煠（油煠）	叉	茶；察
斋	宅	钗	柴
周	轴	抽	稠
遭	凿	操	曹

显而易见，非鼻韵的阳平字不光有ㄆ类声母，也有ㄅ类声母。专从北京话的语音构造上看，我们就可以得出这样一条规律：

鼻韵的阳平字没有ㄅ类声母，只有非鼻韵的阳平字才有ㄅ类声母。

现在再问：为什么在北京话里鼻韵的阳平字没有ㄅ类声母，只有非鼻韵的阳平字才有ㄅ类声母呢？这就要联系到历史上演变的规律。

原来北京话里的阳平字有两个来源：一大部分阳平字是从古平声来的，一小部分阳平字是从古入声来的。从古平声来的阳平字，如果声母是塞音或塞擦音，[①]那声母就必然是送气的，即ㄆ类声母，不论鼻韵或非鼻韵都是如此。例如"盘、田、琴、存"是鼻韵字，"婆、提、旗、曹"是非鼻韵字，都是从古平声来

---

① 塞音指ㄅ、ㄆ、ㄊ、ㄍ、ㄎ，塞擦音指ㄐ、ㄑ、ㄓ、ㄔ、ㄗ、ㄘ。

的阳平，声母都是ㄆ类。从古入声来的阳平字，如果声母是塞音或塞擦音，绝大多数都是不送气的，即ㄅ类声母。例如"拔、薄、白、笛、读、格、嚼、宅"都是从古入声来的阳平字，声母都是ㄅ类。不过从古入声来的阳平字也有少数是送气的，即ㄆ类声母。例如"仆、朴、橐、咳"这几个字古代也是入声，现在北京话也是阳平，不过声母是送气的ㄆ类。如果把构造规律和演变规律结合起来，我们可以得出这样一条规律：

北京话里凡从古平声来的阳平字没有ㄅ类声母，只有从古入声来的阳平字才有ㄅ类声母。

现在我们可以明了为什么鼻韵的阳平字没有ㄅ类声母，只有非鼻韵的阳平字才有ㄅ类声母。鼻韵的阳平字全是从古平声来的，没有从古入声来的，所以没有ㄅ类声母。非鼻韵的阳平字有一部分是从古入声来的，所以才有ㄅ类声母。

至于为什么从古平声来的阳平字就没有ㄅ类声母，而只有从古入声来的阳平字才有ㄅ类声母，那就要牵涉到古今声母的演变规律，这里不多谈了。

语音上的规律往往有些零碎的例外情形。例外情形又每每有特殊的理由。我们研究语音规律，必须注意例外情形，要常拿例外情形来试验这些规律。上文我们说过，北京话里鼻韵的阳平字没有ㄅ类声母。我们试举一个例外字来研究一下。北京口语有个"甭"字，ㄅㄥˊ音。这个字音是鼻韵的阳平，而声母正是ㄅ类，恰和这条语音构造规律冲突。由演变规律上看，ㄅㄥˊ这个音不会是从古平声来的，因为从古平声来的阳平没有ㄅ类声母，也不会是从古入声来的，因为从古入声来的不该是鼻韵。所以从语音规律上可以断定"甭"这个字在语言中是个新起的字。事实上我们知道，"甭"是"不用"两个字音的合并，的确是个新起的字。"不"字在北京话里单读是阴平或去声，但是"不"字和去声字相连的时候，一律变阳平调。例如"不是"、"不要"、"不去"、"不算"，"不"字都是阳平调，所以"不用"的"不"也是阳平调，"不用"合并成"甭"也成阳平调了。（"不用"合并成"甭"，用"不"字的阳平调，正如"两个"合并成"俩"，音为ㄌㄧㄚˇ，用"两"字的上声调。）可见，"甭"字虽然在语音构造上是个特殊的音，而它自己也有其特殊的规律。

上文我们又说过，只有从古入声来的阳平字才有ㄅ类声母。我们也可以举一个例外字来研究一下。"鼻"字在北京话里是阳平，声母是ㄅ类，应该是从古入声来的才有这种读法。然而《广韵》中"鼻"字是去声，在至韵，"毗至切"，并不是入声字,现代方言中也有读去声的,例如广州话里"鼻"字是阳去调,就合乎这个古去声的音。不过我们知道,在大多数保存入声的方言里,"鼻"字都是入声,这表明"鼻"字在古代本来也有一个入声的读法,不过没有收到韵书里去。南宋人孙奕的《示儿编》(卷十八,字说,"声調"条)说当时的语音"以鼻为弻"。"弻"是入声,那就是说,"鼻"字当时有入声的读法。因此,北京话里"鼻"字读阳平,仍旧可以看作是从古入声的读法来的,并不算真正的例外。

由此可见,语音演变规律和语音构造规律两者间的关系多么密切,语音方面的规律多么严整而有趣。

研究汉语发展的内部规律,利用它的内部规律来推进它的发展,使它的内容更丰富,结构更精密,这是中国语文工作者的任务。

陆法言的《切韵》

李　荣

导言——

本文选自李荣论文集《音韵存稿》(商务印书馆,1982)。

作者李荣(1920～2002),浙江温岭人,现代著名语言学家,曾任中国社会科学院语言研究所所长,《方言》杂志主编。主要从事汉语音韵、汉语方言研究,著有《切韵音系》等,主编《现代汉语方言大词典》。

本文主要目的是介绍汉语语音史上的经典韵书《切韵》。全文共分四章。第一章介绍《切韵》书名,根据传统的"上字为切,下字为韵"说,认为《切韵》其名来自反切拼读法,论据充分,可备一说。第二章简释《切韵序》,讲述了两个问题,其一是《切韵》的编者年里及事迹,其二是《切韵》一书的性质:取陈寅恪先生的洛阳音说。第三章介绍《切韵》系列韵书:《切韵》、《王韵》、《唐韵》、《广韵》、《集韵》等。本章介绍了各书的规模以及各书之间的关系,说明各书收字加训释音分韵都各有差异,但他们所代表的音韵系统是一致的。第四章说明《切韵》的重要性。从共时的平面说,《切韵》系统记录了中古的一个现实的语音系统。从历时角度看,《切韵》是研究语音史的桥梁,通过它可以上推古音,下探今音。文章用了较大的篇幅论述《切韵》对于现代方言研究的重要价值。

作者精通《切韵》之学,对《切韵》一书烂熟于胸,所以讲述起来明白切至,要言不烦。不但初学者可以通过学习本文了解《切韵》其书,而且对于语音史研究者来说,文中许多资料与作者的见解,至今仍有很大的参考价值。

一、《切韵》和反切

陆法言的《切韵》是在隋文帝仁寿元年(公元601年)写成的。

我们要了解《切韵》的价值,必须追溯《切韵》以前语音研究的历史,反切的起源。那最好是读颜之推《颜氏家训·音辞篇》起头的一段:

> 夫九州之人,言语不同,生民已来,固常然矣。自《春秋》标齐言之传,《离骚》目《楚辞》之经,此盖其较明之初也。后有扬雄著《方言》,其言大备。然皆考名物之同异,不显声读之是非也。逮郑玄注六经,高诱解《吕览》《淮南》,许慎造《说文》,刘熹制《释名》,始有譬况假借,以证音字耳。而古语与今殊别,其间轻重清浊,犹未可晓,加以"内言"、"外言"、"急言"、"徐言"、"读若"之类,益使人疑。孙叔言创《尔雅音义》,是汉末人独知反语。① 至于魏世,此事大行。高贵乡公不解反语,以为怪异。自兹厥后,音韵锋出。各有土风,递相非笑。

简单地说,向来讨论语言文字的书和古书的注解,都用比喻的方法说明读音,到孙炎才用反切注音。

---

① 《颜氏家训·书证篇》云:"且郑玄(公元127~200年)以前,全不解反语。"陆德明《经典释文序录》的"条例"一项云:"然古人音书,止为譬况之说。孙炎始为反语,魏朝以降渐繁。"张守节《史记正义论例谥法解》的"论音例"一项云:"然则先儒音字,比方为音。至魏祕书孙炎始作反音。"孙炎字叔然,《音辞篇》作孙叔言。参看戴震《声韵考》卷一"反切之始"条。

这里举几条《说文解字》用"读若"来说明读音的例子：

亼，三合也。从入一，象三合之形。凡亼之属皆从亼。读若集。
（卷五下）

森，木多貌，从林从木。读若曾参之参。（卷六上林部）

像，象也。从人从象，象亦声。读若养。（卷八上人部）

匚，受物之器，象形。凡匚之属皆从匚。读若方。（卷十二下）

用"读若"的方法说明读音，不容易说得明白准确。"内言"、"外言"、"急言"、"徐言"之类更加不好了解。

反切是用两个字来注一个字的音，例如：

东，德红反。

同，徒红反。

"东"字的音是"德红反"，"东"是被反切的字，"德"是反切上字，"红"是反切下字。"同"字的音是"徒红反"，"同"也是被反切的字，"徒"是反切上字，"红"是反切下字。被反切字和反切上字双声，就是说"东"和"德"声母相同，"同"和"徒"声母相同。被反切字和反切下字叠韵，就是说"东"和"红"韵母声调都相同，"同"和"红"韵母声调都相同。"东"和"红"声调本来是相同的，都是古平声。北京话和大部分现代方言，古平声都依古声母清浊分化成阴平和阳平两类。"东"是古平声清声母字，所以现在是阴平。"红"是古平声浊声母字，所以现在是阳平。"同"和"红"都是古平声浊声母字，所以现在都是阳平。从用比喻的办法说明读音，到用反切注音，是很大的进步。从此以后，每个字的读音都能用简单明白的方式表示出来。能够使用反切，就表示能够正确的分析字音。反切把每个字音分析成声母、韵母和声调三部分，这种分析法到今天还是很适用的。

陆法言的书叫《切韵》，"切"是反切上字，"韵"是反切下字。《切韵序》云："又支脂鱼虞，共为一韵；先仙尤侯，俱论是切。"这是说"支脂"的反切下字相同，"鱼虞"的反切下字相同；"先仙"的反切上字相同，"尤侯"的反切上字相同。《敦煌掇琐》第一百号"守温撰论字音之书"第一截"定四等重轻兼辩声韵不和无字可切门"云：

> 交，此字是四等中第二字，与归精清从心邪原作"耶"中字不和，若将精清从心邪中字为切，将交字为韵，定无字可切。但是四等第二字，总如交字例也。
>
> ……精交反，是例诸字也。

"交"字是二等字，二等不和"精、清、从、心、邪"这些声母拼。要是用"精、清、从、心、邪"这些声母字作反切上字（为切），用"交"字作反切下字（为韵），一定无字可切。例如"精交反"就无字可切。凡是二等字，都和"交"字一样。从这段话，可以看出，"为切"的"切"是反切上字，"为韵"的"韵"是反切下字。① 沈括《梦溪笔谈》卷第十五说：

> 切韵之学，本出于西域。汉人训字，止曰读如某字，未用反切。……所谓切韵者，上字为切，下字为韵。

沈括认为"切韵之学，本出于西域"，这是没有根据的。不过他对"切"和"韵"的解释是不错的。金韩道昭《五音集韵》序云：

> 斯有陆生，……定为《切韵》五卷，……夫《切韵》者，盖以上切下韵，合而翻之，因为号以为名。

直截了当认为，《切韵》的得名就是由于反切上字叫"切"，反切下字叫"韵"。既然上字为切，下字为韵，所以反切也可以叫做"切韵"。邵光祖的《切韵指掌图检例》云：

---

① 《四部丛刊续编》本《切韵指掌图》的"检例下"一项云："凡切字以上者为切，下者为韵。"又"音和切"一项下云："丁增切登字——缘用丁字为切，……用增字为韵，……"说法和"守温撰论字音之书"相同。

按《广韵》凡二万五千三百字,其中有切韵者三千八百九十。①

这里的"切韵"就指反切,是说《广韵》有三千八百九十个"小韵",每个"小韵"一个反切,又音不计。

二、《切韵序》略释②

陆法言撰《切韵》的经过,《切韵》的性质,《切韵序》说得很清楚。现在先钞原文,再就原文略加解释。

切韵序③

昔开皇初,有刘仪同臻、颜外史之推、卢武阳思道、李常侍若、萧国子该、辛谘议德源、薛吏部道衡、魏著作彦渊等八人,同诣法言门宿。夜永酒阑,论及音韵。以古今声调,既自有别,诸家取舍,亦复不同。吴楚则时伤轻浅,燕赵则多涉重浊,秦陇则去声为入,梁益则平声似去。又支章移反脂旨夷反、鱼语居反虞语俱反,共为一韵;先苏前反仙相然反、尤雨求反侯胡沟反,俱论是切。欲广文路,自可清浊皆通;若赏知音,即须轻重有异。吕静《韵集》,夏侯咏《韵略》,阳休之《韵略》,李季节《音谱》,杜台卿《韵略》等,各有乖互。江东取韵,与河北复殊。因论南北是非,古今通塞,欲更捃选精切,除削疏缓。颜外史、萧国子多所决定。魏著作谓法言曰,向来论难,疑处悉尽,何为不随口记之,

---

① 据《丛书集成》景印《墨海金壶》本 39 页。按《广韵》卷首"凡二万六千一百九十四言。"
② 参看:
1) 国立中山大学语言历史学研究所周刊第三集第二十五、六、七期合刊,《切韵专号》,1928 年出版。
2) 陈垣:《切韵与鲜卑》,载北京图书馆《图书季刊》第三卷第三期83～88页,1936年出版。
3) 陈寅恪:《从史实论切韵》,北京大学五十周年纪念论文集单行本,1948 年出版;又载《岭南学报》第九卷第二期1～18页,1949年出版。
③ 根据故宫景印全本王仁昫《刊谬补缺切韵》,以王国维写印本《切韵》残卷第二种、《敦煌掇琐》第九十九号及《广韵》所载《切韵序》校之。异文从略不注。

我辈数人定则定矣。法言即烛下握笔，略记纲纪。博问英辩，殆得精华。于是更涉馀学，兼从薄宦。十数年间，不遑修集。今返初服，私训诸弟，凡有文藻，即须声韵。屏居山野，交游阻绝。疑或之所，质问无从。亡者则生死路殊，空怀可作之叹。存者则贵贱礼隔，已报绝交之旨。遂取诸家音韵，古今字书，以前所记者，定之为《切韵》五卷。剖析毫氂，分别黍累。何烦泣玉，未可悬金。藏之名山，昔怪马迁之言大；持以盖酱，今叹杨雄之口吃。非是小子专辄，乃述群贤遗意。宁敢施行人世，直欲不出户庭。于时岁次辛酉，大隋仁寿元年也。

陆法言名词，以字行。全本王仁昫《刊谬补缺切韵》和《敦煌掇琐》第九十九号，在序文前头都有"陆词字法言撰切韵序"等九字。《旧唐书·经籍志》和《新唐书·艺文志》都著录陆慈《切韵》五卷。"词"之韵邪母字，"慈"之韵从母字，读音相近。

陆法言的生平史籍上记载的很简略。就血统上说，陆法言的祖先是鲜卑人，步陆（或作六）孤氏。《魏书》卷十九《官氏志》："步六孤氏后改为陆氏。"魏孝文帝迁都洛阳，一切都学汉人的样子，甚至在朝廷上不许说鲜卑语，[①]只许说汉语。"步陆孤氏"汉化改为"陆氏"。陆法言的父亲陆爽，就已经完全汉化。《隋书》卷五十八《陆爽传》说："爽少聪敏，年九岁就学，日诵二千余言。"周武帝请他入关的时候，"载书数千卷"。到隋文帝的时候，他建议："皇太子诸子，未有嘉名，请依《春秋》之义，更立名字。"所以就文化上说，陆法言完全是汉人。

《切韵序》说"昔开皇初"，刘臻等八人都到陆法言家里讨论音韵，我们不能确指开皇初是开皇哪一年，[②]现在姑且假定为开皇元年（公元581年）。陆法言的生年卒年无考。他父亲陆爽"开皇十一年（公元591年）卒官，时年五十三"。（《隋书·陆爽传》）假定陆法言比他父亲小二十岁，开皇元年陆爽四十三岁，陆法言二十三岁。

---

① 百衲本《魏书》卷七下23《高祖纪》："[太和十有九年（公元495年）]六月己亥，诏不得以北俗之语，言于朝廷。若有违者，免所居官。"
② 不过总在开皇五年九月以前。开皇五年九月，李若使于陈。开皇六年，卢思道卒于长安。

刘臻等八人的生年卒年不完全可考。现在列成表一,并附陆爽、陆法言,以资比较。

表一

姓名	生年(公元)	卒年(公元)	开皇元年(公元 581 年)	仁寿元年(公元 601 年)
刘 臻①	527	598	55 岁	亡
颜之推②	531	597～600	51 岁	亡
卢思道③	535	586	47 岁	亡
魏彦渊④	至晚 540	至晚 604	至少 42 岁	
李 若⑤		586～600		亡
萧 该⑥				
辛德源③				
薛道衡⑦	540	609	42 岁	存
陆 爽	539	591	43 岁	亡
陆法言	约 559		约 23 岁	约 43 岁

由上表可以看出,《切韵序》起头叙述刘臻等八人,大概以年龄大小为序。刘臻比陆爽大十二岁,颜之推比陆爽大八岁,卢思道比陆爽大四岁。除魏彦

① 《隋书》卷七十六《刘臻传》:"开皇十八年卒,年七十二。"

② 生年据钱大昕《疑年录》考定。《家训·序致篇》云:"年始九岁,便丁荼蓼。"《梁书》卷五十《颜协传》云:"大同五年卒,时年四十二。"由此推定颜之推生于中大通三年。《家训·终制篇》云:"吾已六十余。"可以推知颜之推卒于开皇十一年以后。《北史》卷八十三《颜之推传》云:"隋开皇中,太子召为文学,深见礼重,寻以疾终。"曹家琪《颜之推卒年与〈颜氏家训〉之纂定、结衔》据《隋书·律历志中》与《省事篇》竞历事对比,以为:"《家训》纂定成书及之推卒年,皆当在开皇十七年(597)夏四月戊寅(据《隋书·高祖纪》)之后。开皇十七年之推年六十七岁。"(《文史》第二辑 316 页,中华书局,1963 年 4 月)

③ 陈寅恪《从史实论切韵》引《张说之文集》卷二十五(《文苑英华》卷八九三)《卢思道碑》云:"隋开皇六年,春秋五十有二,终于长安。"

④ 《隋书》卷五十八《魏澹传》云:高祖"诏澹别成魏史","上览而善之。未几卒,时年六十五"。由此推知魏澹卒年最晚是仁寿四年,开皇元年至少有四十二岁。

⑤ 《隋书》卷一《高祖纪》,开皇五年九月,李若使于陈。《北史》卷四十三《李崇传》云:"(若)开皇中,卒于秦王府谘议。"

⑥ 萧该《隋书》卷五十八有传,辛德源《隋书》卷七十五有传,二人生年卒年待考。

⑦ 《隋书》卷五十七《薛道衡传》云,被杀时年七十。《资治通鉴》卷一百八十一系此事于大业五年。

渊外,刘颜卢李萧辛薛七人次第,《切韵序》各种本子都是一致的。魏的次第各本不一致。全本《刊谬补缺切韵》魏在最后,《敦煌掇琐》第九十九号《切韵序》甲本同。王国维写印本《切韵》残卷第二种魏在卢李之间。《广韵》魏在颜卢之间。表一姑依王国维写印本《切韵》残卷第二种。

刘臻等八人都是陆法言的长辈,所以讨论的时候魏彦渊让陆法言"随口记之"。

陆法言后来做了小官,十几年中间都没有空闲编书。开皇二十年,太子勇废。隋文帝想起当初陆爽建议给太子勇的儿子改名,恨陆爽多事。这时候陆爽本人已经死了,不能处分,陆法言的官儿却因此丢了。①《切韵序》说"今返初服",就是官丢了。不做官,就有工夫编书了。对陆法言说,这个是不幸,对后人说,这个得算是大幸。第二年,就是仁寿元年(公元 601 年),陆法言的《切韵》写成了。

有人因为《切韵序》有"因论南北是非,古今通塞"的话,就说《切韵》所代表的语音系统包括古今四方的。这种看法是不足信的。

汉朝人就知道古今音异,可是系统地研究上古音,是从宋朝人开始的。一直到清朝,才把《诗经》用韵的情况,形声字(根据《说文解字》)所代表的音韵系统弄清楚。刘臻、颜之推和陆法言等人,虽然博学,可是限于时代,我们不能假定他们明白古代的语音系统。戴震《声韵考》卷三云:

按古音之说,近日始明。

又《书广韵四江后》云:

隋唐二百六韵,据当时之音撰为定本。至若古音,固未之考也。

说到方言的差别,《孟子》就说齐人楚人话不同。② 上文引《颜氏家训·音辞篇》说:"夫九州之人,言语不同,生民已来,固常然矣。""自兹(魏)厥后,音韵锋出,各有土风,递相非笑。"任何时代都有方言的差别,《切韵》的

---

① 见《隋书》卷五十八《陆爽传》。
② 《孟子》卷六《滕文公下》。

时代也不例外，可是《切韵》的时代有方言差别，并不能说《切韵》就包罗各地方言的音系。《切韵序》末题"大隋仁寿元年"，隋的都城在长安，因此也有人说《切韵》代表长安方言。陈寅恪先生《从史实论切韵》指出：陆法言和刘臻等都不是世居关中之人，《切韵序》提到吕静《韵集》等五书都不是关中人之著作。《切韵序》批评"吴楚则时伤清浅，燕赵则多涉重浊，秦陇则去声为入，梁益则平声似去"，列举各地方言的缺点，没有提到中原，可见刘臻等认为中原即洛阳及其附近的语音是正音。因此认为《切韵》代表洛阳语音，不代表长安语音。

"遂取诸家音韵，古今字书，以前所记者，定之为《切韵》五卷。"表示《切韵》编者把别的书里的字都折合成《切韵》的系统。看下文第 37 页。①

《刊谬补缺切韵》韵目下注有韵部分合，如：

十七真　职邻反，吕与文同，夏侯、阳、杜别，今依夏侯、阳。

十八臻　侧诜反，无上声，吕、阳、杜与真同，夏侯别，今依夏侯。

二十殷　於斤反，阳、杜与文同，夏侯与臻同，今并别。

有人根据韵目下所注韵部分合，以为《切韵》的原则是从前人韵部之分，不从前人韵部之合。这个看法是片面的。陈寅恪先生《从史实论切韵》指出："《颜氏家训·音辞篇》略云：'《韵集》以成仍宏登合成两韵，为奇益石分作四章。……不可依信。'《韵集》以成仍宏登合成两韵，而王仁昫本《切韵》则成在四十一清，仍在四十九蒸，宏在四十耕，登在五十登，此《切韵》不从《韵集》之合者也。《韵集》以为奇益石分作四章，而《切韵》则为奇同在五支，益石同在十七昔，此《切韵》不从《韵集》之分者也。然则《切韵》于诸家韵书固非专取其韵部之别者而捨其同者，特陆氏于注文中不载捨其韵部之别者而取其同者耳。"陈先生的论证是非常有力的。其实单纯依靠韵部分合，脱离反切，是考订不出音韵系统的。看下文第 35 页。②

"欲广文路，自可清浊皆通；若赏知音，即须轻重有异。"这是说明《切韵》

———

① 编者按：第 37 页是原书页码，本书为第 44 页。下文依此类推。

② 编者按：本书为第 41 页。

不光是实用的，并且是审音的。清浊轻重，大概都指韵母的差别。①

三、《切韵》和《切韵》系统的韵书

东汉末年(三世纪初)开始用反切注音。有了反切，才有韵书。从开始用反切到《切韵》成书(公元 601 年)，就是从公元三世纪到六世纪，这四百年是音韵学极盛的时期，用颜之推的话来说，是"音韵锋出"，可以参看《隋书·经籍志》等书目。最早的韵书是《隋书·经籍志》著录的李登《声类》，《切韵序》提到的韵书有吕静《韵集》等五种。《切韵》一出来，好像把别的韵书都压倒了，成为韵书里的权威。长孙讷言为《切韵》作笺注，序云：

此制酌古沿今，无以加也。(据《广韵》卷首)

孙愐《唐韵序》云：

惟陆生《切韵》，盛行于世。(据《广韵》卷首)

王仁昫《刊谬补缺切韵》序云：

陆法言《切韵》，时俗共重，以为典规。

《唐韵》和《刊谬补缺切韵》都是《切韵》的增订本。《切韵》的增订本很多，最通行也最重要的增订本是《广韵》。《广韵》是《大宋重修广韵》的简称，陈彭年等编，景德四年(公元 1007 年)成书。《广韵》卷首云：

陆法言撰本　　　　长孙讷言笺注
仪同三司刘臻……八人同撰集

---

① 参看唐兰《论唐末以前韵学家所谓"轻重"和"清浊"》，北京大学五十周年纪念论文集单行本，1948 年出版。不过故宫藏《刊谬补缺切韵》残本卷首所谓清浊大概是指声母的不带音(清)或带音(浊)，看下文第 34 页及注③。(编者按：本书为第 41 页及注①)

> 郭知玄拾遗绪正更以朱笺三百字
> 关亮增加字　　　薛峋增加字
> 王仁煦增加字　　　祝尚丘增加字
> 孙恒增加字　　　严宝文增加字
> 裴务齐增加字　　　陈道固增加字
> 更有诸家增字及义理释训悉纂略备载卷中

《广韵》之后有《集韵》，丁度等编，宝元二年（公元 1039 年）成书。《集韵》卷首云：

> 今所撰集，务从该广。经史诸子及小学书，更相参定。凡字训
> 悉本许慎《说文》。慎所不载，则引它书为解。凡古文见经史诸书，
> 可辨识者取之，不然则否。凡经典字有数读，先儒传授，各欲名家，
> 今并论著，以粹群说。

《切韵》的原本现在见不到了，这是最大的遗憾。可以庆幸的是近几十年出了很多唐人钞本韵书。大都是《切韵》的增订本。最重要的有下列几种：

王国维写印本唐写本《切韵》残卷三种。（简称切一、切二、切三）

蒋斧藏本唐写本《唐韵》残卷，上海国粹学报馆景印。

王仁昫《刊谬补缺切韵》残本之一，《敦煌掇琐》第一〇一号。

王仁昫《刊谬补缺切韵》残本之二，故宫博物院藏，有延光室照片及唐兰写印本。

这些都收在《十韵汇编》（刘半农等编）里。《瀛涯敦煌韵辑新编》（姜亮夫、潘重规写印）收有切一（S2683）、切二（S2055）、切三（S2071）、《刊谬补缺切韵》残卷之一（P2011），还有别的残卷。

王仁昫《刊谬补缺切韵》，故宫博物院 1947 年景印本。

只有这一种是完全的。这些韵书和《广韵》、《集韵》，可以总称为《切韵》系统的韵书。

根据各种唐人钞本韵书和《广韵》，我们可以知道《切韵》的大概面目。《切韵》分五卷，平声字多，占一二两卷，上声去声入声，各占一卷。《切韵》共一百九十三韵，王仁昫《刊谬补缺切韵》共一百九十五韵，《广韵》共二百零六

韵。如表二。

表二

	切韵	刊谬补缺切韵	蒋斧藏本唐韵	广韵
平声	54 韵	54 韵	—	57 韵
上声	51 韵	52 韵		55 韵
去声	56 韵	57 韵	59 韵	60 韵
入声	32 韵	32 韵	34 韵	34 韵
合计	193 韵	195 韵	—	206 韵

《刊谬补缺切韵》比《切韵》多两韵，上声多出一个广韵。上声韵目："五十一广虞掩反,陆无韵目,失。"在《广韵》里，这个韵目是"儼"。去声多出一个严韵。去声韵目："五十六严鱼淹反,陆无此韵目,失。"韵目字形和平声韵目"五十三严语辊反"字形相同，《广韵》这个去声韵目是"釅"。（但全本王韵去声正文无严韵，仍为五十六韵。）蒋斧藏本《唐韵》去声五十九韵，比《广韵》少一个"釅"韵，入声韵数和《广韵》相同。《广韵》再把《切韵》下列的十一韵各分成两韵：

切韵	真	轸	震	质	寒	旱	翰	末	歌	哿	箇
	‖	‖	‖	‖	‖	‖	‖	‖	‖	‖	‖
广韵	真	轸	震	质	寒	旱	翰	曷	歌	哿	箇
	谆	准	稕	术	桓	缓	换	末	戈	果	过

《切韵》的系统里，平上去三声没有鼻音韵尾的就没有相配的入声，收鼻音韵尾的才有相配的入声，所以入声韵数最少。去声泰、祭、夬、废四韵无相配的平上入三声，所以去声韵数最多。

每个韵都分成若干"小韵"，每个小韵是一组同音字（有的小韵只有一个字）。如《刊谬补缺切韵》东韵起头十七个小韵：(1)"东"等二字，(2)"同"等二十一字，(3)"中"等四字，(4)"虫"等五字，(5)"终"等十一字，(6)"忡"等两字，(7)"崇"等两字，(8)"嵩"等三字，(9)"戎"等四字，(10)"弓"等四字，(11)"融"等二字，(12)"雄"等二字，(13)"瞢"等三字，(14)"穹"等四字，(15)"穷"等三字，(16)"冯"等五字，(17)"丰"等六字。"东"字注云：

德红反，木方，二。

"德红反"表示本小韵的字读音都是"德红反",每个小韵第一个字下注的反切一直管到本小韵的末了。"木方"解"东"字,和本小韵别的字无干。"二"表示本小韵一共有"东"和"冻"两个字。"冻"字注云:

> 凌水,从冫,音冰。

每个小韵除第一个字标明本小韵的反切外,别的字都和第一个字同音,"冻"字和"东"同音,所以没有反切。"凌水"解释"冻"字,"从冫"是说"冻"字的字形,"音冰"是说"冫"字音冰。"同"字注云:

> 徒红反,二十一。

"同"是个常用字,没有解释,"徒红反,二十一"是说这个小韵的字都是"徒红反",一共二十一字。表示全小韵读音的"反切"都在第一个字的注里。表示又音的反切和解释一样,只管到本字,和本小韵别的字不相干。比如"中"小韵:

> 中陟隆反,景正,又陟仲反,四。衷里。忠诚言。苪草。

"陟隆反"是本小韵的反切,表示"中、衷、忠、苪"四个字都读"陟隆反"。"又陟仲反","陟仲反"是"中"字的又读,其他三字都没有这个又读。又如"终"小韵:

> 终职隆反,毕,十一。众多,又之仲反。……

"终"字注"职隆反"是本小韵的反切,本小韵十一个字都读"职隆反"。"众"字注"又之仲反","之仲反"是"众"字的又读,和其他十字无干。

全本《刊谬补缺切韵》每一个小韵第一字的注,先是全小韵反切,其次是本字解释(这一项可能没有),其次是本字又音,其次本小韵字数。各种韵书注的项目次第不完全一致。如《切二》"东"小韵和"中"小韵:

> 东德红反,二。按《说文》春方也,动也,从日,又云,日在水(当作木)中。涷水名。
>
> 中按《说文》和也,陟隆反,又陟仲反,三。 衷(当作衷)按《说文》衷,亵衣也。 忠

《广韵》"东"小韵和"中"小韵：

> 东春方也，《说文》曰动也，从日在木中。……德红切，十七。……
>
> 中平也，成也，……陟弓切，又陟仲切，四。　　衷…… 忠…… 苗……

我们读韵书的时候，必须小心，不能把一个字的又音当作整个小韵的音。

唐人钞本韵书都是"某某反"，《广韵》和《集韵》都是"某某切"，"某某反"和"某某切"是一样的，例如"东，德红反"和"东，德红切"同音。

《切韵》的字数，根据封演《闻见记》卷二"声韵"条，"凡一万二千一百五十八字"；①根据《式古堂书画汇考》书卷八所载孙愐《唐韵序》，是一万一千五百字。② 王仁昫《刊谬补缺切韵》全本卷一、卷三、卷四、卷五及敦煌本残本卷三、卷四、卷五有总字数，卷二无总字数，四卷合计，总字数是四万八千一百七十字，内"旧韵"九千四百七十三字，"训"一万七千六百五十三字，"新加韵"四千八百六十二字。仔细比对这两种本子的数字，知道这两个本子的确同出一原。假定卷二"旧韵"字数相当于其他四卷的平均数，那么王仁昫所据本《切韵》是一万一千八百四十一字。

故宫本王仁昫《刊谬补缺切韵》残本内部体例不一，是个拼凑起来的本子。不过这个本子卷首有全书总字数：

> 右四声五卷大韵总有一百九十五
>
> 小韵三千六百七十一　　二千一百廿韵清
>
> 　　　　　　　　　一千五百五十一韵浊
>
> 已上都加二百六十五韵
>
> 凡六万四千四百廿三言　　旧二万二千七百廿三言
>
> 　　　　　　　　　新加二万八千九百言

---

① 字数和李登《声类》相近。封演《闻见记》卷二"文字"条云："魏时有李登者，撰《声类》十卷，凡一万一千五百二十字。以五声命字，不立诸部。"

② 序云："今加三千五百字，通旧总一万五千文。"封演所见本比孙愐所见本多六百余字，故宫藏残本《刊谬补缺切韵》载长孙讷言序云"又加六百字"，也许封演所见本是长孙讷言笺注本。

大韵总数是没有问题的,195 韵比《切韵》多两韵。小韵的数目也大致可信。①3671 减去 265,《切韵》有 3406 个小韵。总字数 64423 比全本《刊谬补缺切韵》卷一、卷三、卷四、卷五四卷总字数 48170 多 16253 字,也可能近于事实,不过总数和所举细数不合。

根据以上所说《切韵》有 193 个大韵,3406 个小韵,一万一二千字,平均每个字大概有两个字"训解"。《切韵》全书篇幅不大,陆法言开皇二十年(公元 600 年)除名,第二年(仁寿元年,公元 601 年)就写成了。现存钞本唐人韵书中,《切一》可能近于《切韵》原本,《切三》可能近于长孙讷言注本,《切二》体例不纯,可能是个拼凑的本子。蒋斧藏本《唐韵》不知道和孙愐《唐韵》有什么关系。三种王仁昫《刊谬补缺切韵》,故宫藏残本一定是个拼凑的本子,其他两种是王仁昫本,没有什么问题。

从《切韵》到《广韵》,"大韵"的数目增加了,"小韵"的数目也增加了,字数("韵")和解释("训")也都增加了,可是就全本王韵和《广韵》说,所代表的音韵系统却是一致的。其他残卷不能考订音韵系统,不过拿来和全本王韵、《广韵》比较,看不出系统上的不同。当然这些韵书中间,反切用字不全相同,个别的字归哪一个韵,也有出入之处。不过这些出入并不妨害系统的一致。

韵书的音韵系统是根据反切研究出来的。陈澧的《切韵考》,就是根据《广韵》的反切作出来的,他的方法和结论,即使从今天的眼光来看,基本上也都是站得住的。《切韵考》和梁僧宝的《四声韵谱》,是读《广韵》的重要参考书。

《切韵》和《广韵》,一个韵可以是一个韵母,也可以有两个,三个或四个韵母。例如江韵是一个韵母,唐韵有两个韵母,麻韵有三个韵母,庚韵是四个韵母。王仁昫《刊谬补缺切韵》寒韵有两个韵母,"干看寒"等字是一个韵母,"官宽桓"等字是另一个韵母。《广韵》把《切韵》的寒韵分成寒桓两韵,寒韵是一个韵母,包括"干看寒"等字,桓韵也是一个韵母,包括"官宽桓"等字。无论寒桓分韵不分韵,"干看寒"的韵母总是和"官宽桓"不同。离开反切,单纯就韵部分合是考订不出音韵系统的。研究音韵,必须记住这一点。

---

① 全本《刊谬补缺切韵》,据拙著《切韵音系》(1956 年北京新一版)的校补,共计 3617 个小韵,其中 2094 个是清声母小韵,1523 个是浊声母小韵。根据上文 27 页(编者按:本书为 30~31 页)引的邵光祖《切韵指掌图检例》,《广韵》有 3890 个小韵。

四、《切韵》的重要性

《切韵》的重要性可以分成三方面来说。第一,《切韵》如实的记录了一个内部一致的语音系统。我们能够对当时的汉语音韵系统有比较全面的认识,主要是根据《切韵》系统的韵书。

第二,研究《切韵》以前的语音系统,要从《切韵》往上推。上文已经说过《切韵》不是兼包古今的韵书,并且指出当时还没有这个条件。这两句话之间有没有矛盾呢? 没有矛盾。因为语音演变是有规律的,一个时代的语音系统反映较早时代的语音系统。可以举一个现实的例子来说。北京语音没有入声,可是根据北京语音,还是可以看出某些字音古代一定是入声,某些字音古代一定不是入声。北京语音中,[p t k tɕ tʂ ts]等六个不送气塞音、塞擦音声母,逢阳平是古入声。例如:

> 拔白薄别博,达笛毒夺德,格革国,极局急绝节,宅浊直竹烛,杂贼昨足卒

北京语音中,[n]和[ŋ]两个鼻音韵尾字不是古入声。例如:

> 凡南衫染甘枕店尖剑险咸心,满饭山天眼真人近春困问云,忙方让两羊狂网冷兵轻送用

同样的道理,《切韵》系统是当时的语音系统,可是其中反映出《切韵》以前语音的情况。比如《切韵》有东、冬、锺三韵(举平声包括上声去声),根据反切,东韵有两个韵母,现在用"东"和"中"分别表示,在上古音里东韵"东"类字(一等)和锺韵字谐声押韵,东韵"中"类字(二三四等,简称三等)和冬韵字谐声押韵,《切韵》一个韵的两个韵母反映古代两个不同的来源。东韵"东"类字和"锺"韵字谐声的例如:

> 重 锺韵。　　　　　　动 东韵"东"类。
>
> 公 东韵"东"类。　　　讼 锺韵。

东韵"东"类字和"鍾"韵押韵的例如：

> 缝鍾韵。　总东韵"东"类。　公东韵"东"类。(《诗·召南·羔羊》三章："羔羊
> 之缝，素丝五总。委蛇委蛇，退食自公。")
>
> 东东韵"东"类。　蓬东韵"东"类。　容鍾韵。(《诗·卫风·伯兮》二章："自伯
> 之东，首如飞蓬。岂无膏沐，谁适为容。")

东韵"中"类字和冬韵字谐声的例如：

> 冬冬韵。　　　　终东韵"中"类。
> 宗冬韵。　　　　崇东韵"中"类。

东韵"中"类字和冬韵字押韵的例如：

> 仲东韵"中"类。　宋冬韵。　忡东韵"中"类。(《诗·邶风·击鼓》二章："从孙
> 子仲，平陈与宋。不我以归，忧心有忡。")

又如《切韵》的支、脂、之三韵，在现代方言里大都没有分别，可是就上古音说，这三韵的来历是不同的。

　　第三，研究现代汉语，可以用《切韵》来说明各方言的变迁和方言之间的关系。上文已经说过，《切韵》不是兼包各地方音的韵书，《切韵》的语音系统有一定的标准。既然如此，怎么能用《切韵》来说明各方言的变迁和方言之间的关系呢？这个问题要略加说明。我们不能假定所有现代方言都是从《切韵》系统演变下来的，可是我们可以假定《切韵》时期的方言，音类上头的差别比音值上头的差别小。我们也可以拿现代方言的情况来类推。拿北京和济南说，这两处的话一听就能分出来，音值差别相当大，可是音类差别不大。这两处都有阴阳上去四个声调。两处的调值（声调的高低升降）相差很远：

	阴平	阳平	上声	去声
北京	˥55	˧˥35	˨˩˦214	˥˩51
济南	˨˩˧213	˥˨42	˥55	˧˩31
例字	飞天	人云	苦米	送旧

可是北京和济南调类（哪个字属哪个调）差别不大。古平声清声母字北京、济南都读阴平，如"飞、天"。古平声浊声母字北京、济南都读阳平，如"人、云"。古上声清声母字和次浊声母字北京、济南都读上声，如"苦、米"。古上声全浊声母字北京、济南都读去声，如"淡、舅"。古去声字北京、济南都读去声，如"送、旧"。总起来说，古平上去三声字，北京、济南两处今调类都相同，只有古入声，两处今调类有一部分不同。古入声清声母字北京读阴阳上去四声不定，济南都读阴平，如"黑"字北京阴平，"竹"字北京阳平，"铁"字北京上声，"客"字北京去声，济南这四个字都是阴平。古入声次浊声母字北京、济南都读去声，如"麦、药"。古入声全浊声母字北京、济南都读阳平，如"十、滑"。声调如此，声母、韵母的情况也类似。济南的[ẽ]韵和北京的[nɘ]韵音值差得很远，可是济南的[ẽ]韵字和北京的[ən]韵字大致相当。例如"本、门、分、真、枕、沉、深、人、根、肯、恨、恩"等字，济南都是[ẽ]韵，北京都是[ən]韵。拿现在方言的情况类推古代方言的情况，我们可以假设《切韵》时期，方言之间音类的差别不大。《切韵》前后其他音韵史料，如隋代诗文押韵的情况，也是符合这个假设的，不过本文不能细说。这是一层。

其次，上文已经指出，《切韵序》云："遂取诸家音韵，古今字书，以前所记者，定之为《切韵》五卷。"《切韵》所根据的书里头一定包含有书面语成分和方言成分（这个方言的口语在那个方言里可能只用在书面上），不过这些成分都折合成《切韵》的语音系统。我们对于现代方言知道的不多，对于古代方言知道的更少，不过还是可以举两个例子来说明。比方烙饼的用具，北京叫"铛"（铛）[tʂʻəŋ]，①浙江温岭叫"鏊"[ŋɔ°]。《广韵》庚韵："铛，鼎类，楚庚切。"《广韵》号韵"五到切"下："鏊，饼鏊。"我们不知道《切韵》所根据的语言到底用"铛"还是用"鏊"，还是两个都用。现代方言告诉我们，凡是用"铛"的方言，这个字的音韵地位是"楚庚切"；凡是用"鏊"的方言，这个字的音韵地位是"五到切"。

又如"针灸"的"灸"字，北京读[tɕiou]上声，和数目字"九"字同音，梅县读[kiu°]去声，和"救护"的"救"同音。《广韵》上声"有"韵"举有切"下："灸，灸灼也，又居又切。"又去声宥韵"居祐切"下："灸，灼也，又居有切。"北京"灸"字从古上声来，梅县"灸"字从古去声来。我们也不知道《切韵》所根据的语言，"灸"是上声还是去声，还是上去两读，我们只能说，现代方言的"灸"字有的从

---

① 注意，不是读[tɕʻiaŋ]的字。

古上声来的,有的从古去声来的。同义字(如"铨"与"鏊")和异读字(如"灸"有上去两读),其中可能有一个是书面语成分或方言成分。①

《刊谬补缺切韵》所收同义字和异读字比《切韵》多。比如"筛"字,②北京读[ʂai],浙江温州读[sɿ]。全本《刊谬补缺切韵》平声支韵"所宜反"下:"箷,下物。《广韵》作'下物竹器'。籭,濾,亦作箷,又所佳反,亦筛、簁。"又佳韵"山佳反"下:"籭,濾,又山猗反。"上声纸韵"所绮反"下:"箷,筝。"北京"筛"字读音从"山佳反"来,温州"筛"字读音从"所宜反"来。《切三》支韵"所宜反"下有"箷,下物",佳韵"山佳反"下无"箷"或"籭",可以假定《切韵》本来如此。

《广韵》字数,据卷首所载:

> 凡二万六千一百九十四言
> 注一十九万一千六百九十二字

所收的字和注都比《切韵》多的多,内容丰富,用起来就更方便了。比方说,"块"字《广韵》有两个读法,一个见队韵:"块,土块,苦对切";一个见怪韵"苦怪切"下:"塊,俗云土块"。北京"块"字读[kʻuaiˀ],和"怪"字[kuaiˀ]韵母相同,从"苦怪切"来。杭州"块"字读[kʻueiˀ],和"悔"字[hueiˀ]韵母相同,从"苦对切"来。蒋斧藏本《唐韵》和《刊谬补缺切韵》,"块"字都只有队韵"苦对反"一读,没有怪韵的读法,我们可以假设,《切韵》原来大概"块"字也只有队韵一读。这就不能解释北京等处"块"和"怪"韵母相同的读法了。"块"字西南、西北方言还有上声一读,如兰州[ᶜkʻuɛ],重庆[ᶜkʻuai],不见于《广韵》、《集韵》。

又如《广韵》没韵"户骨切"下有"榾"字,注云:"果子榾也,出《声谱》。"北京说[ᶜxur]、桃[ᶜxur]、杏[ᶜxur],[ᶜxur]就是"榾儿","榾"读[ᶜxu],读音和"户

---

① 《切韵》的同义字和异读字不一定有一个是书面语成分或方言成分,一个方言里头当然允许有同义字和异读字。我们只是就韵书中同义字和异读字在现代方言中分布不同提出一些假设而已。"特别字"(音韵地位特别的字)就是各方言中来历不同的字,看《湖北方言调查报告》第1494~1507页。

② 《广韵》"筛"有四个写法,五个读音:平声支韵"所宜切"下:"箷下物竹器。"籭濾也,又山佳切。"脂韵"疏夷切"下:"筛……又竹器也。"佳韵"山佳切"下:"籭竹[器]名。"皆韵"山皆切"下:"箷箷筝,古以为玉柱,故字从玉,今俗作箷。"上声纸韵"所绮切"下:"箷筝也,《说文》曰,箷箄,竹器也。"加上《刊谬补缺切韵》的"簁",共有五个写法。读韵书必须注意形音义三方面,不能专看字形。

骨切"完全符合：[x]声母阳平和匣母入声符合，[u]韵母和"骨"字[ᶜku]相同。广州说[uɐt̚₂]，也是"榾"字，读音也与"户骨切"完全符合：零声母阳入相当于匣母阳入，[uɐt̚]韵母和"骨"字[kuɐt̚₂]同韵母。蒋斧藏本《唐韵》和《刊谬补缺切韵》没韵都没有"榾"字，可以假定《切韵》原本也没有这个字。

又如《广韵》祃韵"必驾切"下："坝，蜀人谓平川为坝。"四川一带平地叫"坝子"，抗战时到过四川的人知道重庆有沙坪坝，成都有华西坝，"坝"字读[pa°]，读音和"必驾切"相合。《刊谬补缺切韵》祃韵无"坝"字，蒋斧藏本《唐韵》"必驾反"下："坝，蜀人谓平川为平坝，加。"末了有一"加"字，表示《切韵》原本无"坝"字。

又如《广韵》效韵"所教切"下："潲，豕食；又雨溅也。""豕食"和"雨溅"，这两个意思不相关连。北京雨从窗户进来叫"潲雨"，"潲"读[ʂau°]，和"所教切"完全符合。成都管"泔水"叫"潲水"，"猪食"叫"猪潲"，平常用潲水喂猪，所以"潲水"和"猪潲"是同一回事。"潲"字读[sau°]，读音也和"所教切"符合（成都[s- ʂ-]不分，都读[s-]）。《刊谬补缺切韵》和蒋斧藏本《唐韵》效韵"所教反"下"潲"字注仅云"豕食"。可见《切韵》原本"潲"字没有"雨溅"的解释。

以上几个例子可以说明《广韵》增加的字和训解可以帮助我们了解现代汉语方言。《集韵》字数更多，卷首韵例说"字五万三千五百二十五"，注云"新增二万七千三百三十一"。相差二万六千一百九十四，就是《广韵》卷首所载字数，可见《集韵》是据《广韵》新增。《集韵》的音韵系统已经和《广韵》略有不同，不过《集韵》增加字还是可以补《广韵》之不足。例如《集韵》去声宥韵"息救切"下："锈，铁上衣也，或作锈、鏥。""锈"字各方言都用，北京读[ɕiou°]，和"息救切"相合。又"余救切"下："釉，物有光也，通作油。"现在说瓷器陶器表面上的一层有光的东西叫"釉"，北京读[iou°]，和"余救切"相合。《刊谬补缺切韵》、蒋斧藏本《唐韵》、《广韵》都没有"锈"字"釉"字。

"续、俗"两字，《切三》、《刊谬补缺切韵》、《广韵》都同音，都在烛韵，《广韵》"似足切"。"续、俗"广州都读[tsok̚₂]阳入，苏州都读[zoʔ₂]阳入，读音都和《广韵》等符合。北京"续"读[ɕy°]去声，"俗"读[ˏsu]，两字不同音。北京烛韵的"足"读[ˏtsu]，"促"读[tsʻu°]，"粟"读[su°]（古清音声母入声字，北京今读阴阳上去不定）。"俗"字读[ˏsu]，韵母和"足、促、粟"等相同，邪母入声今读[s-]阳平，读音和"似足切"符合。"续"字读[ɕy°]，韵母和"足、促、粟"不同，声调读去声不读阳平，读音和"似足切"不符。《集韵》去声遇韵："续，辞屡切，连也。"，北京"续"字读音和"辞屡切"完全符合。

《集韵》去声效韵"豹,巴校切"下:"趵、跳跃也。"浙江温岭[pɔ°],是跳跃的意思,读音和"虎豹"的"豹"相同,音义全和《集韵》"趵"字相符。济南有"趵突泉","趵"字读[pɔ°]去声,泉水上跃,高出水面三尺左右,昼夜不停。泉水命名,显然取"趵"有"跳跃"之义。《刊谬补缺切韵》、蒋斧藏本《唐韵》、《广韵》效韵都没有"趵"字。这个字是《集韵》增加的。(全本及敦煌本《刊谬补缺切韵》入声觉韵"北角反"下有"趵"字,训"足击",《广韵》"北角切"下同,《集韵》"北角切"下:"趵,从足击也。"这个字和去声的"趵"字音义有别。)

最后必须指出,方言里有些读音是《切韵》系韵书不能解释的。例如"鼻"字广州读[pei²]阳去,和《广韵》至韵"毗至切"相符。"鼻"字苏州读[bəʔ₂]阳入,是从古入声来的。北京没有入声,"鼻"字读[ₒpi]阳平,也表示这是古入声字。《切韵》系韵书里"鼻"字没有入声读法。可是孙奕《示儿编》卷十八"声讹"条有"以鼻为弼"的说法,可见"鼻"字古代有入声读法,不过《切韵》系韵书没有收这个读音而已。

至于晚起的字,当然不能从《切韵》系韵书得到解释。例如北京"甭"读[ₒpəŋ],是"不用"两字的合音,苏州"嬎"读[fiæ°]阴去,是"勿(不)要"两字的合音,北京"卡片、卡车"的"卡"读[°kʻa]是译音("卡片"译英文 card,"卡车"译英文 car)。

总起来说,现代方言的语音现象,大部分都可以从《切韵》的语音系统得到解释。

周德清的《中原音韵》[①]

杨耐思

导言——

本文原载于《中国语文》1957 年 11 月号,现选自杨耐思论文集《近代汉语音论》(商务印书馆,1997)。

作者杨耐思(1927~2019),湖南临湘人。现代著名语言学家。主要从事汉语音韵、近代汉语研究。著有《中原音韵音系》、《蒙古字韵校本》等。

---

① 本文是在陆志韦师指导下写成的,陆师提示甚多,未及——注明,特此申谢。

元代的《中原音韵》是一部规范并指导当时人作曲的曲韵。但从汉语史角度来看,该书打破旧韵书的束缚,记录了当时实际语音,因而是近代语音史上一部划时代的韵书,研究它对了解现代汉语普通话的来源有重要意义。杨耐思先生这篇文章以详尽的史料、透彻的研究、独到的见解,全面地解说了《中原音韵》的年代、作者、编例、内容及其语音性质等问题,介绍《中原音韵》的革新精神、音系特点及其历史影响等。本文几乎可以目为作者《中原音韵》研究的专著《中原音韵音系》的缩写本来读。凡《中原音韵》中的疑难问题,诸如入声有无、两收字问题等等,本文几乎都有涉及与论述,尽管有的问题目前学术界仍乏一致认识,但本文提供的资料与观点足以给治近代音学者以借鉴和启发。

《中原音韵》是十四世纪时为北曲用韵所做的一部韵书。它的最大特点是完全摆脱了传统的仿古韵书的羁绊而根据实际语言的韵部编成。这是汉语音韵史上一次重大的变革。十三四世纪的北曲用韵代表当时北方话的语音系统。这样,《中原音韵》所代表的语音也就是当时的北方话语音,这对于我们探讨普通话的形成和发展有着重要的意义。几乎可以说,研究普通话语音系统的形成,《中原音韵》是最主要的参考资料。人们认为现代普通话的语音早在十三四世纪时就已经奠定了基础,也主要是指《中原音韵》说的。

一、《中原音韵》的产生

我们要从汉语韵书的发展的背景上来看《中原音韵》的产生。我国语言学史上,韵书的发达是一个重大的特点,三世纪到六世纪,颜之推(531~591)就称为"音韵蜂出"的时代,到了七世纪初,陆法言等人做成了一部有名的《切韵》,后来陆续出现的王仁昫《刊谬补缺切韵》、《唐韵》,以及十一世纪的《广韵》、《集韵》等等都是根据《切韵》而增订的。这一类韵书是按音韵编排的汉语字典,但是它的音韵系统却不能完全代表当时的实际语音。语音是随着时代的变迁而发展的,用韵书固定了下来的音韵系统与实际语音系统也就越来越相背离。我们从域外方言对音里可以很清楚地看到这种情况(例见罗常培《唐五代西北方音》,史语所单刊甲种之十二,1933),又从历代诗歌的用韵和别的方面也可以看到一些韵书不合乎实际语音的情形。唐末李涪批评《切韵》说：

> 吴音乖舛，不亦甚乎？上声为去，去声为上。又有字同一声，分为两韵。……法言平声以东、农非韵，以东、崇为切；上声以董、勇非韵，以董、动为切；去声以送、种非韵，以送、众为切；入声以屋、烛非韵，以屋、宿为切。又恨怨之恨则在去声，很戾之很则在上声；又言辩之辩则在上声，冠弁之弁则在去声；又舅甥之舅则在上声，故旧之旧则在去声；又皓白之皓则在上声，号令之号则在去声。又以恐字、苦字俱去声。今士君子于上声呼很，去声呼恐，得不为有知之所笑乎？（见李涪《刊误·切韵》，左氏百川学海本第十五册）

李涪又说："凡中华音切，莫过东都，盖居天地之中，禀气特正，余尝以其音证之，必大哂而异焉！"可见李涪是以"东都音"来衡量《切韵》的。

李涪把《切韵》不合乎当时东都音的地方归结为"吴音乖舛"，自然是批评得不恰当，但却为我们指出了《切韵》已经与当时北方话实际语音不合这一点，并且揭露了当时语音演变的某些重要现象。例如：从李涪所举的"去声为上"的例子看来，《切韵》中的全浊上声字在李涪时代已经变为去声，与同声韵的全浊去声字同音了（很、辩、舅、皓——全浊上声；恨、弁、旧、号——全浊去声）。

虽然这类韵书越来越不合乎语言的实际，但是它一直流行了好几百年。其间却也经过了一些改革，比如十三世纪初金韩道昭做的一部《改并五音集韵》。《改并五音集韵》写成于1211年，它除了并韵之外，还把韵内的字按着声母的次第加以重新编排（始于见，终于日），改并《广韵》为160部。王文郁的《新刊韵略》写成于1229年，它的归并基本上是按十一世纪的《礼部韵略》(1037)的独用，同用的界限来定的，稍有不同的是将上声迥、拯，去声径、证、嶝又加以合并，更进一步把《广韵》206韵合并为106韵。不过这些改革还只是把《切韵》系统机械地加以并合罢了。所以说，它们都属于传统韵书的范围。

在这以后不久，传统的韵书发生了一次重大的变革，这可以拿十三世纪的《古今韵会举要》和《蒙古字韵》作代表。《古今韵会举要》系元黄公绍、熊忠所作，成书于公元1297年。它的声韵系统，据考察结果，是一个与《切韵》系统很不相同的新的系统。又从它里面所附《七音三十六母通考》（作者待考）小序说"惟以雅音求之，无不谐叶"的话看来，好像就是代表当时普通话语音系统的。《蒙古字韵》是一项对音史料，现存抄本是公元 1308 年朱宗文(伯颜)的校订本。这部韵书所收的汉字上面标注了元帝国于公元 1269 年颁行的八思巴字，是作为音译汉字所使用的范本。它的语音系统跟《古今韵会举要》基本上相一致。这次的改革才真正算是根据当时实际语言的语音来改革的，但是也在一定程度上受旧韵书的影响。比如《古今韵会举要》的分部表面上还维持《平水韵》的面貌，又如声母方面，非、敷实际上已不分，但按旧系统仍把它们加以区分。疑母演变成喻母的字音还注为"角次浊次音"(舌根鼻音)。在声调方面保存入声，《古今韵会举要》更是以入声分卷的。《中原音韵》也就是在这种风气之下产生的，从语言上看，后者比前者更有价值。

以上说的是韵书的沿革。在等韵方面，十三四世纪的等韵对传统韵书也做了某些改革，如跟《中原音韵》同时期的《经史正音切韵指南》(1331)将《广韵》韵部简化为十六摄，它把《广韵》"痕"、"魂"与"元"分开(分隶于臻摄与山摄)，又把入声韵配阳声韵以后再配阴声韵，它的三十六字母也与《切韵》的声母类别不同，显然是受了实际语音的影响；但是除了上述的几点发明外，它基本上还是按早期描写《切韵》音系的等韵图(如《韵镜》、《七音略》等)机械地来进行归并的，这种极不彻底的改革显然不能与《中原音韵》相比。

二、《中原音韵》的作者及内容

《中原音韵》写成于元泰定元年(1324)，书里《正语作词起例》上说：

> 《中原音韵》的本内，平声阴如此字，阳如此字，萧存存欲锓梓以启后学，值其早逝。泰定甲子以后，尝写数十本散之江湖，其韵内平声阴如此字，阳如此字，阴阳如此字。……今既的本刊行，或有得余墨本者，幸毋讥其前后不一。

可见原稿写成后，最初是把平声分为三类的"墨本"(写本)在世上流传，后来才按修改稿刊行的。刊行的年月已不可考，但最早不能早于公元 1333 年(见陆志韦《释中原音韵》，燕京学报第 31 期，1946)。

关于《中原音韵》的作者周德清的历史，文献记录不多，贾仲明的《录鬼簿续编》(见《天一阁蓝格写本正续录鬼簿》中华书局上海编辑所 1960 年影印。《录鬼薄续编》是否贾仲明所著,尚难确定;不过它写成于 15 世纪初是没有疑问的)上记载:

> 周德清,江右人,号挺斋,宋周美成之后。工乐府,善音律。病世之作乐府,有逢双不对,衬字尤多,失律俱谬者;有韵脚用平、上、去不一而唱者;有句中用入声、拗而不能歌者;有歌其字音非其字者;令人无所守。乃自著《中州韵》一帙,以为正语之本,变雅之端。其法:以声之清浊,定字为阴阳,如高声从阳,低声从阴,使用字之随声高下情为词,各有攸当。以声之上下,分韵为平分。如直促杂谐音调,故以韵之入声,悉派三声,志以黑白,使用韵者,随字阴阳,各有所协。则清浊得宜,上下中律,而无凌犯逆物之患矣! 奎章虞公叙之以传于世。又自制为乐府甚多,……皆佳作也。长篇短章,悉可为人作词之定格。

江西《高安县志》(据康熙本《高安县志》第 38 卷,《文苑传》)也有一段简单的记载:

> 周德清,暇堂人,工乐府,精通音律之道,所著有《中原音韵》行于世……

再是明初王伯良在他的《曲律》(天启五年[公元 1625 年]方诸馆原刻本)里也几次地谈到周德清的《中原音韵》,除了批评周氏以外,其他与上项记载一致。

从上面的记载里,我们了解到周德清是元代高安县人,是个"工乐府、善音律"的戏曲家。元杨朝英所辑的《朝野新声太平乐府》(1351)中收入周德清的词(即曲)25 个只曲和两个套曲,写的相当好。可见他不只对戏曲有很深的研究,而且还是一个戏曲作家。

《中原音韵》的内容分为两大部分:

第一部分就是韵书,他将所收的字分隶于东钟、江阳、支思、齐微、鱼模、皆来、真文、寒山、桓欢、先天、萧豪、歌戈、家麻、车遮、庚青、尤侯、侵寻、监咸、廉纤等十九个韵部,每个韵部之中又按声调、声母、韵母的不同分为各个同音字群,同音字群之间用圆圈隔开,一共约有 1600 多个同音字群(相当于 1600 多个音节)。

第二部分为《正语作词起例》，是理论部分，讨论作曲的方法，曲词的用韵，以及语音上的某些问题。

据韵书内容，可以求出它所代表的语音系统，一般的认识如下：

（一）声母（与等韵家所传的 36 字母相对照）

p	崩、並——帮、並（仄）
p‘	烹、蓬——滂、並（平）
m	蒙——明
f	风、丰、冯——非、敷、奉
v	亡——微
t	东、洞——端、定（仄）
t‘	通、同——透、定（平）
n	脓、浓——泥、娘
l	龙——来
ts	宗、匠——精、从（仄）
ts‘	惚、丛——清、从（平）
s	嵩、颂——心、邪
tʃ	庄钟、中、仲、状——照、知、澄（仄）、床（仄）
tʃ‘	窗充、宠、床、长、臣——穿、徹、床（平）、澄（平）、禅
ʃ	双春、是绳、时——审、床、禅
ȝ	而戎——日
k	工、共——见、群（仄）
k‘	空、穹——溪、群（平）
ŋ	仰——疑
x	烘、红——晓、匣
ɸ	央、养、义——影、喻、疑

v 这一声母，陆志韦师认为是一个半元音性质的唇齿音，不是真正的 v（参考《释中原音韵》第 7～8 页）。

tʃ、tʃ‘、ʃ、ȝ 是根据罗常培师的拟音（参考《中原音韵声类考》，史语所《集刊》第二本第四分），从音位归纳方面来看，这是正确的。要补充说明的是，做历史的考察时，还有必要把它分为两套。因为在鱼模、真文、萧豪、尤侯、侵寻等韵部里照₂组与照₃、知组声母有对立;只在支思韵部里,照₂、照₃组声母混同,却又不杂知组声母,知组声母字全收入齐微韵部。显然照₃、知组声母当时还能作软颚音,因而能与-i-相接,一部分照₃组声母变同照₂组,不能与-i-相接,支思韵部所以别立出来,正是因为它不是 i 元音了。

《切韵》系统的疑母(ŋ)在十三四世纪北方话里普遍转化为颚化音或失去。在《中原音韵》里这种演变也还没有完成,如江阳韵部里,仰与养对立;萧豪韵部里,傲与奥对立;歌戈韵部里,我与婀对立;只可解释为前一字仍为 ŋ。

（二）韵母:

东钟		uŋ	iuŋ	
江阳		aŋ	iaŋ	uaŋ
支思		ï		
齐微		ei	i	uei
鱼模		u		iu
皆来	ɑi		ai	uai
真文		ən	iən	uən	iuən
寒山	ɑn		an	uan
桓欢		ɔn		
先天				iɛn	iuɛn
萧豪	ɑu		au	iɛu
歌戈		ɔ		uɔ
家麻		a	ia	
车遮			iɛ	iuɛ
庚青		əŋ	iəŋ	uəŋ	iuəŋ
尤侯		əu	iəu	
侵寻		əm	iəm	
监咸	ɑm		am	
廉纤			iɛm	

在皆来、寒山、监咸等韵部里,同声母的一等字跟二等字,有的已经合而

为一,如皆来:乃(泥₋)、妳(娘₋)同音;寒山:阑(来₋)、斓(来₋)同音;监咸:南(泥₋)、喃(娘₋)同音。但是舌根音声母的一等字还是跟二等字相对立的,例如:海(晓₋)、骇(晓₋);赶(见₋)、简(见₋);感(见₋)、减(见₋)不同音。按北方话现代方言拟音,这里的"骇"等该是颚化了的,可是元音还近乎 a(kian 等),不同于先天、廉纤韵部里的舌根音字(kien,kiem)。《蒙古字韵》正是这样注音的(本陆师说法,参考《释中原音韵》)。现在我们用 ɑ 代表一等舌根声母字的元音,a 代表其他声母的一等字跟一切声母(包括舌根声母)的二等字的元音,是为了把皆来、寒山、监咸跟下文的萧豪拟成同一格式。并且《中原音韵》的系统里,寒山和桓欢分韵,那么,把寒山的一等舌根声母字拟成 ɑ,是比较近情理的;再者,如把"间"拟成 kian,"见"拟成 kien,那样的拟音,也未免太冒险,虽然《蒙古字韵》有类似的表示。

萧豪韵基本上是跟寒山、监咸等韵部平行的,可是又多出褒(帮₋)、包(帮₋);脑(泥₋)、挠(娘₋)的对立,《正语作词起例》所载辨音例中也有"褒有包"等例子可为旁证;不过袍(並₋)、庖(並₋);揉(泥₋)、铙(娘₋)却不对立。看来,这里的 au 韵母里还不只限于舌根声母字。《蒙古字韵》在这里也有不同,它把一等舌根声母字跟一、二等其他声母字全都合在一韵,注为-au(褒、包;脑、挠同音),而是把二等舌根声母字独立出来,注为颚化音(kiau 等)。跟上面所提到的寒山、监咸等韵部里的情形是一样的。

(三) 声调:

平声阴

平声阳,入声作平声阳

上声,入声作上声

去声,入声作去声

这个语音系统跟《切韵》系统有很大的不同,现在只就其中几种重要的演变现象简单地谈一谈:

(1)全浊声母消失:全浊声母丧失浊音的性质,演变为相对应的清声母,塞音和塞擦音变为清声母后,在声调上平声送气,仄声不送气,同时全浊上声变为去声。

(2)《切韵》系统里的照₌组声母与照₋组声母在支思韵部里合流,如眵、差/施、师同音;支思韵部里全收舌齿音声母,但与知组绝缘,可见在这一韵部里照三组声母发生了很大的变化。

（3）-m 韵开始转化为-n 韵，如寒山韵部里收凡、范、犯字；真文韵部里收品字。这种演变只限于唇音声母，是由于首尾异化作用所引起的，这与现代粤语完全相同。

（4）《中原音韵》里有好些系统性的两韵并收的字。例如：

> 崩、烹、鹏、盲……
>
> 肱、倾、轰、宏、兄、泓、荣……（收入东钟与庚青）
>
> 轴、熟……
>
> 竹、宿……
>
> 褥（收入鱼模与尤侯）
>
> 薄、缚、铎、浊、著、杓、凿、鹤、镬、学……
>
> 末、诺、落、略、弱、萼、虐、岳……（收入萧豪与歌戈）

这些两韵并收的字有一部分是真正的两读，有些则是杂揉方言现象的结果。陆师云：两韵并收的字，惟有萧豪和歌戈的入声字，可能是方言异读的现象。鱼模和尤侯的入声字不能与之相提并论。尤侯韵其实没有入声，《中原音韵》所收寥寥无几，且绝大多数又见于鱼模；诸宫调尤侯无入声。东钟和庚青的关系又另是一种情形。今日的方言有东钟全同庚青的，也有庚青的某些舌根音声母合口字归入东钟的，或是东钟的唇音声母字归入庚青的。《中原音韵》的并收不以音理为准。大致是：并收不并收，只凭元曲里实在出现与否。入声字的并收更是因为曲韵的"韵缓"，不比东钟和庚青的舌根音、唇音声母字或是鱼模和尤侯的入声作平、上、去声的字。不只如此，周德清归纳各家用字时不免疏漏。就拿关、郑、白、马的韵文来校对，何字收入何韵，多跟《中原音韵》不合。我们不能根据《中原音韵》来订定某一个字的语音，在入声字方面更不能强求。

（5）《中原音韵》里把入声派入三声，似乎当时在实际语言里已经失去了入声，周氏才把这种现象反映到他的韵书里的，可是他在《正语作词起例》中却说：

> 入声派入平、上、去三声，如鞾字，次本韵后，使黑白分明，以别本声、外来，庶便学者。

> 余曰：尚有此恨，……从葺音韵以来，每与同志包猜，用此为则：平、上、去本声则可，但入声作三声，如平声伏与扶，上声拂与斧，去声屋与误字之类，俱同声则不可，何也？入声作三声者，广其押韵，为作词而设也。毋使此为彼，当以呼吸言语还有入声之别而辨之可也。

这种说法也贯彻到他的韵书中了，他把入声派入三声时，是附属在本韵部之后，不像对待"浊上变去"那样直接跟三声的字合并在一起，而是使"黑白分明"的！派入三声之后他又像是不敢负起这个责任。比如他在《正语作词起例》上又说：

> 平、上、去、入四声，《音韵》无入声，派入平、上、去三声，前辈佳作中间备载明白，但未有以集之者，今撮其同声，或有未当，与我同志改而正诸。

分派也是按声母的发音方法机械地去做的，与实际语音演变情形不完全符合。这种种情形至少可以说明周德清的脑子里是存在着入声的概念的，至于当时北方话有没有入声尚是个疑案，单凭《中原音韵》的"入派三声"来证明当时已经失去入声是比较困难的事。

（6）《中原音韵》里声调演变的另一大特点是平声分为阴阳两类，《中原音韵》周德清自序上说：

> 字别阴阳者，阴阳字平声有之，上、去俱无，上、去各止一声，平声独有二声……试以（某）字调平仄，又以（某）字调平仄，便可知平声阴阳字音，又可知上、去二声各止一声，俱无阴阳之别矣。

这是揭露了当时语言的实际情形的，不过如我们前面所引的周氏最初的写本是平声分为三类的，那就是用两种标准同时用于一种现象的不科学的方法。卓从之的《中州乐府音韵类编》(1351，原见《太平乐府》，可是现在所见的本子未必就是"北腔韵类"。它和《中原音韵》虽然是同出一源，而卓书字数较少，当比《中原音韵》为早出)就正是这样分的。

三、《中原音韵》语音的性质

《中原音韵》所代表的语音系统的性质，我们可以从下面三方面来看。

（一）《中原音韵·正语作词起例》上说：

> 余尝于天下都会之所，闻人间通济之言，世之泥古非今，不达时变者众，呼吸之间，动引《广韵》为证，宁甘受鴃舌之诮而不悔，亦不思混一日久，四海同音。上自缙绅讲论治道，及国语翻译，国学教授言语，下至讼庭理民，莫非中原之音。不尔，止依《广韵》呼吸，上、去、入声姑置，未暇殚述。略举平声，如"靴"（许戈切），在戈韵；"车、邪、遮"却在麻韵，"靴"不协"车"，"车"却协麻，"元、暄、鸳、言、褰、焉"俱不协先，却与魂、痕同押。

由这段话里可以看出，周德清做书时是带着语音发展的观念的，他批评"动引《广韵》为证"的人为"泥古非今"、"不达时变"，可见他自己是坚决抛开《广韵》一系传统韵书来审音定韵的。事实上在他的韵书里也这样做了（如上所述）。

上面的话里又提到"中原之音"，并说当时社会的各种交际，都是用"中原之音"为标准，也就使人觉得这种"中原之音"似乎就是当时的普通话语音。

又在《中原音韵·自序》里说：

> 言语一科，欲作乐府，必正言语；欲正言语，必宗中原之音。

戏曲用韵也是遵从"中原之音"的，可见《中原音韵》的语音也就是"中原之音"的纪实。不过周德清在《正语作词起例》另一处却说："余生当混一（统一）之盛时，耻为亡国（指南宋）搬戏之呼吸；以中原为则，而又取四海同音而编之"。看来还不是纯粹的"中原之音"的纪实。

（二）《中原音韵》是从它以前和当时的戏曲用韵中归纳出来的，这是可以得到证明的。这不仅是周氏自己一再说明他的书是根据了"前辈佳作"，就是人家的批评也是由这里而引起的，如明王伯良说：

其所谓韵,不过杂采元前贤词曲,掇拾成编(见《曲律·论韵》)。

十三四世纪的北方戏曲是在北方话口语的基础上产生的,戏曲语言接近口语的程度是可以想见的。如果周德清以他精通戏曲的本领,对戏曲用韵进行纯客观的归纳,似乎《中原音韵》能够完全符合十三四世纪北方话的口语语音。可是事实并不如此简单,首先,这些元曲作家并非同一个地方的人,难免不杂揉自己方言的成分;就是同一地区的作家用韵也未必能完全一致。实际上,元曲用韵不合《中原音韵》的例子并不很少。

只可以说,《中原音韵》是当时戏曲用韵的规范,基本上代表了当时北方话口语的语音系统。

(三)《中原音韵》与当时改革了的韵书如《古今韵会举要》与《蒙古字韵》在语音上有很大的不同。简单说来,在声母方面,后者多出一套全浊声母并且在很大程度上保存了舌根鼻音声母(ŋ);韵母方面后者的-uŋ韵部与-əŋ韵部所收的字与《中原音韵》有很大差异;声调方面也不同。这样大的分歧只可以理解为两者所根据的不是同一个语音系统。

四、《中原音韵》的重要性

(一)上面已经提到《中原音韵》基本上代表了十三四世纪北方话口语语音系统,成为探讨普通话语音的形成和演变的重要资料,从《中原音韵》出发,可以了解现代北方话各个方言的语音演变的历史概况。

(二)《中原音韵》对传统的韵书做了一次彻底的改革,这种改革也给予它以后的韵书很大的影响。如菉斐轩《词林要韵》、朱权的《琼林雅韵》(1398)是以《中原音韵》为蓝本而加以注释的;兰茂的《韵略易通》(1442)的分部也是基本上符合《中原音韵》的。不过,兰书把鱼模再分为居鱼、呼模二部,共20部。陆师云:元曲里齐微也跟鱼模偶然同用,南戏的用韵更只能用兰书的音韵系统来了解它,参看《西儒耳目资》。在声母方面更把当时北方话的声类用早梅诗明确地肯定了下来。毕拱宸的《韵略汇通》(1619)是改编兰茂的书而成的。它把-m诸韵部索性并入-n诸韵部去,为我们保存了一项极重要的语音演变的纪录,这也是受了《中原音韵》根据实际语音来审音的作风的影响的。

(三)《中原音韵》是为戏曲用韵而做的,它以后的许多年代里,戏曲作家都是根据它来作曲的,因而它对于戏曲用韵所起的规范作用很大,在一定程度上促进了戏曲用韵的统一。

♀ 延伸阅读 ♀

1. 陈第《毛诗古音考序》,见洪诚选注《中国历代语言文字学文选》,江苏人民出版社,1982。

2. 陈寅恪《从史实论切韵》,见《金明馆丛稿初编》,上海古籍出版社,1980。

3. 陈振寰《音韵学》,湖南人民出版社,1986。

4. 董同龢《汉语音韵学》,中华书局,2001。

5. 陆法言《切韵序》,见洪诚选注《中国历代语言文字学文选》。

6. 罗常培《汉语音韵学导论》,中华书局,1956。

7. 邵荣芬《汉语语音史讲话》,天津人民出版社,1979。

8. 唐作藩《音韵学教程》,北京大学出版社,1987。

9. 王力《汉语音韵》,中华书局,1963。

10. 王力《汉语语音史》,中国社会科学出版社,1985。

11. 颜之推《颜氏家训音辞篇》,见洪诚选注《中国历代语言文字学文选》。

12. 俞敏《永明运动的表里》,见《俞敏语言学论文集》,商务印书馆,1999。

13. 赵诚《中国古代韵书》,中华书局,1980。

14. 周德清《中原音韵序》,见洪诚选注《中国历代语言文字学文选》。

♀ 问题与思考 ♀

1. 试将音韵学的名词术语归纳成一体系,并以现代语音学理论作出解释。

2. 试举例说明古今音变,并据以进行历史分期。

3. 简述《切韵》和《中原音韵》的内容。

4. 试述音韵学与文学的关系。

5. 试述音韵学与文字学、训诂学的关系。

6. 试根据《诗经》的押韵情况谈谈上古音的某些特点。

♀ 研究实践 ♀

1.

研究课题	《诗经》用韵与上古韵部
背景材料	江有诰撰《诗经韵读》,《音韵学丛书》本。 江举谦著《诗经韵读》,台湾私立东海大学 1964 年版。 王力著《诗经韵读》,上海古籍出版社 1980 年版,1986 年编入《王力文集》。第 6 卷。
方法提示	考察各家对《诗经》用韵特点的分析及其在韵字归部上的差异,探究其中的所以然。
呈现形式	• 论文,如《〈诗经〉用韵的几个特点》、《三种〈诗经韵读〉比较研究》、《也谈采用〈诗经〉韵字等材料归纳上古韵部的合理性》等。 • 小型学术研讨会 • 写学术札记

2.

研究课题	《楚辞》用韵与上古韵部
背景材料	江有诰撰《楚辞韵读》,《音韵学丛书》本。 王力著《楚辞韵读》,上海古籍出版社 1980 年版,1986 年编入《王力文集》第 6 卷。
方法提示	考察各家对《楚辞》用韵特点的分析及其在韵字归部上的差异,探究其中的所以然。
呈现形式	• 论文,如《〈楚辞〉用韵的几个特点》、《两种〈楚辞韵读〉的异同得失》等。 • 小型学术研讨会 • 写学术札记

3.

研究课题	《广韵》反切上字与中古声类
背景材料	李新魁著《古音概说》,广东人民出版社 1979 年版 唐作藩《音韵学教程》,北京大学出版社 2002 年版
方法提示	李新魁、唐作藩等对《广韵》反切上字的分类结果并不完全一致。各家究竟存在哪些具体差异? 何以会出现这些差异? 如何归类才是最为合理的?《广韵》反切上字与中古声类之间又是怎样的关系?"三十六字母"的代表性究竟如何? 弄清个中奥妙,有助于深化我们对中古音的认识。
呈现形式	• 论文,如《各家对〈广韵〉反切上字分类述评》、《三十六字母与中古声类归纳》、《从〈广韵〉到〈中原音韵〉看汉语声母系统的变化》等。 • 小型学术研讨会 • 写学术札记

第二章 文 字

导 论

　　广义的文字,是指用来传递信息的、表示一定意义的图画和符号。狭义的文字,则专指记录语言的符号。在传统的汉语文献里,"文字"这个词多是狭义的用法。汉字,就是用以记录汉语言的符号。目前已发现的最早的能够完整记录语言的汉字,是商代后期(前 1300 年前后—前 11 世纪中期)的甲骨文和青铜器铭文。从那个时候直至今日,成体系的汉字至少有三千多年的历史。在此期间,汉字的字体演变过程可以分成两大阶段,即古文字阶段(起自商代终于秦代)和隶楷阶段(起自汉代延续至今)。从古文字到隶书再到楷书,虽然汉字的形体和结构都发生了一些很重要的变化,但汉字的本质并没有改变。我们所说的文字学(更确切地应称为"汉语文字学"或"汉字学"),作为汉语语言学的一个分支,就是研究汉字的性质、起源、发展、体系以及汉字形、音、义的关系的一门学科。

　　汉语文字学作为一个古老的学科,古代称"小学"。"小学"这个名称,是根据《周礼》的"八岁入小学",保氏以"六书"教"国子"而来的。"小学"原是指小学校。"六书"本是周代小学所习的科目——"六艺"(礼、乐、射、御、书、数)中的一种,大致相当于现代小学课程的习字课。《汉书·艺文志》用"小学"专门指称《苍颉》、《急就》这类"字书"。隋唐以来,"小学"的范围逐渐扩大。到清代,《四库全书总目提要》在《经部·小学类》中将"小学"分为"字书之属"、"训诂之属"和"韵书之属"三类,"小学"遂成为文字学、训诂学和音韵学的总称。民国初年,章太炎建议改"小学"为"语言文字之学",人们于是把研究汉字的学问称为"文字学"。新中国成立后，多数人仍沿用此称，但也有不少人管研究汉字的学问为"汉字学"，即"汉语文字学"。

汉字的性质也是汉语文字学所关注的另一重要问题。研究汉字的性质，就是要弄清汉字属于哪一种文字类型。这个问题早在 20 世纪 50 年代就受到了关注。过去人们基本上采用两种方法来给汉字定性：一种是根据汉字字形所能起的表意、表音的作用来为它定性，另一种是根据汉字字形所能表示的语言结构的层次（也可以说语言单位的大小）来为它定性。现在学术界比较有代表性的观点认为："符号"包括两类不同层次的概念，一是指记录语言的文字符号；一是指文字本身所由构成的符号（字符）。文字体系的性质是由字符即构字符号而不是由作为语言的符号的文字来决定的。也就是说，在讨论汉字性质的时候，应该把文字作为语言的符号的性质，跟文字本身所使用的字符的性质明确区分开来。汉字在象形程度较高的早期阶段（大体上可以说是西周以前），基本上是使用意符和音符（严格说应该称为借音符）的一种文字体系；后来随着字形和语音、字义等方面的变化，逐渐演变成为使用意符（主要是义符）、音符和记号的一种文字体系（隶书的形成可以看作这种演变完成的标志）。汉字绝大部分是合体字，构成合体字的主要材料是独体字。汉字字形的演变虽然使绝大部分独体字变为了记号字，却并没有使合体字由意符、音符构成的局面发生根本的变化。占汉字绝大部分的合体字的性质没有发生根本的变化，也就是汉字的性质没有发生根本的变化。

过去的汉语文字学者在讲汉字构造的时候，一般都遵循"六书说"。"六书说"是汉代学者创立的关于汉字构造的系统理论，把汉字构造的原则归纳为六类，称"六书"。班固《汉书·艺文志》、《周礼·地官·保氏》郑众注以及许慎《说文解字叙》三种文献所见"六书"的名称和次序存在一些差别。许慎《说文解字叙》列举的"六书"为指事、象形、形声、会意、转注、假借。他的叙述最为详细，不但给"六书"下了定义，还举了例字，因此影响最大。作为最早的汉字构造理论，"六书说"当然是有意义的。但这一理论存在很多缺陷，因此逐渐变成了束缚文字学发展的桎梏。现代学者不断尝试提出新的汉字构造理论，例如"三书说"、"二书说"等，用以取代"六书说"。现在学术界比较有代表性的观点认为：汉字可以分成表意字、假借字和形声字三类。表意字使用意符，也可以称为意符字。假借字使用音符，也可以称为表音字或音符字。形声字同时使用意符和音符，也可以称为半表意半表音字或意符音符字。除了一些由于形体演变等原因而形成的记号字和半记号字,绝大多数字都可以包括在其中。

传统的汉语文字学,以研究古代字书,特别是《说文解字》为重点。在现代学术研究体系中,汉语文字学不断发展,突破了传统,形成了许多新的研究分支。近几十年来,发展最为迅猛、成果最为丰富的,是以小篆以前的汉字为研究对象的古文字学。古文字学注重利用各种出土古文字资料研究古汉字。依据文字资料的载体、时代以及地域的不同,古文字学形成了诸多研究领域。以载体区分,有甲骨文研究、青铜器铭文研究、简帛文字研究、玺印封泥文字研究、货币文字研究等;以时代区分,有殷商文字研究、西周文字研究、春秋文字研究、战国文字研究等;以地域区分,有楚文字研究、三晋文字研究、秦文字研究等。近些年,将秦汉以后至二十世纪初叶使用的以隶书和楷书为主体的汉字作为研究对象的近代汉字学也逐渐兴起。根据文字资料载体的不同,近代汉字的研究资料主要可分为简帛、石刻、写本、刻本等。五四以来的汉字是现代汉字,以之为研究对象的现代汉字学,也已逐步形成一个完整的学科体系。如今的汉语文字学,特别是古文字学与近代汉字学,既与汉语研究的各分支学科联系密切,也与文献学、考古学等学科有不少联系,是一门综合性较强的学问。

本章选文,主要从探讨汉字的性质、形体结构的演变以及学习方法出发,选取了一些有代表性的论文。这些论文反映了四十年来汉语文字学领域所取得的突出成就,具有很高的学术价值,对于汉语文字学的学习和研究很有启发意义。

选 文

谈谈古文字资料对古汉语研究的重要性 *

裘锡圭

导言——

本文原载于《中国语文》1979 年第 6 期,现选自《裘锡圭学术文集(四)·语言文字与古文献卷》(复旦大学出版社,2012)。

作者裘锡圭(1935.6～　　),祖籍浙江宁波,生于上海。著名文献学家、古文字学家,复旦大学出土文献与古文字研究中心教授。著有《文字学概要》、《古文字论集》、《古代文史研究新探》等。

长期以来,古汉语研究所凭借的资料多偏重于传世文献,裘先生在这篇论文里强调了地下出土的古文字资料对古汉语研究的重要性,对拓展古汉语的研究领域具有重要的启发意义。

裘先生认为古文字资料较之传世文献能够更加真实地反映上古语言的面貌,这种优越性是传世文献所无法比拟的。此外,由于汉字里表意字的字形和形声字的形旁表示字义,形声字的声旁表示字音,因此古文字对于研究古汉语的词义和语音也具有重要的价值。

在这篇论文中,裘先生从语音、语法、构词法和词义等方面分别举出一些实例,来强调古文字资料对古汉语研究的重要性。如在古音学方面,古文字资料的重要性是十分明显的。讲古音离不开谐声,讲谐声一般都以《说文》为根据,但从出土的古文字资料来看,《说文》小篆的字形以及《说文》对字形的分析有很多都是有问题的。古文字资料还为一些古音现象提供了重要的例证:古音有无四声和王力先生提出来的脂微分部是两个很重要的问题,在马王堆出土的帛书中四声分用和脂微分用的现象都比较明显。

对商周时期语法、词汇的特点及规律的认识,如果不借助古文字资料,有

---

* 本文所说的古文字资料包括近年来发现的秦和西汉前期用古隶书写的资料在内。古汉语主要指先秦汉语。

很多问题都是难以澄清的。正如裘先生所指出的,对于古汉语研究,古文字资料绝不是可有可无的,而是必不可少的。

　　长期以来,国内古汉语研究工作所凭借的资料多偏重于自古流传下来的文献,地下发现的古文字资料多多少少有些被忽视。古文字资料作为语言研究的对象,确实存在一些缺点,例如:资料往往比较零碎,有相当多的文字现在还不认识,有些资料里经常出现重复的话(如甲骨文里有很多求雨、求年的卜辞,金文里有很多求福的套语)。但是另一方面,古文字资料显然有比传世古书优越的地方:一、不少古书的年代问题聚讼纷纭,因此它们所记录的语言的时代也成了问题。地下发现的古文字资料,年代绝大部分比较明确。除去传抄的古书以外,它们记录的通常就是当时的语言。就拿传抄的古书来说,由于抄写的时代较早,年代问题也不像很多传世的古书那样严重。有的古书正是由于地下古抄本的发现,初步解决了年代问题。例如过去很多人认为《尉缭子》是汉以后的伪作,现在由于在银雀山汉墓里发现了西汉前期的抄本,基本上可以肯定为战国时代作品。二、古书屡经传抄刊刻,错误很多,有的经过改写删节,几乎面目全非。地下发现的古文字资料,除去传抄的古书以外,很少有这种问题。就是传抄的古书,通常也要比传世的本子近真。三、古书里保存下来的商代、西周和春秋时代的作品很贫乏。尤其是商代作品,不但数量极少,而且显然经过后人比较大的修改,不能代表商代语言的真面貌。古文字资料里有数量很多的商代后期的甲骨文和西周、春秋时代的金文,正可以补古书的不足。四、流传下来的古书绝大多数是自古以来一直受到封建士大夫重视的典籍。地下发现的古文字资料,品种比较杂,往往有在古书中很难看到的内容,如近年在云梦秦墓里发现的秦律和在马王堆西汉前期墓里发现的房中术作品等。它们有时能提供一些古书里比较少见的语言资料。例如《说文》说"赀,小罚以财自赎也","嫭,保任也",这两个词在古书里都很少见,在秦律里则是常用词。① 此外,由于汉字里表意的字形和形声字的形旁表示字义,形声字的声旁表示字音,因此古文字字形本身,对于研究古汉语的词义和语音也具有重要价值。字形是不断变化的。如果根据古书里

---

① 看《云梦秦简释文(二)》,《文物》1976 年 7 期 5—10 页。"嫭"在简文中作"結"、"姑"。

较晚的字形来研究词义和语音，往往会造成错误。由于上面指出的种种原因，古文字资料对古汉语研究有很大的重要性。

随着古文字学的发展，从本世纪 20 年代末开始，就出现了一些比较系统地利用古文字资料来研究古汉语的著作。① 但是总的来看，我国语言学界对古文字资料是不够重视的。大量古汉语研究者所使用的资料，基本上局限在流传的古书的范围里；即使使用古文字资料，也往往是不完备的第二手材料。解放以后，这方面的情况有所改进，但是并没有根本的变化。②

在这篇短文里，我们准备在语音、语法、构词法和词义等方面分别举出一些实例，来强调一下古文字资料对古汉语研究的重要性。由于作者的语言学修养很不够，所举的例子恐怕不能很好地揭示出这种重要性，而且很可能还有错误，希望同志们指正。

首先谈谈语音方面的问题。

讲古音离不开谐声，讲谐声一般都以《说文》为根据。但是从地下发现的古文字资料来看，《说文》小篆的字形以及《说文》对字形的分析有不少是有问题的。例如：《说文》说"帅"从"自"声（据段说），金文作🏳，"自"是𠂤的讹变之形。《说文》说"畀"从"甶"声，甲骨文作𠦪，象矢形而突出扁平的镞部，应是金镞箭的"鎞"的初文，根本不从"甶"。《说文》说"并"从"开"声，甲骨文作𠀚，象二人相并，根本不从"开"（《说文》"并"下又说"一曰从持二为并"，比从"开"声之说近真）。我们在研究古音的时候，最好把这类靠不住的谐声例子剔除出去。③

为了说明古文字对研究谐声的重要性，我们举出从"去"得声之字的问题来讨论一下。"去"是鱼部字，但是从"去"得声之字的读音却分成两系。一系

---

① 这类著作里，较早的有何定生《汉以前的文法研究》（中山大学《语言历史学研究所周刊》3 集 31、32、33 期）、《尚书的文法及其年代》（同上 5 集 49、50、51 期），容庚《周金文中所见的代名词释例》（《燕京学报》6 期）等文。

② 解放三十年来，比较系统地利用古文字资料研究古汉语的著作，主要有以下几种：管燮初《殷虚甲骨刻辞的语法研究》、《甲骨文金文中"唯"字用法的分析》（《中国语文》1962 年 6 期），陈梦家《殷虚卜辞综述》第三章《文法》，黄景欣《秦汉以前古汉语中的否定词"弗"、"不"研究》（《语言研究》3 期）。

③ 王力先生在《古韵脂微质物月五部的分野》一文里已经注意到这个问题。文载北大中文系《语言学论丛》5 辑。

是属鱼部的,如"呿"、"祛"等。一系是属叶部收-p 尾的,如"劫"、"怯"、"厡"、"钲"等。《说文》把"厡"、"钲"说为从"劫"省声,但"怯"字仍然说为从"去"声。古音学家则大都把属于叶部的从"去"声的字全都看作从"劫"省声。经验告诉我们,"省声"的说法往往是不可信的。并且从汉字结构的通例看,"劫"字本身就应该是一个从"去"声的字。《说文》把"劫"当作会意字,说"人欲去以力胁止曰劫",显然是牵强附会。所以从"劫"省声的说法并没有把问题解决。高本汉提出一个解释,认为"去"字在谐声时代是收-b 尾的,但是这在音理上又讲不通。[①]

从古文字来看,这个问题非常简单,原来小篆的"去"把较古的文字里两个读音不同的字混在一起了。古文字里有字,[②]从"大"从"口",表示把嘴张大的意思,这就是"口呿而不合"(《庄子·秋水》)的"呿"字的初文,也就是离去的"去"字。张开跟离去这两个意义显然是有联系的。古文字里又有一个象器皿上有盖子的字(也写作),"蓋"字所从的"盍"字上部的"去"就是这个字。[③] 这个字应该读为"盍",正好是叶部字。甲骨文有字,[④]前人不识,其实就是"阖",也就是《说文》训"闭"的"厡"。在小篆里这两个形状相近的字已经混同了起来。这样,问题就清楚了。从"去"得声的鱼部字,所从的是离去的"去"。从"去"得声的叶部字,所从的则是象器盖相合的"去"(盍)。过去认为是会意字的"灋"(法)字也可能是从"去"(盍)声的。有些从"去"的字有鱼部和叶部两读,这应该是后起的混乱现象。

古文字资料还可以为一些古音现象提供重要的例证。我们从马王堆三号墓出土的竹书里举一个例子。这座墓是西汉文帝时代下葬的。墓中出了一些讲房中术的竹书,估计是汉初人从《汉书·艺文志》所著录的《务成子阴道》、《尧舜阴道》、《汤盘庚阴道》一类书里抄录下来的,其著作年代大概在战国晚期。这些东西当然是古文化中的糟粕,但是从语言学的角度看,却仍然是有价值的。例如这些文章大都用韵,对于研究古音就是很

---

① 看董同龢《上古音韵表稿》(《史语所集刊》十八本 58 页)。

② 《甲骨文编》230 页。

③ 《说文》"盍"字篆文作"盍",古文字多从"去",看《金文编》31 页(见 1985 年版 37 页)"蓋"字、277 页(见 1985 年版 348 页)"盍"字。

④ 《后》下 10·14(《合》4853)。

好的材料。在古音学中,古音有无四声问题①和王力先生提出来的脂微分部问题,②是两个很重要的问题。在这批材料里,四声分用和脂微分用的现象都比较明显。这里举比较典型的《师癸治神气之道》一篇,简单说明一下。这篇文章除开头一小段外,基本上每句用韵,现在把各句的韵脚依次抄录于下,后面加括号注明韵部和声调(个别不入韵的字用"○"号表示):

纪、始(之部上声,"纪"字本读上声)

行、央(殃)、宗(东阳合韵,平声)

续、族(侯部入声)

忘(与上"行"、"央"、"宗"等字为韵。"忘"在韵书中有平声一读,汉人韵文都押平声)

施、移(歌部平声)

志、事(之部去声)

节、实、疾(脂部入声)

阴、筋("阴"是侵部字,"筋"是文部字,可能反映了-m 尾和-n 尾的相混。二字皆平声)

诎(屈)、骨、○、出、○、物(微部入声)

○、味、气(微部去声)

蒽(聪)、光(东阳合韵,平声)

盈、生、○、宁(耕部平声)③

这一篇文字的韵脚,四声分用和脂微分用的现象非常明显,连一个例外也没有。在同时代的古书里,似乎还没有能够这样清楚地集中地说明这两个问题

---

① 关于这个问题,可看周祖谟先生的《古音有无上去二声辨》,见《问学集》。

② 看王力先生的《汉语史论文集》、《汉语史稿》上册及注④所引文。(编者按:本书为第66页注③)

③ 此材料尚未公开发表,蒙湖南省博物馆给予引用的方便,谨致谢意。(《新探》编按:此篇已发表于文物出版社 1985 年出版的《马王堆汉墓帛书〔肆〕》,释文见 149—150 页。我们认为其释文见于此书 147 页的 40 号简应移入其释文见于 150 页的 72、73 号二简之间。所引韵脚中的"味、气、聪、光、盈、生"即见于 40 号简。参看拙文《马王堆医书释读琐议》,《古文字论集》525—526 页。)

的资料。

其次谈谈语法方面的问题。

商代后期的甲骨文是我们现在能够利用的最古的汉语资料。古汉语里的很多语法现象,都可以在甲骨文里找到最古的例子。但是我们在研究汉语史的时候,在这方面注意得很不够,甚至连研究甲骨文的学者已经指出的有关材料都没有充分利用。例如陈梦家在《殷墟卜辞综述》里讲卜辞语法的时候,指出"王吉兹卜"的"吉"字是当动词用的(103页),研究汉语史的同志在讲意动用法的时候,似乎很少引用这条材料。

甲骨卜辞还反映了一些商代特有的语法现象,这就更值得我们注意了。这里举否定词"毋"的例子简单说明一下。

卜辞最常用的否定副词可以分为两组,即"弜(一般释"勿")、弜"和"不、弗"。前者通常是表示意愿的,往往可以翻成现代汉语的"不要"。后者通常是表示可能性或事实的,往往可以翻成"不会"或"没有"。[①]"毋"在古书里的用法跟"勿"相近。在卜辞里,一般"毋"字的用法也接近于"勿",例如:

> 贞:王听□,毋告。
> 贞:王于甲午告。　　　　　　　　　　乙 5317(《合》1051)
> 丙申卜,□贞:翌丁酉其又于中丁。
> 贞:毋又。　　　　　　　　　　　续 1·12·4(《合》22861)
> 庚午卜,王曰贞:翌辛未其田,往来无灾,不遘囚。兹用。
> 庚午卜,王曰贞:毋田。　　　　　京津 3454(《合》24502)

向先王祷告不祷告,举行不举行"又"祭,去不去田猎,都是要不要这样做的问题。这类卜辞的"毋"字都可以用"勿"或"弜"代替。[②]

----

①　另详《说"弜"》一文,待刊。(《新探》编按:已发表于《古文字研究》第一辑。)

②　除去下面讲到的"毋其"以外,还有少数"毋"字的用法似乎与"不、弗"没有明显的区别。如第二期卜辞里的成语"兹毋用"和"兹不用",在意义上似乎就没有什么区别(看胡厚宣先生《释丝用丝御》,《史语所集刊》八本四分)。但是这类成语大概是占辞的一部分,在占辞里"勿"字的用法也有与"不"相似的现象,这类现象尚待研究(详上注所引文)。还有些卜辞,由于辞义不够明白,所用"毋"字到底属于"勿、弜"组还是"不、弗"组,不容易肯定,但绝大多数不带"其"的"毋"字的用法显然与"勿、弜"相似。

但是在与语气词"其"的关系上，"毋"却跟"不、弗"相似。卜辞里"勿、弜"之后几乎从来不用"其"字，"不、弗"之后则常常用"其"字。"毋"字之后也可以用"其"字，并且这样的"毋"字的用法也就不再跟"勿、弜"相似，而变得跟"不、弗"相似了。例如：

贞：翌戊申毋其星(晴)。

　　　　　　　　　　　　　柏 12(《新探》编按:拓本见《合》11496 正)

丁亥卜贞：既雨。

贞：毋其既(雨)。　　　　　　　　　　　乙 5574(《合》1784)

戊毋其雨。

壬毋其雨。　　　　　　　　　　　　　安明 1867(《合》29901)

贞：毋其延有祟。(《新探》编按:实为"求"字，疑当读为"咎")

　　　　　　　　　　　　　　　　　　丙 297(《合》17079)

贞：王目疚。

王目毋其疚。　　　　　　　　　　　乙 3018(《合》13623)

贞：妇妌毋其有子。　　　　　　　　　丙 190(《合》13931)

癸亥卜，𣪊贞：我史𢦐缶?

癸亥卜，𣪊贞：我史毋其𢦐缶?　　　　　丙 1(《合》6834)

天是晴是雨，王是否遭祟、有病，妇是否怀孩子，这些都不是要不要这样的问题，而是会不会这样的问题。所以上引这些卜辞里的"毋"字的用法都与"不、弗"相似。最后所引的《丙》1 号的卜辞，其同版卜辞有说"多臣弗其𢦐缶"的，此辞的"毋其"显然与"弗其"同意。①

总之，在卜辞里，不带"其"的"毋"基本上属于"勿、弜"一组，而带"其"的"毋"则属于"不、弗"一组。这是很值得注意的一种现象。此外如卜辞里的否定词"不"和"弗"、语气词"惟"和"叀(惠)"的细微区别，词序的各种变化②等等，都是与商代语言的特点有关的重要语法问题。不把这一类问题搞清楚，

---

① 有人认为"𢦐"应该读为"捷"，是战胜的意思，看管燮初先生《说𢦐》(《中国语文》1978年 3 期)。

② 关于词序请参看后面论复合词构词法的一段。

对于商代语言绝不可能有深刻的认识。

对于周以后古汉语语法的研究,古文字资料也是很重要的。例如去年第二期的《文物》上发表了马王堆三号墓出土的一幅帛书的片段(图版二、三),这幅帛书对于解决系词"是"产生的时代问题就极为重要。王力先生最初认为系词"是"出现于六朝。① 后来洪诚先生根据《史记》和《穀梁传》的材料,把这个时间提前至汉初。② 王先生在《汉语史稿》中册里修改了自己的说法。但是他认为《史记》有经后人改动的地方,难以为据,《穀梁传》年代未定,也不能用,只承认《论衡》里的系词"是"可信,因此把系词"是"产生的时代定在西汉末或东汉初(353—354 页)。上面所举的帛书是根据星辰、彗星、云气等天象判断吉凶的一种占书。在一些彗星的图像下分别注着"是是帚彗"、"是是竹彗"、"是是蒿彗"、"是是苦彗"等句子。这些句子里的第二个"是"字显然是系词。这幅占书是汉初人所抄录的。从内容看,原书大概为战国后期的楚国人所著。③ 由此可见,系词"是"大概在战国后期就产生了。④〔编按:上引马王堆帛书《天文气象杂占》"是是帚彗"等语,"是是"原皆作"是="。据魏宜辉《再论马王堆帛书中的"是="句》(《东南文化》2008 年 4 期)、杨锡全《出土文献"是="句浅析》(复旦大学出土文献与古文字研究中心网站,2009 年 11 月 3 日)等研究,帛书"是="当读为"是谓",即同幅占书上文出现过的"是谓"之省。以帛书《天文气象杂占》为系词"是"出现时代的证据,应存疑。〕

再举一个跟"是"字有关的例子。在先秦时代,代词"是"用作宾语的时候常常前置。《马氏文通》就已经指出"是"字用作介词"以"的宾语的时候以"倒置为常"(336 等页)。王力先生在《汉语史稿》中册里又进一步指出,用作宾语的"是"在某些情况下可以自由地放在动词前面(见 357—358 页)。在现有的古文字资料里,代词"是"始见于大约作于周昭王前后的沈子簋。我们检查了一下西周、春秋金文里"是"字作宾语用或者可能作宾语用的二十来个例句,发现"是"字全部是前置的。例如沈子簋的"懿父廼(乃)是子"("是"似指作器者自己),陈逆簋的"子孙是保"("是"指这件簋),陈公子甗的"子子孙孙是尚"("是"似指这件甗),虢盘的"是己(以)先行",毛公鼎的"是用寿老"等等,连

---

① 《中国文法中的系词》,《汉语史论文集》241 页。

② 《论南北朝以前汉语中的系词》,《语言研究》2 期。

③ 看顾铁符先生《马王堆帛书"天文气象杂占"简述》,《文物》1978 年 2 期。

④ 与秦律竹简同出于云梦睡虎地 11 号秦墓的一种占书,也有用法与上引帛书相似的"是"字。

一个例外也没有。由于这一事实的启发,我们又检查了一下古书里把"是"字用作宾语的句子,发现凡时代可靠的西周、春秋时代的作品(如《诗经》和《尚书》中时代可靠的各篇),所用的宾语"是"也全部是前置的。尤其是《诗经》,"是"字前置的句子非常多,如"君子是识"(《大雅·瞻卬》)、"他人是保"(《唐风·山有枢》)、"是刈是濩"(《周南·葛覃》)、"是剥是菹"(《小雅·信南山》)等等。到《论语》、《左传》等书里,宾语"是"的位置已经变为以后置为常。不过,《论语》里"以"和"用"的宾语"是"仍然都是前置的。《左传》由于是根据较古史料编纂而成的,在大量出现宾语"是"后置的句式的同时,也保留了不少宾语"是"前置的句子,如"寡人是问"(僖公四年)、"小国是惧"(襄公二十八年)、"商人是因"(昭公元年)等等。《论语》和《左传》大约分别编成于战国初期和中期。宾语"是"位置的变化也许是在春秋晚期开始发生的。所以我们可以得出一条规律:在西周春秋时代(春秋晚期也许要除外),代词"是"用作宾语时必定置于动词或介词之前。这是代词"是"不同于"之"、"此"等词的一个重要特点。如果没有古文字资料,这条规律是不大容易肯定下来的。

下面再谈谈构词法方面的问题。

对于研究古汉语单纯词的构词法(也可以说是单纯词的分化),古文字资料是极有启发性的。例如:从甲骨文看,"史"、"事"、"吏"、"使"四个字的写法本来并无区别。[1] 这就告诉我们,这四个语音相近、意义相关的词,应该是由一个词分化而成的。

对于研究古汉语复合词的构词法,古文字资料也很重要。例如:邢公畹先生曾经指出古汉语在构词法上曾经有过跟台语一致的现象——大名冠小名。[2] 在甲骨文里就有不少这方面的资料。除去邢先生已经谈到的"大乙"、"大戊"等先王名也可以倒作"乙大"、"戊大"等例子外,还可以在一、二期卜辞里找到很多大名冠小名的地名,如"丘商"、"丘㓬"、"丘雷"、"𠂤荥"、"𠂤喜"、"𠂤俗"等等。[3] 结合《左传》里的"丘舆"(成公二年)、"丘荒"(昭公四年)、"城颍"(隐公元年)、"城濮"(僖公二十八年,也见于经)、"城棣"(襄公五年)等地名来看,似乎可以确定,在较早的汉语里,地名的构词法曾以大名冠小名为

---

[1]　参看杨树达《积微居金文说》103 页。

[2]　《汉台语构词法的一个比较研究》,收入《中国语文研究参考资料选辑》。

[3]　以上所引甲骨文地名分别见于《乙》4518(《合》9774)、《前》1·24·3(《合》780)、《南》明395(《合》24367)、《粹》1210(《合》24298)、1211(《合》24336)、《存》下 663(《合》22606)等。"𠂤"当读为京师、洛师的"师",也可能应读为"次"。

常。这个例子还给我们一个启示,如果要展开汉语跟亲属语言的比较研究,应该尽量利用时代较早的古文字资料。

最后,谈谈词义方面的问题。

古文字表意字的字形对于词义研究的重要性是不言而喻的。这里举两个字形能够纠正古书训诂的例子。先说"保"字。《说文》:"保,养也。""养"其实并不是"保"的本义。《尚书·召诰》:"夫知保抱携持厥妇子以哀籲天……"以"保"与"抱"并提。在古文字里,"保"的较古写法是 ,像一个人把孩子背在背上。所以唐兰先生认为"保"的本义是负子于背,襁褓的"褓"是"保"的孳生字,"养"是"保"字的后起意义。① 这个意见是很正确的。再说"暴"字。暴虎冯河的"暴",古书训为徒搏。从汉代学者开始,就把徒搏理解为徒手搏虎。但是,暴虎之"暴"的本字是"虣",甲骨文写作 ,诅楚文写作 ,象用戈搏虎。可见暴虎应指徒步搏虎,并不是一定不拿武器。古代盛行车猎,对老虎这样凶猛的野兽通常是用车猎取的,所以徒步搏虎是勇敢行为。冯河是无舟渡河,暴虎是无车搏虎,这两件事是完全对应的。②

某些词在古文字资料里的用法,对于词义研究也有重要价值。例如《说文》说:"自,鼻也。象形。"从字形上看,这个解释应该是正确的。但是在全部古书里,使用"自"字的这个本义的例子一个也找不到。有一条甲骨卜辞说:"贞:有疾自,唯有 。"(《乙》6385[《合》11506])跟卜辞里常见的"疾身"、"疾齿"等语对照起来看,"疾自"无疑是鼻子有病的意思。这个"自"字用的正是本义,可以补古书的不足。

如果要全面研究古汉语的词汇,更是离不开古文字资料。

总之,古文字资料对于古汉语研究的各个方面都能提供重要的材料,并且还能解决不少仅仅依靠古书难以解决的问题。对于古汉语研究,古文字资料绝不是可有可无的,而是必不可少的。目前我们所能看到的古文字资料,数量已经相当可观。仅就有字的甲骨片来说,就多达十多万片,估计甲骨文资料的总字数可能已经超过百万。随着我国考古事业的发展,古文字资料一定还会不断地丰富起来,古文字资料对古汉语研究的重要性自然也会越来越增加。古文字资料大都是由考古工作者发掘出来的。由于这个特点,多年来古文字学一直跟考古学有密切关系,跟语言学的关系则若即若离。古汉语研

---

① 《殷墟文字记·释保》。

② 关于"虣"字,参看拙作《说"玄衣朱襮裣"》,载《文物》1976 年 12 期。

究中或多或少地有忽视古文字资料的倾向,这恐怕是一个原因。这种情况不但影响到古汉语研究工作的进展,同时也影响到古文字研究工作的进展,因为古文字学是非常需要语言学的指导和帮助的。希望语言学界多多关心古文字学,把对古文字资料不够重视的倾向迅速扭转过来。

附记:

朱德熙先生对本文多次提出修改意见,给作者很大帮助,谨志谢忱。

古汉字的形体结构及其发展阶段

姚孝遂

导言——

本文选自《古文字研究》第四辑(中华书局,1980)。

作者姚孝遂(1926~1996),湖北武汉人。著名文字学家,吉林大学教授。主要从事文字学研究。主编有《殷墟甲骨刻辞类纂》、《殷墟甲骨刻辞摹释总集》、《甲骨文字诂林》,著有《许慎与〈说文解字〉》、《小屯南地甲骨考释》。

这篇论文对于我们认识汉字的性质以及考释古文字具有不可低估的指导意义,值得详细阅读并深刻领会。

在这篇文章中,姚先生强调必须从真正的符号角度去分析认识汉字,特别是早期的古文字。长期以来一直有这样一种误解,认为古文字相当于或类似于图画,从古文字的形体可以看出其所记录的词义。姚先生指出,汉字的大部分基本形体来源于图画,但一旦这些变成记录语言的文字形体,它就不再是图画,而是变成了符号。

汉字作为一种记录语言的符号,由形、音、义三种要素组成,但辨识一个字的过程只能是由形至音,由音到义的过程。姚先生认为,文字研究应该是在对文字形体的正确分析和掌握的基础上结合对音、义的探求来完成的。他例举了前人论著中大量由于未能把握文字本形而造成的错误字例,强调考释古文字须从本形出发。这一点是考释古文字的关键所在。

此文的另一个重要观点是:古文字作为记录语言的符号必须强调其表音作用。他通过对古文字的功能和作用的考察,指出早期文字大多数是表音符号,他认为商周时期的文字体系已经发展到了表音文字阶段。

姚先生这些观点对于以往的对汉字性质的许多错误认识具有一定的纠偏作用。

当前,每在谈论到古代汉字性质的时候,无论是中国的或是外国的学者,一般都把它说成是表意文字。有些是自觉地专文加以申论;有些则是人云亦云,视为理所当然。这个问题究竟应该怎样看待? 这种结论是否正确? 在作出明确答复之前,有必要对几个有关的基本概念弄清楚。

文字的不同发展阶段

作为一种严格意义的文字,它必须是、而且只能是记录语言的符号;它必须有固定的读音;其主要的功能只能是通过它所代表的语音来表达概念。

但是,文字并不是从一开始就已经完备,具有它所应该具有的全部功能的。它经历了一个长期的发展过程。

假若一种文字,它没有固定的读音,单纯依靠原始的图像来表达概念,或者说主要是依靠其符号的形体来表达概念,这就不可能是严格意义的文字,那只能是属于文字的原始阶段。前者我们称之为“文字画”,后者称之为“图绘文字”。它们都还不能完全胜任记录语言的任务。我们还未曾发现古汉字有利用图绘文字组成的完整句子。

文字的发展过程,大体上经历了以下这几个阶段:

一、表意文字　　　　文字画—图绘文字
二、表音文字　　　　音节文字—音素文字

“文字画”并未形成为符号,更谈不上有固定的读音,它基本上未能脱离图画的范畴。“图绘文字”虽然也还没有形成固定的读音,但已经逐渐向符号的方向发展。尽管这些符号还是比较原始的,线条化、规则化还非常不够,还不便于书写,可是,它毕竟已逐渐脱离了图画,而跨入了文字的范畴。

在汉字的早期发展过程中,缺乏有关“文字画”的资料。至于“图绘文字”的资料,我们在商周时期的青铜器铭刻中,往往可以见到。这种文字主要是通过其形体本身来表达概念,还没有固定的读音,这是名副其实的表意文字。下面不妨举例来看一看。

《金文编》799

　　很明显，这像一个人右手持斧钺，左手持倒人，乃是表示在某次战争行为中俘获了敌人。其性质相当于一篇《盂鼎》铭文，或小臣𫊮刻辞，都是为了铭功颂德，不过具体而微罢了。如果有人试图去考释它相当于现代的哪一个字，那将完全是徒劳的。因为这个符号所要表达的概念，已大大超过了一个"词"的范围。

《金文编》843

　　这种形体谁一看都能明白，从手持刀以杀豕，这应该是有关祭告祖先的铭刻，与甲骨刻辞的"业豕于父甲"或"肤豕于匕庚"同一性质。

　　这些符号，容庚先生称之为"图形文字"是有道理的。（至于《金文编·附录上》所列举的是否全都属于图形文字，则是可以讨论的。）其中有一部分作为氏族的徽号一直残存在西周时期的铭文中，如：

等等。这些符号，都明显地区别于当时通行的文字。

　　《甲》二四二二是一片习刻，其中有两个图形作：

屈万里谓"本片诸辞及字,皆习书者所刻;故字皆拙劣,语不成辞。另刻图像三:一为虎形,一为子象随妊娠之母象形,又一则似兽又似虫类,漫漶不甚清晰"。

屈万里的看法大体上是正确的,以为妊娠之象显然是误解。习契者只是于空隙之处刻画小兽之图形而已。

尽管这些图形是与其他文字同刻在一块骨片上,一望即知为虎、象之形。我们认为,这不能称作严格意义的文字。这是由于:

1. 作为文字符号,这些图形尚未加以线条化、规范化;

2. 这些都是孤立的图像,还不能完全胜任记录语言的作用,还不能利用这些图像组成一个完整的句子。当然并不排斥这些图像是试图达到记载某种事件的目的。

但是,如果说这些图像与文字毫无关系,也是不够恰当的。任何文字符号都有其发生、发展过程。在形成为一种严格意义的、表音的文字以前,有一个由图画到文字的过渡阶段。人们利用某些客观事物的图像以表达某种思想,虽然是图像与语言之间的联系还不十分紧密,但终究已区别于图画,而开始进入了文字的范畴。这还不能算是严格意义的文字,而是属于文字的前期阶段——表意文字阶段。

这个界线是可以划分得出来的。我们试举虎、象二字为例:

《甲》2422 　　　　　《甲》2422 　　　　　《录遗》116

《乙》2908 　　《前》4·44·5 　　《续》4·7·2 　　《佚》943 　　《粹》987

这些图形①都不是在句子中出现的,而是孤立存在的。

---

① 编者按:"这些图形"指《甲》2422 和《录遗》116 的图形。

自《乙》二九〇八以下,都是出现在完整的句子中,其作为文字的线条化、符号化过程是显而易见的。

《甲》2422　　《金文编》534　　《前》3·31·3　　《后下》5·11　　《乙》7645　　师汤父鼎

《甲》二四二二屈万里以为"母象形",不称之曰"文字"而称之曰"图像"是有分寸的。《且辛鼎》的"象"形,《金文编》五三四列入象字下,固无不可。因为甲骨文、金文的"象"字确实是由此发展而来的。但我们认为,这些图形都不能算作严格意义的文字。我们还未曾发现由纯粹图形文字组成的完整句子。

两种截然不同的概念

文字的发展阶段,与文字符号的构形原则,是两种截然不同的概念,我们必须严格加以区分。文字的发展阶段,是就文字符号的功能和作用所到达的程度来说的;文字的构形原则,是就文字符号的来源来说的。这两种截然不同的概念,似乎是不容易混淆,然而事实上有很多人在不知不觉中却加以混淆了。

截至目前为止,除了半坡文化、大汶口文化陶器上的刻画和图绘符号以外,我们所能见到的最早的、成体系的汉字要算商代的甲骨文字。我们不妨拿这种最古老的文字来说明一下我们所要说明的情况。

从甲骨文字的形体结构来看,毫无疑问,它是来源于客观事物的图像。有许多符号尽管已经线条化和简单化了,但人们还仍然可以看出它是从某一事物的图像发展而来的。例如:

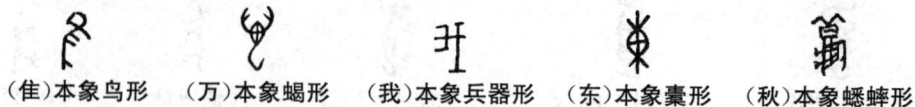

(隹)本象鸟形　　(万)本象蝎形　　(我)本象兵器形　　(东)本象囊形　　(秋)本象蟋蟀形

如果从文字的形体来源来说,我们可以称之为象形文字。但是,甲骨文字是否就是通过它的形体本身去表达概念呢?这最好还是让事实本身来作回答。

不容否认,甲骨文字有很多形体与它所要表达的概念之间是一致的。如 ￥(羊)、￥(犬)、￥(鹿)、⊟(日)、☽(月)、￥(禾)、￥(木)等等。但是,我们千万不要被这种现象迷惑住了。我们绝对不能够把某一种文字符号逐个地割裂开来,孤立地加以看待。文字都是一个完整的体系,而不是孤立存在的。

就甲骨文字的整个体系来说,就它的发展阶段来说,就它的根本功能和作用来说,它的每一个符号都有固定的读音,完全是属于表音文字的体系,已经发展到了表音文字的阶段。其根本功能不是通过这些符号形象本身来表达概念的。把它说成是表意文字是错误的。

已经著录的几万片甲骨,几乎任何一条刻辞,都能够充分地证明上述的论断。下面这一段刻辞见于《殷虚书契菁华》第一页,是武丁时期的刻辞:

如果把这种符号作为表意文字来看待,根据它形体本身表达的概念去加以理解,那将是一堆乱七八糟,莫名其妙的东西。

小篆作 糨,《说文》以为象水从四方流入地中之形;又谓"象人足";有人以为象葵"四叶对生之形";有人以为"殆似三岐矛",全都是错误的,不可信据。这个字的形体原来究竟象什么,我们只能回答说不知道。至于它就是现代的"癸"字,则毫无疑问。

象木重枝叶。

象龟卜之纵横。

有人说象敲钟之形。《说文》训为"以上击下"。

象鼎形。

这个字的形体尚有待于进一步探索,即现在的"旬"字。

这个字的形体,《说文》的说解实在令人费解。段玉裁又加以引申说:从入乚会意,"谓入于迟曲隐蔽之处也",纯属牵强附会。

有人说象盛酒器,有人说象骨头。

《说文》以为"一贯三"为王,不可解。实则象斧形,引申为权力的象征,见林沄同志《说王》。

《说文》以为"象气出之难",不可据。林义光《文源》以为象曳引之形,为"扔"之本字,较为近是。

88 实象丝形。

苼 《说文》训为"艸木妄生",徐锴《系传》谓"莠生门上,故从之在土上。土上益高,非其宜也"。其实有很多文字的形体,解释不通就存以待考,不必强作解人。可是有些人却故作聪明,达到了想入非非的地步,这就是其中的一个例子。

屮 这个字的形体目前还无法加以解释,但它的用法与"才"字相同,则是可以肯定的。

豸 象"脩豪兽"。

人 最初与"入"为同字,逐渐分化。《说文》谓"《易》之数阴,变于六,正于八",则更加把人说糊涂了。

日 象日形。

戊 《说文》谓"象六甲五龙相拘绞",又谓"象人胁",这些说解都是错误的。实际上乃象兵器之形。

屵 这个形尚未解决。

子 象幼子之形。

弜 这个形体也是有争议的。疑是"弹"之本形。

茻 字或释死,或释葬。

很显然,我们不能够从这些符号的形体本身去了解它所要表达的概念,这条道路是行不通的。因为甲骨文字不是表意文字。

如果我们把它作为表音体系的文字符号来加以看待,这是当时语言的如实记录。这些符号的功能和作用只能是表音的。我们把它"隶定"出来,就容易理解了:

癸未卜,㱿贞:旬亡(无)囚(咎)?
× × × △ × × × × ×
王固曰:"往乃兹有祟(祟)"! 六日戊子,子弜茻。
× × △ △ △ × × × × × × × × △

大家都知道,所谓"假借"字,只有单纯的表音作用,这一点是没有什么争议的。即如上面这段甲骨刻辞,凡是注有"×"号的,都是"假借"字;注有"△"

号的,文字形体与所表达的概念之间,也有一定的距离,属于所谓"引申义"之列;注有"〇"号的,形、义一致,所谓用其"本义"。整段刻辞共二十三个字,假借字十七个约占 74％;形义一致的只有两个字,还不到 9％。所有甲骨刻辞大体上都是这个比例。

青铜器铭文的情况同样是如此。以近年出土的《利簋》铭文为例,这是一篇有关武王伐商的、有明确时间、有重要史料价值的,是目前所知最早的西周铭文:

珷伐商唯甲子朝岁贞克聏夙有商辛未王才𤔲𠂤易又史利金用乍
×　×　×　○　×　×　×　△　△　△　×　×　×　×　×　×　×　△　×　△　×　×

𣚶公宝𤼈彝
×　×　×　△　△　×

这篇铭文是完全能够算得上形义一致的,只有一个"朝"字。大家对这篇铭文的考释发表不同的意见,本来是很正常的现象。但是,个别的在解释文字形体的时候,远远脱离了实际情况,结果造成铭文无法通读。造成这种错误的主要原因之一就在于:把这种文字当成表意文字,试图从文字形体的本身去寻找它实际的概念。

无论是甲骨文也好,金文也好,就这些文字符号的来源来说,是客观事物的图像,是象形文字;但是就这些文字符号的作用来说,只是利用这些符号来记录语言,它是表音的,整个的文字体系已发展到表音文字的阶段。大量的"通假"现象,就无可辨驳地证明这一点。然而不仅仅如此而已。

功能和作用

上面已经谈到,古代汉字在其运用过程中,存在着大量的"通假"现象。毫无疑问,这种文字符号已成为一种单纯的表音符号,它的形体与它所表示的概念之间,仅仅只有声音的联系。例如:

𤷆 本来象凤鸟之形,甲骨刻辞一律用作风雨的风字。𤷆这个形体与"风"有什么关系呢?

�隹 《说文》以为短尾鸟之总名。古文字用作"唯"、"谁"、"雖"等等。

这些都象兵器之形,而分别表示"你我"的"我","年岁"的"岁",干支字的"戌"和"戊"。从这些符号的形体本身,是找不出任何它们所要表示概念的迹象的。

还有一些古代的汉字,直至目前为止,根本不知道它原来的形体究竟是怎么回事,但是,对它的读音和所表示的概念,我们则是充分掌握的。例如:

早期的甲骨文大量地见到这个字,它究竟象什么形?谁也不知道。然而大家都知道"**Ψ**"即相当于现在的"又"、"有"、"侑"等字。

此外,像"**Ψ**"(亡)、"**Ψ**"(乍)、"**于**"(于)、"**仐**"(余)等等,都是如此。这种文字符号的功能和作用,很明显,是表音的,不是表意的。

拿甲骨文字来说,几乎每一片甲骨刻辞都可以见到有所谓"天干"、"地支"字,即"甲、乙、丙、丁……"、"子、丑、寅、卯……"等等,全都属于假借字,没有一个例外。所有的专有名词在甲骨文字中占的比重是很大的。所有的否定词、代词如"不"、"弗"、"弜"、"引"、"毋"、"我"、"余"、"它"、"其"、"之"、"兹"等等也都是假借字。

就这种文字符号的使用频率来说,假借字占的比重相当大,约百分之七十左右。甲骨卜辞经常所见到"前辞"和"命辞"形式是:

××卜×贞旬亡囚

具体化了可以成为:

癸卯卜,王贞:旬亡囚?

意思是:"癸卯"这一天占卜,商王贞问这十天之内有没有什么吉凶祸福?这一段卜辞共八个字,除了"卜"这一个字以外,全都是假借字。

像这样的文字体系,它所明显地体现的文字符号的功能和作用,只能是表音的,而不是表意的。

古代汉字经常是一字多义,也就是说,同一个文字符号,在不同的句子中,有可能代表不同的概念。但是,它所代表的语音基本上是不变的。例如:

贞炎㞢雨？弖炎，亡其雨？　《合》三〇八

乎舞㞢雨？乎舞亡雨？　《金》六三八

"㞢"和"亡（无）"相对，"㞢"即"有"。

俘人十㞢五人　《菁》五

隻（获）兕六，豕十㞢六，毘百㞢九十㞢九　《乙》七六四

"㞢"即"又"。

㞢父乙一牛用　《佚》五九八

王㞢父辛羊　《京津》二九三五

"㞢"即"侑"，乃祭名。

又如：

甲申卜……帚好冥妫？王固曰："其佳丁冥妫，其佳庚冥弘吉。"
三旬㞢一日，甲寅，冥，不妫，佳女。　《乙》七七三一
……癸巳冥，佳女。　《乙》二三三三

"女"字作"𠁣"，用作"男女"、"子女"之"女"，乃用其本义。

癸丑卜，争贞，自今至于丁巳我戋留？王固曰："丁巳我𠁣其戋，
于来甲子戋。"旬㞢一日癸亥，车弗戋，之夕𢦔，甲子允戋。

癸亥卜，殷贞，我史戋缶？癸亥卜，殷贞，我史𠁣其戋缶？

以上均见于《丙》一。"𠁣"用作否定词"毋"。

㞢大甲𠁣妣辛　《粹》一八二

屮示壬🔣姚庚豕　《甲》四六〇

"🔣"在此乃"配偶"之意。或称"母（🔣）"，或称"妾（🔣）"，甲骨刻辞往往不分（这是指独立的文字符号而言，不包括偏旁在内）。

于🔣庚钏帚　《乙》三二〇五

🔣癸耄王　《乙》四八三六

"🔣"在此乃用作"父母"之"母"。

同一文字符号，在不同的场合，可以代表不同的概念。这种现象，我们称之为"通假"。这种不同概念的区分，我们是根据其在句子中的地位和作用，词与词之间的关系来加以判定的。这种符号的功能和作用，只能是表音的。

文字形体的分析与掌握

"假借字"大多数来源于所谓的"象形字"、"会意字"。当然也有来源于"指事"和"形声"的，相对地说来，就要少一些。所谓"指事字"本来数量就很少，问题在于：占着很大比重的所谓"形声字"，是表意文字还是表音文字？

"象形"、"指事"、"会意"，"形声"是就文字的形体结构而言的，这种划分的办法是否完全合理，我们在这里暂且不论。目前在谈论到"形声字"的时候，一般虽然不得不承认"形声字"具有一定的表音作用，但仍然强调"形声字"是一半表意，一半表形，未能脱离表意文字的范畴。有的人则称之为义音文字。

我们认为，汉字作为一种记录语言的符号，在其实际运用过程中，"字"就是一个最基本的、完整的单位，是不能加以割裂的。分析文字形体的构造，探求它的本形、本音、本义，这是文字学家的事情。作为一般的使用这种符号的人来说，是没有必要，也没有可能去做到这一点的。试问，能有多少人知道"特"是"从牛，寺声"？而"寺"又是"从寸、之声"？这不仅要懂得古文字，而且还要求懂得古音韵。何况即使是最高的"权威"，也不一定能够准确地加以掌握,因为这是一个需要长期加以探索的问题。

就拿过去认为是绝对权威的许慎《说文解字》来说,根据我们现在已经掌握的古文字资料,就可以断定他的相当一部分的说解是错误的。例如:

《说文》:"⿱目皿,临下也,从卧,㿻省声。"

甲骨文"监"字作"⿰臣皿",孙海波谓"象人临皿俯视之形"是对的。(《甲骨文编》三五五页)林义光《文源》根据金文明确地指出许慎说解的错误,认为"血为㿻省,不显。"监"即"鑑"之本字。上世未制铜时,以水为鉴,故《酒诰》曰:'人無于水监,当于民监。'⿰皿象皿中盛水,人临其上之形。""监"的形体与"卧"与"㿻"是风马牛不相及的。

《说文》:"育,养子使作善也。从云,肉声。《虞书》曰'教育子'
毓、育或从每。"

段玉裁《注》以为"不从子而从倒子者,正谓不善者可使作善也","每,艸盛也,养之则盛矣"。徐灏《段注笺》斥之为"谬"。过去均不得其解。自见到了甲骨文之后,王国维始根据⿰、⿰诸形体,认为"其字皆从女从古(倒子形,即说文之㐬字),或从母从古,象产子之形。其从、、、'、'、'者,则象产子之有水液也。或从了者,与从母从女同意。故以字形言,此字即《说文》育字之或体毓字。毓从每(即母字),从㐬(倒古文子),与此正同。故产子为此字之本义。又⿰、⿰、⿰诸形象倒子在人后,故引申为先后之后,又引申为继体君之后。"(《戬》三·三片考释)

"监"和"毓",按照许慎自己的体例,其原来的形体应该是属于"会意",可是许慎却根据小篆已经讹变的形体,误以为形声。《说文》一书中像这样的例子是很多的。许慎尚且如此,怎么能够要求一般使用汉字的人准确地分析并掌握汉字的形体结构来源呢?

一般的掌握与运用,和专门的研究不应该等同起来。这正如同我们一般的对客观事物的了解,例如对于物体,只要知道它一般的形状、性质、特征就可以了。不可能要求每个人都是化学家或物理学家。那么,有什么理由要求每一个使用文字符号的人都是文字学家呢?

因此,在实际运用过程中,所谓"形声字"的"形符"部分,对一般使用这种符号的人来说,根本不能起到什么"表意"的作用。《说文》"艸"、"木"、"水"等部,每部都有四百几十字,如果说这种"形符"偏旁有什么表意作用的话,即使对于文字学家来说,也是微乎其微的。"橄"、"榜"、"檬"、"梧"都从"木",很难设想,对于了解其所代表的概念,究竟能够从"木"这个偏旁中得到多大的启示。

古文字的区别符号

文字主要是随着语言的发展而发展的。人事日繁,则孳乳浸多。对于文字的最基本要求是:简单化、规则化,便于书写,容易掌握。同时还极力要求表达概念准确,避免混淆。古汉语以单音缀的词汇为主,古汉字又是来源于象形符号的表音节文字,词和字基本上是一致的。那么,以有限的符号形体,如何适应日益发展的语言需要?

古代的人们在处理这个问题上,曾经走过一些弯路。甲骨文有四千多个单字,我们现在认识的不过一千多。其余的三千多个字如果说对它们一无所知,那也不尽然。其中绝大多数是人名或地名。我们所说的不认识,只是说还找不出与之相对应的后代的文字而已。其中有很多当属于已经"死亡"了的文字。从这里面我们可以看出一个问题:古代的人们为了区别不同的概念,曾经采用过大量增加新的符号形体的办法。事实证明,这种办法不是一种最好的办法,这势必造成使用和掌握上的困难。所以后来除非在不得已的情况下,才增加新的符号。而大量的则是用通假的办法,以避免增加过多的新符号。

文字由客观事物的图像向符号化发展的结果,必然要出现形体近似,容易混淆的问题。过去大家习惯地认为甲骨文的形体"变动不居",这种看法有一定道理,但不完全对。形体"变动不居"说明规范化的程度还不够,是文字处于早期发展阶段的一种现象。

甲骨文的形体,在与其他的字不发生混淆的时候,可以是"变动不居"

的。形体或上或下，或左或右，多一划少一划，没有关系。如"人"字可以作
"㇔"，也可以作"㇒"；"羌"字可以作"㇔"、"㇒"、"㇗"、"㇘"、"㇙"、"㇚"等多种
形体。但是，当字与字之间的形体相近，容易混淆的时候，则是非常严格的，
不允许"变动不居"，差一点也不行。

"气"字作"三"，与"三"字作"三"是有严格区分的。三划等长的是一、二、
三的"三"；中间一划稍短一点点，则是"气"字。

"田猎"的"田"作"田"，笔划之间紧紧相连；而祖先之名"田"（或隶作"上
甲"，或隶作"报甲"）的形体作"田"，"十"与"囗"之间有空隙，不能相连。

"人"字作"㇔"，而"尸"字则作"㇔"或"㇘"，仅仅在于下部有微小的区别，然
而却是很严格的区别。此外像㇔和㇘、㇘和㇔等等，都是判然有别的。

"毓"字大多数的形体作"㇗"或"㇗"，但也有作"㇗"或"㇗"的，以致使某些人产生
了误解。

"保"字作"㇗"，毓字或作"㇗"，其区别在于："㇗"字的"㇔"和"㇗"并列，
而且"子"均作"㇗"；"㇗"字的"㇗"均在"㇔"的后下方，不能并列，而且"子"均
作"㇗"，不得作"㇗"。

甲骨文的"好"字作"㇗"或"㇗"，"㇗"和"㇗"必须并列，必须是面相对，
而且均从"㇗"，不得从"㇗"；"毓"字的或体则从"㇗"，而且必须是在"㇗"的后下
方，不能并列。

类似这样的区别文字形体的方法，在古文字中并不经常采用，因为它还
是容易造成混淆，不够明确。

另外一种则是利用附加区别符号的办法。

"田"（田）与"田"容易相混，就在"田"的形体上附加上了一些符号，以示
区别，成为"田"、"田"，稍晚则较固定成"田"，于是就隶定成"上甲"。

在"㇗"的形体上加一"、"，成为"㇗"，以区别于"毓"字的或体，在金文中已
成为通例。有的人不知道"、"是附加的区别符号，而以为襁褓形，是错误的。

从"人"和"千"的区别中，我们可以清楚地体会到区别符号的作用。就概

念的形成来说，最初应该是一个"人"代表一千，"人"和"千"最初应该是同字。这正如同古代以一个人头表示一百，一个蝎子表示一万是一样的。但在甲骨文中，"人"和"千"已经分化。"⫯"加上区别符号就成为"⫯"。卜辞的"⫯"是不能认为"一人"合文。但是，"⫯"、"⫯"则为"二千"和"三千"，这正如同"五千"作"⫯"是一样的。在概念不致混淆的情况下，区别符号就用不着附加了。

甲骨文"女"和"母"有时是相通的。但有时则区别非常严格，我们必须承认，"⫯"和"⫯"是两个完全不同的形体。有人认为"⫯"字多出的两点象乳房形，这是对的，是符合文字的最初构形的。但是，作为附加的区别符号来理解似乎更恰当一些。

卜辞"母亲"的"母"可以作"⫯"，也可以作"⫯"，所以"母辛"、"母庚"等等可以作"⫯辛"、"⫯庚"。

但是，"子女"、"男女"的"女"则绝对不能写作"⫯"；凡是从"女"字偏旁的，都不从"⫯"。这说明甲骨文的这两个字已经开始分化。

更为明显的是"月"和"夕"的区分。仅仅在甲骨卜辞的范围内，也是按照不同时期，不同贞人的书写习惯而有所区分的。当"月"字作"⫯"时，"夕"字就作"⫯"，反之，"月"作"⫯"，则"夕"作"⫯"。

多出的这个"'"，只能是属于区别符号的性质。下面这些字的区别都是如此：

"⫯"（白）—"⫯"（百）

"⫯"（矢）—"⫯"（寅）又或作⫯

"⫯"（寅）—"⫯"（黄）

上面所涉及到的"—"、"⫯"、"'"、"∧"、"凵"等形体，不是一个独立的、代表具体概念的符号，这些属于"区别符号"，大家是容易理解的。

文字的孳生与形声字

通常地，大量地采用的区别概念的办法，则是以所谓"形声字"的形式。

这是古代汉字孳乳分化的一种最主要的形式,这是由古代汉字本身的形体特点所决定的。我们有必要深入地分析一下形声字的形体结构及其性质。

字本象"鳳"形,但甲骨刻辞皆用作"風雨"之"風",是"鳳"本身即已经成为单纯的声音符号,又加上"凡"(凡)作为声符。那么,甲骨文的"飌"字应是从"雈","凡"声了。卜辞"飌"全都用作"風雨"之"風",无一例外。然则,"飌"这个形声字的形符"雈"对于"風"这个概念来说,又能够有什么"表意"作用呢?

即使就小篆的形体来说,《说文》:"鳳,神鸟也。天老曰:鳳之象也,鸿前麕后;蛇颈鱼尾;鹳颡鸳思;龙文虎背;燕颔鸡喙,五色备举。出于东方君子之国;翱翔四海之外。过昆仑,饮砥柱,濯羽弱水,莫宿風穴,见则天下大安宁。

从鸟凡声。 古文鳳象形。 亦古文鳳。"(据大徐本)"鳳"是一种神鸟名的专用字,以"鸟"作为形符,对于了解"鳳"的具体概念,"鸿前麕后,蛇颈鱼尾,鹳颡鸳思,龙文虎背,燕颔鸡喙,五色备举"又能够起多大的"表意"作用呢?当然,许慎所引的天老对于"鳳"的形状的描述,只能是一种关于神鸟的神话。

古文 犹与甲骨文 字相近。而另一古文 ,按照许慎的六书说,岂不是从(鳳)、鸟声么?否则,岂不是自己违背自己的体例?

《说文》:"風,八風也⋯⋯風动虫生,故虫八日而化,从虫凡声。"这纯粹是想当然的说法,林义光《文源》虽然指出"从虫于風义不切",但他认为"象形,非虫字。象穴,象風出穴形",更属荒诞。

"風"和"鳳"都是由 的形体发展而来,由于"用各有当",所以分化成两个形体。或从"虫",或从"鸟"。

《说文》:"孚,卵孚也,从爪从子。一曰信也。"徐锴《系传》:"鸟之乳卵,皆如其期,不失信也。鸟抱恒以爪反覆其卵也。"这些解释全都是错误的。

"孚"的初形作 (甲骨文), (金文),象以爪持子,即俘获之义。

甲骨文"孚"字的另一种写法是"𤕝"，加上了"卜"的偏旁，根据许慎的说法，就属于从彳、孚声的形声字了。小篆的"俘"字，当由此讹变而来。《说文》："俘，军所获也，从人孚声。"既已从"子"，又复从"人"，是没有什么多大意义的。至于"捊"字，则当是"俘"字的进一步孳乳分化。青铜器铭文中不论是虏获敌人，或牲畜（《师寰簋》"歐孚士女牛羊"），或金，或贝，都称"孚"。既已从"爪"，又从"手"作"捊"，也是没有多大意义的。仅就从"手"之字而言，如"援"、"授"、"捘"、"捋"、"挢"、"拱"、"捧"、"拯"、"振"、"持"等等，从"表意"的角度来说，完全是多余的、重复的，没有必要的。但是从区别概念来说，则又成为必要的了。

汉字在其发展过程中，由于其通假愈来愈多，概念容易产生混淆，于是孳生出新的文字，以使其用各有当。例如：

然而人们在实践过程中发现，这种产生新的符号形体的办法，将会导致符号形体愈来愈复杂，不便于掌握，只能另辟途径。许慎《说文解字叙》说："苍颉之初作书，盖依类象形，故谓之文；其后形声相益，即谓之字。字者孳乳而寖多也。"苍颉作书，当然是神话。许慎据小篆的形体，把文字分为独体与合体，在当时的条件下，是一个非常了不起的发现。许慎把汉字分成五百四十部，相当于我们今天所说的基本形体，《说文》的九千多字，都是由这五百四十个基本形体所构成的。许慎认为是由基本形体孳生出许多新的形体，也就是说，由基本形体的互相组合，是孳生新的文字符号的一种主要手段，这一论断是非常正确的。

现在可以肯定，许慎在文字学上的贡献是巨大的，不可磨灭的。但是，五百四十部的划分则不够恰当。古代汉字的基本形体大约只有一百几十个。

《说文》的"箕"、"虤"、"㘝"、"稽"、"朙"、"夷"、"麻"、"瓠"、"癃"、"覞"、"歙"、"惢"、"思"、"瀕"、"然"、"焱"、"鱻"、"鹽"、"蟲"、"蜎"、"劦"、"垚"等等，都很明显不应列为部首。

"形声相益"，段玉裁、王筠等均谓包括"会意"、"形声"在内，这是对的，是就许慎六书体例而言的。

实际上就其作用而言，文字在其孳生过程中，为了减少通假的现象，为了用不同的符号形体来表达不同的概念,为了使符号简单而且便于掌握,充分利用原有的基本形体,组合成新的符号,这是文字孳生发展的一种手段。从广义方面来说,所谓形声字的"形符",也是一种区别符号,以便于"以类相从"。上面已经反复论证了"形符"实际上并没有太多的表意作用。下面再举例来进一步申论这一点。

我们直至目前还不了解"莫"字为什么要加上"隹"成为"暮"字。照许慎六书的理论,"莫"是"会意"字,"暮"就是"从隹、莫声"的形声字。"隹"表什么意呢?"莫"已经从"日","暮"从"日"岂不是天有二日么?很显然,增加类似这样的偏旁,实际上是一种孳生的手段。下面的例子都是与此同一性质:

正由于很多的"形声"字,其所谓"形符"部分并不表意,如果一定要曲为之解,就必然造成穿凿附会。《说文》此类的例子是大量的:

"即、即食也,从皀,卩声。"许慎关于"即"字的义训是正确的,但对于其形体结构却解释错了。段玉裁以为:"即当作节。《周易》所谓节饮食也。节食者,检制之使不过,故凡止于是之词谓之即……此当云从卩皀,卩亦声。其训节食,故从卩皀,卩,节古通也。"段氏的这些解释,更加违背了其原来的形体。

甲骨文作"🐕"，金文亦然，根本就不是什么形声字。小篆所有的"乚（卩）"字，全都是"🐕"形的讹变。许慎误以为"符卩"字，谓"象相合之形"，这就造成了他对所有从"卩"之字的误解。

《说文》"人"部二百四十五字，新附十八字，"形声"字共二百三十五。而许慎以为"会意"字者，如："仕"、"佼"、"伊"、"侍"、"位"、"仰"、"伍"、"什"、"伯"、"作"、"侵"、"倪"、"侊"、"信"、"儗"以及新附之"佇"，根据许慎自己所定立的体例，都应当属于"形声"字。那么，"人"部的"形声"字当是二百五十一字。当我们谈到《诗经》"弁服俅俅"、"威仪佖佖"、"行人儦儦"、"佩玉之傩"、"硕人俣俣"、"瑟兮僩兮"、"以车伾伾"、"令终有俶"、"僾而不见"、"决拾既佽"，所有这些从"人"的字："俅，冠饰貌"；"佖，威仪也"；"儦，行貌"；"傩，行人节也"；"俣，大也"；"伾，有力也"；"俶，善也"；"僾，仿佛也"；"佽，便利也"。我们能够通过"人"这个形符，对于这些概念得到多大的启示呢？

何况从古文字的角度来说，有许多从"人"的形符完全是重复的。如："傀"、"俦"、"倭"、"俣"、"倨"、"侹"、"儆"、"儆"、"位"、"偾"、"併"、"倚"、"佽"、"倾"、"侒"、"侠"、"侁"、"仰"、"倪"、"优"、"伥"、"儽"、"侊"、"僻"、"佚"、"御"、"侮"、"偃"、"侊"、"侉"、"俘"、"偻"、"佫"、"侵"、"侥"、"倪"、"伶"、"价"、"仔"。

《说文》以为"企，举踵也，从人，止声"，对于形体的分析是错误的。"企"字甲骨文作🏃，金文作🏃（《金文编》八〇八页），有人认为是"会意"字。而实际上是一个完整的形体，不能加以分割，不可能是"形声"字。

至于"傀"或作"瓌"，"份"或作"彬"（今字作"斌"），"傧"或作"摈"，"侯"或作"嫲"，"形符"居然可以变换，其"表意"的作用究竟有多大，不是很清楚么？

《说文》"邑"部一百八十四字。除"邑"、"邦"、"郡"、"邻"、"酂"、"鄙"、"郊"、"邸"、"郭"、"邮"、"郗"十二字属于普通名词外，其余一百八十一字全都是专有的地名和国名（🈐字实无其字）。任何地名或人名等专有名词是无形可象的。至于"都"、"郎"、"邪"等字现代通行汉字所具有的概念，则与"邑"毫无关系。

《说文》有些部首，如"克"、"录"、"开"、"五"、"六"、"七"、"甲"、"丙"、"丁"……都是孤立的，根本没有所从的字，可以无论。有许多部首，许慎的说解是不可靠，甚至是完全错误的，如"彳"、"丁"、"又"、"勹"、"臤"、"旻"、"首"、

"予"、"兮"、"叒"、"米"、"稽"、"卒"、"卒"、"夼"……都是。如何根据这些莫名其妙的偏旁去推测它们所表示的概念呢？

《说文》比较大的部首如（据大徐本）：

"水"	四六八字	加上新附二三字
"木"	四二一字	加上新附十二字
"手"	二六五字	加上新附十三字
"心"	二六三字	加上新附十三字
"糸"	二四八字	加上新附九字
"人"	二四五字	加上新附十八字
"言"	二四五字	加上新附八字
"金"	一九七字	加上新附七字
"邑"	一八四字	加上新附三字
"竹"	一四四字	加上新附五字
"虫"	一五三字	加上新附七字
"土"	一三一字	加上新附十三字

一百以上还有"辵"、"鸟"、"目"、"衣"、"马"、"车"等等。

用同一个符号来表示一百个、二百个以至四百多个不同的概念，这是不可能的。因此，我们从这些所谓"意符"的实际功能来说，它并不能起到表意的作用。（这是指通过符号形体本身能表意来说的。）

何况每一个"形声字"也都可能成为人名、地名等专有名词，也就是成为"假借字"，只有单纯的表音作用。"荷天之宠"的"荷"与"艸"何涉？"尔汝"之"汝"与"水"根本无关。姓氏的"赵、钱、孙、李"与"走"、"金"、"子"、"木"更是风马牛不相及了。多义词的存在本身就否定了所谓形符的真正表意作用。

客观事物的图像，其所表达概念的范围是不可能超越雷池一步的。如果要使某种图像通过其形体本身去表达各种不同的概念，其结果只能是什么概念也不能表达。

"形声字"本身就包含有两个独立以上的形体，所谓合体的"字"。每个独立的形体都是有形、有音、有义的。我们从分析形体结构的角度，说某一部分表音，某一部分表意，是可以的，这是比较而言的。但这并不等于说，表意符号的形体本身就能够真正表意。我们不妨看看下列的例证。

《说文》"言"部有二百四十五字，算得上一个常见的大部。然而据《说文》本身的解释，"直言曰言，论难曰语，从口、辛声"，是一个形声字。我们很怀疑：究竟有多少人能知道"言"字是"从口、辛声"？

再进一步根据古文字来看，许慎的说法根本是错误的。清代研究《说文》四大家的段玉裁、桂馥、朱骏声都对于"言"字的形体结构不敢赞一词。段、桂二氏只是根据徐锴的意见，把小篆的 🔲 改成 🔲。王筠曾表示疑惑，但亦模棱两可。

宋代的郑樵是比较有见地的，他看出许慎的这一说解无法讲得通，他在《六书略》中提出了另一种解释：认为"言"是"从上从舌"，"自舌上而出者言也"。他认为是会意字。这种认识是前进了一大步，但是还未尽然。

甲文、金文"言"大都作"🔲"，既不从辛，也不从"二(上)"。我们认为，"言"字当从"舌"。"言"是无形可象的。古人以言自舌出，"言"从舌从一，按照许慎的体例，乃"指事"字。甲骨文"言"作"🔲"、"🔲"、"🔲"等形，甲骨文的"🔲"、"🔲"、"🔲"当即"舌"字。甲骨文"歃"字作 🔲、🔲、🔲，象俯首于尊以饮酒之形。🔲 即象舌，倒即是 🔲，可为明证。许慎解释"舌"字为"从干、从口、干亦声"；"歃"字为"从欠、酓声"，割裂文字形体，都是错误的。

《说文》："🔲，寐而有觉也，从宀，从疒，夢声。"段玉裁解释说："宀者覆也；疒者著也；夢者不明也；夢亦声。"这只能是愈解释愈糊涂。假如某种文字在实际的运用过程中需要绕这么多的弯路才能够理解它的含义，那么，这种文字也就没有多大的实用价值了。

至于从"瘮"之字，就更加离奇。"寐"、"寤"、"病"、"癘"、"宿"等字如果不是许慎说它"从瘮省"，谁能知道？何以证明是从"瘮"省？

我们再进一步追问："疒"又是什么呢？《说文》："疒，倚也。人有疾病，象倚箸之形。"后世的从事研究《说文》的学者，曾经千方百计地想论证许慎这一说解的正确性，但都没有成功。因为从小篆"疒"的形体，怎么也得不出"象倚箸之形"的结论。

徐灏《说文段注笺》"疑只象卧寝，从爿建类，从一指事"，非常接近于"疒"字的原始形体。但我们只能说徐灏这个人相当聪敏，他是"推测"出来的，不是从形体本身"看"出来的。

林义光《文源》始根据金文偏旁"帅"的形体以为"象人在床上形",林氏的这一说法,并未引起人们的重视。

丁山根据甲骨文的大量形体和辞例,论证了"帅"象人卧疾之形,同时还解决了"帮"即"癮"之初形。大家始视为定论。

这些都是根据其形体发展变化的踪迹,以及其在句子中的实际运用,得到证明,加以肯定的。如果仅从其形体本身来看,既可以是"疒",何尝不可以是"卧"?"疒"与"癮"又何以区分?人躺在床上既可是正常的睡觉;也可以是在做梦;当然也可能是在生病。

脱离了语言现象,不从语言的角度去考察文字,那将是毫无意义的事情。叶玉森《前编集释》一·六七曾经释"帮"为"癮",以为"象一病人新瘉,就床起立手足腰脊无力之状,癮象也"。这只能是把甲骨文看成是单纯的表意文字的恶果,以为只要能够富于想象力,从文字形体本身就可以推测某一文字要表达的概念。这只能是如叶氏自己所说的"射覆",只能是臆测妄断。

如果照某些人的说法,古代汉字是表意文字,我们上文已经指出,只有极少数的文字学家才能懂得古汉字是怎样表意的,而绝大多数使用这种文字符号的人,并不知道这种符号形体的最初来源。

难道极少数的专家、权威真正懂得吗?不见得!许慎号称"五经无双",他就把很多的形体结构完全理解错了,有许多他自己也承认不知道。但这并不妨碍古代汉字作为一种能够完全胜任的、记录语言的通行文字。不仅当时的人能懂得它的含义,我们今天仍然懂得它的含义,尽管我们到今天还不知道有些古汉字究竟何所取像。

拿近代的人来说,孙诒让是一个非常著名的、有巨大成就的金石学家、考据学家。当他在初次接触到甲骨文的时候,尽管甲骨文与金文是一脉相承,有许多共同之处,但严格说来,孙诒让并没有能够读懂甲骨文的辞例。

我们在这里并非想菲薄许慎、孙诒让,只是想通过这一些来说明:即使是专家、权威,用了一辈子的功力去探索古代汉字的形体结构,并不能够对于所有的汉字的形体都有一正确的认识;都无法从古代汉字的形体本身去真正了解其所要表达的概念,何况一般的"凡夫俗子"呢?

章太炎是位了不起的语言学家,精通声韵、训诂之学,号称国学大师。他写字是必须以《说文》为准绳。在他看来,以为只有这样才符合古代汉字表意的原则。如果不熟悉小篆,读他的学术论文时,首先读懂其文字就相当困难。他的《文始》一书,是一部探求语源、词根的专著。可惜的是,他只是迷信《说文》,以为小篆就是汉字的本源,许慎的说解就是金科玉律,小篆以前的汉字形体他根本一无所知,而且还抱着怀疑的、不承认的态度。因此,他所据以推求语源、词根的出发点就不是完全可靠的,他的许多推论是错误的。

这一切都说明了:要想通过汉字的形体本身去求得它的字义是行不通的。固然这些文字形体来源是象形符号,但是,发展的结果,它的性质和作用已经改变了,只是一个单纯的语音符号。

余　论

对于我国古代汉字形体结构的规律性,以及其所处的发展阶段的认识,不仅仅是一个纯理论性的问题,这涉及到古文字研究的各个领域。正是由于对这些理论性的问题缺乏正确的认识,带来了在古文字考释工作中不必要的混乱。不正是有人由于把古汉字当作纯粹的表意符号,而根据自己对古汉字形体的错误理解,在那里信口开河么?甚至有人还异想天开地根据古文字的形体来推考古代人们的社会活动、社会关系。这样会带来许多不必要的误解和导致完全背离实际的结论。因此,关于这些问题有详加申论的必要。

总括上述,我们认为有必要在下面各方面有一明确的认识:

所有语言文字是人们借以交流思想的工具,多数人作为一种工具去利用它,和少数人作为一种特定对象去研究它,是不能同日而语的。

人们在阅读文字的时候,"一目十行"那是过于夸张,一般是以"词"或"词组"以至于"句子"为单位去阅读的。汉字是如此,拼音文字也是如此。人们在阅读的时候,不可能是分辨其一笔一划、或其偏旁结构的。"锡茶壶"在不注意的情况下,一般地都会误认为是"锡茶壶"。"菅"误成"管","崇"误成"祟","弋"误成"戈","肓"误成"盲",这些错误的发生,通常是具有相当文化程度的人。这固然是由于对汉语的语言文字掌握得不彻底、不全面所造成的,但同时也说明一个问题:一般在阅读文字的时候,并不是经常分析其一点一划,而只是看其整个轮廓。大家对于文字的形体,是作为一个整体去加以掌握的。至于这些文字形体的来源，是很少去加以推求的。对于文字所代表的概念，大家只能是"知其然"。在解释"经典"时，通常也只是谈到"训诂"而已。先秦时期传说的"止戈为武"、"自营为私"，更多的倒是一种哲理。从古文字的角度来说，这种对文字形体的解释是"似是而非"的。

汉字的形体，追本溯源，确实是从象形文字发展而来。尤其是甲骨文、金文，尽管已线条化了，但仍然可以明显地看出这些文字符号都是某种客观事物的图像。

可是，这些文字符号在其实际使用时，大多数并非其符号形体原来所显示的概念。追索这些文字符号的本形、本音、本义，是专门工作者长期研究的任务。

许慎被认为是系统地研究古文字学的鼻祖，他给我们留下了《说文解字》这一部不朽的著作。但是，从我们今天所已经掌握的古文字资料来加以衡量，许慎对于汉字形体结构的解释，多数是错误的。

"不"：说成"鸟飞上翔不下来也"，实为木根之形；借为否定词。

"隻"：说成"鸟一枚"，实为获之本字，象以手持鸟。

"至"：说成"鸟飞从高下至地也……不上去而至下来也"。实从"矢"，与鸟无涉。

"为"：说成象"母猴"形，实为从手牵象，乃会意字。

又如许慎说解天干地支字，除了"子"算是说对了，"未"字说对了一半，其余廿个全都错了。甚至许多部首也错误百出。据我们的初步统计，部首中有一百多个许慎是解释错了。其中有不少是常见的部首。仅就第一、二卷而言，解释错误的有："示"、"王"、"气"、"士"、"蓐"、"小"、"采"、"半"、"走"、"止"、"步"、"正"、"辵"、"彳"、"亍"、"延"、"行"、"足"，这些错误是由古文字资料充分加以证明了的。像"此"、"是"的解释是值得怀疑的。至于"上"、"三"、"珏"、"蓐"、"半"、"犛"、"告"、"吅"、"哭"、"此"、"是"、"品"，根本不应算是部首。因为这些都不能算是不可分割的形体单位。

段玉裁在《广雅疏证》的序言中曾非常明确地指出："圣人之制字，有义而后有音，有音而后有形。学者之考字，因形以得其音，因音以得其义。"

王筠《说文释例自叙》也说："古人之造字也，正名百物，以义为本，而音从之，于是乎有形。后人之识字也，由形以求其音，由音以考其义，而文字之说备。"

这两位清代的文字学家,显然都认为从总的方面来说,古代汉字的主要功能和作用是表音的,只能"由形以求其音,由音以考其义"。英雄所见略同,这不是什么巧合,而只能是在全面地、深入地探讨了古代汉字的实际情况之后,所能够作出的唯一符合实际情况的结论。

诚然,从汉字的构形来源来说,它是由象形文字发展演变而成的。不仅仅是汉字,一切拼音文字,如果追始溯源,也都是来源于客观事物的图像,A、B、C、D等文字符号并不例外。只不过是这些符号线条化、符号化的程度更高一些而已。

作为古文字学的专业工作者,在探讨汉字的起源的时候,说明某一个汉字符号本来是"象什么形",或者说明某一个汉字是由哪些基本符号所组成,这是完全必要的。但是,我们绝对不能够要求每一个使用汉字符号的人都了解这些符号构成的原因,这是不现实的,也是不必要的。假若进一步混淆了文字的构形原则与文字的功能和作用这两个截然不同的概念,不深入了解和掌握古代汉字的实际运用情况,只是浮光掠影地以某些孤立的现象为依据,就断言古代汉字是表意文字,则显然是错误的。

至于还有一些人——主要是一些西方的汉学家,从他们所习惯使用的拼音文字的角度出发,认为现代通行的汉字也属于表意文字的体系,在我们对古代汉字作了上述的论证之后,似乎对于这种论断也就可以勿庸置辩了。

一九七九年六月稿

后 记

这篇文章的基本论点,实际上早在由我执笔的《古文字研究工作的现状及展望》一文中已经简要地加以阐述了。我的观点非常明确,从文字的发展阶段来说,古汉字是表音节的表音文字,不是表意文字;从文字的形体结构来说,古汉字是象形文字。我的这篇文章题目本身就明确地表达了我所要阐述的主要问题。或许是由于我表达得还不够明确,可能引起同志们的一些误解,我特此再强调一下我的上述论点。

我只准备在下列的范围内进行问题的讨论:

(一)就文字的普遍发展阶段来说,古汉字是属于什么性质的?

（二）文字的发展阶段与文字的构形原则能不能混为一谈？

对于某一客观事物，如果看问题的角度不同，或者说看问题的出发点不同，就会得出不同的结论，形成不同的观点。

同样是古汉字，按其时代来说，我们可以区分为商代文字、周代文字、战国文字、秦汉文字等等；按照其记载方式来说，可以区分为甲骨刻辞、青铜器铭刻、缯帛书、简牍、玺印、货币文字等等。或者拿一个更为通俗的例子来说，对于每一个"人"，我们可以按照其性别、年龄、籍贯、职业、种族、肤色，以至于阶级成分，政治面貌等等，给予不同的称呼。混为一谈，只能是造成不必要的纠缠。我们必须承认，古代汉字有其特殊规律性，但与此同时，它也是受文字的普遍规律性所制约的。离开了普遍规律性而空谈特殊规律性，我们将不可能正确地认识任何事物。

古文字的问题很多，需要从不同的角度，不同的方面，进行长期的、艰苦的探索。即使是同一性质的问题，也必然会产生不同的看法。而不同看法的争论，是推动我们研究工作不断深入的重要条件之一。

我在文章中所阐述的种种观点可能是离经叛道的，恳切地希望能得到同志们的指正。

一九七九年除夕补记

字形历史演变的规律

林沄

导言——

本文选自《古文字学简论》（中华书局，2012）第三章。

作者林沄（1939～　　），上海市人，著名考古学家、古文字学家。他的这部《古文字学简论》是学习古文字学的一部重要的入门书。

学习古文字，入门的途径和方法很重要。林沄先生着眼于此，在书中讲授了汉字的起源和发展、考释古文字的途径、字形历史演变的规律，并兼及古音和字义，最后专门谈到如何正确估计、识读古文字的可能性和难度的问题。

《古文字学简论》第三章"字形历史演变的规律"分析了汉字字形的历史

演变,将其归纳为简化、分化和规范化。汉字字形的历史演变异常复杂,林沄先生的这种分类虽然很简单,但系统而科学,准确地把握了汉字字形演变的脉络,并将其提炼总结成规律。这些规律对于我们认识汉字发展的历史以及研究古文字是非常重要的。

汉字字形的历史演变呈现着错综复杂的现象。当我们用历史比较法从字形上去判断一个未识的古文字应该是哪个已识字的前身时,自然会产生这样的问题:究竟什么样的形体差异可以视为同一字或同一偏旁历史演变的结果,而什么样的形体差异就是不同字和不同偏旁相区别的标志呢?

初期的古文字研究者,往往是根据表面上形体差别的大小来判定是否是同一个字或偏旁的。然而,甲骨文中的 ⚊(王)跟金文中的 ⚊(立)形体差别不算大,但根本不是一个字; ⚊ 跟小篆中的 王(王)差别不算小,却就是一个字。甲骨文中的 ╋(甲)跟小篆中的 ╋(十)几乎没有差别,但不是一个字;甲骨文的 ╋ 和小篆的 ⊕(甲)差别很大,却就是一个字。所以根据形体差别大小来判定两种形体是否为同一字或同一偏旁,往往得出错误的结论。有的研究者基于这种情况,就感叹古文字字形"变化莫测",而不再下深功夫,随意推测,把毫不相干的字牵合在一起,把根本不同的偏旁也说成是一个,作为历史演变的结果,这就等于取消了历史比较法和偏旁分析。

字形的历史演变,在现象上确实是变化多端,错综复杂,但并非"莫测",而是有一定的内在规律性的。从理论上说,字形的演变可以有连续的渐变和跳跃式的突变两种。累积的渐变也会造成字形的较大差异,但只要利用时代尽可能相近的原则,就可以由字形相近而找到它们渐变的链环。如果发生了某种突变,同一时代的同一个字就会表现为差别很大的不同字形。即使利用时代尽可能相近的原则,字形相近的办法就不灵了。但字形之所以发生变化,总是出于一定的原因。有些原因是外在的、偶然的。例如书写工具的变换,书写者的熟练程度、文化水平、书写态度是否认真等等。有的原因是内在的、必然的,对字形演变长期而持续地起作用的。由于这类原因的持续作用,错综复杂的字形演变现象是受一定规律所制约的。

从我们已知的古文字资料分析总结,在汉字脱胎于图像而成为记录语言的符号体系,逐步发展到小篆的过程中,持续作用于字形演变的主要原因有三个:第一,为了便于掌握和使用,符号要求越简单越好。其结果是字形的简化。第二,为了保证记录语言的精确性并不断提高这种精确性,一方面在简化的过程中力图保持不同符号的区别,另一方面使原来承担不止一音一义的同一符号在形体上增加新的区别标志,使之分别承担原有音义的一部分。其结果是字形的分化。第三,由于简化和分化都是群众性的行为,其结果必然导致同一个字存在多种异体。为了保证文字在社会上的统一使用,必须把异体字限制到最低数量,其结果就是字形的规范化。字形历史演变的现象之所以错综复杂,主要是这三种原因的交错作用的结果。因此,我们就从这三个方面来分析字形演变的主要规律。

一、简　化

简化是大家最熟悉的一种字形演变的规律。从先秦文字发展到小篆,简化主要表现为原始的图像逐渐变成易于书写的符号,但不能像现代汉字简化那样主要理解为笔划的减少。

最常见的简化,是保持原图形总体形象的简化,这种简化可称之为总体性简化。几个最普通的例子如下:

(小篆"天")

(小篆"刀")

(小篆"马")

(小篆"文")

图一

这种简化，一般是就独体字亦即基本偏旁而言的。当然，用后代的偏旁观念来看，"文"似乎可以看成省略了一个心旁，但是，实际上"文"应该看成是不可分割的整体性图形：在特别大的体腔中画出心形，以强调这个图形是表示人的心灵所具有的特质（犹如我们今天说"肚子里有货"），正如"见"字在人头部位画出目形以强调这个图形是表示人眼的一种行为一样。所以，心形在总体图形中是逐渐省略而不是当作一个偏旁而被一下取消的。它在简化中的消失，和马字的蹄部、嘴部的消失是同类的现象，并不能视为省去一个偏旁。这就提醒我们，在把后代的独体字和较早期的古文字作字形比较时，不能因为古文字字形中多出了某些部件，就一概认为是多了一个独立的偏旁。像唐兰那样，因为小篆的"弓"字作弓形，没有弓弦，就一定要把甲骨文中有弓弦的"弓"字拆成和两个偏旁而释成"引"，把大家公认的"射"字也非得改释成"矧"，显然是考虑不周的。

过去古文字研究者在比较字形时总结的"填实与虚框无别"（如上举之人的头部和躯干、刀身、马体）、"方圆无别"（如上举之人头外廓）等原则，都是总体性简化的一方面局部现象。而最主要的趋势是把各部宽窄不一的图形变为粗细均匀的单线条，以达到方便书写的目的。我们可以举几个最简单的字形演变作典型的说明（甲骨文因为是刀刻，单线条化的程度往往更强地表现出来）。

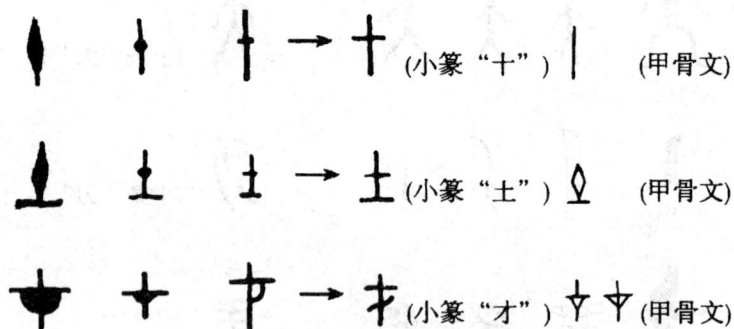

图二

一般地说，汉字发展到小篆，仍保持相当强的图画性，含有相当多的弧曲形的线条。但从考古发现的东周后期的盟书和竹简等毛笔手写字迹来看，当时已经有了把曲笔拉直，把原先不连属的点划合成一笔等重要倾向，就简化的程度而言，比小篆更为进步。这里举几个例子，这对研究东周后期的其他各种文字的字形是有启示作用的。

图三

　　同类图形在简化中往往有相似的演变过程。因此,在利用简化的规律来判定不同的形体是否为同一独体字或同一基本偏旁时,最好能有已知的同类实例作为旁证。例如,我们要判定早期金文中刃部有齿的斧形符号是小篆"我"字的前身,单从已识出的古文字中各种"我"字所排列成的演变序列进行追溯,当然可以看出刃部有齿的斧形符号演变成小篆"我"字的合理性。但如果用已知的刃部无齿的斧形符号演变为小篆"戌"字的实例作旁证,论证就更加严密了。

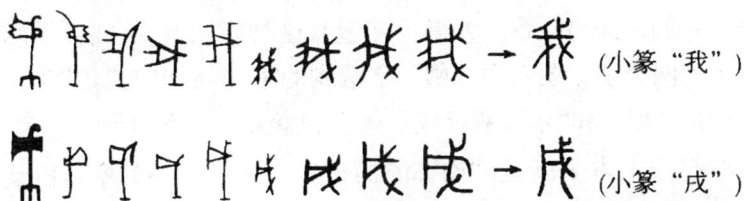

图四

　　另一种简化,是把原有的整个符号截去一部分。这种简化可称为截除性简化。"车"字的形体演变可作为很好的例子:

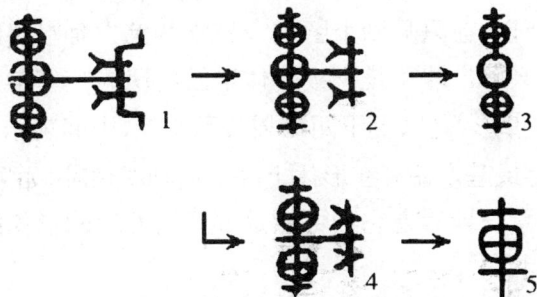

图五

从图五可以看出,从 1 发展到 2 和 4,仍是总体性简化,但 4 简化更甚,在保持整体轮廓的前提下,把车箱省掉了。3 和 5 则是截除性简化了。3 只截除了车辕和衡、轭,5 则截除了 4 的四分之三,只剩下轮部了。

这种简化过去没有引起研究者们的普遍注意。实际上,这种简化方式在独体字和合体字中都可发现,可以再举一些例子:

马　　为　　易　　尔　　官　　阴　　陞

图六

截除性简化使字形发生了突变,从截余的部分是难以推测未截之前的字形原貌的。以图六中的"易"字为例,在第一种写法未发现之前,绝没有人能想到第二种写法是第一种写法截剩下来的液滴和一小部分附有器耳的器壁。但是,当未截形体和已截形体均已发现的情况下,知道有这种简化方式,就可以很快发现它们之间的联系。如果不知道有这种简化方式,往往误以为它们是毫不相干的两个字。图六中"爾"字截剩的 **朩**,即后世的"尔"字。许慎在《说文》中就把"爾"和"尔",解释成形体上和意义上均不相干的两个字,而不知道"尔"在起源上本来就是"爾"的简化字。甲骨文中的 **𠂤** 字和已确认为"以"的 **𠂤** 字,在辞例上有许多完全对等的例子。但历来许多研究者都认为这两种形体是难以联系的,所以把 **𠂤** 另释为氏、氐等。如果我们从截除性简化的观点来看,**𠂤** 正是 **𠂤** 截去一部分的结果,完全可以把 **𠂤** 定为"以"字的原始形体。过去在推考独体字和基本偏旁的字形是源于何种图像时,一般总是从总体性简化来考虑的。所以,在只见到上图中"易"字的第二种写法时,对它源于何种图像,百思不得其解。即使是未截形体早已发现的"车"字,绝大多数研究者都误以为截余的 **車** 形,是以上下两横划表示车轮,中间表示车箱的。今后,我们在研究独体字或基本偏旁在形体上源于何种图像时,如果能兼顾截除性简化的可能性,有意识地考虑它们可能是哪些已发现的形体的截余部分,将使我们的思路开阔得多。

在进行截除性简化时,是把原来的字当作一个整体性的抽象符号(既不考虑它本来是什么图像,也不考虑它的原始结构)截去一部分。在合体字的截除性简化时,有时截去了一个偏旁,如"官"字被截去了"宀"旁;有时截去了半个偏旁,如"陞"字的"登"旁截去了上半部。这种现象表面上看来是不合理的,然而却是文字已发展到纯抽象符号之时所允许的。所以在今天汉字简化中这种简化方法是普遍使用的,如"業"简化为"业"、"廣"简化为"广"、"時"简化为"时"、"婦"简化为"妇"。但是,这种简化,在小篆中一般均不予承认。许慎是知道文字偏旁可被截去一半的,所以在分析字形时有"从某省"、"某省声"的说法,这些说法可以作为我们研究截除性简化时的一种参考。但其中有许多是许慎在字形分析找不到正确途径时牵强附会、自圆其说的,决不可盲目轻信。我们知道有这种破坏文字原结构的截除性简化,只是增加了考释古文字时的一条思路,一种可供选择的可能性,而且主要限于研究这种简化较为流行的东周后期文字。在辞例和其他证据许可的情况下,才可能肯定某个字形是哪个已识之字的截除性简化。否则,单就"自"形来看,说它是歸、追、師、峕的截除性简化均无不可;单就"豆"形来看,说是壴、豈、虗、豐、豐等音符的截除结果都可成立,一味乱猜,只能徒然增加混乱。

通常在谈到文字的简化时,总还要谈到减少偏旁数量的问题。早期古文字中表义字的偏旁数量往往变动不一,这个问题我们打算到谈异构问题时再专门讨论。就同一个字说,偏旁数量少的写法当然可以看作是简化。但小篆并不一定采用偏旁数量最少的写法,在商代甲骨文中,就有许多偏旁数量比小篆更少的字出现了,举例如下:

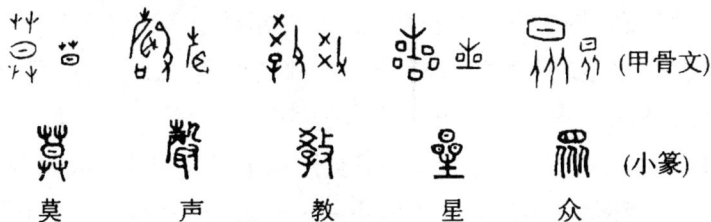

图七

在这些例子中,减少某些偏旁,并没影响到该字以形表义的主要目的。像"莫"(古"暮"字)是太阳落到草丛的景象,少两个 ψ(草形)无关紧要。"声"字原包括一个磬(一种石质的悬击乐器)形,一个手持磬槌形和一个耳形。减去一个手持槌形,只是减去一个次要的成分。所以,这种简化可看作是合体字的总体性简化。

在减少偏旁的简化中，删除重复的偏旁逐渐成了一种通例。因为这种简化是单就删去重复偏旁着眼，有时是破坏了文字原有的表义性的。表义字有时是靠偏旁的数量来表义的。例如，"集"字原是许多鸟聚到一棵树上的形象，才能表示集合之义。删剩一只鸟就失去了原有的表义性。"曹"字的上部原是一对口袋，才能表示成对（"曹"古义为成对）的意思。删剩一只口袋，就成了"东"，声和义全变了。可见这种简化也是把原字视为纯抽象符号而不考虑其原有的结构，所以也可以看作是合体字的截除性简化。

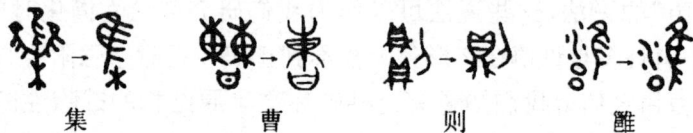

集　　　　　曹　　　　　则　　　　　雕

图八

在现代汉字的简化中，常使用替换偏旁或改变构字方式的办法。例如，用易写的"用"去替换"擁"中的声符而简化成"拥"，用会意的"体"去代替形声的"體"。在先秦文字的字形演变中也可以找出相似的例子。先秦文字在发展中常有替换偏旁及改变构字方式的现象，但结果不一定是简化，有时反而繁化了。所以，我们把替换偏旁及改换构字方式的种种现象集中到谈异构问题时去讨论。在这里我们只指出一点，在这种异构的取代过程中，使一部分旧的图形符号被淘汰了。例如，下图在"鸡"字的演变中，象鸡形的那个图形符号被"鸟"旁取代。在"甗"字的演变中，象甗（古代的一种炊器，是在鬲上面附一个可蒸食物的甑）形的那个图形符号被"鬲"旁取代。因而，这两个图形符号，无论是作为独体字还是作为偏旁，在小篆中都已灭绝。像这类情况，对整个文字体系来说，无疑是一种简化。正因为有这种简化，目前有相当数量的甲骨文和早期金文中的图形符号，在小篆中找不到形体上可对应的字或偏旁。要确认这类图形符号是后代的什么字，必须要找出异构取代的中间环节。如果看它象什么就说是什么字，势必会犯把象猪形的"豕"字读成"豬"一样的错误。

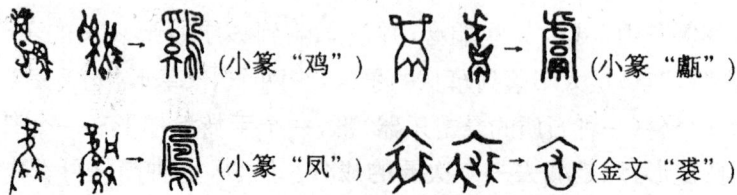

（小篆"鸡"）　　　　（小篆"甗"）

（小篆"凤"）　　　　（金文"裘"）

图九

古文字简化中还有一种起源很早的现象，可称为"并划性简化"。即把原来分开的两个偏旁中的某些线条重合起来，这种现象在商代就已经出现了：

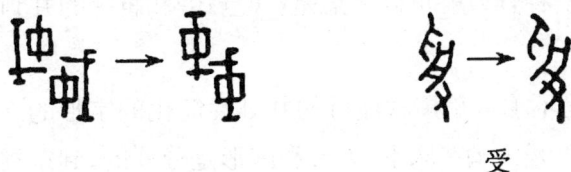

图十

并划性简化在东周时期是相当流行的，可以从侯马盟书中举出一些例子。其中"醜"字的例子（见图十一）很有趣，一种写法把"酋"（"酋"和"酉"旁通用）旁移到"鬼"旁上面，省去了"鬼"旁的上部。另一种写法则是移置之后省去了酋旁的下部，看来是因为田形和田形相近，可作近似性的重合而被两个偏旁所公用。

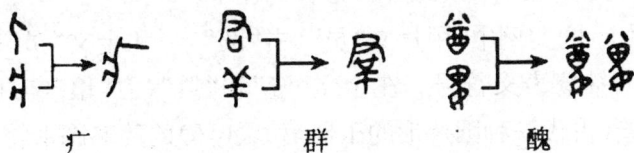

图十一

这种简化方式还扩大到把两个字的某些笔划重合而形成简化的合文，这种合文一般在旁边加注一个重文符号"＝"以识别。

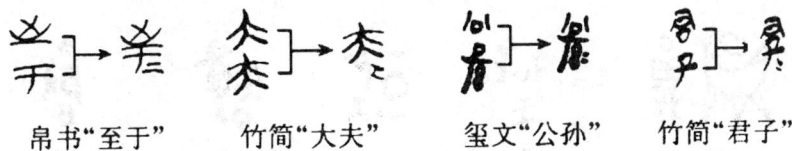

帛书"至于"　　竹简"大夫"　　玺文"公孙"　　竹简"君子"
图十二

柯昌济在并未认识到并划性简化是一种规律的情况下，提出了字就是（重）字的见解。李孝定承认他的结论"确无可易"。但李孝定说："此则原为二体，后反重叠之而成单体，盖文字衍变之变例也。"他尚未认识到并划性简化是有相当普遍性的。懂得了这种简化方式，在识读古文字时又多了一条思路。比如，古玺中的字，从表面上看只有"止"和"奇"两个偏旁，但因为"止"

旁是违反一般习惯而写进"奇"旁的下部，可以考虑它和上面的廿（口）是一个"足"旁，而与"奇"旁共有这个廿形，因而可以释读为"踦"字。又如"範"（范）古玺作〔形〕，另有一种〔形〕，就可以考虑是〔（邑）旁和範旁的并划性简化而共用〔形。

小篆一般是不承认东周时流行的并划性简化的字形的。但像广旁在甲骨文中本来作〔形〕，是人躺在床上，人形和床形是分开的，到东周时才并划而成〔形〕。因为流行较早又很广，小篆也就承认了。所以在把小篆字形和先秦字形作历史比较时，仍不能不考虑并划性简化的问题。

简化的一个消极的后果，是使原来不同的偏旁或字在形体上混同莫辨，这叫做"形混"。上文中已经提到过的"肉"和"口"这两个符号在甲骨文中都有作〔形〕的，就是一个例子。而"肉"和"月"这两个符号，在小篆中都作〔形〕，在楷书偏旁中都作"月"或"冃"，是又一个例子。如果把不同时代的资料混在一起比较，更多的偏旁会有简化成相同形体的例子。

在下面所示的实例中，甲骨文"员"（古"圆"字）和金文"员"旁中的〇形是代表圆形的抽象表义符号。在金文"璧"和"睘"（古"環"字）中的〇形可能是具体的璧（古代一种圆片形的玉器）和環（环）的简略图形符号。在金文"邑"、"或"（古"域"字）中的〇形，是城圈子的简略图形符号，在甲骨文中一般刻成方形，金文中方、圆均有。在金文"雝"（雍）中的音符〔形〕，也可以省略为〇。甲文"量"、"启"字，金文"匽"字中的〇形则是一般作⊙形的日旁之简化形式。

图十三

在偏旁中发生的形混，一般不引起整个字形的相混。因为，还有其他的偏旁可作为不同字之间的形体区别标志。例如,小篆中肉和月两个偏旁虽然形混,从肉和从月的诸字,字形仍然是可区别的。但也会有因为偏旁简化相混而致使字也相混的情况。如笔者名澐,这"澐"字的实际遭遇,也可作为一个有趣的例子。按汉字简化方案规定"雲"简化为"云",因而"澐"可以简化为"沄"。但有的人不知道有繁体的"澐"字,便从"運"字简化为"运"而把"沄"读为"浑"。或从"鐔"字简化为"坛"而把"沄"读为"潭"。由此可见,因为不同的偏旁在简化后形体相混,同一个字形会有几种可能性的读法。识读古文字也是同一个道理。

简化也可能直接造成字和字的形混。前面举过的例子中,"醜"字截去一半剩下的就是"鬼"字,"阴"字截去一半剩下的就是"阜"字,"官"字截去一半剩下的就是"𠂤"字,都是最明显的例子。若不加以限制,当然要引起整个文字体系的混乱。因而,只能是一时一地的个别现象。"官"省为"𠂤",在战国时代一度比较流行,大概是因为"𠂤"作为单字在当时已不流通。正如我们今天把"廣"省为"广",是在《说文》中原有的"读若俨然之俨"的"广"字已不流通的情况下可以行得通的。但就是"官"省作"𠂤",也未被小篆所承认。

二、分　化

把汉字发展的历史单看成简化过程是很不正确的。因为,这种观点不能解释字形演变中的许多客观现象。只要汉字还是意音文字,简化受到的最重大的制约,就是不能使原先分别承担不同音、义的字在字形上发生混淆。当不同的字在形体演进中发生形混或有形混趋势时,进一步的发展趋向往往是使相近字形更易于区别。例如,在战国时期"月"和"肉"都可以写成 𝄐 的情况下,就出现了把"肉"写成 𝄐 而把"月"写成 𝄐 的区别方法。"十"字在 ｜→ ｜ → ｜ 的发展中,和本来作 ╋ 形的"七"字容易相混,就把"七"字的竖笔末尾加个弯而变成 𝄐。这都是很能说明问题的最简单的例子。由此可见,单是为了使原有的不同字在字形上便于区别,也会出现与简化要求背道而驰的字形变化。

但是,在汉字发展的早期阶段,还存在不少转注字,也就是用同一字形记录不同义又不同音的语词;还有大量的假借字,即用同一字形,记录同音(或音近)不同义的语词。从这个意义上说，单单保持原有的字在字形上都能有所区别，不少的字所要承担的语音和语义的范围还是太大。举例来说，⿰这一字形，在商代甲骨文中至少承担女人、母亲和否定词"毋"等语义，其中读"女"和读"母"是转注关系，读"母"和读"毋"是假借关系。周代金文证明它还承担代名词"你"（或"你的"）及介词"如同"等语义。读"女"和读"汝"（即"你"或"你的"）、读"如"都是假借关系。从今天的古音知识来看，当这一字形在记录母、毋之义时的读音，很可能同记录女、汝、如之义时的读音是有差别的。既然有不少这样的字，当然容易造成阅读时理解上的困惑。因此，人们就在原字形的基础上赋予各种区别性的标志，从一个字派生出几个不同的字，分别承担原有音义的某一部分。这种现象，我们称之为"分化"。

分化的方式可分两大类：一种是利用原有字的异体，另一种是增加偏旁。例如上举的⿰字，在商代原有⿰和⿰两种主要写法。后者胸部的两点，大概是强调女子的性征，前者可看成后者的简化形式。由于在甲骨文的许多辞例中，这两种形体都是互相通用的，所以在当时人的概念中它们只是同一个字的不同写法，正如⿰也可以写成⿰一样。但在西周金文中可以看出，当记录母亲和毋的语义时，绝大多数场合均用胸部有两点的写法，但仍有用不带两点的写法。而记录女子、女儿、你等语义时，不再用胸部有两点的写法。表现出一种明显的分化倾向。胸有两点的写法演变为小篆中的⿰（母）字，胸无两点的写法演变为小篆中的⿰（女）字，成为两个字。它们严格地区别为两个字，大约是在东周时期。这样的一个字分化为两个字的现象，就是利用异体的分化。在东周时期，"女"字仍承担后代如字所承担的语义。但这时已经出现了"女"字增加"口"旁的"如"，用这种有别于"女"字的字形来分担"女"字的这部分语义，渐成定例，"女"字就不再承担"如"字所承担的语义了。这种分化就是增加偏旁的分化。但是，既然在东周时期，"女"和"如"这两种字形都被用于记录后代如字所承担的语义，在记录这种语义的范围内，加"口"旁的新形体在这时也只是不加"口"旁之"女"的异体字而已。只有在把不加"口"旁的"女"从这一范围完全排除出去之后，"如"这种形体才成为完全独立的一个字。

先秦时代并无随时颁布统一文字方案之举，为了专用化目的而加偏旁造出的新字形,都是在使用中逐渐得到社会公认的。所以就实际历史而言,都可以看作由原有字的异体字而分化为各自独立的不同字。而且,对原有字形增加偏旁,并不一定都是出于专用化的目的。例如,纯象星形的ꙮ和加注音符"生"的𤯐在商代甲骨文中均已存在,在辞例中都可记录星星之义,目前还看不出各有专用的迹象,只能认为是简繁不同的异体字。但小篆中的𣊻(晶)和𪩲(星)已经是两个不同的字,"晶"字只承担星光及由之引申的语义。表面上看,"晶"和"星"分化为两个字,是可以说成加偏旁的分化。但既然我们还没有证据证明商代加注音符"生"是出于各有专用的目的,后来"晶"、"星"二字区别为各有专用的字,就只能理解为利用原有异体字的分化了。

由于有很多字我们目前没有足够资料可以具体了解其分化实际过程,所以只能从表面现象上区分为不加偏旁的利用异体字和加偏旁的两类。实际上,人们也可以在不加偏旁的情况下,为了专用化的目的而有意识地造成异体。例如,"母"从"女"字中分化出来之后,仍承担"母亲"和"毋"这两方面毫不相干的语义,战国时期又出现了𠢝这种字形来分担"毋"这部分语义。对于"母"字来说,𠢝并未增加偏旁,只是把"母"字原形中胸部的两点连成一笔。由于在已知辞例中,这一变体只使用于承担"毋"义的场合(在同时期的某些辞例中,"毋"义仍由两点不连成一笔的"母"字来承担),可认为这一形体是专为记录"毋"义而制造的区别性形体。这一形体在记录"毋"义的范围内逐渐地排斥了"母"字,成了独立的"毋"字。

字形所分担的语义不加偏旁而制造别的形体的方法是多种多样的,有时是在原字形上附加极简单的点划。例如,后代的"言"、"音"二字,古本一字,在形体上作𧥺。东周时,在𧥺形的内部加一点而成𧥺,分化为小篆中𧥺(言)、𪜑(音)二字。有时是就字形的原有笔划作某种变动。例如,后代的"事"、"吏"二字,古本一字,在形体上作𡉚。小篆中把中竖拖长而末端弯曲的𠁱(事),和中竖短而不弯曲的𠯑(吏)分别成两个字。但是字形上的这种变化,都是一开始就出于专用化的目的,也并不都导致一字分化为两个字的后果。前文举过的"金"旁中两点连成一笔的例子,和"母"字中两点连成一笔而成𠢝,是同一字形变化现象。但"金"的形体变化,看不出有什么专用的目的,也没有导致

"金"字的分化。在许多场合下,我们只能判定这一类字形变异是否导致文字分化的结果,而很难判定这些变异是一开始就出于专用的目的,还是有了变异之后才被文字分化的要求所利用。因此,从表面现象上都只好归属于不加偏旁而利用异体的分化。

分化的结果是文字数量增加,所以,分化的方法当然是造字的方法。增加偏旁的分化方法,无论是加音符,还是加义符,都可以认为是形声即兼表音义的造字法。不增加偏旁而利用异体或有意造成异体的分化方法,既不能归为表义法,也不能归为表音法,又不能归为兼表音义法,是一种虽属后起而具有独立性质的造字法。建议称为"就字分形法",可简称为"分形法",产生的新字可称为"分形字"。如"母"是"女"的分形字,"音"为"言"的分形字,"吏"为"事"的分形字。在后代文字发展中,这种造字方法也造成了一些新字,如"候"为"侯"的分形字,"勾"为"句"的分形字。然而,过去的文字学家往往忽视了这种独立的造字法。于省吾先生在《甲骨文字释林·附录》中提出了所谓"附划因声指事字"的问题,就问题所研究的对象而言,和就字分形法大体重合,但不尽相同。而且在实例的分析、方法的归纳、方法的命名上,似乎均有可商之处。这种造字方法是值得进一步详细研究和总结的。

认识到文字分化是一种普遍的规律,在使用字形的历史比较法去识读古文字时,就不应该只从文字是一脉单传的角度去看问题,错误地以为小篆中字形有别的不同字,一定都有各自不同的祖先。实际上,有相当数量的一组组不同的字,原先都只有一个共同的祖先。举例来说,小篆中的川(小)—屮(少)、尼(厄)—尼(㢱)、尒(尔)—爾(爾)、士(士)—王(王)、示(示)—坣(主)、蕐(無)—龔(舞),都是从一个字的异体不加偏旁而分化成的(有的表面上增加了偏旁,如"舞"比"無"多了两个彳,实际上那是从连在人腿上的足形演变而成的。有足形和无足形只是繁简体之不同)。"生"、"姓"、"性"、"甥"本来都写成"生","工"、"贡"、"功"、"攻"本来都写成"工","正"、"征"、"政"本来都写成"正","豊"、"禮"、"醴"本来都写成"豊","周"、"琱"本来都写成"周","又"、"右"本来都写成"又",都是从同一字加偏旁而分化成的。对初学者来说,很容易犯的错误,就是在识读古文字时见到丷形就以为只能读"小",而只能有后世"小"字的字义;见到屮形就以为只能读"少",而只能有后世"少"字的字义。不知道两种形体还未确定地分化为两个各有专用的字以前,音义是互通的。初学者很容易疏忽的是,见到早期古文字中的⼯形,就认为只能有后世"工"字的字义,而不能全面地考虑还可能有贡、攻、功或其他从工之字的字义。但是,在对分化有了初步了解之后,又容易犯另一种极端化的错误。比如,见到先秦古文字中的"女"形,就认为一律都可以读为母、毋、如,或误认为凡是遇到母、毋、如也都可以读成"女"。不理解文字的分化是一种历史性渐进的现象,分化发展到一定的阶段,"女"就不能读"母"了,"母"也不能读"毋"了,反过来读往往是更危险的。必须从已知的全部辞例中,对每个分形字和加偏旁分化的字逐渐取得独立地位的具体过程作细致分析,才能不把本来已可区别的读法混为一谈。这个问题,我们在第五章中还要作进一步探讨。

从同一字分化出来的诸字,在分化尚未十分固定之时,作为偏旁也是可以互相通用的。举一个例子说,"不"字在先秦时代有𣎴、𣎴、𣎴等异体,上面加点的𣎴并未生成分形字,下部加点的𣎴则生成分形字丕(丕,今本《说文》讹作丕)。"不"字下面加口旁而分化出"否"字。"否"字却因上面加点与"否"分化,成为丕(否,《说文》训"不也")、音(音,《说文》训"相与语而不受也",约相当于今天的"呸")。由于这种分化的渊源关系,所以我们看见诅楚文中的𣎴可以认为就是小篆的𣎴(倍)。把甲骨文中从不从刀的𣎴,假定为小篆的𣎴(剖)的前身,也是合理的,当然,这种分析都要有历史的观点,读法都要经过辞例的验证。否则,把小篆中实际存在的"棓"(义为"梲",即木棒)和"桮"(即杯字)、"倍"(义为"反")和"伓"(义为"有力"),"邡"和"部"都一定要说成是同一个字的分化,就是又犯了极端化的错误了。

三、规范化

同一个字在演变过程中产生的种种不同字形,习惯上称为"异体字",历史上有互相取代关系的异体字,又称为"古今字"。一个字之所以有多种异体,其原因不能仅归之于简易化和专用化,而是多样的。

文字中最初的异体现象,是文字尚未脱离图像这一母胎的反映。从实际事物的形象变成图形符号,都要经过提炼,即对实际物象的简化,这种简化一开始就可以采取不同的方式。以甲骨文和早期金文中的"鼎"字为例,有的鼎足部分表现细致些,有的鼎腹部分表现细致些。

图十四

（金文"鼎"）

（甲骨文"鼎"）

（甲骨文"羌"）

鼎耳有表现为三角形的，有表现为矩形的。虽然都是具体的鼎形的简化，却很难说哪种字形是哪一种字形的简化。又如"羌"字在甲骨文中有多样写法，简单的只是一个戴羊角的人形，而另一类繁复的写法则表现他们被俘获之形，有跪坐和站立之分，有颈上拴绳子的，有双手反缚的，也很难说哪种字形是哪一种字形的简化。这种现象是最原始的异体现象。在对早期古文字进行字形比较时，过去的研究者已经认识到的"正反无别"（图十五 A）、"正侧无别"（图十五 B），甚至"正倒无别"（图十五 C），都是原始的异体现象的某一方面表现。在文字形体与实际物象尚较相近的情况下，这种变异只要不致引起

图十五

人们对所象事物理解上的混淆，就是可以允许的。但是，对某一字说来是可允许的变异，并不适用于另一些字。例如，"羌"字虽然站立形和跪坐形都是一个字，但（兄）和（祝）就是两个不同的字。"人"字虽然正反无别，但（左）和（右）就是靠不同方向区别为二字。是"人"字，是"大"字，正侧是有严格区别的。倒过来成，就是"屰（逆）"字了。这种矛盾的现象是文字体系尚不很成熟的表现之一。在文字逐渐脱离原始图像而成为抽象符号的过程中，每一个字都趋向于只有一种固定的形体，才不致引起阅读时的困惑。

　　淘汰异体而使每个字都趋向于只有一种固定的写法,就是规范化。在秦始皇以小篆统一全国文字以前,规范化是一种自然淘汰的缓慢过程。在旧有异体未被淘汰之时,往往又出现了许多新的异体。所以,当我们以小篆为基点用历史比较法去追溯每个字的前身时,就必须对每个字的形体所可能有的异体现象有比较全面的了解。

　　字形在发展中之所以有种种变异,简化和分化固然起着最主要的作用,但并不能把一切都归之于这两种原因。比如,东周铜器上往往有在文字笔划上加点或增加其他纯装饰性笔划的做法(图十六 A、B),可以解释为美化。但普遍存在的在文字上方加点的做法(图十六 C),至今还没人能圆满地作出解释。不过,我们至少可以用已知的变异中相似的现象,来推论某种字形所可能有的变异。例如,我们可以根据"帝"字已确认的诸种变体,来推定"束"字所可能有的变体(图十六 D),从而把《古玺文编》认为不识的 字判定为从"束"的"速(迹)"字。

图十六

　　如果从偏旁分析的角度来考察一个字所可能有的异体,每一个字除了所含偏旁的形体变异外,还可以有结构上的变异。所谓结构上的变异,包括所含偏旁数量、偏旁相对位置、偏旁种类的变化,也包括构字方式上的变化。这些现象,可统称为"异构"。异体字不都是因为异构,但异构是异体字中特别重要的一种现象。

在早期古文字中,有些合体字的偏旁的相对位置是不固定的(图十七 A),同一种偏旁的个数也不固定(图十七 B),表义字中同一性质的偏旁有互代的现象(图十七 C)。这些异构现象,都是文字还处于比较原始阶段的表现。这跟当时另一些字的构造原则是互相矛盾的。例如,同样是以两个人形构成的字,𠓥为从、𠚺为北(即背)、𠈌为尼,位置的不同而区别为不同字。𧺆是在摆臂的人形下加一个"止"旁而表示"走",𡗗是用三个"止"旁表示"奔",就是用偏旁数量的不同而区别为不同字的。所以,在文字发展过程中,这类异体大多消灭了。当然,像用两个屮形或四个屮形作为"草"旁的简繁两体,在《说文》中仍可以见到。在今天的汉字中,够同夠、畧同略之类的现象也并未完全绝迹。

图十七

文字在发展过程中也会产生种种异构,不论其原因如何,从表面现象上可以区分为局部性异构和完全性异构两种。局部性异构是指一个字的两种异体有一部分偏旁是相同的,另一部分偏旁则改变了。完全性异构是指一个字的两种异体的偏旁构成完全不同。

局部性异构中最常见的是形声字的局部改换音符或义符。

音符互代的异体字,有些是长期并存的。例如,《说文》记载,"麓"的或体作"菉",该字的这种异体现象,在商代甲骨文中就已经出现了。另一些则是发展过程中的新旧更替。例如,"裘"字在西周金文中原以"又"为音符,可能因为"又"和"裘"的语音发生了分化,才改用"求"为"裘"的音符。但必须注意的是,我国古代同音字极多,形声字字义的区别很大程度上靠同音而不同形的音符。如果把同一义符而音符又同音或音近的字形都推断为同一个字的异构,其结果肯定是荒谬的。

义符的替换主要有两类:一类是含义有相重部分的不同义符的互代。如口旁、言旁、音旁在表示发声这一点上可以通用,所以《说文》记载"吟"字或作

"詍"、"詥","咏"字或作"詠","嘖"字或作"讀"。但这并不能不加限制地推衍,例如,啖和谈、吃和讫、嗌和谥、喟和谓、咳和该、咀和诅……在小篆中都不是一个字的异体,而是两个字。另一类是因为同一字的字义可以从不同角度去表示。例如,"剑"字在东周时从"金",是就质地加的义符,在小篆中从"刃",是就性质加的义符。又如,"褹"字是以衣襟兜东西,这一动作涉及衣服的一部分,故以"衣"为义符。但或体作"擷"从"手"旁,则表示动作与手有关。这种义符互代表面上更加灵活无定,实际受具体字义的限制。如果据此以为凡从"金"的字都可以改成从"刃",凡从"衣"的字都可以从"手",显然是荒谬的。

就原字增加音符或义符,以及就原字减省部分偏旁而造成的异体,当然也属于局部性异构,这类现象,在前文中已举过一些例子,这里就不多说了。

完全性异构有相当大部分是形声字的义符和音符同时被替换而形成的。如西周金文中表示席(蓆)子之义的 ⿰ (弻)字,⿴ 为义符,象席形,⿰ (弗)为音符。后代改写为"笰",以"竹"为义符,"弗"为音符。偏旁完全改变了。也有的完全性异构是表义字的表义方法不同。如甲骨文中的"灾"字,或作洪水横流的 ⿱⿱⿱ 、⿰⿰ 形,或作房子中起火的 ⿵ 形(后来小篆中的"灾"字是把两形合并,又增加音符"才"所演变成的)。还有一部分是因为形声字和表义字互代。例如小篆"鬲"字是古代一种三足炊器的实物形象简化而成,或体作"⿱",就变成形声字了。

从字形历史比较的角度来看,局部性异构因为还保持一部分相同的偏旁,字形还存在某种表面可见的联系。完全性异构则完全失去字形上的联系了。但是,有一些完全性异构是通过逐次局部性异构而造成的,前文举过的"鸡"字的演变就是一例。这里我们再举一个比较复杂的例子。甲骨文中的"铸"字原来是一个表义字,象倾倒炽热似火的金属溶液的场景。在演变过程

图十八

中逐渐加上了义符"金"和音符"⿰"（寿字亦以此为音符），最后才固定为从金⿰声的形声字，而把原先所含的偏旁完全取消了。对于这类完全性异构，我们可以通过逐步的历史比较而恢复字形之间的联系。但在多数情况下，我们之所以能知道完全性异构是同一字的异体，是根据《说文》等字典的记载，古书注释中关于异体字的记载，古书中相同辞例的对照，先秦典籍和地下出土古文字资料中相同辞例的对照。

以上我们大体上讨论了异体字的种种表现形式。应该看到，异体字的产生是文字使用者的群众性行为。因而，文字使用越是普及，异体字也就越多。在交流的过程中，有些异体字被淘汰，但这种自然淘汰并不能有力地达到文字规范化的要求，致使一个字往往有多种异体同时并存。战国时期就是一个异体字很繁盛的时期。当时的所谓文字异形，除了地域性的异体现象之外，恐怕还有因方音差别导致的不同通假习惯。虽然字形的发展是以产生变异为前提，没有异体，也就没有全部汉字的发展史。但是，同时存在过多的异体，就要影响文字在全社会的流通，因而秦代以行政手段颁行小篆是汉字规范化的一种历史性创举。当然，颁行小篆并没有也不可能终止异体的产生。但从此以后，人们对异体字有了正体和或体（俗体、别体）的界线。每一种正体在相当长时期内稳定不变，保证文字在全社会的流通性，但并不阻止新的或体的产生，当某一种新的或体取得对旧有正体的优势时，也可能代之而成为新的正体。

就识读先秦古文字而言，重要的问题不是每一个字规范化的具体过程，而是认识一个字在未规范化以前可能有的异体形式，认识这种异体形式之间的内在规律性。这样，在进行字形历史比较时，无疑将会大大地开阔思路，透过表面上相异的现象，找到内在的联系。

附：讹　变

在字形变异中有一类特殊的现象——在对文字的原有结构和组成偏旁缺乏正确理解的情况下，错误地破坏了原构造或改变了原偏旁。这类现象，习惯上称之为"讹变"。

偏旁的讹变往往是由于形近或形混造成的。例如，到周代之时，原象鼎形的⿰和原象贝形的⿰形体相近，因而郑井叔钟铭中把"宾（賓）"字所从的"贝"

写成了鼎，国差罎铭中把"鼐"字所从的"鼎"写成了鼎。这跟我们今天把"迎"写成"迎"，把"假"写成"假"一样，是写了错别字。错别字本来不能算异体字。但如果大多数人都写错了，将错就错，不但会变成公认的异体，甚至会取得正体的地位。例如，"贞"、"则"、"员"等字，原先都是从"鼎"的。东周时逐渐都写成从"贝"，因为普遍流行，小篆也采用了从"贝"的写法。这样的字形演变，就是一种讹变。又如，"多"字在甲骨文中作昍，从"肉"，当时"夕"字作）、月形，并不相混。但西周金文中"多"字作昍，就和"夕"字作刀形体相混。后来人们误以为"多"字是从"夕"的字，在小篆中，"多"被写成多，而"肉"被写成肉，"多"字从形体上看根本不从"肉"了。这种字形演变也是讹变。再如"奔"字，原先是在摆臂的人形下加三个脚形表示快跑，但西周时文字中"止"形和"屮"形往往写得差不多，把奔写成奔，后来人们误以为"奔"字是以大为义符，卉为音符，在小篆中写成了奔，这也是一种讹变。

另一类常见的讹变是独体字解散为几个偏旁，或合体字偏旁的错误合并。在下图中，"须"字本来是有须之人的一个完整图形，后来被拆开成了"彡"和"页"两个偏旁。"龙"字本来是像龙形的独体字，演变中被身首分离，以致被许慎说成是"从肉飞之形"、"童省声"。"或"字本来是从回、从弋（弋）两部分，但演变中把回上的一横和弋合并，成了从"戈"的字。"豊（礼）"字本来是从壴（像古代的鼓形）从珏，但"壴"形的上半部（原像插在鼓上的羽饰）和"珏"形合并，下部成了从豆了。这类讹变都破坏了文字原有的结构，使后人看不出原先的造字用意了。

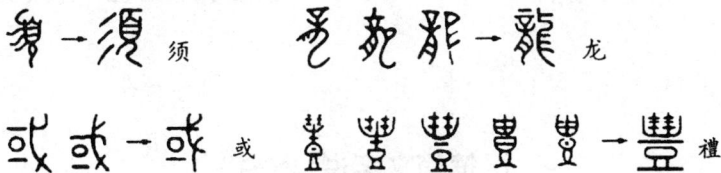

图十九

讹变的结果，表面上也是出现了异构，但一般的异构都是按一定的造字原理改变原字的构造，是一种合理的异构。讹变则是对原字结构不了解或错误理解而造成的字形变化，是一种无理的异构。小篆的字形，对于最初造字时的字形来说，有不少是讹变的结果。许慎在当时既然只能根据这种字形来

"说文解字",必然有许多不符合造字本意的错误解释。当然,这些说法表面上也可以自圆其说。比如,"多"字讹变成从"夕",就解释说"重夕为多",还把"重日为叠"扯来作旁证。但这就像我们今天把由"婦"字简化成的"妇"说成是"妇女力大推倒山"一样,完全成为同造字本意及字形历史演变无关的拆字游戏。所以许慎对文字结构的分析,在未经古文字资料验证之前,是绝不可轻信的。

以上,我们择要地讨论了古文字形体演变中的三方面规律性现象,从而对一个字所可能有的不同期异体和并存异体有大致的了解。从表面现象上来看,一个字的种种异体之间的形体差别,完全有可能大大超过不同字之间的字形差别。所以,单从形体差别的大小来判定两种形体是一个字还是两个字,是不合乎实际的。我们今天之所以能把形体差别并不算大的两种形体区别为两个字,把形体差别并不算小的两种形体判定为一个字,主要的根据有三条:(一) 找寻各种形体和小篆字形的历史联系,来确定它们是一个字还是两个字(但这时要考虑到历史上的分化和形混的可能性);(二) 综合考察各种形体在作为文字偏旁时与其他偏旁的结合关系,来确定它们是一个偏旁还是两个偏旁(但这时要考虑到讹变和同功能偏旁互代的可能性);(三) 全面考察作为单字或偏旁的各种形体在辞例中的具体地位,来确定它们是一个字还是两个字,一个偏旁还是两个偏旁(这时要考虑古人也有偶尔写错字的可能)。只有把这三者有机联系起来,交验互证,我们才能确定哪些具体的形体差别是字与字之间的区别特征,哪些具体的形体差别只是同一个字的异体现象。否则,就会陷入迷魂阵,而哀叹古文字字形变化莫测,以至无所适从了。

据楚简文字说"离骚"

陈 剑

导言——

本文原载于《新出土文献与古代文明研究》(上海大学出版社,2004),现选自《战国竹书论集》(上海古籍出版社,2013)。

作者陈剑(1972～),四川眉山人,复旦大学出土文献与古文字研究中心教授,古文字学界杰出的青年学者。出版有著作《甲骨金文考释论集》、《战国竹书论集》。

陈剑先生以考释古文字中的难字著称,许多学者们过去未能释出或释错的字,经过他的重新考证得以解决。他视野广阔,博闻强识,对古文字字形演变异常敏感,对古音与文献的熟悉程度也超乎常人。他的研究常常将古文字考释与古书的校读联系起来,利用文字学的新发现,如字形的讹变、特殊的用字,对古书中一些字词进行新的解释,解决了不少千百年来人们一直误读、误解的地方。《据楚简文字说"离骚"》正是一篇这样的代表作。此文不仅解决了"离骚"的释读问题,也为今后古文字与古文献学研究提供了一个新的范式。

屈赋《离骚》篇题两字的含义,是一个长期聚讼、迄今仍未彻底解决的问题。如果没有新的材料,继续讨论这个问题恐怕很难得出令人信服的结论。最近我从战国楚简的有关文字中得到启发,对这个问题形成了一个新的认识。本文就拟以正面立论为主谈谈我们的看法,对已有诸多成说不作详细征引和评论。

现存最早对"离骚"的解释,见于西汉司马迁《史记·屈原贾生列传》:

> 屈平疾王听之不聪也,谗谄之蔽明也,邪曲之害公也,方正之不容也,故忧愁幽思而作《离骚》。离骚者,犹离忧也。……信而见疑,忠而被谤,能无怨乎? 屈平之作《离骚》,盖自怨生也。

从上下文看,太史公大概是将"离"字理解为"遭受"一类意思的。至于"骚"字,从"离骚者,犹离忧也"的"犹"字看,他还不一定就是直接认为有"忧"的意义的。到后来班固《离骚赞序》(《楚辞》王逸注本收录),就把这两层意思明确地肯定下来了:

> 屈原以忠信见疑,忧愁幽思而作《离骚》。离,犹遭也。骚,忧也。明己遭忧作辞也。

单从训诂的角度讲,他们对"离"字的理解挑不出什么毛病。相同用法的"离"字《楚辞》里多见。就拿王逸认为系屈原作品的来说,有"离尤"(《离骚》"进不入以离尤兮"、《九章·惜诵》"恐重患而离尤")、"离忧"(《九歌·山鬼》"思公子兮徒离忧")、"离蝥"(《天问》"启代益作后,卒然离蝥"),"离谤"(《九章·惜诵》"纷逢尤以离谤兮"、《九章·惜往日》"被离谤而见尤",此句"被"、"离"同义连用)、"离愍(或'慜')"(《九章·怀沙》"离愍而长鞠"、"离慜而不迁兮"、《九章·思美人》"独历年而离愍兮")等。这种用法的"离"古书或作"罹","遭"乃其常训。

王逸《离骚经章句·序》亦云"骚,愁也"。但训"骚"为"忧"或"愁"实于古无征。从词义演变的角度讲,骚动之"骚"基本意义为"动",也很难引申出"忧"、"愁"一类意思。前人或引《国语·楚语上》"则迩者骚离而远者距违"韦昭注"骚,愁也"为说,钱锺书先生驳之云:"'骚离'与'距违'对文,则'骚'如《诗·大雅·常武》'绎骚'之'骚',谓扰动耳……韦昭解'骚'为'愁',不甚贴切《国语》之文,盖意中有马迁、王逸辈以《楚辞》'骚'为'忧'、'愁'之旧解,遂沿承之。韦解本采《楚辞》注……"[①]这是很正确的。除去《国语·楚语上》此例,在较早的古书中就找不到"骚"训为"忧"或"愁"的例子了。

我们认为,问题正出在这个"骚"字上。它其实是个被汉代人认错了的字。

下面先从战国楚简里一个写作上从"又"下从"虫"的字说起。出土于20世纪60年代的湖北江陵望山一号墓楚简中,第9简记录由贞人"登道"在墓主生前为其疾病占卜,贞问之辞末尾一句为:

尚毋为大𧐍。

朱德熙、裘锡圭、李家浩三位先生所作的《释文与考释》将末一字释为"蚕",注释说:"此字简文作'蚕',汉隶'蚕'字亦多从'又'。疑'蚕'当读为'慅',忧也。"并解释简文大意为墓主有病,不能进食,"希望不至于成为大问题吧"[②]。就简文文意而言,这个理解是可信的。

---

① 见《管锥编》第二册,中华书局,1986年,第582页。

② 湖北省文物考古研究所、北京大学中文系编:《望山楚简》,中华书局,1995年,第21页图版、第69页释文、第90页注[二一]。

限于注释体例，朱先生等对"蚤"释为"蚤"的理由没有详细举例阐述。裘锡圭先生另有一篇《殷墟甲骨文字考释（七篇）》，①其中之三《释蚤》对此论述较详。有关部分篇幅不长，具引如下（引文中括注为原文所有）：

> 汉代人多把"蚤"字写作上从"又"下从"虫"。顾蔼吉《隶辨》收了两个"蚤"字（见樊安碑、逢盛碑），都是这样写的，顾氏按语认为这是"省叉为又"。但是在时代可以早到秦汉之际的马王堆帛书里，"蚤"字屡见，都写作从"又"或从"父"，没有一例是写作从"叉"的（《秦汉魏晋篆隶字形表》954～955 页。《汉印文字征》13.8 下所收的"蚤"字也应释"蚤"）。马王堆帛书《战国纵横家书》中的"蚤"字作🔺（同上955 页）……

据此他进而将殷墟甲骨文中旧释为"抅"的"🔺"字（见《甲骨文编》468 页）也改释为"蚤"，解释其造字本意及演变情况说：

> "蚤"字本来大概是从"又"从"虫"的一个会意字，可能就是"搔"的初文，字形象征用手搔抓身上有虫或为虫所咬之处。② 从"父"的是它的讹体。③ 从"叉"的"蚤"字当是改会意为形声的后起字。不过此字已见《说文》，出现的时代也不会很晚。

1998 年 5 月文物出版社出版的《郭店楚墓竹简》里，有一篇整理者定名为《尊德义》的。其中第 28 简也出现了"蚤"字：

---

① 见《湖北大学学报（哲学社会科学版）》1990 年第 1 期。
② 按照《说文》的解释和古文字的一般情况，似乎虫（虺）蛇之"虫（虺）"跟"蟲"读音、意义完全不同，或有人据此怀疑将甲骨文"蚤"所从之"虫"解释为小蟲之"蟲"的正确性。按殷墟甲骨文有"🔺"字（《甲骨文编》86 页），闻一多释为龋齿之"龋"，研究者多信从其说。此字以小蟲蛀齿会意，可见"虫"确实很早就可以用来表示小蟲之"蟲"。闻说见《古典新义·释龋》，《闻一多全集》第二册，三联书店，1982 年。
③ 在时代比马王堆帛书略早一些的睡虎地秦墓竹简里，"蚤"字也都是写作从"虫"从"父"的。见《睡虎地秦墓竹简》图版七五：八二、九九：一二九正、一三〇：一三五等。文物出版社，1990 年。

惠之流,速虗楮[*](蚩)而連命。

注释(175 页)引裘锡圭先生的按语云:"此句读为'惠(德)之流,速虗(乎)楮(置)蚩(邮)而連(传)命'。《孟子·公孙丑上》:'孔子曰:德之流行,速于置邮而传命。'……'楮'从'之'声,'蚩'从'又'声,故两字可读为'置邮'。"由于有传世古书中基本相同的文句为证,裘按的意见显然是正确的,研究者对此也均无异议。这样看来,这例以"又"为声符的"蚩"字,跟殷墟甲骨文一直到秦汉文字里从"又"从"虫"会意的"蚩(蚩)"字,显然是不同的。

再回过头去看前引望山楚简的"蚩"字,它无疑也应该改释为以"又"为声符的"蚩",读为"尤"。同类用法的"尤"古书常见,旧注多训为"过"。占卜而说"尚毋为大尤",跟卜筮之书《周易》里也数见"无尤"相合。"为大尤"的说法见于《左传·襄公二十二年》:"敝邑欲从执事,而惧为大尤。""又"、"尤"古音相近。《尊德义》中以"蚩"为邮驿之"邮","邮"字在古书里也常用为"过邮"之意,在这个意义上它跟"尤"表示的是同一个词,两字通用的例子极多,请参看高亨、董治安《古字通假会典》第 372 页"尤与邮"条。

通过以上讨论我们可以得到这样的认识:在战国楚文字里,"蚩"是一个以"又"为声符、可表示"邮"或"尤"的字;[1]而在秦汉人笔下,"蚩"却是后来的"蚩"字。将这一点跟战国楚辞作品的流传情况结合起来考虑,问题的答案就已经呼之欲出了。

据学者们研究,屈原、宋玉等人的楚辞作品在当时就已经在楚地流传。这时它们应当就是用跟我们现在所看到的战国楚简文字差不多的楚文字记录的。后因秦国灭楚,这些战国楚辞作品一度中断流传。直到西汉初年,才又通过各种途径经历一番搜集发掘重见于世。[2] 汉初人整理战国楚辞作品,一定经历了一道将战国楚文字转写为当时通行的隶书的手续。可以想见,在

---

[1] 楚文字里这类"蚩"字结构的分析有两种可能:第一,它就是一个从"虫"、"又"声的字,跟"蚩(蚩)"字本无关系,二者只是偶然形成的同形字。关于同形字问题,参看裘锡圭:《文字学概要》,商务印书馆,1988 年,第 208～219 页。另一种可能是,因为"蚩(蚩)"字中包含有"又"这个偏旁,所以就可以也念作"又"。战国文字中这类现象也有不少例子,参看李家浩《从战国"忠信"印谈古文字中的异读现象》,《北京大学学报(哲学社会科学版)》1987 年第 2 期。

[2] 参看金开诚、董洪利、高路明《屈原集校注·前言》,中华书局,1996 年,第 5～9 页。

这个过程中,假如《离骚》的"骚"字原本是写作"蚤"的,汉人就很容易根据自己的用字习惯而将其误认为"蚤"了。至于"蚤"又变作"骚",当系因"离蚤"无义,因而或在转写时就已径改,或在其后传抄过程中作了改动。

如果"离骚"的"骚"在屈原和战国楚人的笔下本写作"蚤","离蚤"二字就很好理解了。前面说到,望山楚简的"蚤"字用为"尤","离蚤"之"蚤"用法与之相同。"离尤"即"遭到责怪"一类意思,前文已经举出见于《九章·惜诵》之例。而且就在《离骚》篇中,也正有"进不入以离尤兮"一句。不过或许有人要问:同是《离骚》一篇里的"尤",为什么在正文里不误,偏偏在篇题里被误认为了"蚤(骚)"呢?这确实是一个难以准确回答的问题。最有可能的情形是,当时据以整理的底本,正文里的"尤"字本来就写作"尤"或者以"尤"作声符的字,跟篇题写作"蚤"不同。一方面,在战国楚文字里已经使用以"尤"为声符的字;①另一方面,从郭店楚墓竹简看,当时人抄写书籍,同一个词往往可以用不同的字来表示。就是在同一个书手笔下,有时甚至就在同一书手所抄写的同一支简上,同一个词也可以写作不同的字。所以这种设想也不是没有根据的。

总结以上的论述,我们认为所谓"离骚"本即"离蚤(尤)",并无任何难解之处。汉代人在整理、转写时,"蚤"字被误认为了"蚤(骚)"。从司马迁的理解还算基本合于原意来看,大概最初虽然字认错了,但《离骚》全篇的命题之意,汉初人还是基本了解的。但因"骚"字终究无法讲得落实,遂引出后代种种争论。至于后来"骚"又成为一种文体的名称,或又衍生出"诗骚"、"风骚"、"骚人"等常用词,已经成为传统文化的有机组成部分,就不是本文所要讨论的内容了。

本文仓促成稿,一定存在不少问题,恳请诸位师友多加批评指正。

2002 年 3 月 18 日草毕

♀ 延伸阅读 ♀

1. 裘锡圭《文字学概要》(修订本),商务印书馆,2013。

2. 姚孝遂主编《中国文字学史》,吉林教育出版社,1995。

---

① 参看何琳仪《战国古文字典》上册,中华书局,1998 年,第 14 页。

3. 林沄《古文字学简论》,中华书局,2012。

4. 黄德宽《古汉字发展论》,中华书局,2014。

5. 季旭升《说文新证》,福建人民出版社,2010。

6. 刘钊《古文字构形学》(修订本),福建人民出版社,2016。

7. 何琳仪《战国文字通论》(订补本),上海古籍出版社,2017。

8. 赵平安《〈说文〉小篆研究》,广西教育出版社,1998。

9. 张涌泉《汉语俗字研究》(增订本),商务印书馆,2010。

10. 陈斯鹏《楚系简帛中字形与音义关系研究》,商务印书馆,2011。

♀ 问题与思考 ♀

1. 探讨文字学研究的范畴与意义。

2. 汉字有哪几种构形方式?了解一些常见字的构形方式。

3. 从用字的层面思考出土文献与传世文献的区别。

♀ 研究实践 ♀

1.

研究课题	"六书"与"三书"
背景材料	许慎《说文解字》 王筠《文字蒙求》 唐兰《古文字学导论》、《中国文字学》 陈梦家《殷墟卜辞综述》 裘锡圭《文字学概要》
方法提示	关于汉字基本类型的划分,裘锡圭先生在《文字学概要》中批评了传统的六书说;评述了唐兰先生(《古文字学导论》,1935;《中国文字学》,1949)的三书说(象形文字、象意文字、形声文字);又讨论了陈梦家(《殷墟卜辞综述》,1956)的三书说(象形、假借、形声)。裘先生认为,"陈氏的三书说基本上是合理的,只是象形应该改为表意(指用意符造字)。这样才能使汉字里所有的表意字在三书说里都有它们的位置"(第106页),并主张把通假也归入假借。此外,作者对"不能纳入三书的文字"也作了分析。并分章考察了表意字、形声字、假借及其相关问题。同学们可在精读上述有关文献的基础上,慎思明辨,作出自己的独立判断。
呈现形式	·论文,如《"六书"说的适用范围》、《"隶变"对汉字结构的影响》、《"三书"说述评》等。 ·小型学术研讨会 ·写学术札记

2.

研究课题	传世文献与出土文献《老子》异文校读
主要材料	传世本《老子》（王弼本、河上公本）；郭店楚简《老子》、马王堆帛书《老子》甲本、乙本、北京大学藏西汉简《老子》。
理论依据及操作方法	一篇文献的传抄，由于不同时代、不同地域、不同抄手等因素的影响，在用字上会呈现出不同的面貌，即产生诸多异文。我们可以根据前人对文献用字差异的研究成果，对一些新材料中的异文展开相应的研究。
预期成果	论文，如《传世文献与出土文献〈老子〉某一章异文集释》。 小型研讨会：由几位同学宣读并研讨各自的研究论文。

第三章 训 诂

导 论

在古代,作为小学主要组成部分的训诂学完全是为解经服务的。1898 年《马氏文通》的问世,标志着中国现代语言学的诞生,但这并不意味着中国传统学术的终结。相反,训诂学不断从现代理论中吸取营养,特别是王力在 20世纪 40 年代初提出语源学为新训诂学的科学思路,一代又一代的学者为训诂学的发展作出自己的理论贡献和学术建树,训诂学成为现代学术中不可或缺的门类科学。

什么是训诂? 简言之就是解释,是后人对先代典籍作语言、文字,也包括段意、章旨方面的解释工作。这种工作,最早开始于先秦,标志性成果是成书于战国时期的《尔雅》。有的学者把训诂追溯到《国语·周语下》记载的周灵王二十二年(前 550 年),晋大夫叔向朝聘于周,告别时向前来送行的单靖公的家臣解释了《诗·周颂·昊天有成命》,认为这是训诂学的萌芽。这件事,比古印度巴尼尼语法(前四世纪)还早一百多年;比古希腊亚里士多德(前 384～前 322)《修辞学》早二百多年;比亚里山大里亚学派收集整理、注释和校正荷马史诗全文(前二世纪)还早三百多年。

十分重要的是,当代大学生如何学习训诂学?

一是要上好训诂学课,真正读懂一本训诂学的书。训诂学课是人文学科的基础课,是进入中华典籍宝库的金钥匙。一般来说,这门课要回答训诂学的内容、方法和运用的问题。

二是要弄懂训诂学的内容。训诂学的内容,实际上也是讲语言学、语文学各科和训诂学的关系。训诂学和音韵学、文字学的关系最为密切。前者即清代学者讲的"因声求义"，后者也可说成"以形立训"。"因声求义"一要破假借字，二要探求语源。训诂学中的假借主要指用字假借即通假字。清儒王念孙说："训诂之指（旨）存乎声音，字之声同声近者经传往往假借。学者以声求义，破其假借之字而读以本字，则涣然冰释；如其假借之字而强为之解，则诂籀为病矣。"最有名的例子，就是《诗·豳风·七月》"八月剥枣"的"剥"当破之为"扑"。又如《管子·入国》："入国四旬五行九惠之教。"句中"旬"的本字为"巡"字，意即"到处巡行施九惠之教化"。古书通假字的情形十分复杂，近年来大量简帛文字的出土为研究通假字提供了新的材料。

训诂中的探求语源，与语义学、语源学中的找同源字，是密切相关的。王力《同源字典》既是他本人提出的"新训诂学"著述，也是语源学的著述。晚近章炳麟、黄侃、刘师培、沈兼士、杨树达，当代学者洪诚、张永言、郭在贻等，都对训诂中的探求语源问题有精到的论述。

训诂学与文字学的关系，主要表现在推考本字时要借助于文字学，特别是古文字学。例如弄清"宫"的本义是居室，"身"的本义是女身有孕，"向"的本义是朝北的窗子，都需由古文字形体明之。文字学是形态学，《说文解字》"以形立训"，多涉本义。许著不仅是文字学的经典，而且也是训诂学名著。

三是要懂得训诂学的方法。事实上，方法与内容是密不可分的。内容是对象本体的内在包含，内容决定方法，方法是切入本体内容的途径和手段，除了与古音学、文字学密切相关的内容"因声求义"、"以形立训"决定的方法——"因声求义"法、"以形立训"法以外，还有义训法。音训、义训两者间的关系是什么？清儒戴震说："疑于义者以声求之，疑于声者以义正之。"（《转语二十章序》）音、形、义三者互补而证释之，方为确诂。既为义训，就会有共名（大名）、别名（小名）间的互训关系，就会有同义同训、近义互训、反义反训、以今释古、以俗释雅、以通语释方言，等等。凡此，都是一些"以通行词训释古语词、方言词"的不同做法。由于词义引申是词义发展的基本形式，在义训中要充分重视引申中的常见方式：词义的扩大、缩小、转移引起的词义变化，通过比较互证，在引申系列中使义训臻于完善。

审文例是训诂的重要方法之一。古书的文例主要有：连文、对文、俪偶等。康熙巡游镇江时，摘唐代诗人许浑诗题对："溪云初起日沉阁，山雨欲来风满楼。""沉"与"满"对，"沉"有满义。唐李商隐《行次西郊作一百韵》："南资竭吴越,西费失河源。""竭"与"失"对,"竭"有失义。

训诂学,本质上是词义考古,故王国维 1926 年提出的"二重证据"法始终是训诂学的重要方法。《左传·庄公十年》"(曹刿)下视其辙登轼而望之"是"登,轼而望之"还是"登轼而望之"? 近年出土的车舆,特别是 1989 年太原金胜村 251 号春秋大墓车马坑 5 号车的发现,可证车轼是能登的。(滕志贤《从出土古车马看训诂与考古的关系》,《古汉语研究》2002 年第 3 期)

训诂学的论著十分丰富,本章所选的五篇论文都是其中深入浅出地阐明重要问题的代表作,读者可以从中得到许多启发。

选　文

古书疑义举例(节选)

俞　樾

导言——

本文系清末学者俞樾《古书疑义举例》卷一。

作者俞樾(1821~1907),字荫甫,号曲园,浙江德清人,晚清著名学者。他著述等身(包括著名的《群经平议》、《诸子平议》、《茶香室丛钞》等,均收在《春在堂全书》中。2018 年浙江古籍出版社出版了赵一生整理的《俞樾全集》),但学界普遍认为篇幅不大的《古书疑义举例》代表了他的最高学术成就。刘师培在《古书疑义举例补》中曾言:"幼读德清俞氏书,至《古书疑义举例》,叹为绝作,以为载籍之中,奥言隐词,解者纷歧,惟约举其例,以治群书,庶疑文冰释,盖发古今未有之奇也。"

《古书疑义举例》系统阐发了古书辞例,全书共七卷,凡八十八例,关涉词汇词义、语法、修辞以及校勘等多种类型的语言文字问题,可谓古代训诂问题的总结性著作。大致说来,卷一至卷四论句法修辞,卷五至卷七论校勘。卷一共有十四例。一论上下文同字却异义,二论上下文异字却同义,三论在非常位置上的语法成分,四论与事件发生顺序相反的记述次序(倒序),五论故意颠倒词序从而使句子参差错落的修辞方式（错综），六论作为修辞术语和训诂术语的互文，七论把两个相关之事并列在一个句子中的表达方式（并提），八论异说并存的行文方式，九论字面好似并列而实非的结构关系，十论两句字面不同而意义实际相同的表达方式，十一论以重言词释其所以构成的单音形式，十二论一字有时当作重文解，十三论为了押韵而改变词素或词语的正常顺序，十四论为了押韵而改用非常用词。

《古书疑义举例》在学界影响甚巨，为其补续或订讹的不少，如刘师培《古书疑义举例补》、杨树达《古书疑义举例续补》、马叙伦《古书疑义举例校录》、姚维锐《古书疑义举例增补》（中华书局将俞氏原著和以上四种汇编为《古书疑义举例五种》，极便利用），徐仁甫《广古书疑义举例》，周斌武《〈古书疑义举例〉札记》（上、下），等等。一些训诂学教材也对之进行了很有价值的分析，如张永言《训诂学简论》以为"以索马牛皆百匹"、"沽酒市脯不食"不同于传统所说的"复词偏义"，而是类似于西方语言学所说的"轭氏搭配法"；方一新《训诂学概论》则指出了该书中的一些错讹。

许威汉、金甲著有《俞樾〈古书疑义举例〉评注》（商务印书馆，2012），比较有助于俞著的阅读和学习，可以参看。

一、上下文异字同义例

古书有上下文异字而同义者。

《孟子·公孙丑篇》："有仕于此而子悦之，不告于王而私与之吾子之禄爵；夫士也，亦无王命而私受之于子。"按："有仕于此"之"仕"，即"夫士也"之"士"。"夫士也"，正承"有仕于此"而言。"士"，正字，"仕"，段字，是上下文用字不同而实同义也。

《论语·卫灵公篇》："臧文仲其窃位者与？知柳下惠之贤而不与立也。"按：古文"位"、"立"同字。此章"立"字当读为"位"，不与立即不与位，言知柳下惠之贤而不与之禄位也。上文"窃位"字作"位"，下文"不与位"字作"立"，异文而同义也。

庄元年《左传》："筑王姬之馆于外。为外，礼也。"按："为外，礼也"，犹曰"于外，礼也"。古"于"、"为"义通。郑注《士冠礼》曰："'于'，犹'为'也。"然则

"为"亦犹"于"也,此举《经》文而释之。若但曰"礼也",疑若通言筑之为得礼,而无以明筑于外之为得礼;故叠"于外"二字,乃举《经》文作"于外",而《传》文自作"为外",亦异文而同义也。

《周书·太子晋篇》:"远人来骧,视道如咫。"又曰:"国诚宁矣,远人来观。"按:"观",正字也;"骧",叚字也。亦上下文之用字不同者。

《荀子·宥坐篇》:"《诗》曰:'瞻彼日月,悠悠我思;道之云远,曷云能来?'子曰:'伊稽首不其有来乎?'"按:"首"字当读为"道"。《周书·芮良夫篇》:"予小臣良夫稽道。"《群书治要》作"稽首"。是"道"与"首"古字通。稽者,同也。《尧典正义》引郑注曰:"稽,同也。"《诗》言"道之云远,曷云能来?"孔子言道苟同,则虽远亦来矣,故曰"伊稽道不其有来乎?"盖借《诗》言而反之。若《唐棣》之诗也,因叚"首"为"道",遂莫知其即为上文"道"字,而注者曲为之说,致失其义矣。

《商子·兵守篇》:"给从从之,不洽而燠之,使客无得以助攻备。"按:上"从"字下有阙文,下"从"字当在不洽之下,"洽"亦当为"给",古字同声而通用也。此文当云"给从而□之,不给从而燠之。"盖承"发梁撤屋"而言,所发所撤,其材尚可作它用。若其力有余,则取之而归;若力不足,则从而燠之,无使为敌用也。给与不给,反复相明:乃上用"给"字,下用"洽"字,又有阙文,读者遂不知为何语矣。

《吕氏春秋·辩土篇》:"必厚其靯。"又曰:"其靯而后之。"按:"后"与"厚"同义。《释名·释言语》曰:"厚,后也。"上言厚,下言后,亦异字同义之例。

二、上下文同字异义例

古书亦有上下文同字而异义者。

《礼记·玉藻篇》:"既搢必盥,虽有执于朝,弗有盥矣。"上"有"字乃有无之"有",下"有"字乃"又"字也;言虽有执于朝,不必又盥也。《论语·公冶长篇》:"子路有闻,未之能行,惟恐有闻。"上"有"字乃有无之"有",下"有"字亦"又"字也;言有闻而未行,则惟恐又闻也。

《尚书·微子篇》:"降监殷民,用乂雠敛,召敌雠不怠。"按:《释文》曰:"雠,如字;下同。"此依《传》义作音也。又曰:"徐云郑音畴。"是郑注上雠字与下雠字异义。郑于上雠字盖读为畴,故徐云郑音畴也。"乂"与"刈"通。"降监殷民,用乂雠敛",言下视殷民,方用刈获之时,计畴而敛之也。《孟子·尽心篇》赵注曰:"畴,一井也。"殷制用助法,上所应得者,惟公田所入耳。此云"畴敛",则是按井而敛之,所取不止于公田,殆纣时所加赋欤?枚传不知上下两雠字文同义异,致失其解。又,《酒诰篇》:"朝夕曰:祀兹酒,惟天降命,肇我民,惟元祀。"按:上"祀"字读为"巳",《周易·损》:"初九,巳事遄往。"《释文》曰:"巳,虞作祀。"是"祀"与"巳"古字通也。巳者,止也。巳兹酒者,止此酒也。"巳兹酒,惟天降命",此二句乃倒句,犹言惟天降命止此酒,盖重其事,故托之天命也。"肇我民,惟元祀",言与民更始,在此元祀。元祀者,文王之元年,盖文王初受命,即有止酒之诰,故云然耳。枚传不知上下两祀字异义,致失其解,皆由不知古书有同字异义之例也。

《诗·文王有声篇》:"既伐于崇,作邑于丰。"按:下"于"字乃语词,上"于"字则"邘"之叚字也。《史记》载虞、芮决狱之后,明年伐犬戎,明年伐密须,明年败耆国,明年伐邘,明年伐崇侯虎而作丰邑,是伐邘、伐崇,与作丰邑事适相连。故诗人咏之曰:"既伐邘、崇,作邑于丰"也。"邘"作"于"者,古文省,不从邑耳。今读两"于"字并为语词,则下句可通;上句既伐于崇,文不成义矣。

三、倒句例

古人多有以倒句成文者,顺读之则失其解矣。

僖二十三年《左传》:"其人能靖者与有几?"昭十九年:"谚所谓室于怒市于色者。"皆倒句也。

《周易·震》:"六二,亿丧贝。"《释文》引郑云:"十万曰亿。"梁氏玉绳《瞥记》曰:"亿丧贝乃倒文,与《庄子·在宥篇》'万有亿丧'同一句法。"《礼记·檀弓篇》:"盖殡也,问于郰曼父之母。"高邮孙氏濩孙《檀弓论文》曰:"此二句乃倒句也。盖殡浅而葬深,孔子之父实殡于五父之衢,而见之者皆以为葬,孔子不敢轻启父墓而迁葬,乃其慎也。及问于郰曼父之母始得其实,当云:'问于郰曼父之母,盖殡也。'故作倒句以取曲折耳。"按:此二义,余著《群经平议》,均不之从。然倒句成文,则古书自有之,亦存其说以备一解。

诗人之词必用韵,故倒句尤多。《桑柔篇》:"大风有隧,有空大谷。"言大风则有隧矣,大谷则有空矣。今作"有空大谷",乃倒句也。说详王氏《经义述闻》。《节南山篇》:"弗问弗仕,勿罔君子;式夷式已,无小人殆。"言勿罔君子,无殆小人也。"无",犹勿也,"罔"与"殆"义相近,《论语》亦以"罔"、"殆"对文可证。今作"无小人殆",乃倒句也。说详余所著《群经平议》。

《孟子·尽心下篇》:"若崩,厥角稽首。"按:《汉书·诸侯王表》:"厥角稽首。"应劭曰:"厥者,顿也。角者,额角也。稽首,首至地也。"其说简明胜赵注。"若崩"二字,乃形容厥角稽首之状。盖纣众闻武王之言,一时顿首至地,若山冢之崒崩也。当云"厥角稽首若崩",今云"若崩厥角稽首",亦倒句耳。后人不得其义,而云稽首至地,若角之崩,则不知角为何物,失之甚矣。

《墨子·非乐上篇》:"启乃淫溢康乐,野于饮食。"按:"野于饮食",即下文所谓"渝食于野"也。与《左传》"室于怒市于色"句法正同。毕氏沅校本疑"野于"当作"于野",盖误连康乐二字读之,亦由不达古书之例,失其读,并失其义矣。

《史记·乐毅传》:"蓟丘之植,植于汶篁。"《索隐》曰:"蓟丘,燕所都之地也。言燕之蓟丘所植,皆植齐王汶上之竹也。"按:此亦倒句;若顺言之,当云"汶篁之植,植于蓟丘"耳。宋人言宣和事云"夷门之植,植于燕云",便不及古人语妙矣。

四、倒序例

古人序事,有不以顺序而以倒序者。《周官·大宗伯职》:"以肆、献、祼享先王。"若以次弟而言,则祼最在先,献次之,肆又次之也。乃不曰"祼、献、肆",而曰"肆、献、祼",此倒序也。《大祝职》:"隋衅、逆牲、逆尸。"若以次弟而言,则逆尸最在先,逆牲次之,隋衅又次之也。乃不曰"逆尸、逆牲、隋衅",而曰"隋衅、逆牲、逆尸",此倒序也。《小祝职》:"赞彻、赞奠。"若以次弟而言,则奠先而彻后也。乃不曰"赞奠、赞彻",而曰"赞彻、赞奠",此倒序也。说者不知古人自有此倒序之例,而必曲为之解,多见其不可通矣。

《礼记·文王世子篇》:"其登、馂、献、受爵,则以上嗣。"正义曰:"以特牲言之,则先'受爵'而后'献','献'而后'馂'。今此经先云'馂'者,以馂为重,举重者从后以响先,逆言之,故云'其登、馂、献、受爵'也。"按:以特牲言之,嗣子与长兄弟为上下两簋,是馂不止嗣子一人;而受爵止嗣子一人,是受爵重于馂也,安得云以馂为重乎?孔氏盖不知古书有此倒序之例,曲为之说而失其义。

五、错综成文例

古人之文,有错综其辞以见文法之变者。如《论语》"迅雷风烈",《楚辞》"吉日兮辰良",《夏小正》"剥枣栗零",皆是也。

《诗·采绿篇》:"之子于狩,言韔其弓;之子于钓,言纶之绳。"笺云:"纶,钓缴也。君子往狩与? 我当从之为之韔弓。其往钓与? 我当从之为之绳缴。"按:笺以"韔弓"、"绳缴"对举,则知下句"绳"字与上句"韔"字对;下句"纶"字与上句"弓"字对;盖错综以成文也。正义曰:"谓钓竿之上须绳,则己与之作绳。"是以绳字对上句弓字,失之矣。

又,《思齐篇》:"古之人无斁,誉髦斯士。"按:"古之人"与"髦斯士"文正相配。古之人,言古人也;髦斯士,言髦士也。此承上而言,惟成人有德,故古之人无斁;惟小子有造,故誉髦斯士。古之人者,《尚书·无逸篇》枚传所谓古老之人也。无斁,谓不见厌恶也。誉与豫通。《尔雅》曰:"豫,乐也,安也。"言其俊士无不安乐也。豫与无斁互文见义。无厌恶则安乐可知,安乐则无厌恶可知。上句先言古人而后言无斁,下句先言誉而后言髦斯士,亦错综以成文也。毛、郑均未得其解。

《周礼·大宗伯职》:"王后不与,则摄而荐豆笾彻。"按:荐豆笾彻者,荐豆彻笾也。于豆言"荐",于笾言"彻",互辞耳。不曰"荐豆彻笾",而曰"荐豆笾彻",亦故为错综以成文也。贾疏曰:"凡祭祀皆先荐后彻,故退彻文在下。"此不得其解而为之辞。

《太玄·止·次八》曰:"弓善反,弓恶反。善马狠,恶马狠。"按:弓善弓恶,即善弓恶弓,与善马恶马同义。乃云弓善弓恶者,故与下文错综其词也。范望注曰:"善反,《诗》云:'四矢反兮。'言反其故处也。恶反者,不善发则翩然反也。"误以善恶连反字读,失之。《测》曰:"反弓马狠,终不可以也。"不曰"弓反马狠",而曰"反弓马狠",文法与此同。

《淮南子·主术篇》:"夫疾风而波兴,木茂而鸟集。"上言疾风,下言木茂,亦错综其词。《意林》引此,作"风疾而波兴",由不知古人文法之变而以意改之。

《春秋》僖十有六年书:"陨石于宋五,六鹢退飞,过宋都。"石五之与六鹢,亦错综以成文。《公羊》有记闻记见之说,《穀梁》有散辞聚辞之义,此乃作传之体例如此,未必得经意也。

《夏小正》:"梅杏杝桃则华,缇缟。"上句先言梅杏杝桃而后言华,下句先言缇而后言缟,盖古人之辞,往往有此。传曰:"先言缇而后言缟,何也?缇先见者也。"亦未免曲为之说也。

六、参互见义例

古人之文,有参互以见义者。《礼记·文王世子篇》:"诸父守贵宫贵室,诸子诸孙守下宫下室。"又云:"诸父诸兄守贵室,子弟守下室,而让道达矣。"郑注曰:"上言父子孙,此言兄弟,互相备也。"又,《杂记上篇》:"有三年之练冠,则以大功之麻易之。"郑注曰:"言练冠易麻,互言之也。"疏曰:"麻,谓绖带。大功言绖带,明三年练亦有绖带;三年练云冠,明大功亦有冠。是大功冠与绖带,易三年冠及绖带,故云互言之。"又,《祭统篇》:"王后蚕于北郊,以共纯服;夫人蚕于北郊,以共冕服。"郑注曰:"纯服,亦冕服也,互言之尔。纯以见缯色,冕以著祭服。"凡此皆参互以见义者也。

郑注有云"通异语"者。《文王世子篇》:"庶子以公族之无事者守于公宫,正室守太庙。"注云:"或言宫,或言庙,通异语。"又有云"文相变"者。《丧大记篇》:"浴水用盆,沃水用枓,沐用瓦盘。"注曰:"浴沃用枓,沐于盘中,文相变也。"亦皆互文以见义之例。

《周易·杂卦传》:"乾刚坤柔,比乐师忧。"皆两两相对,他卦虽未必然,而语意必相称。独"晋,昼也;明夷,诛也",其义不伦。愚谓此亦参互以见义也。知"晋"之为"昼",则"明夷"之为"晦"可知矣。"明入地中",非晦而何?知"明夷"之为"诛",则"晋"之为"赏"可知矣。"康侯用锡马蕃庶",非赏而何?自来言易者,未见及此也。

七、两事连类而并称例

《少牢馈食礼》:"日用丁己。"言或用丁,或用己也。《士虞礼》:"幂用绤布。"言或用绤,或用布也。古人之文,自有此例。

《士丧礼》:"鱼鱄鲋九。"此亦连类而并称,言或鱄或鲋,其数则九也。若必鱄鲋并用,而欲合其数为九,则孰四孰五,不得无文矣。

《礼记·郊特牲篇》:"绣黼丹朱中衣。"按:绣黼二物,丹朱亦二物,言中衣之领,或以绣为之,或以黼为之;中衣之缘,或以丹为之,或以朱为之;是为绣黼丹朱中衣,非必一时并用也。郑注:"破绣为绡。"正义曰:"五色备曰绣,白与黑曰黼,绣黼不得共为一物,故以绣为绡也。"此未达古人立言之例也。

《日知录》曰:"孟子云:'禹、稷当平世,三过其门而不入。'考之《书》曰:'启呱呱而泣,予弗子。'此禹事也,而稷亦因之受名。'华周、杞梁之妻,善哭其夫而变国俗。'考之《列女传》曰:'哭于城下七日而城为之崩。'此杞梁妻事也,而华周妻亦因之以受名。"愚谓此皆连类而及之例也。《吕氏春秋》曰:"孔丘、墨翟,昼日讽诵习业,夜亲见文王、周公旦而问焉。"因孔子而及墨翟,因周公而及文王,亦此类矣。

八、两义传疑而并存例

《仪礼·士虞礼》:"死三日而殡,三月而葬,遂卒哭。"郑注曰:"此记更从死起,异人之闻,其义或殊。"贾疏曰:"上已论虞卒哭,此记更从始死记之,明非上记人,是异人之闻;其辞或殊,更见记之事,其实义亦不异前记也。"按:此即传疑并存之例。《注疏》:"闻"字今误作"閒",非是。辨见《群经平议》。

《穀梁传》之解经,多有并存两说者。隐二年《传》:"或曰,纪子伯莒子而与之盟。或曰,年同爵同,故纪子以伯先也。"又,五年《传》:"穀梁子曰:'《舞夏》,天子八佾,诸侯四佾,初献六羽,始僭乐矣。'尸子曰:'《舞夏》,自天子至诸侯,皆用八佾,初献六羽,始厉乐矣。'"又,八年《传》:"或曰,隐不爵大夫也。或说曰,故贬之也。"又庄二年《传》:"于余丘,邾之邑也。其曰'伐',何也?公子贵矣,师重矣,而敌人之邑,公子病矣。病公子,所以讥乎公也。其一曰,君在而重之也。"又,文十八年《传》:"侄娣者,不孤子之意也。一人有子,三人缓带。一曰,就贤也。"凡此皆两义并存,不独疑以传疑,且足见网罗放失之意。《公羊传》亦间有之。闵二年《传》:"或曰,自鹿门至于争门者,是也。或曰,自争门至于吏门者,是也。"亦二说并存也。

《礼记·檀弓篇》:"滕伯文为孟虎齐衰,其叔父也;为孟皮齐衰,其叔父也。"按:孟虎孟皮,疑是一人,虎与皮盖一名一字。郑罕虎字子皮,即其例也。县子本得之传闻,或故老所说不同,或简策所载互异,疑以传疑,故并存之。正义谓虎是滕伯文叔父,滕伯是皮之叔父,夫记文两言"其叔父也",乃谓一是叔父,一是兄弟之子,殆不然矣。

《尔雅·释虫》有"蝮,蝮蜪",《释鱼》有"蜪,蚅";《释虫》有"蛭蝚,至掌",《释鱼》有"蛭,虮":盖皆一物也。或云虫类,或云鱼类,故并存之。郭注于《释虫》不解"蛭蝚,至掌",于《释鱼》不解"蜪,蚅",由未知其为同物耳。

凡著书者,博采异文,附之简策。如《管子·法法篇》之"一曰",《大匡篇》之"或曰",皆为管氏学者传闻不同而并记之也。《韩非子》书如此者尤多。如《内储说上篇》引鲁哀公问孔子莫众而迷事,又载:"一曰晏婴子聘鲁,哀公问曰:'语曰,莫三人而迷。'"《外储说左篇》引孟献伯相鲁事,又载"一曰孟献伯拜上卿,叔向往贺",如此之类,不下数十事。《尚书》每有"又曰"之文,愚谓亦当以是解之。《康诰篇》:"非汝封刑人杀人;无或刑人杀人,非汝封。又曰劓刵人,无或劓刵人。"盖史策所载异辞,一本作"非汝封刑人杀人;无或刑人杀人,非汝封",一本作"非汝封劓刵人;无或劓刵人,非汝封",故两载之,而词有详略也。下文:"王曰:'外事,汝陈时臬,司师兹殷罚有伦。'"此一本也。"又曰:要囚,服念五六日,至于旬时,丕蔽要囚。王曰:'汝陈时臬,事罚蔽殷彝。'"此又一本也。亦两存之而语有详略。余从前著《群经平议》,未见及此,盖犹未达古书之例也;当更为说以明之。

九、两语似平而实侧例

古人之文,有似平而实侧者。《诗·荡篇》:"侯作侯祝。"传曰:"作祝诅也。"段氏玉裁曰:"'作祝诅也'四字一句,'侯作侯祝',与'乃宣乃亩'、'爰始爰谋'句法同。"

《绵篇》:"曰止曰时。"笺云:"时,是也。曰可止居于是。"正义曰:"如笺之言,则上'曰'为辞,下'曰'为'于'也。"按:此亦似平而实侧者,与"爰始爰谋"、"乃宣乃亩"一例。王氏引之曰:"经文叠用曰字,不当上下异训,二曰字皆语辞,时亦止也。"传未得古人义例矣。

《论语·宪问篇》:"君子耻其言而过其行。"正义曰:"此章勉人使言行相副也。君子言行相顾,若言过其行,谓有言而行不副,君子所耻也。"按:耻其言而过于行,亦语平而意侧。皇侃义疏本作"君子耻其言之过其行也",语意更明。朱注曰:"耻者,不敢尽之意;过者,欲有余之辞。"误以两句为平列,失之。

《孟子·公孙丑篇》:"今夫蹶者趋者。"赵注曰:"蹶者相动,今夫行而蹶者,气闭不能自持,故志气颠倒;颠倒之间,无不动心而恐矣。"寻赵氏之意,谓趋由于蹶。"今夫蹶者趋者",犹云"大凡颠蹶之人,皆是趋走之人"。盖人之疾趋而行,气使之也,而至于颠蹶,则无不动心矣,故曰"是气也而反动其心"。"蹶者趋者",似平而实侧,若以蹶趋平列,则其义不见矣。

十、两句似异而实同例

古人之文,有两句并列而实一意者,若各为之说,转失其义矣。《礼记·表记篇》:"仁有数,义有长短小大。"郑注曰:"数与长短小大,互言之耳。"按:数即短长小大,质言之,则是仁有数,义亦有数耳。乃于仁言"数",而于义变言"长短小大",此古人属辞之法也。

《周官·大司徒职》:"令五家为比,使之相保;五比为闾,使之相受。"按:受与保同义,古语或以受保连文,《士冠礼》"永受保之"是也。或以保受连文,《尚书·召诰》"保受王威命明德"是也。使之相保,使之相受,文异而义同,皆谓使之互相任保,不为罪过也。杜子春及后郑均未达斯旨。又,《族师职》云:"使之相保相受,刑罚庆赏相及相共。"按:"相受"犹"相保"也,"相共"犹"相及"也,皆变文以成辞耳。贾疏断"刑罚庆赏相及"为句,失之。

《仪礼·特牲馈食礼》:"簪有以也,酳有与也。"两句义同,变文以成辞耳。《史记·货殖传》:"智不足与权变,勇不足以决断,仁不能以取予。"《汉书·扬雄传》:"建道德以为师,友仁义与为朋。"与、以互用,是"有与"即"有以"也。郑注曰:"与,读如诸侯以礼相与之与。"失之。

《孟子·梁惠王下篇》:"吾王不游,吾何以休?吾王不豫,吾何以助?"赵注曰:"言王者巡狩观民,其行从容,若游若豫。豫,亦游也。"按:不游不豫,变文以成辞而无异义。赵氏此注,斯通论矣。下文曰:"从流下而忘反谓之流;从流上而忘反谓之连;从兽无厌谓之荒;乐酒无厌谓之亡。"按:"亡"当读为"芒"。《荀子·富国篇》:"芒轫僈楛。"杨倞注曰:"芒,昧也。或读为荒。"是荒、芒义通。故《淮南子·诠言篇》曰:"自身以上,至于荒芒尔远矣。"荒芒连文,与流连一例,皆古之恒语。"从流下而忘反谓之流;从流上而忘反谓之连。"连与流一也。"从兽无厌谓之荒,乐酒无厌谓之芒。"芒与荒亦一也。流连荒芒,亦犹上文游豫之比,变文成辞而无异义。赵氏一一为之诠释,则转失之。良由不知"亡"为"芒"之叚字,故滋曲说。其解"亡"字曰:"若殷纣以酒丧国也,故谓之亡。"然则若羿之好田猎,无有厌极,以亡其身,亦可谓之亡矣;何以从兽无厌谓之荒乎？

《尚书·舜典篇》："流共工于幽州，放驩兜于崇山，窜三苗于三危，殛鲧于羽山。"枚传曰："殛、窜、放、流，皆诛也；异其文，述作之体。"至诗人之词，此类尤多。《关雎篇》："参差荇菜，左右流之；窈窕淑女，寤寐求之。"传曰："流，求也。"则流之、求之一也。《兔爰》首章"我生之初，尚无为"，次章"我生之初，尚无造"，传曰："造，为也。"则无为、无造一也。

《荀子·正论篇》："故盗不窃，贼不刺。"按：《汉书·郊祀志》："刺六经中作《王制》。"师古注曰："刺，采取之也。"又，《丙吉传》："至公车刺取。"注曰："刺，谓探候之也。"是刺有探取之义。盗不窃，贼不刺，变文以成辞而无异义也。《庄子·知北游篇》："若正汝形，一汝视，天和将至；摄汝知，一汝度，神将来舍。"按："一汝度"当作"正汝度"。《淮南子·道应篇》、《文子·道原篇》并同，可据以订正。"摄汝知"即"一汝视"，所视者专一，故所知者收摄矣。"正汝度"即"正汝形"，度，犹形也。是亦变文以成辞而无异义也。

《扬子法言·吾子篇》："多闻则守之以约，多见则守之以卓。"按：卓亦约也。《庄子·大宗师篇》郭象注曰："卓者，独化之谓也。"是卓有独义。《说苑·君道篇》："踔然独立。"踔与卓同。"卓约"，本叠韵字。《庄子》之"淖约"，《上林赋》之"绰约"，并其证也。"多闻则守之以约"，"多见则守之以卓"，犹"淖约"、"绰约"之比。是亦变文以成辞而无异义也。

十一、以重言释一言例

《礼记·乐记篇》："肃肃，敬也；雍雍，和也。"顾氏《日知录》曰："《诗》本肃雍一字而引之二字者，长言之也，《诗》云：'有洸有溃。'毛公传之曰：'洸洸，武也；溃溃，怒也。'即其例也。"

钱氏大昕《养新录》曰："《诗》：'亦泛其流。'传云：'泛泛，流貌。''硕人其颀。'笺云：'长丽俊好，颀颀然。''咥其笑矣。'传、笺皆云：'咥咥然笑。''垂带悸兮。'传、笺皆云：'悸悸然有节度。''条其啸矣。'传云：'条条然啸。''零露瀼兮。'传云：'瀼瀼然盛多。''子之丰兮。'笺云：'面貌丰丰然。''零露湑兮。'传云：'湑湑然萧上露貌。''噂沓背憎。'传云：'噂，犹噂噂然；沓，犹沓沓然。''有扁斯石。'传云：'扁扁，乘石貌。''匪风发兮，匪车偈兮。'传云：'发发飘风，非有道之风；偈偈疾驱，非有道之车。''匪风嘌兮。'传曰：'嘌嘌，无节度也。'并以重言释一言。"

《丘中有麻篇》:"将其来施施。"《颜氏家训》曰:"河北毛诗皆云施施;江南旧本悉单为施。"按:当以江南本为正。传云:"施施,难进之意。"笺云:"施施,舒行伺闲,独来见已之貌。"经文止一施字,而传、笺并以施施释之,所谓以重言释一言也。后人不达此例,增经文作施施,非其旧矣。

《周易·乾》:"九三,君子终日乾乾,夕惕。"惕者,惕惕也,犹言"终日乾乾,终夕惕惕"也。后人不明一言之即为重言,遂以"夕惕若"为句矣。《尚书·盘庚中篇》:"乃咸大不宣,乃心钦。"钦者,钦钦也。"乃心钦",犹《诗》云"忧心钦钦"也。后人不明一言之即为重言,遂以"乃心钦念以忧"为句矣。由不达古书之例,失其义,并失其读也。

十二、以一字作两读例

古书遇重字,多省不书,但于本字下作二画识之;亦或并不作二画,但就本字重读之者。《考工记·辀人》曰:"辀注则利准,利准则久,和则安。"郑注曰:"故书'准'作'水',郑司农云:'注则利水,谓辕脊上,雨注令水去利也。'玄谓利水重读,似非。"据此,则故书"利水"二字,本无重文,先郑特就此二字重读之,故后郑可以不从也。

《孟子·告子上篇》:"异于白马之白也。"按:上"白"字当重读。盖先折之曰"异于白",乃曰"白马之白也,无以异于白人之白也。"则又申说其异之故也。如此则文义自明,亦不必疑其有阙文矣。

十三、倒文协韵例

《诗·既醉篇》:"其仆维何?釐尔女士。釐尔女士,从以孙子。"按:女士者,士女也。孙子者,子孙也。皆倒文以协韵。犹"衣裳"恒言,而《诗》则曰"制彼裳衣";"琴瑟"恒言,而《诗》则曰"如鼓瑟琴"也。《甫田篇》"以谷我士女",此云"女士",彼云"士女",文异义同。笺云"予女以女而有士行者",则失之纤巧矣。经文平易,殆不如是。

《庄子·山木篇》:"一上一下,以和为量。"按:此本作"一下一上,以和为量",上与量为韵;今作一上一下,失其韵矣。《秋水篇》:"无东无西,始于元冥,反于大通。"亦后人所改。《庄子》原文本作"无西无东",东与通为韵也。王氏念孙已订正。"上下"、"东西",人所恒言,后人口耳习熟,妄改古书,由不知古人倒文协韵之例耳。

古书多韵语,故倒文协韵者甚多。《淮南子·原道篇》:"无所左而无所右,蟠委错紾,与万物终始。"不言"始终"而言"终始",始与右为韵也。《文选·鵩鸟赋》:"怵迫之徒,或趋西东;大人不曲,意变齐同。"不言"东西"而言"西东",东与同为韵也。后人不达此例而好以意改,往往失其韵矣。

十四、变文协韵例

古人之文,更有变文以协韵者。《诗·鄘风·柏舟篇》:"母也天只,不谅人只。"传曰:"天,谓父也。"正义曰:"先母后天者,取其韵句耳。"按:"母"则直曰"母",而"父"则称之为"天",此变文协韵之例也。

《蓼萧篇》:"既见君子,为龙为光。"按:光者,日也。《周易·说卦传》:"离为日。"而虞注于《未济·六五》及《夬·象传》并云:"离为光。"于《需·彖》辞则曰:"离日为光。"是日与光义得相通。《文选》张孟阳《七哀诗》注:"朱光,日也。"陆士衡《演连珠》注曰:"重光,日也。"词赋家以日为光,本经义也。"为龙为光",犹云"为龙为日"。龙与日,并人君之象。《贾子·容经篇》曰:"龙也者,人主之譬也。"《尸子》曰:"日五色,阳之精,君德也。"是龙、日为君象,古有此义。此言远国之君朝见于天子,故曰"既见君子,为龙为光",并以天子言。不言"为龙为日",而曰"为龙为光",亦变文以协韵耳。传训龙为"宠",则已不得其义矣。

《周易》亦多用韵之文,亦有变文协韵者。如《小畜》:"上九,既雨既处。"按:处者,止也。《说文·几部》:"処,止也。"処,即处字。故毛传于《江有汜篇》、《凫鹥篇》并曰:"处,止也。""既雨既处"者,"既雨既止"也。止,谓雨止也。不曰"既雨既止",而曰"既雨既处",变文以协韵也。正义以"得其处"释之,则与既雨之文不伦矣。

训 诂 杂 议

洪　诚

导言——

　　本文选自《中国语文》1979 年第 5 期。

　　作者洪诚（1910～1980），字自明，号诵孙，安徽青阳人。著名汉语史学家、训诂学家、三礼学家，南京大学中文系教授。著有《洪诚文集》。

　　本文开宗明义地回答了训诂"是什么"：训诂就是以今语解释古语。全文主题则是"怎样"搞训诂。怎样训诂呢？一是必须根据上古音来说明古汉语文字通假。西汉有人名审食其、郦食其、赵食其，颜师古所见荀悦《汉纪》三人名皆作"异基"。那是因为"食"属上古船纽职部，"异"属上古余纽职部，同为职部，且上古船、余二纽为旁纽字。《韩非子集释》以"御"（上古疑纽鱼部）"食"二字为通假，实为无据。二是破字立训，必须以古人语例为依据。高亨《老子正诂》以王本《老子》六十二章"虽有拱璧以先驷马"一语，疑"以先"二字当在"驷马"二字下，"先"借为"诜"，《说文》："诜，致言也。"洪诚先生批评"高氏不知驷马和拱璧都是聘问之物"。三是要细心观察古书用词造句的时代。例如《尔雅》全书几乎不用"声"、"貌"、"然"作描写语，近同《墨子·亲士》，《毛传》则相反，用"然"作描写语尾尤多，而此语言现象"发展于战国后期"。宋曹粹中必执言以《尔雅》成书于《毛传》之后，有误。四是古人用字自有其例，当遵从之。文中举出戴震发明《水经注》经、注分开三条例，王国维叹为"至简至赅"、"尤为亲切"。五要具备古代名物制度的常识。古汉语是古代社会生活的记录，不能以今代古。熟知古代礼俗文明对训诂的重大意义，例不一足。洪诚先生为"三礼"学家，尤重古礼与训诂间的密切联系。

　　训诂就是以今语解释古语。我国古代书面语有将近四千年的历史，记录了四千年以上的历史事件、社会文化，它本身又有发展变化。训诂，如果不联系各方面有关的知识——如古代语言文字、历史事件、典章制度等等去仔细考虑，就容易牵强附会，甚至作出错误的解释。有几个问题我们必须随时注意：

一、说明古汉语文字通借，必须根据古音

两个字今音相同，在古代是否也是一对音同或音近字，必须查古韵表、古声母表，不能以意为之，强作解事，定为同音通借。例如：御，今音 yù；异，今音 yì；食，今音 shí，中古音：御，牛据切，去声，御韵，疑母；异，羊吏切，去声，志韵，以（喻四）母；食，乘力切，入声，职韵，船（床三）母。上古音：御，鱼部，疑母；异，之咍部，定母；食，之咍部，定母。异与食，上古同音，所以西汉审食其、郦食其、赵食其，食皆音异。颜师古所见荀悦《汉纪》，三人名皆作异基字（见《汉书·高帝纪上》二年注）。异字转喻纽，食字也读喻纽。《广韵》去声志韵把食字和异字列为同音字。特注为"人名，汉有郦食其"。但是御与异，现代汉语是双声字，从来不同音，御与食从来不同音，这是无可置辩的。可是《韩非子集释》664 页《外储说左上》吴起出章"今返而御"注云："《御览》八四九引作'期返而食'。御，谓进食也。食·御·二字古本同音，《史记·郦食其传》正义云：'食，音异'，亦可为御为食之一证。"这种说法很奇怪，食、异同音，怎么会得出食、御同音的结论呢？似乎是把自定的"异、御同音"作为暗含的小前提。他的论式是：因为古音食同异，（异同御），所以御同食。第二小前提既属虚构，则第一个小前提和结论没有因果关系，所以结论是谬误的。

二、破字立训，必须以古人语例为依据

不明语例，误读误解，滥说通借，通借成灾。且举近人著作中三事为例：
（一）王毓铨《我国古代货币起源和发展》27 页说：

> 布钱的原始大铲币的形制是由农耕工具演变来的。铸除芸草而外，自然也可以掘土成甽（田中水沟），即《吕氏春秋》卷二十六所说："其博（镈）八寸，所以成甽也。"

案王所引文见《任地》篇。原文云："六尺之耜，所以成亩也。其博八寸，所以成甽也。"六尺之耜，指耒木之长。耜之本义是耒头铁，这里是"以小名代大名"（俞樾发明此例）。其博八寸，指耜刃之广。古亩为长方形，广一步，六

尺;纵百步,六百尺。耜长六尺,当一步,用以构成一亩之广长;耜广八寸,用以构成一圳之广。"其"字指代上文耜,不指代耜以外的东西。其博的博,只能训广。这是古人常语。《周礼·考工记》:"磬氏为磬,倨句一矩有半,其博为一,股为二,鼓为三。"郑注云:"博,谓股博也。博,广也。"假令股广为四寸半,则股长九寸,鼓长一尺三寸半。又:"筑氏为削,长尺,博寸。"又:"车人为车,柯长三尺,博三寸,厚一寸有半。"(柯,斧柄。用以量物。)《礼记·玉藻》:"笏度二尺有六寸,其中博三寸。""肩、革带博二寸。"(肩,鞸之两角。)又,《杂记下》:"《赞大行》曰:圭,公九寸,……博三寸,厚半寸。"凡是这类的博字,没有一个能读为"鎛"的。《任地》篇下文云:"耨柄尺,此其度也。(段氏《说文》耤字注云:耨柄之尺寸,以耒六尺为度。)其耨六寸,所以间稼也。""其博八寸"和"其耨六寸"两句句法结构相同,博与耨两个词义则异。耨,《说文》作槈,云薅器也。或作鎒。《诗·周颂·臣工》毛传云:"鎛,鎒。"二名同物。如果读博为鎛,则"其博八寸"等于说"其耨八寸"了。即使据《国语·齐语》"挟其枪、刈、耨、鎛"说耨与鎛为二器,也无法把"其博"说成是"其鎛",因为"其耨"、"其博"都紧接上文而言,耕田的耒耜里面是不会有鎛的。王氏著书立说颇谨慎,此处未免千虑一失。

(二)《韩非子·外储说左下》:

> 管仲父……庭有陈鼎,家有三归。孔子曰:"良大夫也,其侈偪上。"孙叔敖相楚,栈车牝马,粝饼菜羹,……面有饥色,则良大夫也,其俭偪下。

又,《扬权》:

> 毋贵人而偪焉。

陈奇猷《集释》140页注〔八四〕说:

> 偪偪同,偪当为匹之同音假字。谓管仲之侈匹拟于君,孙叔敖之俭匹拟于下贱之人。若释偪为迫,俭何迫于下?不通。毋贵人而偪焉,犹言毋贵臣匹拟于君。《说疑篇》云:"无尊妾臣而匹上卿,无

尊大臣以拟其主",即此义。作匹作拟,亦可证偪为匹之借字也。

案,陈氏由于不明语例,主观强解,这一条注释出现三个错误。1. 偪字古音属职部,之部的入声,帮纽;匹字古音属质部,脂部的入声,滂纽。两字既不同音,亦非叠韵。2. 用偪,用匹,义各有当,两不相干,如何代古人改作文?匹、拟例对平敌以上而言,未见对下。改偪下为匹下,不合原意。偪下者,使下面的人受压力,感到难处,不能比孙叔敖更俭。何以不通? 3. 偪上,偪下,上下指地位而言,等于说上面的人,下面的人。陈氏把下说成下贱之人,距原意太远。《韩非子》这段话,《礼记·杂记下》也有类似的记载:

> 孔子曰:管仲镂簋而朱纮,旅树而反坫,山节而藻棁,贤大夫也,而难为上也。郑注云:"言其偪天子诸侯。"晏平仲祀其先人,豚肩不揜豆,贤大夫也,而难为下也。郑注云:"言其偪士庶人也。"君子上不偪上,下不偪下。孔疏云:"在平仲之下者,恒被平仲而偪也,是难可为下。"

"偪",就是"使之难为"的意思。《世说新语·德行》:"元方难为兄,季方难为弟。"《孟子·尽心上》:"观于海者难为水,游于圣人之门者难为言。"《杂记》:"难为上,难为下。"这些"难为"都是"不易为"的意思,跟"偪"是同一个意思的另一种表示法。如果把偪字改读为匹,那就毫不相干了。

(三)王弼本《老子》六十二章:

> 故立天子,置三公,虽有拱璧以先驷马,不如坐进此道。

高亨《老子正诂》重订本云:

> 拱璧聘问之物,驷马使者所乘。使者乘车抱璧以聘邻国,则拱璧何能先驷马哉!知其义不可通也。疑以先二字当在驷马二字下。先借为詵。《说文》:"詵,致言也。"《广雅·释诂》:"詵,问也。"(二上)《尔雅·释言》:"聘,问也。"是詵即聘义。《庄子·秋水》篇:"庄子钓于濮水,楚王使大夫二人往先焉。"《淮南子·齐俗》篇:"颜阖鲁

君欲相之而不肯,使人以币先焉。"先并借为诜也。"虽有拱璧驷马
以先",犹云虽有拱璧驷马以聘矣。

案,高氏不知驷马和拱璧都是聘问之物,他想象出一个图景,使者乘驷马
之车,抱拱璧,所以毅然断定"拱璧何能先驷马哉! 其义不可通",于是大通大
改,训先为聘,说是"虽有拱璧驷马以聘"。这样一改,驷马在句法中成为以聘
之物更明确,所改变的仅仅是先字的词义。何不再想一想,使者即乘此驷马
之车往邻国,又以此驷马为聘物,回国无马,车子怎么办呢? 其义更不可通。
《老子》这一节文义和句法,《左传》中与之相类似的有四处之多。摘录如下:

> 僖公三十三年传:"(秦师)及滑,郑商人弦高将市于周,遇之。
> 以乘韦先牛十二,犒师。"杜预注:"乘,四韦。先韦乃入牛。古者将
> 献遗于人,必有以先之。"《释文》:"先,悉荐反。注有以先之同。"孔
> 疏云:"遗人之物,必以轻先重后,故先韦乃入牛。《老子》云:'虽有
> 拱璧以先四马,不如坐进此道。'是古者将献馈必有以先之。"

注意:牛十二与乘韦都是馈献之物,不是弦高乘牛车,载乘韦。沈钦韩读先字
属上为句,大误。

> 襄公十九年传:"(公)贿荀偃束锦加璧乘马,先吴寿梦之鼎。"杜
> 注:"寿梦,吴子乘也。献鼎于鲁,因以为名。古之献物,必有以先,
> 今以璧马为鼎之先。"孔疏云:"今以此鼎贿荀偃也。古之献物,必有
> 以先之。《老子》云:'虽有拱抱之璧以先驷马。'谓以璧为马先
> 也。……皆以轻物先重物。此锦璧可执,马可牵行,皆轻于鼎,故以
> 璧马为鼎之先。以轻先重,非以贱先贵,鼎价未必贵于璧马也。"

惠栋、沈钦韩不通文例,妄驳杜注,不足辩。

> 襄公二十六年传:"(郑伯)享子展,赐之先路三命之服,先八
> 邑。"杜注:"以路及命服为邑先。八邑,三十二井。"

《曲礼上》："献田宅者操书致。"疏云："板图书画以致之。"献邑当同。

　　同上年传："（宋平公）夫人使（围人）馈之（左师）锦与马，先之以
玉。"杜注："以玉为锦马之先。"

《左传》诸文与《老子》文例相同，所以孔颖达两引《老子》为证。先字音，《老子释文》也是悉麤反。词序既不能动摇，先字就不可改读。1973 年马王堆汉墓出土汉初帛书《老子》甲本作"故立天子，置三卿，虽有共之璧以先四马，不善（诚案，善，当从乙本作若）坐而进此"。文义与今本同。帛书未出之前，明《左传》即明《老子》此文。弦高犒师在常诵之选本中。①
　　滥用通借不对，该用通借而不用也不对。例如：填与镇，古同音通用。《穀梁传》隐公五年："诔不填服。"《释文》："填音田。"填即镇压。服，来服者。王引之读填为珍，非传意，不可从。《史记·高祖纪》：汉五年，"镇国家，抚百姓"。《萧相国世家》："填抚谕告。"填同镇。《史记·天官书》：土星，古名"填星，一名曰地侯"。填即镇定之镇。马王堆帛书《五星占》、《史记·天官书》、《汉书·天文志》写作"填星"，《淮南子·天文训》、《广雅·释天》写作"镇星"。《史记》云："岁填一宿，其所居国吉。"《淮南》文义同。帛书《五星占》云："中央土，其神上为填星，□填州□"，"北方水，其神上为辰星，主正四时。"（据《文物》1974 年第 11 期 28 页刘云友文转引。缺文疑是"主"、"国"二字，帛书上文说木星"岁处一国"。）可见土星之所以名填星者，取镇守之义。镇是通行字，填是古假借字。"填星"、"镇星"是一个名称的两种写法，不是两个名称。新城新藏《东洋天文学史研究》沈璿译本 479 页："土星（填星、镇星）亦在星纪之始。"王力先生主编《古代汉语》下册 783 页文化常识（一）："土星古名镇星或填星。"《文物》1974 年 11 期 28 页说五大行星另一名称云："土星即填星（或镇星）。"这些文章都按照两个名称加以解释，误。镇与填上古同音田，在中古，土星别名同音镇。《广韵》震韵："填，陟刃切，定也，亦星名。"是其证。

---

① 　这一条，我在 1965 年《训诂学》讲义中已提出。

三、用词造句之例，反映了语言发展的时代性，要细心观察

用字之例：如助词、副词的"惟"字，古文《尚书》作"惟"，今文《尚书》和《诗经》作"维"（《匡谬正俗》卷二）；《论语》、《左传》作"唯"，引《书》则作"惟"；《孟子》作"惟"，引《诗》则作"维"，引《书》则作"惟"，有条不紊。

用词之例：《尚书》多言"兹"，《论语》言"斯"不言"此"，《檀弓》言"斯"者五十三，言"此"者一而已（见上篇：士之有诔自此始也），《大学》以后之书多言"此"。语言轻重之间，世代之别从可知已。（《日知录》卷六。诚案，《诗经》已多言"此"。）古文《尚书》、《周易》无"也"字，《毛诗》、《周官》始见。各书所用"也"字本"兮"字之音近假借。（段氏《诗经小学·君子偕老》。黄侃《与人论治小学书》与段说同。）"语助词用也字，起于殷之末世（见《东山》），始于江汉之间（见《江有汜》），蕃衍于郑卫，似续于齐鲁，传之后世不改。"（顾氏《唐韵正》卷九马韵）案，今本《老子》"兮"字，帛书甲乙本皆作"呵"。帛书中"也"字多于今本，如甲本"道，可道也，非恒道也。名，可名也，非恒名也"。四个"也"字今本无。"兮"古音读"呵"，确然无疑。"兮"、"也"分用，亦确然无疑。据段所举，两字有时通用，因为"也"字有表停顿的作用。只限于诗歌，散文判断句末"也"字不能改用"兮"。[①] 古文《尚书》不用"也"字，战国时人引用有时带进了"也"字，却没有带进"兮"的。例如：《礼记·缁衣》引《大甲》曰："毋越厥命以自覆也。"（伪古文集句删去"也"字。）《墨子·尚同下》引《大誓》曰："小人见奸巧，乃闻不言也，发罪钧。"这两句中的"也"字不能用"兮"。段玉裁不考察这两个字在句子里面的语法作用，只根据单字字音相近，在一部分韵语中可通用，就认为"兮"是"也"的本字，其说不确。

整数与零数之间的"有"字，《尚书》、《周官》、《考工记》、《论语》必用。《考工记》例如："轮人为盖：凿深二寸有半。""辀人为辀：国马之辀深四尺有七寸；驽马之辀深三尺有三寸。""弓人为弓：角长二尺有五寸。"《穆天子传》，万、千、

---

① 马王堆汉墓出土帛书《老子》乙本卷前古佚书《经法》篇，"殹"与"也"不但通用，而且并用。例如："故执道之观于天下殹，无执殹，无册（处字）也，无为殹，无私殹。"（1974年《文物》10期30页及图版拾壹之三行）《经法》前十七行多用"殹"，杂用也，这种"也"字必是抄写人嫌"殹"字笔划繁，图简易杂入，第18行以下至《十大经》等三篇全用也字，不用"殹"，都是抄写者所改。《文物》1976年第6、7、8三期所载《云梦秦简释文》三篇，简书原文句末助词皆作"殹"，不杂用"也"，可证。

百、十之间用"有"字。卷四:"三千有四百里","三万有五千里"。也有不用的,如:"万四千里。"卷五:"得麋麢豕鹿四百有二十。"十位个位之间不用。卷五:"骏马十六。"卷六:"乃陈腥俎十二。"《春秋》必用。如:"隐公元年十有一月"、"隐公十有一年"。《左传》撰作时代,"有"字的这种用法已渐趋于消失,所以纪年纪月一律不用"有"字。例如:"晋侯在外十九年。"(僖二十八年)"晋文生十七年,亡十九年。"(昭十三年)"十二年矣,是谓一终,一星终也。国君十五而生子。"(襄九年)"七姓十二国之祖。""广车轵车淳十五乘。"(襄十一年。朱德熙、裘锡圭训"淳"为"皆"。淳,纯,屯通用。)"七十三年"(襄三十年)这一类不用"有"的句法占绝大多数。用"有"字的句法很少,而且所在的位次不定,可能是古史旧文落在作者笔下的残迹。例如:襄公三十年:"四百有四十五甲子。""二万六千六百有六旬。"昭公二十八年:"其兄弟之国者十有五人。"万、千、百、十,四位数之间,与百、十、个三位数之间只用一个"有"字,十位个位之间或用或不用,随音节的需要使用,不是表现语法规律。《逸周书·世俘》篇已经出现这种情况,和《尧典》"朞三百有六旬有六日"的严格性大不相同。(三位数用两个"有"字已经很严格,如果五位数之间用四个"有"字读起来就不方便了。)《孟子》引《书》,保留"有"字,如《万章上》:"《尧典》曰:'二十有八载,放勋乃徂落。'舜相尧,二十有八载。"后句用有字,承用《尧典》文。作者自行文用的少,例如《万章上》:"舜荐禹于天,十有七年。"不用的多,例如:"吾有司死者三十三人。"(《梁上》)"余夫二十五亩。"(《滕上》)"岁十一月,徒杠成。十二月舆梁成。"(《离下》)由此可定:《考工记》计数法的语言现象比《穆天子传》、《左传》早,跟《周官》、《春秋》同时。

词尾用字之例:《论语》叠音词后多用"如"、"乎",单音词干后用"然"。《孟子》双音、单音之后例用"然"。它们都不用"若"。《孟子》:"吾不忍其觳觫,若无罪而就死地。"旧读若字属下,是对的。杨树达说:"觳觫若"犹言"觳觫然"也。(见《古书句读释例》25页、《词诠》"若"字条。案朱彬《经传考证》已有此说。)把"若"字当作词尾,与《孟子》语例不合,误。又考,《孟子·滕文下》:"《传》曰:'孔子三月无君,则皇皇如也。'"《孟子》引《传》词尾用"如"字,与《论语》同,文例谨严如此。

《尔雅》、《毛传》两部书所反映的语言现象有一个截然不同的地方,那就是《毛传》的解释句描写事物的声貌多用"某某声"、"某某貌"、"某某然",用词比《尔雅》细致,《尔雅》全书绝不见。如《大雅·江汉》传"洸洸,武貌";《尔雅·释训》则云:"赳赳,洸洸,武也。"《周颂·良耜》传"挃挃,获声也";《尔雅·释训》则云:"挃挃,获也。"《毛传》的解释句副词带语尾"然"字的极多。如:"沃若犹沃沃然。""蓁,草中之翘翘然。"这是《尔雅》里面所没有的。《秦风·晨风》"忧心钦钦"传:"思望之,心中钦钦然。"《尔雅》:"钦钦,忧也。"《诗经》中词尾"然"字只用于单音词干之后,叠音词后无词尾。《墨子》中叠音词集中在《亲士》篇,如"洛洛"、"延延"、"燎燎"、"尧尧",皆无词尾。叠音词加"然"字做词尾,见于《孟》、《庄》、《荀》。《荀子·非十二子篇》其中一节用"恢恢然"等语有十九个之多。这种语言现象发展于战国后期。毛公解释《诗经》双音叠字词每每加"然"字改变其形式,这种方法也是《尔雅》所没有的。《尔雅》全书几乎不用"声"、"貌"、"然"作描写语,和《毛传》相比,这是一个重要的语言现象,前人论《尔雅》、《毛传》都不注意。即此一端,可决二书著作之先后。(《广雅》为摹仿《尔雅》而作,不得引以为说。)果如欧阳修、曹粹中所论,今之《尔雅》乃汉人杂采诗传解诂成书,我们不可理解编集者何以要把这些字统统删尽?《毛传》用"犹",用"亦"表示词的引申义和比拟义,如"漂犹吹也"、"艰亦难也"。此例亦《尔雅》所无,《孟子》有之。《离娄上》:"泄泄犹沓沓也。"《大雅·板》传用《孟子》,不用《尔雅》。毛公立说自有选择。曹粹中说:"使《尔雅》成书在毛公之前,顾得为异哉? 按平帝元始四年,王莽始令天下通《尔雅》者诣公车,固出自毛公之后矣。"(引自《小学考》卷三)他认为《尔雅》必须被《毛传》所全部遵用,否则即是后出之书。这种论断是不对的。

四、古人著书,行文用字,每每自有其例,贯穿全书

(一)《春秋》书法,文例至严。例如《礼记·曲礼下》:"天子死曰崩,诸侯曰薨,大夫曰卒,士曰不禄,庶人曰死。"按等级分死的名称,这是周朝的通制。但是《春秋》经全书记录鲁国诸侯死都用"薨"字,记录其他各国诸侯如齐桓公、晋文公等人的死,一律用"卒"字,没有例外。僖公,经:"十有七年,冬,十有二月乙亥,齐侯小白卒。"传:"十七年,冬,十月乙亥,齐桓公卒。"(传作十月为夏正)经:"三十有二年,冬,十有二月乙卯,晋侯重耳卒。"传:"三十二年,冬,晋文公卒。"仅仅看这两条,以为这里用"卒"字是偶然的,诸侯死可以称"薨",也可以称"卒",其实不是! 因为《春秋》是鲁史,它的书法以鲁为主,所以对本国诸侯(内)称"薨",对各国诸侯(外)称"卒"。这里仍然分尊卑,不是

随便通用。关于这个问题,杜预《春秋释例》说得最正确。隐公三年经,孔疏引《释例》曰:"《春秋》所称,曲存鲁史之义。内称公而书薨,所以自尊其君,而不得不略外诸侯书卒以自异也。"王力先生在《古代汉语》57 页常用词 46"卒"字下说:"上古特指诸侯大夫的死。《左传·僖公三十二年》:'冬,晋文公卒。'"又 134 页常用词 99"崩"。〔辨〕:"《礼记·曲礼》:'诸侯曰薨,大夫曰卒。'《左传》对诸侯有时也称'卒'。"照这样说,"卒"既是一般地可以用于诸侯,为什么对鲁国的诸侯一个不用呢? 它的性质不是很清楚吗?

　　"薨"与"卒"在《春秋》、《左传》中有严格的区别,在《史记》汉代王侯各年表中仍然有区别,称"薨",不称"卒"。但是《史记》对汉以前的诸侯则一律称"卒",①虽在汉人《世家》中也是用"卒"字多,用"薨"字很少,燕王刘泽、齐悼惠王刘肥及梁孝王数人称"薨"。所以王力先生之说仅仅适用于《史记》中之《世家》,不适用于《春秋传》。

　　(二)裴骃《史记集解》中有一种特殊的省略式,引述两人相同之说,两个并列的主谓结构共用一个宾语,把"甲曰:……"和"乙曰:……"合并作"甲曰、乙曰:……"。意思是"甲和乙并曰:……",不是把"乙曰……"当作"甲曰"的宾语。所以标点应该作"甲曰、乙曰:……"。例如:《鲁世家》集解:"孔安国曰、王肃云:'祖甲,汤孙太甲也。'马融曰、郑玄曰:'祖甲,武丁子帝甲也。'"裴骃信伪孔传为真。西汉孔安国不可能引述魏王肃的话。郑玄注古文《尚书》在中平元年(184)以后,马融早已死了,马也不可能引郑说。《尚书·无逸》孔安国传以祖甲为汤孙太甲。疏云:"王肃亦以祖甲为太甲。郑玄云:'祖甲,武丁子帝甲也。有兄祖庚……'"又下文《集解》云:"马融曰:祖甲有兄祖庚,……"据此更可证,四个人名无衍文。关于祖甲,孔王之说同,马郑之说同,所以裴骃各用两个主谓结构并列于宾语前面。这是一种罕见的省略形式。新印标点本《史记》1521 页这一条标点是正确的。由于人物时代的先后所决定,不容许产生误解。

　　与上文同例:《魏世家》集解云:"荀勖曰、和峤云:'《纪年》起自黄帝,终于魏之今王。今王者,魏惠成王子。……'"这也表示《纪年》起自黄帝,终于今王,是荀勖与和峤的共同说法,不是荀勖引述和峤的话。因为晋武帝命荀、和

---

① 　魏安厘王在《世家》称"卒",在《信陵君传》称"薨"。

二人撰次竹书,以隶写之,实以荀为主;①竹书有黄帝至帝舜的材料,是二人所同见;②把它编列于夏殷之前,是二人所同为,关于这部书的开头人物,荀勖何须引述和峤的话来说明?把"《纪年》起自黄帝"两句话解释为荀勖引述和峤语是不合理的。由于不通《集解》文例而产生误说的有如下数例:

> 或以荀勖述和峤言,有《纪年》起于黄帝之语为今书解,……和峤之言特出于荀勖之口,荀勖之言又仅见于《魏世家》注所引,递相传述,安知其不失真?(崔述《考古续说》卷二《竹书纪年辨伪》)

案,崔氏辨今本《纪年》之伪是也。乃误解裴骃文,又以误解为依据,妄斥荀、和本,则非也。

> 和峤言起自黄帝。(郝懿行《竹书纪年通考》,据《四库提要补正》385页引)

案,郝以荀为转述者,故删去之。

> 《史记魏世家》集解引和峤云:《纪年》起自黄帝。峤与束皙

① 《隋书·经籍志》史部《古史篇叙》曰:"太康元年,汲郡人发魏襄王冢,得古竹简书,字皆科斗。帝命中书监荀勖、令和峤撰次为十五部八十七卷。"杜预《左传集解后序》孔氏《正义》引王隐《晋书·束皙传》曰:"汲郡初得此书,表藏秘府,诏荀勖和峤以隶字写之。勖等于时已不能尽识其书。"二文皆突出荀勖。唐修《晋书》记竹书事共七处,惟《和峤传》未及,指名受诏撰次者,惟《荀勖传》一见。故知以荀勖为主。
② 朱右曾说:杜预、束皙与和峤,言各不同,"此岂编年纪事始于夏禹,而五帝之事别为一编乎?"案朱说是。杜预《左传后序》说"起自夏殷","最为分了"。所见《纪年》必是秘府原策无五帝事。荀、和见竹书中有五帝材料,取以编于夏殷之前,成为起自黄帝的编本。朱希祖说,杜预所见为和峤本,又疑《后序》非杜预撰(《汲冢书考》22页)。其说非是。据《晋书·王接传》,卫恒考正汲冢书,未讫而遭难,束皙述而成之。恒死于元康元年,见《惠帝纪》。束皙为佐著作郎得观竹书,在元康六年张华为司空之后,见本传。则卫、束考正本,始于夏代,与杜所见本同,亦必依秘府原策改定荀、和本。朱氏因误解裴骃引文,说荀勖不知《纪年》起自黄帝事,凭和峤知之,又臆想杜预所见为和峤本,《后序》作者所见为束本,与和本不同,因疑《后序》为伪撰(《书考》22、24页),误解,误测,误断。

同（朱氏本意是同样的同）被诏校竹书，而言各不同若此。（朱右曾《汲冢纪年存真》）

案，束皙"得观竹书"在和峤死后四五年。他完成卫恒未了之作，见《王接传》，并无受诏校竹书事。朱氏删去荀勖，以和峤与束皙并提，使人理解为太康十年荀勖死后，束皙继其职，与和峤同事。

《纪年》一书殆为和峤所成，故荀勖引其语，以为起自黄帝云。又说："《纪年》有和峤初定本，有束皙重定本。""《史记集解》：'荀勖曰：和峤云《纪年》起自黄帝。'不知《集解》引自何书。"（朱希祖《汲冢书考》40 页）

案，《文选·王文宪集序》注引王隐《晋书》曰："得汲冢竹书，（勖）身自撰次，以为《中经》。"《初学记》卷十二傅畅《晋诸公赞》曰："太康二年，汲郡冢中，得竹书，勖躬自撰次注写，以为《中经》，列于秘书。"言"身自撰次"、"躬自撰次注写"，荀勖不是挂名的长官。裴骃在魏哀王下引荀、和之说，重点在于说明《纪年》中的"今王"是魏襄王，不是哀王。这是针对杜预依《史记》定为哀王而说的。引文"云"字下一百三十七个字中无"骃案"，全是荀、和之文。荀勖《穆天子传序》曰："案所得《纪年》，盖魏惠成子今王之冢也，于《世本》盖襄王也。"这与裴骃的引文结论相同。裴氏所引是详考，荀《序》是概括。以荀《序》证《集解》，明明是荀、和二人共同之说。朱氏由于不明文例，所以作出错误的推断，把《纪年》初编工作归于和峤一人，荀勖竟不知其书从何时起，杜预亦惟见和氏本，不见原策，误人不浅！

集解 荀勖曰："和峤云'《纪年》起自黄帝，终于魏之今王'。今王者，魏惠成王子。……《太史公书》为误分惠、成之世，以为二王之年数也。……然则今王者魏襄王也。"（标点本《史记·魏世家》1849 页注〔一〕）

案，这一节标点错误有三：1. 纪年以下至王也一百三十七个字都是荀、和二人共同之说,不当割出头两句作为和峤语。因为本文重点是说明"今王",《纪年》终于今王二十年,是竹书原文所有,是荀、和、杜、卫、束等人所同见,不是和峤一人的创见。这里所标的引号,是把《纪年》起迄,当作和峤的直接知识,被荀勖间接转述,严重地违背史实。2. 把和峤以下一百四十个字当作荀勖一人之辞也是错误的。3. "惠成"是一个人的谥号,"误分惠成之世"句惠成之间不当用顿号隔开。当更正如下:"曰"字后的":"号当改作"、"或","。去掉"和"字左上角的引号,去掉"王"字右上角的引号,去掉"惠、成"二字之间的"、"号。别的书引述《集解》这段文字标点错误的有:1.《四库全书总目提要补正》383 页 14、15 行载郝懿行《竹书纪年校正序》引《集解》文。2. 范祥雍《竹书纪年辑校订补》第 1 页第 2 行。3. 朱希祖《汲冢书考》34、40、48 页。

解释古汉语,要注意那部书用词造句的通例,就不会被字面组织形式所蒙蔽,按照句子结构的本质,如实地表达出来;否则,原文照抄,校对无误,有时竟会出现使人难于避免的误解。

掌握文例,可以简驭繁,对于校释古书,功用很大。《水经注》旧本经、注混淆难辨。戴东原分析其叙事用字的方式,得出经、注分别之例三条,[1]经、注豁然分解。(如云:凡水道所经,经例云过,注例云径。)杨守敬叹为"确凿不易"、"旷若发蒙",[2]王国维称为"至简至赅"、"尤为亲切"。[3] 这种方法,值得学习。

五、要具备古代名物制度的常识

古汉语是古代社会生活的记录。对于古代事物情况不了解,就必然要按照后世的情况去想象古汉语所反映的具体内容,牵强说明,根本不是那回事。《老子正诂》的作者所想象的"使者乘车抱璧"就是个典型例子。《韩非子集释》也有这种例子,现在只举一个常识性的问题说一说。

---

① 戴震区分《水经》经、注之条例见《东原集》卷六《水经郦道元注序》与段玉裁《戴氏年谱》乾隆三十九年。
② 见杨守敬《水经注疏要删·凡例》与《水经注疏》卷七之 46 页济水一疏。
③ 见《观堂集林》卷十二《戴校水经注跋》。

《外储说左上》说二:"设五寸之的,引十步之远,非羿、逢蒙不能必全者,有常仪的也。"(《问辩》同)引,拉弓弦发箭。全,万无一失,有把握命中。

这几句话的意思是:有了一定的目标,虽然只有十步那么远的短射程,不是神箭手也不能有把握命中。古代射礼最短的射程是五十弓,最长的射程是九十弓(量射程以弓,弓与步同六尺)。十步极言其短。这是以最短射程反衬有常仪的命中之难,其意很明显。如果射程长,有的难中,其难就在于射程长,而不在于有常仪的了。王先慎要求射程长,改十为百,根本不懂《韩非》文意。养由基百步穿杨(见《国策·西周策》),不是养由基那样的人百步不能中五寸之的,何足为异?陈奇猷说:"不必改十为百。《礼记·王制》八尺为步,则十步合八十尺,以距八十尺之远而射五寸之的,亦可谓难矣。"他认为十步已够远了,难在远,不难在五寸之的。虽不改字,与王同误。《王制》原文是"古者以周尺八尺为步",不可删截改变原意。量射程没有以八尺之步计算的,引据不当。

训诂条例前人论述很多,但是具体问题比较复杂,非条例所能尽,只能用"具体问题具体分析"的方法去解决,不可能"一以贯之"。

"卢"之字族与义类

沈兼士

导言——

本文选自《沈兼士学术论文集》(中华书局,1986)。

文章解析一"卢"字的同源字族,引人入胜,由个别推一般,则知求同源词的普遍方法:从右文声系入手,层层剖析,遍考文献,必使音理与义类相应匹配,音形义与文献共证完密而后可。《释名·释地》:"土黑曰卢,卢然解散也。"以本字释本字,似违训诂由已知推未知之理。文章考出"土黑曰卢"之"卢"为垆字。朱骏声《说文通训定声》以"卢"假借为"黸",以此字从"黑"为训黑之本字。沈氏批评之为"不重音而泥于形,此本字说之太拘牵处",并改从段玉裁、阮元以"玈"字(黑色的弓)为本字。文章更举出泸水(黑水)、鸬鹚(会捕鱼的黑水鸟)、驴子(似马而黑色)、胪(黑皮肤)、头颅(因头发黑,故称)、鬶鬘(毛发黑)、庐人(起于制铁)中的从"卢"之字,如此等等,均与"卢"字为同族同源。

　　《释名·释地》:"土黑曰卢,卢然解散也。"刘氏所用声训有以本字释本字之例,此其一也。惟训诂之法,在以已知推未知,今用本字释本字,违此原则,殊觉费解。案《说文》:"鑪,番也,读若卢同。▨,篆文;鑪,籀文。""卢,饭器也。"鑪卢殆同字异体,许君读若,亦示通用,不仅注音而已。又《说文》:"垆,刚土也。"即《释名》土黑曰卢之卢。《禹贡》:"下土坟垆。"《释文》引《说文》黑刚土也。而《通典·食货门》引《尚书》注:"垆,疏也。"始即《释名》解散义之所本。今以其右文声系考之,可知卢声字多有黑义。朱骏声《说文通训定声》云:

　　　　卢假借为黸:《书·文侯之命》"卢弓一"。《传》,黑也。《诗》"卢令令"。《传》,田犬。《汉书·王莽传》"是犹绁韩卢而责之获也"。注,黑色曰卢。字亦作獹。《荀子·性恶》"钜阙辟闾"。注,卢,黑色也。(案杨注原作"或曰,辟闾即湛卢也。闾卢声相近。卢,黑色也,湛卢言湛然如水而黑也。")《上林赋》"卢橘夏熟"。注,黑也。又"簿恭胜采,有雄有卢"。又《汉书·杨雄传》"玉女无所眺其清卢"。服注,目童子也。字亦作矑。

朱氏谓黸为训黑之本字,以其从黑也,不重音而泥于形,此本字说之太拘牵处。似不如王念孙《广雅疏证》之宏通。《说文新附》又本《左传》僖公二十八年"玈弓矢千"之文,别作玈字,训黑色也。阮元《春秋左传注疏校勘记》云:

　　　　《释文》:玈音卢,本或作旅字,非也。段玉裁云:古音旅卢无鱼模敛侈之别,如庐即卢声可证。古字假旅为黸。魏三体石经遗字之存于洪氏者,《文侯之命》篇有旅荒宁等字,而误系之《春秋传》。其旃旅二文,一篆一隶,即卢弓卢矢之卢字也。魏时邯郸淳卫敬侯诸家去汉未远,根据尚精。盖左氏最多古文意义,云㫃本或作旅,此正古本之善。《小雅·彤弓》音义亦云㫃或作旅字者非。此皆陆之疏尔。魏人石经隶体不用,则起于魏以后昧于假借之旨,而改从玄旁也。

考之金文鞄侯白鼎"旅弓旅矢",则段氏之说益足信矣。其他增加偏旁字如黑水谓之泸水,又鸬鹚,《字林》云,似鹢而黑,水鸟也。杜甫《戏作俳谐体遣闷诗》,家家养乌鬼,顿顿食黄鱼。或谓乌鬼即鸬鹚,以其色黑,谓之乌鬼,蜀人畜之以捕鱼,故下句云云。(鹚亦有黑义,故水黑曰滋,亦通于淄、缁,皆训黑色。)又如驴,似马而色黑,故得驴名。又胪,《说文》皮也。籀文从膚作膚。(古音肤声为P-,胪声为L-,疑古读为复辅音PL-?)王引之《经义述闻》云:

> 人之颜色,见于皮肤,故古人以肤色并言。《管子·内业篇》"和于肤色",《列子·汤问篇》"肤色脂泽",枚乘《七发》"今太子肤色靡曼"是也。肤色相连,故色亦可谓之肤。《孟子·公孙丑》"不肤挠,不目逃",肤挠,色挠也。《魏策》"唐且挺剑而起,秦王色挠",《韩子·显学篇》"不色挠,不目逃",正与《孟子》同义,知肤即色也。挠,弱也,面有惧色,则示人以弱,故谓之色挠,不肤挠者,无惧色也。赵注谓"人刺其肌肤,不为挠却",失之。

余意王氏肤色同义之说极是。盖上古衣服宫室之制度未备,人类身体受风日之侵虐者甚剧,故其皮肤呈黧黑之色。于是肤为有色之称,转而谓色为肤矣。其他如头颅之颅,鬒髦之鬒,皆指毛发之色而言。又刘师培《论小学与社会学之关系》铁字条云:

> 《考工记》以矛为庐器,掌于庐人。庐卢古通,于训为黑(如卢令令为黑犬,庐橘夏熟为黑橘),而铁字亦训为黑金(古书如驹骊,铁骊,皆假铁为黑字之训)。足证庐人之名由制铁而起。

以铁制器,发明较晚,饮器之卢及方钌之钌,(俗作钌。《声类》,钌,火所居也。)即不因铁制,亦为火所熏灼,其色黝然而黑,故得斯称欤?

卢声又转为黎:《汉书·鲍宣传》:"苍头庐儿。"孟康注:"黎民黔首,黎、

黔,皆黑也。"而王引之《经义述闻》"《诗》'民靡有黎'"条云:

> 案黎民之黎,古人但训众,训齐,至孟康注《汉书·鲍宣传》始云黎民黔首,黎黔皆黑也。下民阴类,故以黑为号。不知古人谓民曰黔首,不闻但谓之黔,汉名奴曰苍头矣,使省头字而但谓之苍,其可通乎? ……更以文义求之,众民谓之黎民,犹众贤谓之黎献,《皋陶谟》"万邦黎献",《传》训为众贤,是其例也。

案王氏谓黎当训众,不当训黑。不知众与黑义,亦相引申。如《诗》"鬒发如云"。毛谓黑发。《说文》引作参,而训稠发。段玉裁是许非毛,臧庸《拜经堂集·与段若膺书》驳之曰:

> 镛堂以毛许之说本通,且必相兼而义始备。盖发之黑者必稠,且因稠而益形其黑,故鬒之本字从参而许以为稠。

案臧说较段为长。由是知众义与黑义,不相违而实相成。又《说文》:"耆,老人面冻黎若垢。"《方言》:"老,燕代之北鄙曰梨。"郭注:"面色似冻梨。"《释名》:"耆,垢也,皮色骊顄恒如有垢也。或曰冻梨,皮有斑点如冻梨色也。"段玉裁《说文注》:"冻黎谓冻而黑色。或假梨为之。《尚书》'黎老'作'犁老',亦假借也。"案段氏以黎为本字,梨、犁为借字,似嫌执著。其实梨、犁(《说文》作犂),亦均因其色黄黑而得名。《荀子·尧问》:"颜色梨黑而不失其所。"字亦作"黧",《字林》云:"黄黑也。"又《论语》:"犁牛之子骍且角。"犁者,黄黑相杂之名也。《史记·南越列传》:"犁旦城中皆降伏波。"《索隐》:"犁,黑也,天未明而尚黑。"(《广雅·释草》:"犁如,桔梗也。本草又名卢。")又鸝,《说文》:"离黄也,其色黎黑而黄。"《尔雅》作"鵹",《方言》作"鸓"。又骊,《说文》:"马深黑色。"又缡,《礼记·檀弓》、《释文》:"黑缯韬"皆其转语也。据上所述,卢之字族及其义类大齐可知矣。

写于一九四七年一月一日,载天津《大公报·文史周刊》第十二期,收入《段砚斋杂文》

论郝懿行的《尔雅义疏》

张永言

导言——

本文原载《中国语文》1962 年第 11 期。今选自张永言《语文学论集》(增订本,复旦大学出版社,2015)。

作者张永言(1927～2017),四川成都人。现代著名语言学家,主要从事词汇学和训诂学研究,四川大学中文系教授。著有《词汇学简论》、《训诂学简论》、《语文学论集》等。

我们知道,《尔雅》是中国历史上第一部训诂专书,内容丰富,可谓古代汉语训诂资料的总汇,是阅读先秦古籍的第一工具书。凭借着它在经学史和在汉语史上的重要地位,历来受到高度重视,为它作注的著作很多,其中又以清代郝懿行的《尔雅义疏》最为著名。郝著吸收了清代另一《尔雅》研究大家邵晋涵《尔雅正义》的成果,又充分利用了《经籍籑诂》,因此拥有取材广博、注释详赡、左右逢源的美誉。因此,在一定意义上《尔雅义疏》可谓当今阅读《尔雅》最重要的参考书。

张永言先生《论郝懿行的〈尔雅义疏〉》是一篇评价其功过的文章。在这里,我们要把学习重点放在其对"过"的分析上。

张先生在充分肯定郝著注重实地考察、"据目验考释名物"这一优点的同时,也指出其中还存在由于"察物未精"而导致的失误。另外,郝著对一些事物的名义也有"略而不论"或论而"不中肯綮"的问题。

虽然郝著以声音通训诂,解决了一些问题,然而由于声韵之学非郝氏之所长,因此在这方面出现的问题也很多,大大小小共涉及 9 个小类。

张先生还谈到了郝著的其他 12 种缺点:误解《尔雅》性质;割裂词语;忽视词的多义性;实词虚词不分而误释;随意牵合词义而附会训诂;误用书证,断句取义;疏于校勘,不辨衍误;沿袭古注之误;论证推理不严密;失于照应,自相矛盾;贪多务得,枝蔓芜杂;袭用他说而不明举;等等。

本文对于今人参考利用郝著颇具指导意义。学习本文,有助于培养学术眼光和批判性思维方式。郭在贻《谈郝懿行的〈尔雅义疏〉》(载《郭在贻文集》第三卷)是一篇同类性质的文章,可以对比参看。

一

《尔雅》是我国第一部有系统的训诂专书,对后世训诂学影响巨大,在古汉语和汉语史研究上有很高的价值。

《尔雅》撰者不止一人,成书当在西汉后期①。据陆德明《经典释文·序录》,东汉时此书就有樊光、李巡的注本,②三国魏时又有孙炎的注本。这些古注都已亡佚,只能从古籍征引里见到一些片段,清代学者有辑录,见马国翰《玉函山房辑佚书》的"经编·尔雅类"、黄奭《汉学堂经解》的"尔雅古义"、臧庸的《尔雅汉注》(在《问经堂丛书》中)。

现存完整的《尔雅》注本以晋郭璞注为最早。唐陆德明为《尔雅》及郭注作了"音义",见于《经典释文》卷二十九至三十。北宋邢昺等为郭注《尔雅》作了"疏",在今《十三经注疏》中。

清人又为郭注《尔雅》作了两种新疏,即邵晋涵(1743～1796)的《尔雅正义》和郝懿行(1757～1825)的《尔雅义疏》。郝疏后出,在所有《尔雅》注释中最为详赡。

郝懿行字恂九,一字寻韭,号兰皋,山东栖霞人。③ 他是乾嘉时代一位治学方面较广的学者,对语文学和博物学(natural history)都很有兴趣,著述颇多,大部分收在《郝氏遗书》里。其中关于语文学的著作除《尔雅义疏》外还有《晋宋书故》、《通俗文疏证》、《证俗文》等,关于博物学的有《蜂衙小记》、《燕子春秋》、《记海错》等。他以这样的学术修养来注释"多识于鸟兽草木之名"的训诂书《尔雅》,自然十分相宜。

《尔雅义疏》始撰于嘉庆十三年(1808),完成于道光二年(1822),前后历时十四年,是郝氏生平用力最多的一部著作。他在嘉庆十四年给阮元的信里

① 参看余嘉锡《四库提要辨证》,科学出版社,1958 年,第 85—92 页。

② 陆德明以注《尔雅》的"臣舍人"为汉武帝时人,不确。参看刘师培《左盦集》卷三《注尔雅臣舍人考》;杨树达《积微居小学述林》卷六《注尔雅臣舍人说》;余嘉锡《四库提要辨证》卷二《尔雅注疏》。

③ 关于郝氏传记,看李桓《国朝耆献类征》卷一百四十八;缪荃孙《续碑传集》卷七十二;光绪《登州府志》卷三十九;《清史稿》卷四百八十二;《清史列传》卷六十九;许维遹《郝兰皋夫妇年谱》,《清华学报》第 10 卷第 1 期,1935 年,第 185—233 页;Tu Lien-chê(杜联喆):Hao I-hsing, in 恒慕义(Arthur W. Hummel)〔Ed.〕:*Eminent Chinese of the Ch'ing Period*(1644 - 1912),Vol. Ⅱ,1943,pp. 277 - 279。

说:"即今《释诂》一篇经营未毕,其中佳处已复不少。"①同年给王引之的信里也说:"其中亦多佳处,为前人所未发。"②十一年后他在给友人的信里又说:"此书若成,自谓其中必有佳处。"③从这些自白可以看出郝氏对他这部著作是颇为自负的。

郝氏著书的动机据他自己说是出于对邵氏《正义》感到两点不满,即:邵氏于"声音训诂之源尚多壅阂,故鲜发明"④;于草木虫鱼"尤多影响"⑤。所以他著《义疏》就特别注重以声音贯串训诂和据目验考释名物这两方面。

现在看来,在郝氏标榜的两大目标中,在据目验考释名物这一方面他的确做得相当出色,为别家同类著作所不及。《释草》以下七篇的"义疏"里常有"今验"云云,凡所考论大多翔实可信。此外书中还常引俗名和民间知识作释,往往令人耳目一新。郝氏对他在这方面的优长也颇为自信,在嘉庆十三年(1808)写给孙星衍的信里曾说:"尝论孔门'多识'之学殆成绝响,唯陆元恪之《毛诗疏》剖析精微,可谓空前绝后。……虫鱼之注,非夫耳闻目验,未容置喙其间。……少爱山泽,流观鱼鸟,旁涉天条,靡不覃研钻极,积岁经年,故尝谓《尔雅》下卷之疏几欲追踪元恪,陆农师之《埤雅》、罗端良之'翼雅'盖不足言。"⑥至于以声音贯串训诂这一方面,郝氏虽然用力甚勤,但是由于他毕竟"疏于声音"⑦,以致力不从心,做出来的结果往往不能令人满意。以下我们就从"草木虫鱼"和"声音训诂"以及其他方面来考察一下郝疏的得失。⑧

---

① 郝懿行《晒书堂文集》卷三《再奉云台先生论〈尔雅〉书》。

② 《晒书堂文集》卷三《又与王伯申学使书》。

③ 郝懿行《晒书堂外集》卷上《与两浙转运使方雪浦书》。

④ 胡培翚《研六室文钞》卷十《郝兰皋先生墓表》记郝氏语。

⑤ 《晒书堂文集》卷二《与孙渊如观察书》。

⑥ 《晒书堂文集》卷二《与孙渊如观察书》。此处之"翼雅"即罗愿《尔雅翼》。

⑦ 陈奂《三百堂文集》卷上《尔雅义疏跋》:"道光壬午岁,奂馆汪户部喜荀家,先生挟所著《尔雅疏》稿径来馆中,以自道其治经之难。……'草木虫鱼,多出亲验;训诂必通声音,余则疏于声音,子盍为我订之?'奂时将南归,不敢诺。丙戌……再入都,而先生故矣。"

⑧ 《尔雅义疏》有两种本子:一为道光九年阮元刻《学海堂经解》本和道光三十年陆建瀛据《经解》本重刻的木犀香馆本,这是节本;一为咸丰六年胡珽刻本和同治四年家刻《郝氏遗书》本,这是足本。胡本旧有商务印书馆排印本,《遗书》本今有上海古籍出版社影印本。足本是郝书原貌,本文论述一律依据足本。

二

据目验考释名物,特别是鸟兽草木虫鱼,这是郝疏一个显著的特色和优点。在清代小学家中"专力训诂者多,推求名物者鲜"①,所以郝氏这方面的成就更加值得推重。大致说来,此书具有如下一些长处。

1. 能以实事求是的科学态度廓清汉代以来封建社会流行的"谶纬"、"符应"、"祥瑞"、"灾异"等谬说。例如:

> 四气和谓之玉烛;四时和为通正,谓之景风;甘雨时降,万物以嘉,谓之醴泉。(释天)【郝疏②】今按:《尔雅》此章题之曰"祥",祥者善也,夫天地顺而四时当,民有德而五谷昌,此之谓大当,祥莫祥于是矣。自世儒喜谈纬候,侈言符命,"封禅"名"书","符瑞"箸"志",《尔雅》此篇将以杜绝谬妄。……盖以四时光照即为玉烛,四气和正即为景风,甘澍应期即为醴泉,所以破谶纬之陋说,标祯祥之本名。

郝氏此说立论明通,表现出了他的科学批判精神,这在封建时代的学者中是很难得的。

> 麟:麕身,牛尾,一角。(释兽)【疏】按:古书说麟不具录,大抵侈言德美与其征应,惟《诗》及《尔雅》质实可信。至于言德,则《广雅》备矣;说应,则《礼运》详矣。今既无可据依,亦无取焉。

《礼记·礼运》以麟为"四灵"之一。③《广雅·释兽》尤其讲得神秘:"麟:狼题,肉角,含仁怀义,音中钟吕,行步中规,折还中矩,游必择土,翔必后处,不履生

---

① 黄侃《尔雅略说》,《文艺丛刊》第 2 卷第 2 期,1936 年,第 21 页。

② 以下简称"疏"。

③ 【补】关于麟,参看李仲均、李凤麟《我国古籍中记载的"麒麟"的历史演变》,《科技史文集》(四),上海科学技术出版社,1980 年;张孟闻《四灵考》,李国豪、张孟闻、曹天钦主编《中国科技史探索——纪念李约瑟博士八十寿辰论文集》,上海古籍出版社,1986 年,第 515—518 页;御手洗胜《关于四灵神话》,《神与神话》,联经出版事业公司,1988 年;施之勉《说麟》,《大陆杂志》第 79 卷第 1 期,1989 年。

虫,不折生草,不群居,不旅行,不入陷阱,不罗罘网,文章彬彬。"①对于这类不经之说,郝氏就一律撇开,"亦无取焉"。

此外郝疏在《释虫》"食苗心,螟"条不同意许慎、李巡、孙炎的"灾异"说,在《释兽》"甝,白虎"条反驳汉儒的"瑞应"说,也是这方面的好例子。

2. 能对不合事理的"俗说"加以合理的辨正。例如:

> 虎窃毛谓之虥猫。(释兽)【疏】《方言》云:"虎,陈魏宋楚之间或谓之李父,江淮南楚之间谓之李耳,……自关东西或谓之伯都。"《御览》引《风俗通》云:"俗说虎本南郡中庐李氏公所化,为呼'李耳'因喜,呼'班'便怒。"②按:《易林》云:"鹿求其子,虎庐之里;唐伯、李耳,贪不我许。"然则"唐伯"、"李耳"盖皆方俗呼虎之异名,俗说谓是李翁所化,未必然也。

这里应劭引述的"俗说"是一种民间词源解说,不符合纯正的语文学的要求,郝氏加以驳议是很对的。

3. 能依据对生物现象的实地考察,纠正历世相传的误说。《释虫》"果蠃,蒲卢,螟蛉,桑虫"和"荧火,即炤"的义疏是两个典型的例子。螟蛉化为果蠃的传说源远而流长:始见于西汉杨雄《法言》③。东汉许慎《说文》、郑玄《毛诗笺》、三国吴陆机《毛诗草木鸟兽虫鱼疏》④、晋司马彪《庄子注》继续沿讹。直

---

① 《广雅》之说本于《说苑·辨物》。
② 《汉书·叙传上》:"楚人谓虎'班'。"
③ 子云之姓当从木,不从扌。参看吴仁杰《两汉刊误补遗》卷十;王念孙《读书杂志·汉书第十三·扬雄传》;段玉裁《经韵楼集》卷五"书汉书杨雄传后";朱骏声《传经室文集》卷九"扬杨一氏辨";黄廷鉴《第六弦溪文钞》卷二"答云门论扬子云姓从杨书";高步瀛《文选李注义疏》卷七《甘泉赋》;黄仲琴《扬雄的姓》,《岭南学报》第 2 卷第 1 期,1931 年,第 13—18 页。【补】cf. 康达维(David R. Knechtges):*The Han Shu Biography of Yang Xiong*, Occasional Paper No. 14, Center for Asian Studies, Arizona State University, 1982: p. 8.
④ 陆元恪之名当作"机",作"玑"者非。参看钱大昕《潜研堂文集》卷二十七《跋尔雅疏单行本》;阮元《毛诗注疏校勘记》卷一之一;余嘉锡《四库提要辨证》卷一《毛诗草木鸟兽虫鱼疏》。【补】详见夏纬瑛《〈毛诗草木鸟兽虫鱼疏〉的作者——陆机》,《自然科学史研究》第 1 卷第 2 期,1982 年,第 176—178 页。

到梁陶弘景注《本草》，才提出新的正确的见解。但后世多数学者，包括邵晋涵在内，仍然笃守旧说。郝懿行却能根据实地观察，独取陶说，这正是他高明的地方①。"腐草为萤"的传说影响更大，连"博物不惑"的本草学家陶弘景也未能免俗，为其所惑，邵晋涵之伦就更不用说了。郝氏却能依据"放萤火屋内，明年夏细萤点点生光矣"的"实验"，得出"萤本卵生"的正确结论，尤为难能可贵。

4. 能根据"目验"对动植物作出详确的描述，远胜诸家注疏。例如：

　　蛣蜣，蜣蜋。（释虫）【疏】蜣蜋体圆而纯黑，以土裹粪，弄转成丸，雄曳雌推，穴地纳丸，覆之而去，不数日间，有小蜣蜋出而飞去，盖字乳其中也。《庄子·齐物论》篇云"蛣蜣之智在于转丸"是矣②。此有二种：小者体黑而暗，昼飞夜伏，即转丸者；一种大者，甲黑而光，顶上一角如锥，腹下有小黄子附母而飞，昼伏夜出，喜向灯光，其飞声烘烘然，俗呼之"铁甲将军"，宜入药用，处处有之。

　　蟠，鼠负。（释虫）【疏】鼠妇长半寸许，色如蚯蚓，背有横文，腹下多足，生水缸底或墙根湿处。

通过这样的描述，读者就能结合自己的生活经验，把名与实联系起来。

5. 能发扬《尔雅》及郭注"以今释古"的精神，常引当代方俗语解释名物③，往往片言居要，使人一目了然。例如：

　　蜎，蠉。（释鱼）【疏】今登、莱人呼跟头虫，扬州人呼翻跟头虫。
　　鸶，鹢。（释鸟）【疏】今江苏人谓之水老鸦。
　　鼢，鼠。（释兽）【疏】此鼠今呼地老鼠。
　　鼬，鼠。（释兽）【疏】今俗通呼黄鼠狼，顺天人呼黄鼬。

---

① 参看陈桢《由〈毛诗〉中'螟蛉有子，蜾蠃负之'所引起的我国古代昆虫学研究和唯心与唯物两派的见解》，《生物学通报》1956 年第 6 期。

② 郝氏引文出郭象注，非《庄子》文。崔豹《古今注》卷中"鱼虫"："蜣蜋，一名转丸，一名弄丸，能以土包屎，转而成丸，圆正无斜角，庄周所谓'蛣蜣之智于转丸'者也。"是古人已有此误。

③ 关于草木虫鱼的民间俗名对语文研究的重要性，参看鲁迅《动植物译名小记》，《鲁迅译文集》第 4 册，人民文学出版社，1958 年，第 169 页。

　　然而，就是在郝氏所擅长的这一方面，本书也并非没有缺点。第一，由于"察物未精"，科学批判精神不彻底，有时称引误说，未加辨正，甚或从而附和，语涉不经。例如《释木》"楙，木瓜"条："《本草》陶注：木瓜最疗转筋，如转筋时，但呼其名，及书土作'木瓜'字，皆愈。"《释鸟》"鴷，斵木"条："盖此鸟善啄虫，故治虫齿之病。"《释虫》"食苗心，螟"条："蟊子遇旱还为蟊，遇水即为鱼，故云'众(郝氏读为蟊)维鱼矣，实维丰年'也。"①或者模棱两可，是非无主。例如《释草》"苹，萍"条："《埤雅》云：'世说杨花入水，化为浮萍②。'《类聚》八十二引《异术》曰：'万年血为萍。'此盖事之或有，非可常然。……是萍亦缘子实而生，非必由物化也。"

　　第二，对事物"名义"往往略而不论。按训诂学的要求来说，这是一大缺憾。例如《释虫》"果蠃"、"蜎"、"荧火"三条，疏释极为详尽，但是对这几种虫的得名之由，亦即这几个词的理据却未赞一辞。③ 有时郝疏也对一些事物的名义加以解释，但遗憾的是其说又常常不中肯綮。例如：

　　　　鹝，鹑。其雄，鶔；牝，庳。(释鸟)【疏】鶔之言介也，……介然特立也；庳之言比也，……比顺于雄也。

古音"鶔"在脂部而"介"在祭部，"庳"在支部而"比"在脂部。"鶔之言介"、"庳之言比"的说法不可靠④。

────────────

① 此为郝氏袭旧说而沿误，见卢文弨《锺山札记》卷四"众维鱼矣"条。对此王念孙曾幽默地批评说："蝝之生子必于田野间之高处，若蝝子见水而化为鱼，则已成水灾，非丰年之兆矣。"见王氏对《尔雅义疏》所加的案语(罗振玉辑为《尔雅郝注刊误》，收在《殷礼在斯堂丛书》中)。

② 《广雅·释草》："蓱，萍也。"王引之《疏证》："浮萍，浅水所生，有青紫二种，或背紫面青。俗谓杨花落水，经宿为萍。其说始于陆佃《埤雅》及苏轼《再和曾仲锡荔枝诗》。案：杨花之飞多在晴日，浮萍之生恒于雨后。稽之物性，颇为不合。且杨花飞于二月三月，而《夏小正》云'七月湟潦生苹'，则时无杨花，萍亦自生，足以明其说之谬矣。"

③ 关于"果蠃"、"蜎"、"荧火"的名义，参看程瑶田《果蠃转语记》(《安徽丛书》本)；王国维《观堂集林》卷五《尔雅草木虫鱼鸟兽名释例》；王引之《经义述闻》卷二十七《尔雅中》"环谓之捐"条、卷二十八《尔雅下》"荣，桐木"条。

④ 参看《尔雅郝注刊误》；《经义述闻》卷二十八《尔雅下》"鹝，鹑"条、"氂，牛"条。

无枝曰檓。(释木)【疏】檓者,犹言弋也。弋,橛也。

古音"檓"属匣母药部而"弋"属以母职部,声韵都不相同。"檓犹言弋"的说法
不可信。①

芑,白苗。(释草)【疏】芑犹玖也,玖玉色如之。

"芑"和"玖"古音确乎极近。但"芑"是白苗而"玖"是黑石,岂可黑白不分,随
意比附。②

郝氏解说名义多误,主要是由于不明古音和主观附会。事实上"物名由
来本于训诂"③,正确阐明事物的名义已经属于由声音以通训诂的问题。

三

在以声音贯串训诂这一方面郝氏同样作了很大努力,但是由于他疏于声
韵之学,④而处理问题又不够审慎,结果失误甚多,归纳而言,略如下述。

1. 误用、滥用"音同"、"音近"、"双声叠韵"、"合声"、"借声"、"声转"、"一
声之转"。例如⑤:

誩,敬也。(释诂)【疏】誩者,裎之假音也⑥。……通作闿。《广
雅》云:"闿闿,敬也。"又通作言。《玉藻》云:"二爵而言言斯。"郑注:
"言言,和敬貌。"是"言"、"闿"、"裎"俱声义同。

---

① 参看《尔雅郝注刊误》。
② 参看《尔雅郝注刊误》。
③ 黄侃《尔雅略说》,《文艺丛刊》(中央大学)第二卷第 2 期,第 29 页。
④ 参看萧璋《王石臞删订尔雅义疏声韵谬误述补》,《浙江学报》第 2 卷第 1 期,1948 年,
第 17—46 页。【补】cf. 孙玄常《〈尔雅〉札记》,《语文研究》1985 年第 3 期,第 19—27
页;又:《王念孙〈尔雅郝注(疏)刊误〉札记》,《语言文字研究专辑》下(《中华文史论丛》
增刊),上海古籍出版社,1986 年,第 371—382 页。
⑤ 凡萧璋文中举过的例子,本文不重复。
⑥ 参看《潜研堂文集》卷十"答问"七。

"裡（諲）"和"言（誾）"声韵皆异，不能通作，且"裡（諲）"为单音词而"言言（誾誾）"为叠字词，不可牵混。

> 东至日所出为太平。（释地）【疏】《大荒东经》云："东海之外，大荒之中，有山名曰大言，日月所出。"盖此即太平也。"太平"、"大言"古读音近。

"平"为並母耕部字而"言"为疑母元部字，绝非音近。

> 猱，蝯，善援。（释兽）【疏】"蝯"、"猱"双声。

"蝯"属喉音匣母，"猱"属舌音日母，并非双声。

> 梻，柹。（释木）【疏】"梻"、"柹"字之叠韵。

"梻"为月部字，"柹"为之部字，并非叠韵。

> 艾，冰台。（释草）【疏】冰，古"凝"字。……"冰台"即"艾"之合声。

"台"属之部，"艾"属祭部，"冰"、"台"合声不得为"艾"。何况经典用字"冰"一般即为《说文》之"仌"，《尔雅》此处"冰"字未必是"凝"①。

> 鴅，鸿荟。（释草）【疏】"鸿荟"双声叠韵字也。《释言》云"虹，溃也"，此云"鸿荟"，并以声为义。

"鸿"为匣母东部字而"荟"为影母祭部字，既非双声，亦非叠韵。《释言》的"虹，溃"是以"溃"释"虹"，"虹"、"溃"是两个词，而《释草》的"鸿荟"则是一个

---

① 胡玉缙《许廎学林》"尔雅艾冰台解"（中华书局，1958年），以为郝氏此说"至精至确"（第123页），其实不然。

复音词,二者意义无关,"溃"、"荟"声韵皆异。郝氏强为牵附,误甚。①

> 遰,逮也。(释言)【疏】《左氏庄六年传》:"若不早图,后君噬
> 齐。""噬齐"即"遰逮"矣。杜预注:"若啮腹齐。"此为望文生义。凡
> 借声之字,不论其义,但取其声,皆此类也。

《左传》的"噬齐(脐)"是一个述宾词组,杜注不误;《尔雅》的"遰,逮"是以"逮"
释"遰"。"齐"、"逮"音异,"后君遰逮"文不成义。郝说非是。

> 侎,贰也。(释言)【疏】侎之为言犹亚也;亚,次也。"亚"、"侎"
> 之声又相转。

"亚"属影母,"侎"属日母,二声不能相转。

> 肯,可也。(释言)【疏】可之言快也。……"快"、"可"、"肯"俱一
> 声之转。

"快"、"可"、"肯"三字虽然同声,但这三个词并非同源,不可滥说"一声之转"。

> 镘谓之杇。(释宫)【疏】"镘杇"犹言"模糊",亦言"漫画",俱一
> 声之转。

"镘"、"杇"并非连文,只是可以互训的两个词,与"模糊"、"漫画"谈不上"一声
之转"。

2. 误以形讹为声通。例如:

> 通、遵、率,循也。(释诂)【疏】循者,……又通作修。《易·系
> 辞》云:"损,德之修也。"《释文》:"修,马作循。"《庄子·大宗师》篇
> 云:"以德为循。"《释文》:"循,一本作修。""修"、"循"一声之转也。

---

① 参看《尔雅郝注刊误》。

此所举"修"作"循"、"循"作"修",并为形讹,①不是声通。

甚至据典籍误字立说。例如:

> 苦,息也。(释诂)【疏】苦者,《方言》云"快也",又云"开也"。
> "开明"、"快乐"皆与"安息"义近。"开"、"快"、"苦"俱以声转为义也。

《方言》卷六:"阖苦②,开也,东齐开户谓之阖苦。"又卷十三:"阖,开也。"郝氏割裂"阖苦"一语,以"苦"的讹字"苦"与"开"、"快"为声转,从而证成其曲说,甚误。

> 貉缩,纶也。(释诂)【疏】貉缩,谓以绳牵连绵络之也。声转为
> "莫缩"。《檀弓》云:"今一日而三斩板。"郑注:"斩板,谓断莫缩也。"
> "莫缩"即"貉缩"。

郑注作"其缩",不作"莫缩"③。孔疏:"缩为约板之绳。"郝氏据误字立论,非是。④

> 障,畛也。(释言)【疏】《诗·载芟》传:"畛,场也。""场"、"障"声
> 义近也。

《载芟》毛传:"畛,易也。"释文:"易,本又作场。"并非"场"字。郝氏盖据《经籍籑诂》转引,⑤因而沿讹。

3. 割裂复音词,附会"声转"。例如:

---

① 参看《尔雅郝注刊误》。
② "苦"字旧本讹作"笘",卢文弨《重校方言》已订正。钱绎《方言笺疏》说同。戴震《方言疏证》据《广雅》误字改"苦"为"苦",非是。
③ 参看阮元《礼记注疏校勘记》卷八。
④ 参看《尔雅郝注刊误》。
⑤ 郝懿行《再奉云台先生论尔雅书》:"适又购得《经籍籑诂》一书,绝无检书之劳,而有引书之乐。"

　　　　鹡鸰，鸸鶀。（释鸟）【疏】此即"鶚斯①，鹣鶀。""鶚"、"鶀"、"鹣"、
"鸸"俱声相转。

以复音词"鹣鶀"、"鸸鶀"的前一音"鹣"和"鸸"，以"鸸鶀"的后一音"鶀"和单
音词"鶚"附会声转，毫无意义。再说，"鶀"属日母而"鶚"属以母，不能相转。

　　　　桃虫，鹪。（释鸟）【郭注】鹪鸴，桃雀也。【疏】又为蒙鸠。……
"蒙"与"鸴"又一声之转。

以复合词"蒙鸠"的前一成分与联绵词"鹪鸴"的后一成分相比附，侈谈"一声之
转"，这是毫无道理的。

　　　　蹶泄，苦枣。（释木）【疏】《初学记》引《广志》曰："有桂枣、夕枣
之名。"然则"桂"、"蹶"声同，"夕"、"泄"声转。

把联绵词"蹶泄"截为两段，分别牵合复合词"桂枣"、"夕枣"的"桂"、"夕"，侈
谈"声同"、"声转"，甚误。再说，"夕"属邪母而"泄"属以母，不能相转。
　　4. 任意破句，附会"音变"。例如：

　　　　觏聚，苹离也。（释诂）【疏】"觏聚"音变为"幕蒙"。《左氏昭十
三年传》："以幕蒙之。""幕蒙"亦覆蔽之意也。

《左传》原文为："晋人执季孙意如，以幕蒙之。""以幕蒙之"是说用帷幕蒙住
他。郝氏拦腰截取"幕蒙"二字，认为是联绵词"觏聚"的音变，训为"覆蔽"，而
不顾"晋人执季孙意如以覆蔽之"之不可通，其说谬甚。
　　5. 虚构古今语之间的语音联系。例如：

　　　　芏，夫王。（释草）【疏】《释文》又云："今南人以此草作席，呼为
芏，音杜。"……今灯草席即杜草席，"杜"、"灯"一声之转。

―――――――――――
① 《释文》："斯，本多无此字。案：'斯'是诗人协句之言，后人因添此字也。"

古语"芏"名义不可考,而今语"灯草"则是理据明白的复合词,"杜(芏)"、"灯"一声之转之说纯属附会。

> 楔,荆桃。(释木)【疏】楔,古黠反;今语声转为家樱桃。
> 貄,修毫。(释兽)【疏】今狸猫之属有毛绝长者,谓之狮猫;"狮"与"貄"音近而义同。
> 鸒斯,鸤鸠。(释鸟)【疏】顺天人呼寒鸦;"寒"即"鸒斯"之合声。

今语"家樱桃"、"狮猫"、"寒鸦"都是理据明白的复合词,郝氏以"家"、"狮"、"寒"比附古单纯词"楔"、"貄"、"鸒斯",说成"声转"、"音近"、"合声",显然不符合语言实际。

6. 仿效《释名》,滥用声训。例如:

> 汧,出不流。(释水)【疏】水出于地便自停蓄而不通流,犹人悭吝而不肯施散,厥名曰汧,"汧"之为言"悭"也。

以"汧"得名于"悭",殊嫌穿凿。若如所言,于同篇"水决之泽为汧"又将何说?"水决之泽"不用说是通流而不停蓄的。

> 木自獘,柛。(释木)【疏】柛犹伸也,人欠伸则体弛懈如颠仆也。

由"伸"而及于"欠伸",已是牵附;欠伸何以有如颠仆,尤不可解。郝说殊误。[1]

> 国貉,虫蠁。(释虫)【疏】蠁犹响也,言知声响也;亦犹向也,言知所向也。

解释同一事物的名义而异说歧出,莫衷一是,《释名》式声训的主观随意性表现得十分明显。

---

[1] 参看杨树达《尔雅木自獘柛说》,《积微居小学金石论丛》,科学出版社,1955 年,第 216 页。

7. 讨论古音、音理，模糊影响，似是而非。例如：

> 须，待也。（释诂）【疏】"待"从"寺"得声，古读当"详吏切"，……
> 今读"徒改切"，非古音矣。

郝氏以为"待"既从"寺"得声，古音就应读如"寺"，显系误解。

甚至惝恍迷离，不知所云。例如：

> 时、寔，是也。（释诂）【疏】时者，"是"声之轻而浮者也。……寔
> 者，"是"声之弇而下者也。

8. 轻议旧音，以正为误。郝氏曾批评陆德明"不知古音"，对旧文"妄加非
议"①，其实他自己正往往如此。例如：

> 郁陶、繇，喜也。（释诂）【疏】陶，音遥。《释文》："陶，徒刀反"，
> 非矣。……《诗》："君子陶陶。"……《释文》："陶，音遥"，此音是也。

虽然我们不能要求郝氏懂得"喻母古读"、"喻四归定"，但"徒刀反"和"音遥"
既然同是相承旧音，就不宜是此非彼。

> 鼁齫，蟾诸。（释鱼）【疏】《说文》："蜘鼁，詹诸，以脰鸣者。"……
> 鼁，七宿反，与"齫"同字，《释文》音"齫"为"秋"，非古音也。

"秋"字音与"七宿反"切出的音古读相同，不能说前者非而后者是。

9. 对古籍旧音之误未能辨识。例如：

> 无足谓之豸。（释虫）【疏】豸，通作蛾。《史记·黄帝纪》："淳化
> 鸟兽虫蛾。"《索隐》曰："蛾，一作豸。"《正义》曰："蛾，音豸，直起反。"

---

① 见《释诂》"赉，赐也"条义疏。

"蛾"字《索隐》"音牛绮反",《正义》"音鱼起反",是;《正义》又以"蛾"一本作
"豸",遂谓"蛾"字"又音豸",非是。古书异文未必同词,甚至未必同义;"蛾"、
"豸"二字音义悬殊,不能通作。

由此可见,郝氏以音说义,往往失之于滥。另一方面,由于他对古音与音
义关系缺乏真知灼见,因而在真正需要由声音以通训诂的地方又显得无能为
力。例如:

> 耇、老,寿也。(释诂)【疏】耇者,《说文》云"老人面冻梨若垢"。
> 《释名》云:"耇,垢也,皮色骊颣,恒如有垢者也。……"《行苇》笺云:
> "耇,冻梨也。"正义引孙炎曰:"面冻梨色似浮垢也。"《左氏僖廿二
> 年》正义引舍人曰:"耇,觐也,血气精华觐竭,言色赤黑如狗矣。"是
> 诸家说"耇"字互异。……老者,《说文》云:"考也,七十曰老。"……
> 《释名》云:"老,朽也。"《独断》云:"老,谓久也,旧也,寿也。"《白虎
> 通》云:"老者,寿考也。"

由于郝氏未能以声音贯串训诂,探明词的正确语源,因而只能杂抄旧说,不得
要领。今按:《说文》八上老部:"耇,……从老省,句声。""句"及"句"声字并有
"曲"义。《说文》三上句部:"句,曲也。"又:"笱,曲竹捕鱼笱也。"又:"钩,曲钩
也。"四上羽部:"翑,羽曲也。"七下疒部:"痀,曲脊也。"俞樾云:"'耇'盖即'痀'
之异文。"[1]朱骏声云:"耇……当训老人背伛偻也。"[2]"耇"、"老"分别成词,亦
可连读成词。如《汉书》卷八十一《孔光传》引《书·召诰》:"无遗耇老。"《逸周
书·皇门》:"克有耇老。""耇老"与"痀瘘(偻)"、"伛偻"、"曲偻"、"踽偻"、"偶
旅"、"枸篓"同根,其语源义为"弓曲貌"[3]。

上文胪列了郝疏在由声音以通训诂方面的失误,但这不等于说它就一无
是处。事实上郝疏不但收集了大量的有用材料,就是所作的解释也不乏可取
之处。如:

---

① 俞樾《群经平议》卷三十四"尔雅一"、"耇、老,寿也"条。
② 朱骏声《说文通训定声》需部第八"耇"字条。
③ 参看王念孙《广雅疏证》卷七下《释器》"枸篓"条、卷九下《释山》"岣嵝"条;萧璋《考老
解》,《说文月刊》第4卷,1944年,第78—82页。

1. 说文字通假有中肯的。例如《释诂》"尘,久也"条说"尘"是"陈"的假音,《释言》"邮,过也"条说"邮"是"尤"的借声。

2. 说事物名义有正确的。例如《释木》篇说"柽",《释畜》篇说"犤",《释草》篇说"戎葵",《释鸟》篇说"鸡鹊"。

3. 说古今语传承有可靠的。例如《释诂》"徯,待也"条说今语"等"为古语"待"的声转,"逢,遇也"条说今语谓相遇曰"蓬(去声)"即古语的"逢"。

4. 说特殊音读来源有可信的。例如《释器》"一染谓之縓"条说"縓"从"原"得声而音"七绢反"乃是读成了同义字"茜"的音①。

四

除了直接关系到"据目验考释名物"、"以声音贯串训诂"的问题以外,郝疏还有不少优缺点可说,现在择要论列如下。先说优点。

1. 能阐明《尔雅》的某些义例。比如,《尔雅》(特别是《释诂》、《释言》两篇)有些条目中训释字是一字多义,②对此缺乏认识就会在理解和利用训诂材料时产生错误。如《释诂》:"载、谟、食、诈,伪也。"训释字"伪"兼有"诈伪"、"作为"二义③。在被训释字里"载"、"谟"是作为之"伪"而不是诈伪之"伪"④。

---

① 这是一个字读成了跟它同义的某个字的音,即所谓"训读"。例如:"血"声的"洫"而音"况逼切"是读成了"减"字的音;"舟"声的"䑪"而音"下各切"是读成了"貉"字的音;"九"声、"巨鸠切"的"仇"又音"市流切"是读成了"雠"字的音;"五禾切"的"囮"又读"以周切"乃是"圝"(亦作"由"、"游")字的音;"里"声的"堇"的"丑六切"一读乃是"苗"字的音;"龟手"(《庄子·逍遥游》司马彪注:"手坼如龟文也。"《释文》:"愧悲反。李居危反。")的"龟"又读"举伦反"乃是"皲"字的音;"虚秽反"的"喙"又音"丁遘反"(见《易·说卦》释文)是读成了"咮"或"噣"字的音;"而小反"的"扰"又音"寻伦反"(见《周礼·天官·冢宰》释文)是读成了"驯"字的音;"古狄反"的"墼"又音"薄历反"(见《仪礼·丧服》释文)是读成了"甓"字的音。

② 这种现象陆佃《尔雅新义》(《释诂》"爰,于也"条)叫"一名而两读",邵晋涵《尔雅正义》(《释诂》"台,予也"条)叫"因字同而连举之",郝懿行《尔雅义疏》(同上条)叫"一字兼包二义",严元照《尔雅匡名》(同上条)叫"一训兼两义",王引之《经义述闻》(卷二十六"尔雅上"、"林,君也"条)叫"二义不嫌同条",陈玉澍《尔雅释例》(卷一)叫"训同义异例",刘师培《中国文学教科书》(第三十四课)叫"一字数义之例"。

③ 《说文》八上人部:"伪,诈也。"《广雅·释诂》:"伪,为也。"

④ 参看《潜研堂文集》卷十"答问"七;《经义述闻》卷二十六"尔雅上","载,伪也"条。

郭璞据同篇"载,言也","谟,谋也",注作"载者,言而不信;谟者,谋而不忠",就是由于专主"伪"的诈伪一义而不得不增字解经,穿凿求通。对于这类一字多义现象郝氏却能有所辨析。分别而言,约有三种情况:

(1) 同词异用。例如:

> 谷、鞠,生也。(释言)【疏】生者,活也。……生,犹养也。是"生"兼活也、养也二义。

这就是说,训释字"生"既可用作不及物动词,解为"活,存活",又可用作及物动词,解为"养,养活";在被训释字里"谷"是前者,如《诗·王风·大车》"谷则异室,死则同穴",而"鞠"是后者,如《小雅·蓼莪》"父兮生我,母兮鞠我"。

(2) 一词多义。例如:

> 载、谟、食、诈,伪也。(释诂)【疏】伪之言为也,……诈之言作也。"作"与"诈"、"伪"与"为"古皆通用。……《尔雅》之伪义亦通为,说者但谓诈伪,则失之矣。……然则"载"、"谟"为作为之为,"食"、"诈"为诈伪之伪,而亦为作为①:一字皆兼数义,《尔雅》此例甚多②。

> 显、昭、觀、魏,见也。(释诂)【疏】"见"训看者音古电切,训示者音胡电切。《尔雅》之"见"实兼二音,《释文》但主"贤遍(反)"一音,失之矣。……"显"、"昭"皆观示之义,读"贤遍"者是也;"觀"、"魏"皆看视之义,读"古电"者是也。

> 豫、宁、绥、康、柔,安也。(释诂)【疏】"安"兼静、乐二义。《尔雅》之"豫"、"康"为安乐之安,"宁"、"绥"、"柔"为安静之安。

(3) 同字异词。例如《释诂》:"际、接、翜,捷也。"郝疏指出训释字"捷"代表"交接"、"疾速"两个词义,在被训释字里"际"、"接"是交接之捷,而"翜"则是疾速

---

① 钱大昕以"食"为"虚伪"义,王引之以为"作为"义。
② 郝疏此条本于邵疏,但进而讲明了"一字皆兼数义"的道理;同时邵还回护郭注,而郝则明辨其非。

之捷,并且说明"此'斝'字与'际''接'义异而同训,《尔雅》此例甚多"①。

2. 能纠正郭注及诸家训诂的某些违失。其关乎郭注的如:

> 矜、怜,抚掩之也。(释训)【郭注】抚掩犹抚拍,谓慰恤也。【疏】《释诂》云:"惄、怜,爱也。""惄"与"忞"同。《说文》云:"忞,爱也。""抚掩"当作"忞俺"。《方言》云:"忞、俺、怜,爱也。"又云:"忞、矜、怜,哀也。"……《方言》俱本《尔雅》。"忞俺"作"抚掩"乃古字通借,郭氏望文生义,以"抚掩犹抚拍",失之矣。

关乎《说文》的如:

> 葵,揆也。(释言)【郭注】《诗》曰:"天子葵之。"【疏】揆者,《说文》云:"葵也。"按:此虽本《尔雅》,但《尔雅》本为解经,经有"葵"字,乃"揆"之假借,故此释云葵即揆也,亦如"甲,狎"、"幕,暮"之例。至于《说文》,本为训义,不主假借,当言"揆,度"而言"揆,葵",则义反晦矣,疑此许君之失也。

关乎《释名》的如:

> 前高,旄丘。(释丘)【疏】旄丘者,《诗》传云:"前高后下曰旄丘。"《释文》引《字林》作"鼇"。……《尔雅》释文引《字林》作"䣊"。……可知今本作"旄",假借字耳。《释名》作"髦",因云"前高曰髦丘,如马举头垂髦也",殆望文生训矣。

关乎其他训诂的如:

> 楔,荆桃。(释木)【郭注】今樱桃。【疏】《月令》:"羞以含桃。"郑注:"含桃,樱桃也。"……《释文》:"含,本作函。"高诱注《吕览·仲夏纪》及《淮南·时则》篇并云:"含桃,鹦桃;鹦鸟所含(食),故言含桃。"

---

① 郝氏此说本于邵氏,但进而明确了"义异而同训"的问题。

此说非也。"含"与"函"、"罂"与"樱"俱声同假借之字,高注未免望文生训矣。

葵,芦萉。(释草)【郭注】"萉"宜为"菔"。【疏】《说文》云:"菔,芦菔,似芜菁,实如小未者。"《系传》云:"即今之萝蔔也。"……芦菔又为萝蔔,又为莱菔,并音转字通也。《埤雅》乃云"莱菔,言来麰之所服,谓其能制面毒",失之凿矣。

次说缺点。

1. 对《尔雅》一书的性质理解有误。《释诂》题下疏:"《尔雅》之作主于辨别文字,解释形声。"①其实《尔雅》是主于义训,既不辨别文字,也不解释形声。

2. 对词的完整性、定形性缺乏认识,妄加割裂、拼凑。例如:

蒌绕,棘蒬。(释草)【疏】《说文》:"蒌,艸也。"引《诗》"四月秀蒌"。……《说文》"蒌"不言"绕",《诗》传与《说文》同。"蒌"、"绕"叠韵,《尔雅》古本无"绕"字。

截取双音词"蒌绕"的一个成分以比附单音词"蒌"("绕"为衍字之说了无依据,不能成立),甚误。段玉裁曾说:"凡合二字为名者,不可删其一字以同于他物。"②又说:"凡物以两字为名者,不可因一字与它物同,谓为一物。"③又说:"凡两字为名,一字与他物同者,不可与他物牵混。"④又说:"凡单字为名者,不得与双字为名者相牵混。"⑤可惜段氏反复强调的这一点郝氏未曾措意,以致书中这类失误不少。

遏、遾,逮也。(释言)【郭注】东齐曰遏,北燕曰遾⑥。【疏】证以

---

① 参看《尔雅郝注刊误》。胡朴安《中国训诂学史》(商务印书馆,1939 年)论《尔雅》宗旨,沿袭了郝氏这一错误说法(第 16 页)。

② 段玉裁《说文解字注》一下艸部"苦"字条。

③ 《说文解字注》四下鸟部"鹖"字条。

④ 《说文解字注》十三下黾部"鼋"字条。

⑤ 《说文解字注》十三上虫部"蛵"字条。

⑥ 《方言》卷七:"蝎、噬,逮也。东齐曰蝎,北燕曰噬,逮通语也。"

《易》之"噬嗑",食相逮也,"噬嗑"倒转即"遏遾"矣。

双音节词"噬嗑"义为"咬合",不可任意倒转来牵合训"逮"的单音节方言同义词"遏"、"遾"。再说,"嗑"、"遏"二字古音声韵皆异,无从通转。

3. 对词的多义性认识不足。例如:

> 罹,忧也。(释诂)【疏】罹者,《诗》:"逢此百罹","无父母贻罹"。……《书》:"不罹于咎","罹其凶害"。

"罹"是个多义词。《王风·兔爰》"逢此百罹"和《小雅·斯干》"无父母贻罹"的"罹"训"忧",引作《尔雅》本条书证是恰当的。但《洪范》"不罹于咎"和《汤诰》"罹其凶害"的"罹"却并非此义,郝氏漫不区别,一并引用,实为欲益反损。

> 佟佟、嘒嘒,罹祸毒也。(释训)【郭注】伤己失所遭谗贼。【疏】"罹,忧"已见《释诂》。……郭注训"罹"为"遭",失其义也。

"罹"有"忧"义,亦有"遭"义。"罹祸毒"的"罹"同于郝疏上条所引《汤诰》"罹其凶害"的"罹"①,正当训"遭"②。失其义的不是郭璞而是郝氏自己。

> 窀,閒也。(释言)【郭注】窈窀,閒隙。【疏】閒者,《释文》:"音闲,或如字。"盖因郭注"閒隙",故存此音,即实非也。閒,暇也,静也,宽也……是皆"閒"音"闲"之义也。

"窀"本指空间的间隙,引申为时间的闲暇;③郭注"閒隙"、陆音"如字",不误。郝氏袭用王念孙说,④专主"閒音闲之义",可谓知其一不知其二。

4. 实词虚词分辨不清,释义流于穿凿。例如:

---

① 伪孔传:"罹,被也。""被"也是"遭"的意思。
② 邢疏:"罹,遭也。"是。
③ 参看杨树达《尔雅窀閒说》,《积微居小学金石论丛》,第215—216页;闻一多《尔雅新义》,《闻一多全集》第2册,开明书店,1948年,第218—219页。
④ 《经义述闻》卷二十七"尔雅中"、"窀,閒也"条。

　　郡、仍、侯，乃也。(释诂)【疏】"郡"者，"君"之假借也。① ……然则
"君"与"侯"义近。通作"窘"。……"窘"训"困"，与"乃"训"难"义又近。②

　　斯，此也。(释诂)【疏】"斯"者，《说文》云："析也。""分析"与
"此"义近。

　　憎，曾也。(释言)【疏】曾者，《说文》云："词之舒也。"盖曾之言
增，增者重累，故其词舒。③

　　勿念，勿忘也。(释训)【疏】勿者与无同。无念者，《诗》"无念尔
祖"传："无念，念也。"④按："无"古读如"模"，"模"犹"摹"也；"无念"
者，心中思念，手中揣摹，故曰"无念"。

5. 随意牵合词义，附会训诂。例如：

　　宜，事也。(释诂)【疏】"宜"训"事"者，作事得宜，因谓之"宜"。

利用训释字和被训释字编造一句话，藉以证明《尔雅》的训诂，这种办法郭注
常用。如《释诂》："珍，献也。"注云"珍物宜献"，故"珍"可训"献"。又："苦，息
也。"注云"苦劳者宜止息"，故"苦"可训"息"。《释言》："矜，苦也。"注云"可矜
怜者亦辛苦"，故"矜"有"苦"义。又："服，整也。"注云"服御之令齐整"，故
"服"有"整"义。郝氏每每仿效，极穿凿附会之能事，实在不足为训。"作事得
宜"，因而谓"事"为"宜"。如若"作事不得宜"呢？

────────────

① 此说非是。《尔雅郝注刊误》："《法言·孝至》篇曰：'龙堆以西、大漠以北，郡劳王师，汉
家不为也。'郡者，仍也；仍者，重也(《晋语》注)，数也(《周语》注)。言数劳王师于荒服
之外，汉家不为也。李轨注以'郡'为郡县之郡，非是。"
② 郝氏盖据《公羊传》及何休注为说。如《公羊传·宣公八年》："冬十月己丑，葬我小君
顷熊，雨，不克葬，庚寅日中而克葬。……'而'者何？难也。'乃'者何？难也。曷为或
言'而'，或言'乃'？'乃'难乎'而'也。"又："夏六月，公子遂如齐，至黄乃复。其言'至
黄乃复'何？有疾也。"又《昭公二年》："冬，公如晋，至河乃复。其言'至河乃复'何？不
敢进也。"后二例何注并云："乃，难辞也。"这些传注解释的是虚词"而"和"乃"的用法
的差异，意在说明"乃"的语意比"而"较重较强，而不是训"乃"为"难"。郝氏误解。
③ 此说本于《说文解字注》二上八部"尚"字条。其实段说不可取。
④ 【补】参看俞敏《汉藏语虚字比较研究》，《中国语文学论文选》，东京：光生馆，1984 年，
第 320—321 页。

> 扬,续也。(释诂)【疏】"扬"训"续"者,盖飞扬轻举亦有连续之形。
>
> 观,多也。(释诂)【疏】"观"训"示也",示人必多于人,故训"多"矣。

飞扬何以便有连续之形,示人何以必多于人,"飞扬"与"连续","观"、"示"与"多"意义如何相通,殊不可解。郝疏显系随意牵合。

> 道,直也。(释诂)【疏】《诗》云:"周道如砥,其直如矢。"逸《诗》
> 云:"周道挺挺。"是皆"道"训"直"之义也。

《诗》句中上有"道"字而下有"直"字或"挺挺"字,并不能证明"道"有"直"义。郝疏往往把古书上下文中甲词的意义引渡给乙词,藉以疏通《尔雅》的训诂,其实不足为训。

> 秩秩,清也。(释训)【疏】《书》:"汝作秩宗。"下云:"直哉惟清"。
> 是"秩"有"清"义也。

所引《舜典》文为"汝作秩宗,夙夜惟寅,直哉惟清"。"秩"与"清"邈不相关,无从得出"'秩'有'清'义"的论断。再说,《尚书》的单音词"秩"与《尔雅》的叠字词"秩秩"完全是两码事,不能相提而并论。

　　6. 误用书证、断句取义,造成误解和曲解。例如:

> 吾,我也。(释诂)【疏】《管子·海王》篇:"吾子食盐二升少
> 半。"……按:"吾子"犹言我子也。

《管子》原文为:"终月大男食盐五升少半,大女食盐三升少半,吾子食盐二升少半。"[①]"吾"通"牙","吾子"犹言幼子。[②] 郝氏当是从《经籍籑诂》"吾"字条查得《管子》此句,又不覆按原书,审辨上下文义,贸然以"吾子"为"我子",引

---

① 参看郭沫若、闻一多、许维遹《管子集校》,科学出版社,1956 年,第 1039 页。【补】cf.马非百《管子轻重篇新诠》,中华书局,1979 年,第 194—195 页。

② 参看《尔雅郝注刊误》。

来证《尔雅》的训诂，实为大误。

> 强、事，勤也。（释诂）【疏】《曲礼》云："四十曰强仕。""强仕"即"强事"。

所引《礼记·曲礼上》文为"四十曰强，而仕"。郝氏为了牵合《尔雅》的"强"、"事"，故意删去"而"字①，这是很不严肃的；即使如此，仍然不能用来说明《尔雅》的训诂，因为《曲礼》的"强"义为"坚强，强健"②，"仕"义为"仕宦"，与《尔雅》训"勤"的"强"、"事"迥不相侔。

7. 疏于校勘，不辨文字衍误。例如：

> 鞠、誩、溢，盈也。（释诂）【疏】"誩"者，《说文》作"誩"……云："讼也。"……盖"誩"从"匈"声，言语争讼，其声匈匈，故又训"盈"。

今本《尔雅》"誩"字是由郭注引《诗·小雅·节南山》"降此鞠誩"以证"鞠"字之义而误衍，阮元《尔雅注疏校勘记》考校甚明，郝氏穿凿为说，实为无的放矢。

8. 对古书训诂之误未能辨正。例如：

> 履，礼也。（释言）【疏】"履"训"礼"者……《诗》"履我即兮"、"率履不越"传并云："履，礼也。"

《商颂·长发》"率履不越"的"履"为名词，训"礼"，"率履"犹言"循礼"；《齐风·东方之日》"彼姝者子，履我即兮"的"履"为动词，不可训"礼"，当依朱熹《集传》训"蹑"或从《大雅·生民》毛传训"践"③。郝氏未辨。

> 襄，除也。（释言）【疏】襄，通作攘。《离骚》云："忍尤而攘

---

① 郝氏是经学家，还著有《礼记笺》，不会连《礼记》第一篇人所习知的文句都不熟悉。
② 孔颖达疏："'强'有二义：一则四十不惑，是智虑强；二则气力强也。"
③ 参看杨树达《诗履我即兮履我发兮解》，《积微居小学述林》，中国科学院，1954 年，第 227 页。【补】cf. 于鬯《香草校书》卷十三"诗三·履我即兮"，中华书局，1984 年，第 251—252 页。

诟。"……并以攘为除也。

"襄"可通"攘","攘"可训"除",如《诗·鄘风·墙有茨》:"墙有茨,不可襄也。"但《离骚》此句"攘诟"与"忍尤"互文,"攘"当通"囊",训"含"①,郝氏从王逸注训"除",未是。

> 偏高,阿丘。(释丘)【疏】《释名》云:"偏高曰阿丘;阿,何也,如
> 人儋何物,一边偏高也。"

《释名》说"阿丘"名义显系附会,郝氏亦未辨。

9. 论证推理常欠严密。例如:

> 侯,乃也。(释诂)【疏】"侯"训伊。……"乃"者汝也。……古人
> 谓汝为"乃",今人谓彼为"伊"。"伊"亦"乃"也。"乃"亦"侯"也。

由"古人谓汝(第二身)为乃"、"今人谓彼(第三身)为伊"推导不出"伊亦乃也"的结论。

> 终,牛棘。(释木)【疏】《士丧礼》云:"决用正王棘若檡棘。"郑
> 注:"世俗谓王棘砧鼠。"然则"砧"、"檡"音同。

俗名为"砧鼠"的是"王棘",不是"檡棘",因而根本谈不上"砧"、"檡"音同与否的问题。

> 未成鸡,健。(释畜)【疏】健者,《方言》三云:"凡人畜乳而双产,
> 秦晋之间谓之健子。"……然则"健"为少小之称。

由《方言》此文只能引出"健为双产之称"而不是"健为少小之称"的推论。

---

① 参看《说文通训定声》壮部第十八"攘"字条。

  蝥妇之筒谓之罶。(释器)【疏】"蝥妇"二字合声为"罶"。

  《尔雅》说的是"(蝥妇之)筒谓之罶",不是"蝥妇谓之罶"。郝氏"合声"之说未免驴唇不对马嘴。

  10. 失于照应,自相牴牾。例如《释草》"萧,萩"条和《释木》"槐"条郝疏同引《左传·襄公十八年》"伐雍门之萩"一语为证,但前条把引文中的"萩"解为草本植物"萩蒿"而后条则把它解为木本植物"楸树",令人无所适从。

  11. 贪多务得,枝蔓芜杂。这是郝疏一个突出的缺点,无烦举例。邵晋涵曾说:为《尔雅》作疏"不难博证,而难于别择之中能割所爱"①。看来郝疏正是没有做到这一点。本来郝氏在嘉庆十二年(1807)着手著此书时写给孙星衍的信里曾说他自己"性喜简略",故名其书为《尔雅略义》②,但是后来却写成了如此繁冗的一部著作,这也许与他次年"购得《经籍籑诂》一书,绝无检书之劳,而有引书之乐"不无关系。《学海堂经解》刊本郝疏对原书繁芜不当之处作了很好的芟治(据说出自王念孙之手),我们如果取芟本和足本对读,可以从中得到不少启发③。

  12. 袭旧而不明举④。郝疏袭用成说的地方很多。以关于事物名义的解释为例,如说"梧丘"(释丘)本于王念孙⑤,说"荃"(释木)和"杜螕"(释虫)本于王引之⑥,说"桱"(释木)本于段玉裁⑦、王念孙⑧,说"蜆"(释虫)本于王念孙⑨、阮元⑩,都是十分明显的。但是郝氏在这种场合对其人其书一般是绝口

① 黄云眉《史学杂稿订存·邵二云先生年谱》(山东人民出版社,1961 年)"乾隆五十年"条引《邵与桐别传》章贻选按语(第 61 页)。

② 《晒书堂文集》卷二《与孙渊如观察书》。

③ 【补】参看俞敏《王删郝疏议——评郝氏〈尔雅义疏〉的足本和节本》,《河北师范学院学报》1984 年第 4 期,第 40—44 页。

④ 这是借用黄侃《尔雅略说》评郭注语。

⑤ 《经义述闻》卷二十七"尔雅中","当途,梧丘"条。

⑥ 《经义述闻》卷二十八"尔雅下","藿,荃"条、"蛶,杜螕"条。

⑦ 《说文解字注》六上木部"桱"字条。

⑧ 王念孙《广雅疏证》卷八上《释器》"丹,赤也"条。

⑨ 《经义述闻》卷二十八"尔雅下","蜆,缢女"条。

⑩ 阮元《揅经室一集》卷一"释罄";又:《尔雅注疏校勘记》卷九。

不提。至于袭用邵疏之处自然更多。① 但是书中正面称述邵氏只有极少几处（如《释兽》"威夷"条），其余全是暗袭。而当其以邵说为误而加以批驳时，则无不指名道姓，如《释山》"河南，华"条、《释水》"河出昆仑"条、《释草》"荼，苦菜"条、"秬，黑黍"条、《释木》"辅，小木"条。其实邵说有误郝氏不知而暗中据为己说者不少，如《释诂》"汱，坠也"条以"汱"为"汰"之讹，"元、良，首也"条以"元、良"为"元首"之讹，《释木》"髡，梱"条说"梱"即"楲"，《释鸟》"鹠，沉凫"条说"沉凫"名义，等等。郝氏在《与孙渊如观察书》中曾说他对邵疏的态度是"不相因袭"，是"不欲上掩前贤"，实际未必如此。

总起来说，郝懿行的《尔雅义疏》一书内容虽然丰富但并不完美，是一部瑕瑜互见、得失相参的著作。② 我们今天为进行古汉语和汉语史的研究而研读这部书，应当"集其菁英"而"搴其萧稂"。

训诂学的新领域
——汉魏六朝以来方俗语词的研究

郭在贻

导言——

本文选自《训诂学》（湖南人民出版社，1986）第九章。

作者郭在贻（1939～1989），山东邹县人。1961 年毕业于杭州大学中文系。杭州大学教授、博士生导师。从事训诂学和近代汉语词汇研究，著有《训诂丛稿》、《训诂学》、《郭在贻语言文学论稿》等。

此文旨在开拓训诂学研究的新领域：对汉魏六朝以来的方俗语词进行研究。就其重要性而言，俗语词研究是汉语词汇史不可或缺的组成部分，又是古籍整理的重要内容。关于后者，文章详论俗语词与古籍校勘、标点和注释的关

---

① 如王念孙说："是书用邵说者十之五六"（《尔雅郝注刊误》）；黄侃说："凡邵所说几于囊括而席卷之"（《尔雅略说》）。
② 胡朴安《中国训诂学史》说郝疏"足与王氏之《广雅疏证》同其精博"（第 56 页），《辞海》（试行本）第 10 分册（1961）说郝疏"由声音以通训诂，……极为精审"（第 243 页），评价均嫌过当。

系,文中共举 20 例说之。由于俗语词包括方言词和口头语词,故从学术史看,俗语词研究最早可追溯到西汉末扬雄《方言》。作者共列出古今中外的俗语词著述 60 多种,并重点表彰蒋礼鸿著《敦煌变文字义通释》,认为蒋著除了在材料的采集上超迈前人外,在研究方法上,蒋著"继承并发扬了清代朴学家的优良传统,以戴震、段玉裁、王念孙等人所创发的'诂训音声,相为表里'、'求诸其声则得,求诸其文则惑'作为指导思想,有意识地从语言的角度探索词义、词源,这正是以往一些俗语词著作所欠缺的"。有关俗语词的研究方法,在方法论层次上有归纳、比较、推勘,在具体方法上有审辨字形、比类综合、据对文以求同义词或反义词、据异文以求同义词或近义词、即音求义、探求语源、方言佐证等七种。

我国传统的训诂学其主要目的是为经学服务的,因此它所研究的对象主要是儒家经典,它所解释和考辨的主要是先秦两汉的古字古词。但是这并不等于说先秦两汉的古字古词便是训诂学的唯一研究对象。训诂学作为一种古代文献语言学,它应该而且必须冲破为经学服务的樊篱,去扩大自己的研究范围,开辟新的研究领域。这个新领域,主要指的是汉魏六朝以来方俗语词的研究。因为汉魏六朝以后的文言词语,基本上是承袭了先秦两汉的书面语词,没有多少新的发展变化,而汉魏六朝以后的方俗语词,则出现了许多新的情况,而又为传统训诂学所不甚措意的。今天我们研究训诂学,必须对方俗语词的研究予以充分的重视。

一、俗语词研究的意义

关于俗语词研究的意义,可以从两方面来看:

（一）俗语词研究是汉语词汇史研究的重要环节

我们知道,在整个汉语史的研究中,关于词汇史的研究是最薄弱的环节,而在词汇史的研究中,关于俗语词的研究又几乎等于零。（试以王力先生的巨著《汉语史稿》为例,这部书分上、中、下三册,上册谈语音,中册谈语法,下册谈词汇。从分量上看,词汇部分最少,而在词汇部分中,没有讨论俗语词的问题。）其实,俗语词研究应该在汉语词汇史的研究中占居重要的地位,因为汉语的全部词汇绝不仅仅存在于历代的雅言——即规范化的书面语中,还包括历代的口头语词,即方言、俗语之类。研究汉语词汇史不能无视这些方俗语词,否则便不能认识汉语词汇的全貌。前代学者对于方俗语词虽也做过一些研究,并撰为专书,如清朝翟灏的《通俗编》、钱大昕的《恒言录》、毛奇龄的《越语肯綮录》、胡文英的《吴下方言考》、梁同书的《直语补正》、郝懿行的《证俗文》、梁章钜的《称谓录》、陈鱣的《恒言广证》,直至近人章太炎的《新方言》等等,但基本上是资料纂集的性质,系统性和科学性都不够,作为词汇史的研究是谈不上的。今天我们要想写一部系统全面的词汇史,就必须在前人研究的基础上,进一步加强对方俗语词的研究。

(二)俗语词研究有助于古籍整理

我们知道,我国浩如烟海的古籍,固然主要是用雅言写成的,但其中也使用了一些方俗语词,而这些方俗语词往往比雅言难懂得多,不了解这些方俗语词的特殊含意,则在古籍的校勘、标点和注释中必然会遇到一些难以克服的障碍,以致造成不应有的失误。下面试从古籍校勘、标点和注释三个方面,来看一看由于不懂得俗语词而造成失误的例子,反过来也就证明了俗语词研究有助于古籍的整理。

1. 俗语词与古籍校勘

例一,《敦煌变文集·秋胡变文》:"今蒙嬢教,听从游学,未季娘子赐许已不?"原校季作知,盖以为季是知字的音近讹字。今按:此校非。季当是委字之讹。考变文用字,有偏旁互换之例,如孽作嬖,字的下部以女旁代替了子旁,此文委字作季,则是以子旁代替女旁。同篇下文又云:"蹔请娘子片时在于怀抱,未委娘子赐许以不?"两文相照,可证"未季"确是"未委"。这里的关键是委字究为何义?这就不能仅仅依靠传统训诂学,而应吸取俗语词研究的成果。《敦煌变文字义通释》已经用翔实的材料证明了委有知义,则未委就是未知的意思,变文季字乃委字之讹,殆无疑义。同类的例子又有杜甫《示从孙济》诗:"平明跨驴出,未知适谁门?"《全唐诗》、《钱注杜诗》、《杜诗详注》于"知"字下并出异文"委",究应选择知字呢?还是选择委字?我们认为委字对,知字则可能是后人不晓委字之义而妄改的。委作知解,正如张相所说是"字面普通而义别"的一类俗语词,因而被妄改的可能性较大,若杜诗原作知,则不大会有人去节外生枝地改作委。

例二,《敦煌变文论文录》附录《苏联所藏押座文及说唱佛经故事五种》,其中有一句道:"牧牛人曰:'莫是我家小勿?'"(见原书下册846页)原校勿作却。按：此校误。此勿字当读为"么"，亦即今日所用的"吗"，是疑问语气词。考《太平广记》册四卷164"黄幡绰"条（出《因话录》）："唐玄宗问黄幡绰：'是勿儿得怜？'对曰：'自家儿得人怜。'"是勿即是什么。勿又可写做物，如《曹溪大师别传》（《继藏经》第二编乙第十九套第五册）："见忍大师，问曰：'汝作物来？'能答曰：'唯求作佛来。'"按：作物来即作么来。又写做无，《敦煌变文集·妙法莲花经讲经文》："直待修行有次第，为汝宣扬得也无？"无当读为么。又《敦煌变文论文录》下册827页："未委天心舍得无？"无亦当读为么。又白居易诗："晚来天欲雪，能饮一杯无？"即"能饮一杯么？"变文中有时又写做磨或摩。王力先生在《汉语史稿》中册第五十节曾经指出"吗的较古形式是么"，"么应该是从无演变来的"，其说是矣。所可补充的是：无、勿均是唇音字，勿在唐宋诗文小说中也是一个疑问语气词，也等于后来的吗。《敦煌变文论文录》的编者不了解勿字作为一个俗语词的特殊含意及其来龙去脉，认为原文讲不通，遂误校作却。

例三，宋人周邦彦《黄鹂绕碧树》词："纵有魏珠照乘，未买得，流年住。争如盛饮流霞，醉偎琼树？"其中"盛饮流霞"句，汲古阁本《片玉词》作"剩引榴花"。两种版本，文字判然不同，究竟孰是孰非？校勘者必须作出抉择。近代大词家郑文焯校道："汲古阁作'剩引榴花'四字，并以音近讹。"（见《大鹤山人校本清真词》）按：郑说非。他不懂得"剩"字是一个俗语词，其义为多。（详张相《诗词曲语辞汇释》、蒋礼鸿《敦煌变文字义通释》）"引"也是一个俗语词，是斟酒而饮的意思，杜诗"检书烧烛短，看剑引杯长"。（见《钱注杜诗》上册295页《夜宴左氏庄》，上海古籍出版社1979年10月新一版）"胜地初相引，余行将自娱。"（《全唐诗》册四页2401《陪李金吾花下饮》）并其例。"榴花"则是酒名，如梁元帝《刘生》诗："榴花聊夜饮，竹叶解朝醒。"（《乐府诗集》卷二十四页200，四部备要本）唐沈颂《卫中作》："总使榴花能一醉，终须萱草暂忘忧。"（《全唐诗》册三页2113）"剩引榴花"即是多多饮酒。至于另一本作"盛饮流霞"，不过是"剩引榴花"的换一种说法而已。（"流霞"作为酒的代称，诗词中习见。）郑氏不了解剩字之义，又未察榴花为酒之代称，遂悍然断为字讹，正所谓以不狂为狂了。究其根源，实由于对唐宋以来的俗语词略无所知。（此例参用蒋礼鸿先生说，见所撰《宋词的语言运用与辞书收词》一文。）

例四，《梨园按试乐府新声》关汉卿〔二十换头〕双调新水令〔大拜门〕："忙加玉鞭，急催骏骑，恨不乘到俺那佳人家门前。"隋树森先生校云："'乘'原作

'圣'，兹从《正音谱》。"按：圣字不误。圣又作胜，有神速之义，（见张相《诗词曲语辞汇释》、蒋礼鸿《义府续貂》）"圣到"犹言速到也。隋氏据《正音谱》校圣作乘，盖以乘字之常义理解之，反不若作圣为贴切也。（此条亦参用蒋礼鸿先生说，见《梨园按试乐府新声校记》一文。）

例五，杜甫《秋雨叹》："阑风长雨秋纷纷，四海八荒同一云。"其中长字，《全唐诗》注道："去声，一作伏，一作仗。"究竟哪一个对？仇兆鳌《杜诗详注》取伏字，并谓"荆公本作仗雨，当即伏字之讹耳。"浦起龙《读杜心解》、杨伦《杜诗镜铨》、郭曾炘《读杜札记》以及今人所选唐诗，也都取"伏雨"之说，其实伏字乃是仗字之讹，仗字则又是长字的同音借字。考《广韵》去声四十一漾韵内，仗、长并音直亮切，长有多余之义。（《广韵》去声四十一漾韵："长，多也。"）《世说》载王忱求簟于王恭，恭曰："丈人不悉恭，恭作人无长物。"杜诗长字，实即长物之长。阑风长雨者，谓阑珊之风、冗长之雨也。仇氏不了解长字之义，又不悟仗乃长字之借，更未察伏乃仗之讹字，遂尔是伏而非仗，可谓是非颠倒了。

2. 俗语词与古籍标点

例一，中华书局出版校点本《酉阳杂俎·诺皋记下》："郓州阚司仓者，家在荆州。其女乳母钮氏，有一子，妻爱之，与其子均焉，衣物饮食悉等。忽一日，妻偶得林檎一蒂，戏与己子，乳母乃怒曰：'小娘子成长，忘我矣。常有物与我子停，今何容偏？'"其中停字，是个俗语词，有平均分配之义。较早的用例见于汉代，其字作亭，如《汉书·张汤传》："平亭疑法。"唐宋以还则写做停，如孟元老《东京梦华录》卷四《食店》："面与肉相停，谓之合羹。又有单羹，乃半个也。"（邓之诚校注本页128）相停犹言相均、相等也。又元剧中有"匹半停分"之语，停分即均分也。《酉阳杂俎》的标点者昧于停字之义，误将上文断作"常有物与我子，停今何容偏？"致使文意晦涩不明。

例二，《酉阳杂俎》前集卷九《盗侠》："建中初，士人韦生，移家汝州，中路逢一僧，因与连镳，言论颇洽。日将衔山，僧指路谓曰：'此数里是贫道兰若，郎君岂不能左顾乎？'士人许之，因令家口先行，僧即处分步者先排比，行十余里，不至，韦生问之，即指一处林烟曰：'此是矣。'"按：上文中的排比，乃唐代俗语词，有安排和准备的意思。（见《敦煌变文字义通释》新版117页。）考《太平广记》册四卷194"僧侠"条，这段话作："僧即处分从者，供帐具食。行十余里，不至。"（按：处分是部署、指挥之意）排比即是指供帐具食。《酉阳杂俎》的标点者不了解排比这个俗语词的特殊含意,将这句话断作"僧即处分步者先,排比行十余里",误矣。

例三,唐人皇甫枚《三水小牍》卷上"王知古为狐招婿"条:"……保母忽惊叫仆地,色如死灰。既起,不顾而走入宅。遥闻大叱曰:'夫人,差事! 宿客乃张直方之徒也。'"文中差字,乃唐宋俗语词,有怪异、希奇之义。(差有怪义,明人胡震亨的《唐音癸签》已发之,《敦煌变文字义通释》亦有考证。)差事就是怪事、奇事。汪辟疆《唐人小说》、张友鹤《唐宋传奇选》均由于不明差字之义,将这段文字标点为"夫人差事宿客,乃张直方之徒也。"误矣。(分别见《唐人小说》291 页,上海古典文学出版社 1955 年 12 月第一版;《唐宋传奇选》166页,人民文学出版社 1964 年 5 月北京第一版。)

例四,《水浒传》第三十回:"张都监叫抬上果桌饮酒,又进了一两套食次,说些闲话,问了些枪法。"文中"食次"一词,乃宋代俗语词,指的是菜肴之类,如《都城纪胜·酒肆》云:"有茶饭店,谓兼卖食次下酒是也。"又云:"直卖店,谓不卖食次也。"又"食店"条下云:"凡点索食次,大要及时。"又《武林旧事》:"或少忤客意,及食次少迟,则主人随逐去之。"又《梦粱录》卷十六"茶肆"条:"有一等直卖店,不卖食次下酒,谓之'角球店'。"又"分茶酒店"条:"兼之食次各件甚多,姑述于后。"其例甚夥,不备举。人民文学出版社出版的《水浒传》(案:1953 年第 2 版),标点者不懂得食次之义,将上引一段话断作:"……又进了一两套食,次说些闲话。"(《水浒传》上册 345 页)将"食次"一词斩为两截,大误。

例五,《颜氏家训·书证篇》:"……殷仲堪《常用字训》,亦引服虔《俗说》;今复无此书。未知即是《通俗文》,为当有异? 近代或更有服虔乎? 不能明也。"按:"为当"是汉魏六朝以迄唐宋习见的一个俗语词,作选择连词用,有还是、抑或之意。(参看《敦煌变文字义通释》新版 345 页。)有人不明"为当"之义,误将这句话断作"未知即是《通俗文》为当有异近代,或更有服虔乎? 不能明也",竟不知所云了。(见《南开学报》1981 年二期,刘叶秋《阅读散记》一文;又见刘叶秋著《中国字典史略》52 页,中华书局 1983 年版。)

3. 俗语词与古籍注释

近人张相在《诗词曲语辞汇释》的叙中说过:"每念吾国文学领域,极为广袤,普通披览所及,率在《毛诗》、《楚辞》、汉魏乐府。其唐以来之近代文学,于方今有绝大关系者,辄为文字所障,未尽撢掾。"何以唐以来之近代文学,反为文字所障呢? 依笔者之见,这个"障"正出在俗语词上。由于对俗语词的研究向来不够重视，可以利用的成果甚少，因而对于唐以来的诗词、戏曲、笔记小说中的俗语词，读者和注释者们便感到棘手。其实不只唐以来的近代文学为然，就是汉魏六朝的作品，也存在这类问题。笔者在平时涉猎之中，发现注家因昧于俗语词的特殊含意而造成失误的例子，是数见不鲜的。且看下列十例：

例一，魏晋小说《宗定伯捉鬼》（按：宗，一本作宋）："南阳宗定伯，年少时，夜行逢鬼。问曰：'谁？'鬼曰：'鬼也。'鬼曰：'卿复谁？'定伯欺之，言：'我亦鬼也。'鬼问：'欲至何所？'答曰：'欲至宛市。'鬼言：'我亦欲至宛市。'共行数里，鬼言：'步行大亟，可共迭相担也。'定伯曰：'大善。'"其中"大亟"二字，有的选本注为"太急"。（沈炜方、夏启良选注《汉魏六朝小说选》27 页，中州书画社版）殆非。考宗定伯捉鬼的故事，亦见于《搜神记》、《太平广记》诸书，其中"步行大亟"四字，都作"步行大迟"，与太急之解适相刺谬。今谓此亟字当为极的省借，极是汉魏六朝时期习见的俗语词，有疲惫之义，如《文选》卷四十七王褒《圣主得贤臣颂》："庸人之御驽马，亦伤吻弊筴而不进于行，胸喘肤汗，人极马倦。"极、倦对文，则极亦倦也。《类说》卷四十九引殷芸《小说》："晋明帝为太子，闻元帝沐，上启云：'伏闻沐久劳极，不审尊体如何？'答云：'去垢甚佳，身不极也。'"其中"不极"二字，一本作"不劳"。（参看《余嘉锡论学杂著》上册292 页《殷芸小说辑证》）此均足证明极有疲惫之义。"步行大亟"是说步行太疲劳，故下文云："可共迭相担也。"共迭相担正是解除疲劳的一种办法。

例二，魏晋小说《孙阿》："天明，母启侯曰：'昨又梦如此，虽云梦不足怪，此何太适适，亦何惜不一验之？'"其中"适适"一词，有的选本注云："凑巧，巧合。"（《汉魏六朝小说选》26 页）误甚。"适适"即"的的"，鲜明貌。考《搜神记》卷十"谢郭同梦"条："会稽谢奉与永嘉太守郭伯猷善。谢忽梦郭与人于浙江上争樗蒲戏，因为水神所责，堕水而死，已营理郭凶事。及觉，即往郭许，共围棋。良久，谢云：'卿知吾来意否？'因说所梦。郭闻之怅然，云：'吾昨夜亦梦与人争钱，如卿所梦，何期太的的也。'须臾如厕，便倒气绝。"的的即清楚、明白之意。乐府诗《子夜歌》："我念欢的的，子行由豫情。"的的与由豫相对成文，则其义居然可知也。《太平广记》卷 271"杜羔妻"条（出《玉泉子》）："杜羔妻刘氏善为诗。羔累举不中第，乃归。将至家，妻即先寄诗与之曰：'良人的的有奇才，何事年年被放回。如今妾面羞君面，君到来时近夜来。'羔见诗，即时回去，竟登第。"诗中的的犹今言的的确确也。（古音章系归端，故适适可读为的的。）注家不知道适适这个词在汉魏六朝时期的特殊含意，遂尔望文生训，牵强为释，自然不可能得出确解。

例三，《世说新语·捷悟》："魏武尝过曹娥碑下，杨修从。碑背上见题作'黄绢幼妇外孙齑臼'八字，魏武谓修曰：'解不？'答曰：'解。'魏武曰：'卿未可言，待我思之。'行三十里，魏武乃曰：'吾已得。'令修别记所知。修曰：'黄绢，色丝也，于字为绝。幼妇，少女也，于字为妙。外孙，女子也，于字为好。齑臼，受辛也，于字为辞。所谓绝妙好辞也。'魏武亦记之，与修同。乃叹曰：'我才不及卿，乃觉三十里。'"有的选本注道："乃觉三十里，即三十里乃觉，走了三十里方始觉悟过来。"（《汉魏六朝小说选》151 页）这是不明觉字之义而强为之说。今谓觉有差义，乃觉三十里即乃差三十里。意思是说：杨修当即能够猜出这八个字的含意，而曹操想了走三十里路的时间方始猜得出来，故不及杨修。这个故事，又见于六朝小说《裴子语林》，末云："有智无智隔三十里，此之谓也。"（见鲁迅辑《古小说钩沉》）两相比勘，可见觉即是隔，也就是相差的意思。觉有差义，自汉魏以迄唐宋，可谓源远流长。《孟子·离娄下》："则贤不肖之相去，其间不能以寸。"赵岐注："如此贤不肖相觉，何能分寸？"《孟子·告子上》"圣人与我同类者"，赵注："圣人亦人也，其相觉者，以心知耳。"《续汉书·律历志中》："至元和二年，太初失，天愈远，日月宿度相觉浸多。"《晋书·傅玄传》："古以步百为亩，今以二百四十步为亩，所觉过倍。"《宋书·天文志》："斗二十一，井二十五，南北相觉四十八度。"以上觉字，均为差义。（觉有差义，参看卢文弨《钟山札记》卷三，蒋礼鸿《义府续貂》页 43"觉跌"条。）字又作校，杜甫《狂歌行赠四兄》"与君行年校一岁"，即差一岁也。

例四，唐人传奇《南柯太守传》："虽稽神语怪，事涉非经；而窃位著生，冀将为戒。"文中著字，乃贪嗜、爱恋之义。著字是汉魏以来出现频率很高的一个俗语词（尤其是在佛典中），《诗词曲语辞汇释》、《敦煌变文字义通释》均有诠释。有的著家不明著字之义，注云："著，借以维持生活。"（张友鹤《唐宋传奇选》68 页）臆测无据。

例五，唐人传奇《裴航》："女曰：'裴郎不相识耶？'航曰：'昔非姻好，不醒拜侍。'"按："不醒"也是俗语词，又作"不省"，就是不曾的意思。敦煌变文中屡见"不省"与"未曾"对举成文，不省即不曾也。省、醒音同可通借。有时又作"不忆"，如《游仙窟》："未曾饮炭，肠热如烧；不忆吞刃，腹穿似割。"不忆与未曾对举，不忆即不曾也。有时又作"不记"，如《敦煌变文集》卷五《佛说阿弥陀经讲经文》："下至寸草不曾偷，未记黄昏偷他物。"未记与不曾对举，未记犹未曾也。上引不醒、不省、不忆、不记等词中的醒、省、忆、记等字已经虚化，不宜再按其原义作呆板的理解。有的注家不明乎此，注道："不醒拜侍，记不得什么时候曾经在一起，记不得在哪里见过面。醒，引申作记忆、觉察解释，用如省字。"（《唐宋传奇选》163 页）弯子一转再转，还是说不清楚。

例六，唐人传奇《裴航》："航愧荷珍重。"文中愧字乃感谢之意，"愧荷"同义连文。按：惭、愧、惭愧、愧谢、愧荷，这些词在六朝和唐宋诗文小说中都有感谢之意。如《搜神记》卷二十《董昭之》条："惭君济活，若有急难，当见告语。"惭者感谢也。唐李群玉《答友人寄新茗》："愧君千里分滋味，寄与春风酒渴人。"（《全唐诗》册九页 6611）愧者，感谢也。白居易《刘苏州寄酿酒糯米李浙东寄杨柳枝舞衫偶因尝酒试衫辄成长句寄谢之》："惭愧故人怜寂寞，三千里外寄欢来。"（《全唐诗》册七页 5161）此诗题曰"寄谢之"，则诗中惭愧分明是感谢之意。《太平广记》册四卷 152"郑德璘"条："德璘好酒，长挈松醪春过江夏，遇叟无不饮之，叟饮亦不甚愧荷。"愧荷即感谢。上文引唐人传奇《裴航》中的"愧荷"一词，无疑也是感谢之意。有的注家不了解愧有感谢义，注道："愧荷，惭愧感谢。"（徐士年选注《唐代小说选》408 页，中州书画社 1982 年 3 月第一版）未免胶柱鼓瑟。

例七，敦煌曲："交关多使七成钱，籴粜无非两般斗。"任二北先生《敦煌曲初探》云："交关，义未详。"任先生于所不知，存盖阙之义，治学态度不失为审慎。今按：交关是六朝以迄唐宋时期习见的一个俗语词，有交易、买卖之义，说详《敦煌变文字义通释》及拙作《〈太平广记〉词语考释》一文。（见《训诂丛稿》，上海古籍出版社 1985 年 2 月版）《太平广记》册三卷 140"汪凤"条（出《集异记》）："……请以百缗而交关焉。"这个交关，正是买卖之义。有的选本注道："交关，交出房子的钥匙。"（齐鲁书社版，王汝涛等选注的《太平广记选》上册 64 页）可谓郢书而燕说了。

例八，唐人《裴铏传奇》"崔炜"条："……我大食国宝阳燧珠也。昔汉初赵佗，使异人梯山航海，盗归番禺，今仅千载矣。"有的选本注云："仅，唐代习用字，同经，即经过、经历。"（周楞伽辑注《裴铏传奇》19、20 页，上海古籍出版社 1980 年 10 月第一版）按：此注未谛。"仅"字在唐代有多、余、颇、甚之义，清人王士祯、段玉裁、姚范等均已言之。（见《香祖笔记》卷二，《说文解字注》人部仅字注语，马其昶《韩昌黎文集校注》卷二《张中丞传后叙》补注引姚范说。）"今仅千载矣"，是说至今已有上千年的时间，仅字言其多。又《太平广记选》

第 61 页:"子牟则曰:'仆之此笛,乃先帝所赐也。神鬼异物,则仆不知,音乐之中,此为至宝。平生所视笛仅过万数,方仆所有,皆莫能知,而叟以为常,岂有说乎?'"注云:"……有生以来,看过笛子,刚刚超过一万。"按:训仅字为刚刚,与原文所要表达的意思恰好相反,"仅过万数",是说看过的笛子多,不是说看过的笛子少。仅作多解,在六朝以迄唐宋的文献中可以找到无数的例证,如《太平广记》册八卷 393"漳泉界"条(出《录异记》):"俄而雷雨大至,霹雳一声,岩壁中裂,所竟之地,拓为一迳,高千尺,深仅五里。"册八卷 374"八阵图"条(出《嘉话录》):"及乎水落川平,万物皆失故态,唯诸葛阵图,小石之堆,标聚行列,依然如是者,仅已六七百年。"册八卷 394"徐智通"条(出《集异记》):"寺前古槐,仅百株,我霆震一声,剖为纤茎。"《云溪友议》卷三:"后公镇蜀,到府三日,询鞫狱情,涤其冤滥,轻重之系,仅三百余人。"以上诸例,均足证明仅有多义。

例九,宋人传奇《谭意哥传》:"张生乃如长沙。数日,既至,则微服游于市,询意之所为,言意之美者不容刺口,默询其邻,莫有见者。门户潇洒,庭宇清肃。"有的选本注云:"潇洒,这里是清静、干净的意思。"(《唐宋传奇选》219页注 107)按:此注未确。潇洒在唐宋诗文中有萧条、冷落之意,《诗词曲语辞汇释》卷五"潇洒"条下云:"潇洒,凄清或凄凉之义,与洒脱或洒落之义别。"其说是矣。《敦煌变文集》卷五《维摩诘经讲经文》:"况已时光寂莫(寞),窗前之潇洒清风;节序凋零,砌畔之芬菲(纷飞)黄叶。"下文又云:"清风冷淡牵愁思,黄叶凋零打病心。"前后相照,明潇洒即是冷落、凄凉。"门户潇洒"是形容谭意哥死后的凄清冷落之状,注谓"清静、干净的意思",未能搔着痒处。

例十,辛弃疾《鹧鸪天》:"燕兵夜娖银胡觮,汉箭朝飞金仆姑。"其中娖字,有的选本注云:"娖:捉,握的意思。"(胡云翼《宋词选》302 页,中华书局 1962年 2 月第一版)按:此注误。娖是俗语词,其义为整顿、整理。《玉篇》:"珿,等也,齐也。"《广雅·释诂》:"珿,齐也。"娖作整齐解,可以看作是珿字的假借。字又作促,杜甫《送卢十四弟侍御护韦尚书灵榇归上都二十四韵》:"但促铜壶箭,休添玉帐旂。"促字下,《全唐诗》、《杜诗详注》并注云:"一作整。"明促有整义也。同义连文又作"称娖",《后汉书·中山简王传》:"官骑百人,称娖前行。"李贤注:"称娖,犹齐整也。"娖又通作擉,宋·朱翌《猗觉寮杂记》云:"今人办人从行李之类,其言曰整擉,盖用娖字。"宋人诗文中每有整促、整娖、整龊等词,其义均为整齐、整顿、整理,探厥本源,盖皆由珿字变来。(参看王念孙《广雅疏证》珿字下注语,蒋礼鸿《义府续貂》129 页娖字条。)

以上我们不惮烦地列举了许多例证,目的是为了说明俗语词研究对于阅读和整理古籍的重要性。同时也就说明:我们今天研究训诂学,对于俗语词决不能等闲视之。

二、俗语词研究的历史与现状

这里所说的俗语词,包括方言词和口头语词。(方言词有时也就是口头语词,二者不宜截然分开。)研究方言的最早专书,是西汉末年扬雄的《輶轩使者绝代语释别国方言》一书(简称《方言》),王力先生在《中国语言学史》一书(山西人民出版社 1981 年 8 月第一版)中,对扬雄《方言》有专门介绍,读者可以参看。此外,清代学者曾写过一些续《方言》的书,如杭世骏的《续方言》、程际盛的《续方言补正》、徐乃昌的《续方言又补》,又有清末民初四川学者张慎仪的《续方言新校补》、《方言别录》、《蜀方言》。近人章炳麟的《新方言》,则是这方面的殿后之作。研究俗语词的最早专书,大概要算东汉服虔的《通俗文》,此书《隋书·经籍志》有著录,惜已亡佚。清人臧镛堂、马国翰有辑本。考《文选·琴赋》"喓喅终日",李善注引服虔《通俗篇》:"乐不胜谓之喓喅。喓,乌没切。喅,巨略切。"从这个例子,可以推知《通俗文》的性质,大抵是解释一些俗语词,并加以注音。(参看《颜氏家训集解》页 436~437)《唐书·艺文志》又著录李虔《续通俗文》二卷,亦已佚,有臧镛堂、马国翰辑本。《隋书·经籍志》又著录梁殷仲堪《常用字训》一卷,亦已佚。这几部书,都是较早的研究俗语词的专书。继服虔《通俗文》之后,历代也都有人注意俗语词方面的问题,或著为专书,或在文集笔记中有些散论。举其要者,如宋代王观国《学林》卷四"方俗声语"条、王应麟《困学纪闻》卷十九"俗语有所本"条、明代徐渭《南词叙录》附"俗说"七十条、方以智《通雅·谚源》、田汝成《西湖游览志馀》卷21~25《委巷丛谈》、李实《蜀语》,杨慎《俗言》,清代翟灏《通俗编》、梁同书《直语补证》、胡文英《吴下方言考》、钱大昕《恒言录》、毛奇龄《越语肯綮录》、郝懿行《证俗文》、陈鳣《恒言广证》、梁章钜《称谓录》、平步青《霞外攟屑》卷十《玉雨淙释谚》、李光庭《乡言解颐》、王有光《吴下谚联》、王鸣盛《十七史商榷》卷九十八《五代俗字俗语》、桂馥《札朴·乡言正字》、孙锦标《通俗常语疏证》、刘淇《助字辨略》和钱大昭《迩言》、胡式玉《语窦》、郑志鸿《常语寻源》、罗振玉《俗说》(以上四种再加上平步青的《释谚》,由商务印书馆于 1959 年汇印为《迩言等五种》)等等,都已接触到俗语词的研究问题。不过,这种研究毕竟是初步的、粗浅的。上引各书不外乎两方面:一是资料汇编的性质,就是从古书中抄撮一些俗语词(包括谚语、常语、成语等),有的略加考证,有的则连考证也没有。二是到古书中去找某些俗语、俗字的出处,找到了出处,就算是完成了任务。所以,总的来看,中国传统训诂学对于俗语词的研究是很不够的。能够从语言学的角度对俗语词进行较为系统研究的,应该说始于近人张相的《诗词曲语辞汇释》。《汇释》一书裒集唐宋金元明人诗词曲中的特殊词语,详引例证,诠释其意义,剖析其用法,无论研究汉语词汇史还是阅读和注释古典文学作品,都是必不可少的工具书,这部巨著写成于 1945 年,1953 年由中华书局出版。作者张相(1877~1946),字献之,浙江杭州人,前清秀才,服务于前中华书局先后三十年。《汇释》自收集资料到全稿完成,先后历时十余年,陆续增补修改,易稿十余次。抗战胜利后,《汇释》经金兆梓、朱文叔、张润之三人校订,排版待印。解放初期,对这部稿件出版后的销路问题,曾有过争议,认为太专门,怕读者不多,卖不出去。孰料出书后立即销行一空,之后陆续重印十五次,累计印数十五万部,足见这部书是深受读者欢迎的(参看《学林漫录》四集,吴铁声《我所知道的中华人》一文)。继张相《诗词曲语辞汇释》之后,对俗语词研究作出较大贡献的,应首推蒋礼鸿先生的《敦煌变文字义通释》。这部书初版于 1959 年 3 月,至 1962 年 6 月,即出了三版。"四人帮"被粉碎后,作者对这部书又进行了大幅度的修订补充,于 1981 年 4 月由上海古籍出版社加以重版,是为第四版,又称新一版。四版比三版增加了一百余条词目(三版 256 条,四版 382 条),篇幅增加了一倍(三版十五万九千字,四版三十一万五千字)。这部书的特点,表现在以下四个方面:

1. 从材料来看,《通释》弥补了《汇释》等著作的不足。《汇释》所使用的材料,基本上局限于古代文学作品中的诗词曲,虽然有时也涉及到这个范围以外的材料,但为数极少。《通释》则不然,它是有意识地使用了各种各样的语言材料,从而为解决变文中的疑难词语提供了较大的可能性。正如作者在该书序目中所说:"研治语言,材料不能局限于狭窄的范围以内。"《通释》的特色之一,正在于它的材料的广泛性。就时间断限而言,上起先秦,下迄现代(书中曾引及柳青、梁斌、浩然的小说);就内容而言,举凡诗、词、曲、赋、笔记、小说、随笔、杂著、语录、民谣、佛经、诏令、奏状、碑文、字书、韵书、音义、史书、文集等,无不在采摭之列。

2. 从方法来看,《通释》采纳了《汇释》的长处,而又补充了《汇释》的不足。《汇释》所使用的方法,据该书叙言所称,共有五点:一曰体会声韵,二曰辨认字形,三曰玩绎章法,四曰揣摩情节,五曰比照意义。这五点,《通释》均曾加以运用。另外,《通释》还继承并发扬了清代朴学家的优良传统,以戴震、段玉裁、王念孙等人所创发的"诂训音声,相为表里","求诸其声则得,求诸其文则惑"作为指导思想,有意识地从语言的角度探索词义、词源,这正是以往一些研究俗语词的著作所欠缺的。

3.《通释》在研究语言现象时,具有历史发展观点,它并不满足于对变文中的疑难词语作出诠解,还力求找出这些词语的来龙去脉,从而把词语的断代研究纳入词汇史和语言学史的轨道。

4.《通释》在考释变文词义的同时,还能联系其他许多古代典籍,连带解决了这些书中不少的训诂和校勘问题,因而《通释》不仅是一部研究敦煌变文的工具书,也是阅读和注释其他一些古书,特别是古代诗文的有用的工具书。(参看《天津师大学报》1982 年第五期拙作《读新版〈敦煌变文字义通释〉》)

近人和今人所撰有关俗语词的专著,除以上两书外,值得介绍的还有如下一些:

胡朴安:《俗语典》

徐嘉瑞:《金元戏曲方言考》

朱居易:《元剧俗语方言例释》

陆澹安:《小说词语汇释》

　　　　《戏曲词语汇释》

王　锳:《诗词曲语辞例释》

徐仁甫:《广释词》

顾学颉、王学奇:《元曲释词》

以上几部书,胡朴安的《俗语典》出得较早(1922 年广益书局出版),内容主要是搜罗曾见于文字记载的古今俗语,其中包括:(一) 一般词语和当时社会流行的特殊名词、称谓词,(二) 成语,(三) 谚语,(四) 文言俗语,(五) 口语中习用的俗语。该书的编写体例是只注明出处而不加解释,所以它只能算是资料汇编,谈不上研究。(参看吴小如、吴同宾合著《中国文史资料工具书举要》192 页。)徐、朱二书都是考释元曲词语的专著,但在搜罗之富和考核之精两方面,远不及张、蒋两书。陆澹安的《小说词语汇释》和《戏曲词语汇释》,汇集了不少资料,但考核欠精,质量不高。(参看《中国语文》1981 年六期,刘凯鸣《〈戏曲词语汇释〉注释商榷》、《字词天地》第 5 期,刘凯鸣《〈戏曲词语汇释〉注释续议》)王锳的《诗词曲语辞例释》,在张相书的基础上又考释了不少诗词曲中的特殊词语,有所发明。徐仁甫的《广释词》,虽是研究虚词之书,但也接触到俗语词的问题,对于汉魏六朝的俗语词,搜罗尤夥。顾学颉、王学奇的《元曲释词》,所收词语以元代杂剧为主,元散套、小令为辅,而以南戏、诸宫调、明清戏剧、话本小说作为佐证,旁参经史子集、笔记杂著有关资料。共收词目约五千条。除考释本词的意义外,还能上连下串,指出词义的来龙去脉,是近年所出质量较高的一部俗语词专著,也可说是一部元曲词语研究的集大成之作。

除上述专著外,解放后还发表了不少有关俗语词研究的专题论文,详观本书①附录二《俗语词研究参考文献要目》,这里不再抄录。

另外,日本的汉学家对汉语俗语词研究亦极为重视,并取得了可观的成绩。据笔者所知,其主要著述有:

吉川幸次郎:《元曲选释》

波多野太郎:《中国方志所录方言汇编》

　　　　　　《诸录俗语解》

　　　　　　《吴下方言考索引》

　　　　　　《〈游仙窟〉新考》(见《东方宗教》8、9、10 号)

太田辰夫:《敦煌变文口语词汇索引》

　　　　　《〈祖堂集〉口语词汇索引》

入矢义高:《论王梵志》(见《神田还历纪念书志学论集》)

八木泽元:《〈游仙窟〉全讲》

又据胡竹安先生见告,日本研究俗文学的近况:(一)以东京外大金丸邦三为核心,组织了中国俗文学研究会,1983 年、84 年夏季各出了一期《中国俗文学研究》,有元曲注释、事物俗语考释,第二期还附有"元曲研究文献目录(一)",包括世界各国文字的文献。(二)大东文化大学校长香坂顺一为首的《中日大辞典》编纂室请人分别编写了《敦煌变文词语汇释》(阎崇璩编)等六、七种单行资料。(三)《中国语学》(每年一期)连载了冈山大学高岛俊男的《〈水浒传〉语汇辞典稿》数篇。(四)神户外大佐藤晴彦编了一本《小说词语汇

---

① 编者按:指郭在贻《训诂学》。下同。

释》、《戏曲词语汇释》发音索引(即两书的合并音序索引),汲古书院刊。(五)东京外大金丸邦三编《中国古典戏曲辞书综合索引》(张相、王锳、徐嘉瑞、朱居易、陆澹安各一种,外加吴晓铃《大戏剧家关汉卿杰作集》所附语词部分和台北商务 68 年版黄丽贞《金元北曲语汇之研究》,共七种)。

令人欣慰的是,近年来我国语言学界在俗语词研究方面有很大的进展,文章多起来了,研究的队伍也扩大了。(参看本书附录二《俗语词研究参考文献要目》。案:"本书"指《训诂学》)据笔者所知,近年来从事俗语词研究并取得了可喜的成果的,有中国社会科学院语言研究所近代汉语研究室的刘坚同志、江蓝生同志,上海教育学院的胡竹安先生,贵州教师进修学院的王锳同志,内蒙古农业学校的王贞珉同志,广州的龙潜安先生等等。尤其令人振奋的是,吕叔湘先生近年来对俗语词研究也颇为重视,除了亲自撰写这方面的考释文章外(如发表在《中国语文》上的《释"结果"》和《语文研究》上的《释"主腰"》),还专门写了这方面的书评(如发表在《中国语文》上的《读新版〈敦煌变文字义通释〉》),这对于俗语词的研究工作将是很大的推动和鼓舞。

三、俗语词研究的材料和方法

作研究工作,有两点最要注意:一是材料,二是方法。俗语词研究也不例外。

(一)俗语词研究的材料

蒋礼鸿先生在《敦煌变文字义通释》的序目中说:"研治语言,材料不能局限于狭窄的范围以内。"这句话很有见地。俗语词研究作为语言研究的一个重要部分,它所使用的材料也应该是广泛的,诸凡历代的经史子集以及各种杂书,无一不在采摭之列。在本书附录二《俗语词研究参考文献要目》中,我们已经重点地列举了一些有关的文献,这里就不多谈了。

(二)俗语词研究的方法

关于俗语词研究的方法,可以从两方面来看。一是从大处着眼,即方法论的问题,不外乎六个字:归纳、比较、推勘。即是说,俗语词研究必须建立在归纳语言材料的基础上,在归纳的基础上进行比较,在比较的基础上进行推勘。与此同时,俗语词研究必须防止缺乏事实根据的主观臆断。凡是臆测出来的结论,往往是不可靠的。二是具体的考释方法。比如说有一个不见于任何字典辞书且意义不明的俗语词摆在我们的面前,我们采用什么样的方法和手段,才能使这个俗语词由未知变为已知? 根据前贤、时人的著述以及笔者个人的一些研究心得,这些具体的方法和手段可以概括为如下几点:一是审辨字形,二是比类综合,三是据对文以求同义词或反义词,四是据异文以求同义词或近义词,五是即音求义,六是探求语源,七是方言佐证。下面试分别列举说明。

1. 审辨字形

由于俗语词常常使用一些俗别字和音近替代字作为书写符号,单从字面上去看会觉得莫名其妙,但是如果能够找出它们所代表的正字或本字,便能冰释雾解。所以考释俗语词,审辨字形是首先要做的一步工作。比如在敦煌写本王梵志诗中有"蛆妬"一词,极为陌生,任何字典辞书都没有收录这个词。经我们考证,发现蛆是一个音近替代字(即传统训诂学中的假借字)其本字是怚或媔,妒的意思。妬字则是妒的俗别字。这样,蛆妬的意思就是嫉妒。(参看《中国语文》1983 年六期拙作《唐代白话诗释词》。)这个词的考释,主要就是通过审辨字形,破除文字障碍这个办法得出的。

2. 比类综合

即是把同一类型的语言材料搜集排列在一起,然后加以比较和推勘。细分之,又有如下几点:

① 把出现某一词语的若干句子排比在一起,据上下文玩索推敲,确定其词义。比如敦煌变文中经常出现"波吒"一词,它的意思是什么? 单从字面上无法找到答案。于是就将出现这个词的句子全部搜集起来,据上下文一一推敲其义蕴,结果发现:波吒有苦痛、灾难、折磨之义。(参看拙作《唐代白话诗释词》。)此外,《敦煌变文字义通释》考释"惭愧"(122 页)、"透"(93 页),也是用这个方法。

② 把同一类型的句子排比在一起,进行比较和推勘,借以找出同义词或近义词。例如《敦煌变文集》上册 233 页《孔子项托相问书》有一句道:"天地相却万万九千九百九十九里。"同书《晏子赋》作"天地相去万万九千九百九十九里。"两文相照,可知却犹去也。又如《敦煌变文字义通释》313 页释"将为"一词,也是用的这个方法:《维摩诘经讲经文》:"谓此仏(佛)土,以为不净。"又云:"谓此仏(佛)土,将为不净。"两相比照,证明"将为"就是"以为"。

3. 据对文以求同义词或反义词

① 据对文求同义词：

《降魔变文》："到处即被欺陵,终日被他作祖。"作祖和欺陵相对为文,则作祖即是欺陵。（见《敦煌变文字义通释》172 页）

《佛说观弥勒菩萨上生兜率天经讲经文》："要饭未曾烧火烛,须衣何省用金钱?"未曾、何省对文,则何省就是未曾,省犹曾也。

② 据对文求反义词：

杜荀鹤《途中春诗》："牧童向日眠春草,渔父隈岩避晚风。"隈、向对文,则隈犹背也。

《降魔变文》："和尚猥地夸谈,千般伎术;人前对验,一事无能。"猥地与人前对文,就是不在人前（亦即在人背后）的意思。

4. 据异文以求同义词或近义词

杜甫《秋雨叹》："秋来未省见白日"。"省"字,陈浩然本作"曾",可知省犹曾也。

杜甫《示从孙济》："平明跨驴出,未知适谁门?"《全唐诗》、《钱注杜诗》、《杜诗详注》于"知"字下并出异文"委",可知委有知义。

白居易《伤友》："陋巷孤寒士,出门苦恓恓。""苦"字一本作"甚",可知苦有甚义。

5. 即音求义

这本来是传统训诂学考求词义的重要方法,对俗语词研究也同样适用。例如:

《鹧子赋》："雀儿被吓,更害气咽。"《敦煌变文字义通释》云:"更害二字,更和间是见纽双声;害和介古韵都属泰韵,害属喉音匣纽,介属牙音见纽,喉牙发音部位相近,割字见纽,而从害声,害、介也是古双声。"从而证明了更害就是间介,而间介也就是扞格。（刘师培说）扞格者,不通也。所以"更害气咽"就是气被咽住而扞格不通之意。该书又说:"大凡表示间隔的字,发声常在喉牙之间,如梗、骾、隔、阂、嗌、哽、阨、餲等。"（《通释》页 257）这样,通过即音求义的方法,便解决了"更害"这个难解的俗语词。

6. 探求语源

即通过探求语源，以确定词义的一种方法。比如"能"字在唐宋诗词以及变文中有"如此"、"这样"的意思，韩愈《杏花》诗："杏花两株能白红。"即这样白这样红，白居易《生别离》诗："食蘗不易食梅难，蘗能苦兮梅能酸。"即蘗这样苦、梅这样酸。"能"为什么会有"如此"、"这样"的意思呢？这是因为它跟"恁"、"尔"、"宁"是同源词。元代有"恁地"一词，如《水浒传》第三十九回，李逵道："不曾见这般鸟男女，恁地娇嫩!"即这样娇嫩。六朝时有宁馨、尔馨，应该是能字的前身。宁馨、尔馨，也是"如此"、"这样"的意思。（馨是语助，无义。）这样，通过探求语源，我们对"能"字有"如此"、"这样"的意思，便不会感到奇怪了。

7. 方言佐证

有些古代的俗语词，在后来的书面语中消失了，但在某些方言词汇中可能还活着。于是利用这些方言词语，便能解决俗语词研究中的一些难题。比如在《董西厢》中有"台孩"一词，其确切含义是什么？各家解释很不一样。有的解作"骄傲"，有的解作"气概轩昂"，有的解作"板起面孔"，均不甚贴切。在今河北、山东一带方言中，"台孩"有大方、安逸之意，用以解释《董西厢》及其他出现于元剧中的台孩，便很恰当。这便是方言佐证法。（参看李行健《河北方言中的古词语》一文，《中国语文》1979 年三期。）又如《董西厢》七折"检秦晋传，检不着，翻寻着吴越，把耳朵撅。"陆澹安《戏曲词语汇释》训"撅"字为"拧，揪"，不确。刘凯鸣云："'撅'未取其本义'折断'是对的，但释作'拧，揪'却不对。'撅'是借字，北方好多地区谓'爬'、'搔'、'挠'曰 juē。本检秦晋，反而找到吴越，所以发急，有挠耳朵之举。'抓耳挠腮'在此都可作释'撅'之助。"（《中国语文》1983 年六期《〈戏曲词语汇释〉注释商榷》）这也是利用方言考释俗语词的佳例。

四、俗语词研究的展望

近年来，语言学界在俗语词研究方面虽然作出了很大的努力，并取得了可喜的成果，但由于这是一门新兴的带有开拓性的学门，要作的工作还有好多，就笔者所想到的，至少有如下几项工作是今后所应特别致力的：

（一）继续编著各种俗语词专书。比如《〈世说新语〉释词》、《〈二王法帖释词》、《唐人小说释词》、《〈太平广记〉释词》等等。

（二）介绍和整理历代俗语词著作。整理工作又包括校勘、标点和编制索引。

（三）编纂断代性质的俗语词辞典。如《六朝俗语词词典》、《唐代俗语词词典》、《宋元明俗语词词典》等等。这项工作不仅有助于古籍整理和辞典编纂，而且也是汉语词汇史研究的一个重要环节。

（四）编著《俗语词研究概论》。对以往的研究进行全面总结，使之具有条理性、系统性和科学性，进而编著一部《俗语词研究概论》，使俗语词研究工作由感性认识阶段飞跃到理性认识阶段。（这项工作，笔者已在进行中。）

♀ 延伸阅读 ♀

1. 张永言《训诂学简论》（增订本），复旦大学出版社，2015。

2. 洪诚《训诂学》，载《洪诚文集》，江苏古籍出版社，2000。

3. 郭在贻《训诂学》，中华书局，2005。

4. 陆宗达《陆宗达语言学论文集》，北京师范大学出版社，1996。

5. 杨琳《训诂方法新探》，商务印书馆，2011。

6. 俞樾等《古书疑义举例五种》，中华书局，2005。

7. 沈兼士《右文说在训诂学上之沿革及其推阐》，载《沈兼士学术论文集》，中华书局，1986。

8. 殷寄明《汉语同源词大典》，复旦大学出版社，1982。

9. 张永言《读王力主编古代汉语札记》，载《语文学论集》，复旦大学出版社，2015。

10. 王力《理想的字典》，载《龙虫并雕斋文集》第一册，《王力全集》第十九卷，中华书局，2015。

♀ 问题与思考 ♀

1. 为什么需要训诂？学习训诂学有什么作用？

2. 训诂要坚持什么原则？都有什么具体方法？

3. 什么是同源词？怎么样给词语推源？

⚑ 研究实践 ⚑

1.

研究课题	王力《古代汉语》、朱东润《中国历代文学作品选》、《古文观止》等优秀古文篇目的汇注汇评。
主要材料	富金壁《新王力〈古代汉语〉注释汇考》,线装书局,2009。 萧泰芳、张儒等《古代汉语注释商榷》,山西古籍出版社,1999。 杨宝忠《古代汉语词语考证》,河北大学出版社,1997。 所涉篇目均为传诵名篇,注本甚多,每年都有不少的商榷性论著发表,有些篇目还涉及到地下出土文献。
理论依据及操作方法	学术研究当竭泽而渔,推陈出新。广泛收集相关材料和成果是进一步研究的基础,条件许可的话,甚至应当在全世界范围内进行穷尽性的学术搜集,以免遗珠之憾。然后再根据材料进行学术史的梳理,仔细辨析各家说法的合理性和不足之处,根据训诂原则和规律,综合运用恰当的训诂方法,做出自己的判断;当然,整个研究过程要实事求是,有几分材料说几分话,不强为之解。 何晏《论语集解》、朱熹《论语集注》、程树德的《论语集释》、高尚榘主编的《论语歧解辑录》等都属于这方面的著作,可以参考。
预期成果	"×××"汇注汇评;"××"注释商榷;读"×××"札记。

2.

研究课题	比较先秦古籍及其汉魏旧注,以观察:(1)语言在不同时期的特点及其发展;(2)汉魏旧注的注释体例。
主要材料	《诗经》及其传笺;"三礼"及其郑注;《尚书》及其伪孔传;《论语》及其何晏集注;《孟子》及其赵岐章句;《国语》及其韦昭注;等等。
理论依据及操作方法	由于语言的发展(这是主要原因。另外还有传抄和口授的错误等),先秦古籍到了汉魏,很多已不能完全读懂,于是一批文人注释应运而生。这些注释材料,既是我们读通先秦古籍的阶梯,也是我们了解当时语言的重要材料。通过二者的对比,我们可以观察汉语在这一时期的发展。孙良明《古汉语语法变化研究》就是利用这一方法来研究先秦到东汉这一阶段的汉语语法变化的,可以作为初学者的范本。汉魏注释颇重家法,自有其体例,也值得认真总结。
预期成果	可以考虑的论文题目有:东汉注释材料中的复音词;先秦汉语的基本词汇及其在汉魏的发展;某种语法现象从先秦至汉魏的发展。

第四章 词 汇

导 论

　　古汉语的词汇部分主要是探索汉语词语古今变化的。词汇是构成语言的基本材料，是一种语言或方言的全部词或固定词组的总合，是一个有着内在结构的谨严的系统，从系统的角度看，词汇可以划分为基本词汇、一般词汇。一般词汇可变性很大，流动不居，就像现实社会生活的灵敏的晴雨表，现实社会生活的微小变化往往都能敏感地反映出来。基本词汇相对稳定，但也不是一成不变的，往往随时代而变化，时代越是久远，变化越是显著。对于历史悠久的古代汉语来说，无论一般词汇还是基本词汇，都有古今变化的问题。了解词汇的古今变化，首先要了解基本词汇，因为基本词汇是相对稳定的词汇。掌握了基本词汇，就可以建立古今词汇的联系。通过古代基本词汇由已知到未知，逐步掌握古汉语三般词汇。我们选编王力《汉语基本词汇的形成及其发展》一文，提供关于古汉语的基本词汇的知识。

　　词汇是一个开放的系统，它由一个个单词以不同的方式形成各种关系，聚合而成。一个个的单词又是语言的最小的音、义结合的使用单位。离开了音义就无所谓词。其中，语音是词的形式或物质外壳，语义是词的内容或精神内涵。探讨词汇的古今变化必须从音与义即形式与内容两个方面进行。

　　在形式方面，古汉语的结构很有特色，先秦汉语以单音词为主，采取音变构词方式产生新词，而不改变其单音节的结构。但春秋战国时代是中国社会急剧变革的时代。随着社会的发展，为适应表达的需要，以结构造词为主的复音词应运而生，词汇的复音化是汉语词汇词形结构发展的总趋势。胡敕瑞

《从"隐含"到"呈现"（上）——试论中古词汇的一个本质变化》即重在揭示上古到中古时期汉语词汇形式的本质变化。同时，单音词系统本身也在悄然发生变化，部分词语存在变迁递嬗的现象。张永言、汪维辉《关于汉语词汇史研究的一点思考》重点考察了部分单音节常用词语在中古时期的演替情况。

与形式的变化相比，语义的变化更为复杂。这可从共时和历时的两个方面来说。共时的方面，一个特定历史时期的词有它当时使用的语义，有别于其他时代，同时又与同时代的其他词构成各种复杂的关系，如同义词、同音词、同源词等等。由文字通假而造成的词汇特殊现象也是词汇学要解决的问题。

历时的方面，对于一个个具体词语来说，在不同的历史时代，其意义往往不同，新义的产生，旧义的消亡或转移都是一个历时的演变过程，这是一个方面。另一方面，绝大多数词的意义不是单一的，而是具有复杂的多个词义，多义性是词汇的语义特征之一。蒋绍愚《两次分类——再谈词汇系统及其变化》立足词义，运用"义位"的概念，提出以两次分类的视角来考察汉语词汇发展史，这有助于思考词义的产生、消亡或转移以及词汇的多义性问题。

选　文

汉语基本词汇的形成及其发展

王　力

导言——

本文节选自王力先生《汉语史稿》（中华书局，1980）第四章。

本文从历时的角度简述汉语的基本词汇的形成与发展。从语法的角度看，基本词主要由名词、动词和形容词中的一部分组成，作为基本词的代词、数词和联结词则比较后起。本文主要讨论名词里面的基本词，分六小类：1. 自然现象名称；2. 肢体名称；3. 方位和时令名称；4. 亲属名称；5. 关于生产的词；6. 关于物质文化的词。

　　文章运用上古文献并参考出土文献等语料说明基本词的出现时代、最初含义与用法，如"风雨雷电"等自然现象词汇都出现在《书经》和《诗经》等文献中，其意义与我们今天说的大致相同，说明它们是很早就有了的基本词，并且一直沿用至今。但基本词也不是一成不变的，词语是随着社会的发展而变化的，新旧事物的兴起与消亡，必然引起基本词的调整与改变。有的基本词随着所指称对象或表述的概念不再存在，而退出使用领域，如"豭豝豵豜"等词，在中古之后就不再单用，其所表义统由猪或由猪组成的词组表示。有的基本词随着新的对象或概念的出现而产生，最明显的是物质文化词，如"桌椅"这两种家具出现很晚，大约唐宋方出现。又如方位时令词，虽在先秦时代产生了，但有早晚不均，"上下"、"春秋"等可能产生较早，而四方的概念和四季的区分可能后起，所以"东南西北"等方位词用假借字，"夏秋"等季节名词在文献中后出于"春秋"。更多的是基本词改变了词形，如"太阳"代替"日"，"脸"代替"面"等。这种改变都可以从中古以后的文献中看到其演变的痕迹。文章最后总结了基本词汇演变的五条规律，都是对于基本词的全民性、稳固性和能产性的基本特性的补充。

　　汉语的历史很长，它的基本词汇可以追溯到几千年以前。在奴隶时代以前的远古时期，基本词汇和一般词汇几乎可以说是没有差别的。在甲骨文时代，这二者之间的界限也还是不大的。

　　基本词汇包括名词、动词、形容词里的一部分词和代词、数词、联结词等。

　　在甲骨文里，动词和形容词的数目比起名词来是不多的，这可能是受了卜辞的性质的限制。不过，现代汉语所用的动词和形容词，有一部分在甲骨文里已经出现了。动词的"出"、"来"、"入"、"立"、"射"、"在"等，形容词的"大"、"小"、"多"、"少"、"新"、"旧"、"黄"、"白"、"黑"、"老"等，都是从甲骨文起就一直沿用下来的。到先秦时代，动词和形容词便大量地出现了，而其中有很多也是作为基本词或词素一直沿用到现代。

　　代词作为基本词，应该是较后起的。在甲骨文里，甚至在整个先秦时代，有一些代词（例如第三人称的主格代词），还没有出现；而且有一些代词可能是从名词转来的，在造字的时候，并没有特别为代词造字（例如"汝"就常写为"女"）。代词作为基本词，虽然比较稳固，但是也是有变化的。先秦时代有一些代词在后代消失了,例如"汝";有一些转化了,例如"他"字由指示代词转化为人称代词。

数词作为基本词,起源也比较晚。数目概念的形成,应该是文化相当发达以后的事;而从文字上看,有些数词是假借别的字来表示的,所以,数词的出现,至少要在名词动词出现之后。不过,在甲骨文里,"一"、"二"、"三"、"四"、"五"、"六"、"七"、"八"、"九"、"十"、"百"、"千"、"万"等数词都已经出现了。由此可知,现代汉语里一些基本的数词是从几千年以前起一直沿用下来的。

联结词的出现更晚。有一些联结词是从动词转来的,在先秦时代,我们还可以看到有一些联结词仍然可以作动词用,例如"以"(《论语·子路》:"虽不吾以,吾其与闻之。")和"与"(《墨子·天志下》:"不与其劳获其实,已非其有所取之故。")。先秦时代的联结词,留存到现代口语里的已经很少了。现代汉语中所用的联结词大多数都是后代逐渐产生出来的。

在本节里,我们主要是讨论名词里的基本词。名词里的基本词,大致说来,应该包括:(一)自然现象的名称;(二)肢体的名称;(三)方位和时令的名称;(四)亲属的名称;(五)关于生产(渔猎、畜牧、农业)的词;(六)关于物质文化(宫室、衣服、家具)的词。现在分别加以叙述。

(一) 自然现象的名称

自然现象的名称应该是远古基本词汇的一个主要部分。几千年沿用下来的基本词有"风"、"雨"、"雷"、"电"、"冰"、"霜"、"雪"、"星"、"云"、"露"、"水"、"火"、"山"、"土"、"天"、"地"等。例如:

> 天大雷电以风,禾尽偃。(《书经·金縢》)
> 烈风雷雨弗迷。(同上《舜典》)
> 禹平水土。(同上《吕刑》)
> 若火之燎于原,不可向迩,其犹可扑灭。(同上《盘庚》)
> ["向迩",接近,靠近。]
> 谓行多露。(《诗经·召南·行露》)
> 北风其凉,雨雪其雱。(同上《邶风·北风》)

风雨如晦,鸡鸣不已。(同上《郑风·风雨》)

出其东门,有女如云。(同上《郑风·出其东门》)

嘒彼小星,三五在东。(同上《召南·小星》)

[“嘒”,音“喙”,光芒微弱的样子。]

乃生女子,载寝之地。(同上《小雅·斯干》)

[使她睡在地上。]

履霜坚冰至。(《易经·坤卦》)

“日”和“月”在上古当然也是基本词。但是,在现代汉语里,“日”已经让位给“太阳”,“月”已经让位给“月亮”。后者还保留“月”字作为词素,这里不详细讨论。“日”的转变为“太阳”,在汉语词汇演变史中是一个很有趣的、很典型的例子,所以值得追溯它的历史。

先秦的“阳”字早已有了“日光”的意义(《诗经·小雅·湛露》:“匪阳不晞。”①《孟子·滕文公上》:“秋阳以暴之。”)。但是,“太阳”二字连在一起是汉代的事,那时“太阳”的“阳”是“阴阳二气”的“阳”。“太阳”在最初并不专指“日”,而是指极盛的阳气,或这种极盛的阳气的代表物。例如:

日,实也,太阳之精不亏。(《说文解字》)

六月,坤之初六,阴气受任于太阳。(《汉书·律历志》)

[“初六”,阴爻的开始;“任”,孕。]

遂人为遂皇,以火纪。火太阳也,阳尊,故托遂皇于天。(《尚书大传略说》)

但是,《淮南子·天文训》说:

日者阳之主也……月者阴之宗也。

这就是“日”称“太阳”、“月”称“太阴”的来源。“月”称“太阴”到后代只用于特殊的场合,没有能在全民语言中生根,算是失败了;“日”称“太阳”却成功了。

----

① 毛传:“阳,日也。”所谓“日”也是指“日光”。

例如：

> 王公曰："使太阳与万物同晖，臣下何以瞻仰？"（《世说新语·宠礼》）
> 若太阳下同万物，苍生何由仰照？（《晋书·王导传》）
> 天鸡警晓于蟠桃，踆乌晰耀于太阳。（李白《大鹏赋》）
> 葵藿倾太阳，物性固莫夺。（杜甫诗）
> 幸因腐草出，敢近太阳飞？（同上）
> 愿君光明如太阳。（李贺诗）

在唐代，"太阳"只是"日"的别名，它在口语里是否完全代替了"日"，还不敢断定。但是，我们相信，它这样常常见用，至少从宋代起，它已经进入了基本词汇了。

（二）肢体的名称

肢体的名称自然也很早就产生了。它也是属于基本词汇的，但是它的稳固性没有自然现象的名称的稳固性那么大。几千年沿用下来的只有"心"、"手"等很少的一些词。例如：

> 否则厥心违怨。（《书经·无逸》）
> 执子之手，与子偕老。（《诗经·邶风·击鼓》）

多数的关于肢体的名称，如"耳"、"身"、"眉"、"鼻"、"发"等，到了现代汉语里，都做了双音词的词素，它们在上古显然是独立的基本词。例如：

> 遗大投艰于朕身。（《书经·大诰》）
> ["遗"，留给；"大"，大责任；"投"，交给；"艰"，艰难的事业。]
> 匪面命之，言提其耳。（《诗经·大雅·抑》）
> ["匪"，非但。]
> 螓首蛾眉。（同上《卫风·硕人》）

［"蓁首"，额方广像蓁一样；"蛾眉"，眉弯曲细长，像蛾的触须一样。］

　　既多受祉，黄发儿齿。（同上《鲁颂·閟宫》）

　　［"祉"，福。］

　　噬肤灭鼻无咎。（《易经·噬嗑》）

　　［"噬"，咬。］

有些肢体名称，如"首"、"领"、"面"、"目"、"口"、"齿"、"足"、"肌"、"肤"等，在上古显然是属于基本词汇的。例如：

　　皆再拜稽首。（《书经·康王之诰》）

　　臣作朕股肱耳目。（同上《益稷》）

　　否则厥口诅祝。（同上《无逸》）

　　手如柔荑，肤如凝脂，领如蝤蛴，齿如瓠犀，蓁首蛾眉。巧笑倩兮，美目盼兮。（《诗经·卫风·硕人》）

　　［"荑"，嫩茅；"蝤蛴"，天牛的幼虫；"瓠犀"，瓠瓜的子；"倩"，口颊含笑的样子；"盼"，黑白分明。］

　　匪面命之，言提其耳。（同上《大雅·抑》）

　　启予足，启予手。（《论语·泰伯》）

　　风雨节而五谷孰，衣服节而肌肤和。（《墨子·辞过》）

　　则若性命肌肤之不可以易也。（《荀子·哀公》）

但是，到了后代，在一般口语里，"头"代替了"首"，"颈"代替了"领"（在现代普通话里，"脖子"又代替了"颈"），"脸"代替了"面"，"眼"代替了"目"，"嘴"代替了"口"，"牙"代替了"齿"，"脚"代替了"足"，"肉"代替了"肌"，"皮"代替了"肤"。

"头"和"首"的声音虽然相近，但是"首"属审母幽部，"头"属定母侯部，古音并不相同。战国以前，只有"首"没有"头"。金文里有很多"首"字，却没有一个"头"字。《诗》、《书》、《易》都没有"头"字。到了战国时代，"头"字出现了。它可能是方言进入普通话里的。作为"首"的同义词，它在口语里逐渐代替了"首"。例如：

今有刀于此,试之人头,倅然断之,可谓利乎?(《墨子·鲁问》)

鸿蒙拊髀雀跃掉头曰:"吾弗知! 吾弗知!"(《庄子·在宥》)

若手臂之扞头目而覆胸腹也。(《荀子·议兵》)

["扞",保护。]

《墨子》说:"长椎柄长六尺,头长尺。"(《备城门》)又说:"椎柄长六尺,首长尺五寸。"(《备蛾传》)可见"头"和"首"是同义词。《荀子》说:"此夫身女好而头马首者与?"(《赋篇》)也可见"头"和"首"是没有分别的。在口语里,同义词达到了意义完全相等的地步是不能持久的,所以"首"在口语里逐渐让位给"头"。例如下面的谚语:

谚曰:白头如新,倾盖如故。(《史记·邹阳列传》)

["白头",在这里指认识了一辈子的朋友。"盖",车盖。"倾盖",在这里指路上碰到的新认识的朋友。]

灶下养,中郎将;烂羊胃,骑都尉;烂羊头,关内侯。(《后汉书·刘玄传》)

新兴的用途(例如无生之物的头)也往往用"头"不用"首"。例如:

常步行以百钱挂杖头。(《晋书·阮修传》)

我宁山头望廷尉,不能廷尉望山头! (同上《苏峻传》)

采莲渡头碍黄河,郎今欲渡畏风波。(梁简文帝《乌栖曲》)

像这些地方,再也不能用"首"了。

《说文》:"颈,头茎也。"《广韵·清韵》:"颈在前,项在后。"可见"颈"字在最初大约是指脖子的前面的部分。"颈"字在战国时代就已经出现了。例如:

今遂至使民延颈举踵曰:"某所有贤者,赢粮而趣之"。(《庄子·胠箧》)

人知贵生乐安而弃礼义,辟之是犹欲寿而刭颈也。(《荀子·强国》)

有时候，"颈"字似乎也可以表示脖子。例如：

> 夫马陆居则食草饮水，喜则交颈相靡，怒则分背相踶。(《庄子·马蹄》)

如果说"颈"在这里仍指脖子的前面部分，那么，"交颈"就很难了解了。不过，"颈"字普遍用来表示脖子的意义是在汉代以后。例如：

> 刳腹绝肠，折颈摺颐。(《史记·春申君列传》)
> 百越之君，俛首系颈，委命下吏。(同上《秦始皇本纪》)
> 日出旸谷，入于虞渊，莫知其动，须臾之间，俛人之颈。(《淮南子》)
> 见一士焉，深目玄准，雁颈而鸢肩。(《论衡》)

　　"脸"字出现较晚。《说文》没有"脸"字。到第六世纪以后，"脸"字才出现。不过，当时"脸"只有"颊"的意义，而不是"面"的同义词。"脸"字的这种意义，一直沿用到唐宋时代。杜牧诗："头圆筋骨紧，两脸明且光。"温庭筠诗："芙蓉调嫩脸，杨柳堕新眉。""脸"字在口语中代替了"面"字是很后的事。关于"脸"的词义发展，参看下文第五十九节。

　　《说文》："眼，目也。"《释名》："眼，限也。"可见汉代已有"眼"字。但战国以前是没有"眼"字的。战国时代也还少见，汉代以后才渐渐多见。

　　"眼"在最初的时候，只是指眼球。例如：

> 聂政大呼，所击杀者数十人，因自皮面、抉眼、屠肠，遂以死。(《战国策》)
> 子胥抉眼。(《庄子·盗跖》)
> 巽……其于人也为寡发，为广颡，为多白眼。(《易经·说卦》)
> ["广颡"，高额；"多白眼"，眼珠白多黑少。]
> 抉吾眼，置之吴东门，以观越之灭吴也。(《史记·吴世家》)
> 露眼赤精[1]，大声而嘶。(《汉书·王莽传》)

---

[1]　《说文》无"睛"字。"瞔"下云："童子精也。"王筠《说文句读》说："精即是睛，与童子为一物。"可见在汉代"睛"只指童子，"眼"则指眼眶中的一切。

这样,它是和"目"有分别的。后来由于词义的转移,"眼"就在口语里代替了"目"。

"嘴"本作"觜",原指鸟嘴①。"觜"字大约起源于东汉,《说文》有"觜"字。晋潘岳《射雉赋》:"裂膆破觜",指的是鸟嘴。但是《广雅·释亲》说:"䚓,口也","䚓"当即"觜"字,可见当时"觜"字已经兼指"鸟嘴"和"人嘴"。

"牙"字起源很早,《诗经》时代就出现了。《本草纲目》说:"两旁曰牙,中间曰齿";段玉裁《说文解字注》说:"统言之,皆称齿称牙,析言之,则前当唇者称齿,后在辅车者称牙"。这些解释大约是可信的。

先秦时代,"牙"字不多见;而且常用于"爪牙"这一熟语中。例如:

> 谁谓鼠无牙?何以穿我墉?(《诗经·召南·行露》)
>
> 鸟兽之肉,不登于俎,皮革齿牙,骨角毛羽,不登于器。(《左传·隐公五年》)
>
> 故差论其爪牙之士,皆列其舟车之众,以攻中行氏而有之。(《墨子·非攻中》)
>
> 彼爱其爪牙,畏其仇敌。(《荀子·富国》)

至少到了中古时代,"牙"、"齿"的分别在口语中已经不存在了,而"牙"也就代替了"齿"。

《说文》:"脚,胫也";《释名》:"脚,却也,以其坐时却在后也"。可见"脚"的本义是小腿。例如:

> 羊起而触之,折其脚。(《墨子·明鬼下》)
>
> 乳间股脚。(《庄子·徐无鬼》)
>
> 詈侮捽搏,捶笞膑脚。(《荀子·正论》)
>
> ["膑脚",一种刑罚,就是割掉膝盖骨。]
>
> 孙子膑脚,兵法修列。(司马迁《报任安书》)
>
> 昔司马喜膑脚于宋,卒相中山。(《史记·邹阳列传》)

---

① 《说文》:"觜,鸱旧头上角觜也。"这是从字形傅会,未必可信。鸟嘴本称"噣"或"咮",到汉代又称"觜"。

　　　　臣观其舌齿牙，树颊胲，吐唇吻，擢项颐，结股脚，连脽尻。（同

上《东方朔传》）

《庄子》和《汉书》"股脚"连用，就是指大腿和小腿。但是，到了中古，"脚"在基

本词汇中已经代替了"足"，这里有一个典型的例子：

　　　　潜无履，王弘顾左右为之造履。左右请履度，潜便于坐伸脚令

度焉。（《晋书·陶潜传》）

《说文》："肌，肉也。"段玉裁说："人曰肌，鸟兽曰肉。"[1]（"肉"字注）朱骏声

也说："在物曰肉，在人曰肌。"（《说文通训定声》"肉"字注）就一般情况来说，

这话完全是对的。《孟子》所谓"衣帛食肉"（《梁惠王》）当然是指鸡豚的肉。

但是，在和"骨"对称的时候，虽然指人，也可以称"肉"[2]。例如：

　　　　衣三领，足以朽肉；棺三寸，足以朽骸。（《墨子·节用中》）

　　　　棺三寸，足以朽骨；衣三领，足以朽肉。（同上《节葬下》）

　　　　楚之南，有炎人国者，其亲戚死，朽其肉而弃之，然后埋其骨。

（同上）

　　　　吾使司命复生子形，为子骨肉肌肤。（《庄子·至乐》）

　　　　安禽兽行，虎狼贪，故脯巨人而炙婴儿矣……彼乃将食其肉而

龁其骨也。（《荀子·正论》）

至于"肉刑"，也不称为"肌刑"。例如：

　　　　治古无肉刑，而有象形。（《荀子·正论》）

　　　　["治古"，上古太平之世；"象刑"，要犯罪的人穿上有特种识

别的衣服，以表示精神上、名誉上的惩罚，叫做"象刑"。]

――――――――――――

① 　徐灏《说文解字注笺》云："此亦强为分别。"但是，如果就一般情况而论，段注是对的。

② 　林义光《文源》云："生人之肉曰肌，俗亦或称肉。"他大约看见骨肉多指死人，所以说生
　　人之肉曰肌。那种解释不是正确的，因为有些地方不指死人。

非独不用肉刑,亦不用象刑矣。(同上)

可见"肌"虽然绝对不能用于鸟兽,"肉"却不是绝对不能用于人,只是这种应用是有条件的而已。

"皮"字在先秦却是专指兽皮来说的;兽的皮叫做"皮",人的皮叫做"肤",分别得很清楚。例如:

岛夷皮服。(《书经·禹贡》)

[海岛上的人穿皮衣。]

具鑪橐,橐以牛皮。(《墨子·备穴》)

["橐",鼓风用的,风箱一类的东西。]

(以上指兽皮。)

饿其体肤。(《孟子·告子下》)

无使土亲肤。(同上《公孙丑下》)

蚊虻噆肤,则通昔不寐矣。(《庄子·天运》)

["噆",啮;"通昔",通夕。]

噬肤灭鼻无咎。(《易经·噬嗑》)

["噬",咬。]

(以上指人的皮肤。)

到了汉代,"皮"字才用于人的皮肤。例如:

乃割皮解肌,诀脉结筋。(《史记·扁鹊仓公列传》)

(三)方位和时令

方位和时令的概念的形成,比起自然现象和肢体来,应该是晚得多;因为这应该是人类文化相当发达以后的事。但是,在我们现在所能看见的最古的史料——三千多年前的甲骨文中,已经有许多表示这些概念的词出现了。关于方位,在甲骨文里,"东"、"西"、"南"、"北"、"上"、"下"俱全;关于时令,甲骨文只有"年"、"月"、"日"和"春"、"秋",可见四季的概念是比较后起的。

关于方位，有下列的一些例子：

西序东向。(《书经·顾命》)

["西序"，西厢房。]

南至于华阴。(同上《禹贡》)

为坛于南方，北面。(同上《金縢》)

光被四表，格于上下。(同上《尧典》)

从造字的情况来看，可能是上下的概念的形成早于四方的概念。"上"、"下"是所谓指事字，属于独体，是所谓初文。"东"，据《说文》说是"日在木中"，那是靠不住的说法①。"南，草木至南方有枝任也。"也说不出个道理来。至于"西"和"北"，许慎以为是鸟栖的"栖"和违背的"背"，更和四方无关。大约因为四方的概念是后起的，就用假借字(连"东"、"南"也都可能是假借字)。

时令的"日"、"月"就是天象的"日"、"月"，这是很自然的发展；因为每一次日升日落就是一天，每一次月圆就是一个月。天象的日和时令的日，在古埃及文字里也同属于一个字(写作◎)，但是读音不同(前者读 r^c，后者读 hrw)②。在汉语里，不但同字，而且同音。至于天象的月和时令的月相一致，那是和我国古代的历法(阴历)有关系的。

"年"、"岁"和"春"、"秋"，都是从农业用语发展来的。《说文》："年，穀熟也。"上古史料完全证实了这个原始意义。在最初的时候，也许"年"只是"穀"，甲骨文中的"我受年"等于说"我受禾"。但是，到了周代，"年"已经是"穀熟"的意义了③。例如：

尔厥有干有年于兹洛。(《书经·多士》)

祈年孔夙，方社不莫。(《诗经·大雅·云汉》)

[很早就祈求丰收，祭祀方神和社神也不晚。]

---

① 林义光《文源》云："按古作㞢，中不从日(古日作϶，不作日)。"

② 参看柯恩：《文字论》(M. Cohen, l'Ecriture)，33 页。

③ "稔"字也有类似的情况，《说文》："稔，穀熟也。"《左传·襄公二十七年》："所谓不及五稔者。"注："年也。"

五谷每年一熟,所以由谷熟的意义转为时令的年是很自然的。时令的"年"在先秦时代也已经出现了。例如:

> 天惟五年须暇之子孙。(《书经·多方》)
> 公其以予万亿年敬天之休,拜手稽首诲言。(同上《洛诰》)
> 自我不见,于今三年。(《诗经·豳风·东山》)

《说文》:"岁,木星也。"这是以后起的意义当作本义。甲骨文中有"今岁"、"来岁"的说法,"岁"不是表时令的年岁;一岁最初可能是指一个收获的季节。由这一意义再转到"谷熟"或"年成"的意义。例如:

> 国人望君如望岁焉。(《左传·哀公十六年》)
> [杜注:"岁,年谷也。"]
> 人死则曰:"非我也,岁也。"是何异于刺人而杀之曰:"非我也,兵也。"王无罪岁,斯天下之民至焉。(《孟子·梁惠王上》)
> 乐岁粒米狼戾。(同上《滕文公上》)
> 富岁子弟多赖,凶岁子弟多暴。(同上《告子上》)

由"谷熟"或"年成"的意义再转为时令的年岁。"岁"的这一意义也是在很古的时候就出现了。例如:

> 期三百有六旬有六日,以闰月定四时成岁。(《书经·尧典》)
> 四五纪:一曰岁,二曰月,三曰日,四曰星辰,五曰历数。(同上《洪范》)
> 三岁为妇,靡室劳矣。(《诗经·卫风·氓》)
> 嗟我妇子,曰为改岁,入此室处。(同上《豳风·七月》)
> 夏后殷周之相受也,数百岁矣。(《墨子·耕柱》)

"岁"在汉以后转化为年龄的意义(《汉书·武帝记》:"咸闻呼万岁者三。");这样,在口语里"年"和"岁"有了分工。在汉以前,年龄称"年"不称"岁"(《左传·定公四年》:"五叔无官,岂尚年哉?")。时令的年和年龄的相通也是很自然的。法语的 an 既表示年，也表示年龄；但 année 一般只表示年，不表示年龄。其中年和年龄的关系及其分工，同汉语的情况有相仿佛的地方。

《说文》："秋，禾穀熟也。"可见"秋"的本义和"年"差不多。关于"秋"的本义，也有两个例子：

> 若农服田力穑，乃亦有秋。（《书经·盘庚》）
> 孟夏之月……靡草死，麦秋至。（《礼记·月令》）
> ["靡草"，茎叶细小的杂草；"麦秋"，麦子熟（的季节）。]

"秋"和"年"的本义虽相近，后来却发展为不同的两种意义。"秋"指穀熟的时期；一般穀物都是秋天收成的，所以把收成的季节叫做"秋"。

《说文》"春"作"萅"，解云："推也，从日从艸，艸春时生也。"《尚书大传·唐传》："春，出也，物之出也。""春"、"推"文微对转，"春"、"出"文物对转。声训虽然不尽可靠，但是由于春天草木出地，所以把播种的季节叫做春天，那完全是可能的。

由此可见，古人举"春秋"来代表四时（《诗经·鲁颂·閟宫》："春秋匪懈。"），上古把历史叫做"春秋"（孔子修《春秋》），这并不是偶然的。一方面，因为最初的时候一年只有"春"、"秋"两季；另方面，因为"春"和"秋"是和农业生产最有关系的季节。

"夏"字的来源，也可能和农业有关。《说文》："夏，中国之人也。"这未必是本义。朱骏声说："此字本谊当训大也，万物宽假之时也。"这种解释比较可取。扬雄《方言》一："秦晋之间凡物壮大谓之嘏，或曰夏。"又说："自关而西，秦晋之间，凡物之壮大者而爱伟之谓之夏，周郑之间谓之嘏。"夏天农作物长大了，这个季节就叫做夏，和"春"、"秋"二字正好相配。

《说文》："冬，四时尽也。从仌，从夊。夊，古文终字。"这个解释相当可信。"冬"的意思只是一年最后的一个季节。

下面是一些有关时令的例子：

> 期三百有六旬有六日，以闰月定四时成岁。（《书经·尧典》）
> ["期"，一周年。]
> 岁二月，东巡守。（同上《舜典》）

日中星鸟以殷仲春。（同上《尧典》）

["日中"，昼夜平分，指春分节；"鸟"，星宿的名称；"殷"，正，"作为标准"的意思。]

宵中星虚以殷仲秋。（同上）

["宵中"，指秋分节；"虚"，星宿的名称。]

日月之行则有冬有夏。（同上《洪范》）

最初的时候，一年只分春秋两季，而没有分出夏冬；春秋时代才有夏冬之分。从这时开始，一年才分四季。

（四）亲属的名称

关于亲属的名称，只谈"父"、"母"、"子"、"女"、"祖"、"孙"、"伯"、"叔"、"兄"、"弟"、"姊"、"妹"这十二个词及其变化。

"父"和"母"自古是基本词。"父"和现代的"爸爸"，"母"和现代的"妈"，很可能是一个来源。"父"的上古音是 b'ǐwa，"母"的上古音是 mǐwə，演变为 pa、ma 完全是可能的。

"子"、"女"都是基本词，不必详细讨论。只有"儿子"的"儿"字值得谈一谈。"儿"在先秦只是"孩子"的意思，例如《老子》："常德不离，复归于婴儿。"由"孩子"到"儿子"，词义的转变是很自然的，所以到了汉代，"儿"字就兼有"儿子"的意义，例如《汉书·项籍传》："外黄令舍人儿，年十三，往说羽。"《广雅·释亲》："儿，子也。"就是承认这一个事实。

《说文》："祖，始庙也"。甲骨文"祖"字作"且"，不从"示"，始庙之说自不能成立。"祖"原来就是亲属称谓，但所称的不限于一代；凡祖父的一辈和自祖父以上的皆称"祖"。《说文》说："子之子曰孙。"这是对的。但是，孙亦不限于一代。

"伯"、"叔"在上古只用于排行。"伯"是老大，"仲"是老二，"叔"是老三，"季"是老四。"伯"、"叔"有时也可以只指长幼，并且通用于男女。例如：

伯氏吹埙，仲氏吹篪。（《诗经·小雅·何人斯》）

问我诸姑，遂及伯姊。（同上《邶风·泉水》）

["伯姊"，长姊。]

周有八士：伯达，伯适，仲突，仲忽，叔夜，叔夏，季随，季骤。
（《论语·微子》）

乡人长于伯兄一岁，则谁敬？（《孟子·告子上》）

舅姑之爱己，由叔妹之誉己也。（《后汉书·曹世叔妻传》引班
昭《女诫》）

["叔妹"，小姑。]

在上古时代，表示父亲的兄或弟要用"伯父"或"叔父"，不能单用"伯"、"叔"。
《释名·释亲属》："父之兄曰世父……，又曰伯父……父之弟曰仲父……仲父
之弟曰叔父……叔父之弟曰季父。"例如：

丧礼，君与父母妻后子死，三年丧服，伯父叔父兄弟期，族人五
月，姑姊舅甥皆有数月之丧。（《墨子·公孟》）

到了中古时代，才能单用"伯"、"叔"来代表父辈。例如：

诸姑伯叔，犹子比儿。（梁周兴嗣《千字文》）
伯既如此，无心独存。（《南史》）

"兄"、"弟"、"姊"、"妹"没有什么可讨论的。值得讨论的是：在现代口语
里，"兄"让位给"哥"，"姊"让位给"姐"，这"哥"、"姐"是怎样来的？

《说文》："哥，声也，从二可，古文以为歌字。"这和"哥哥"的"哥"没有关
系。从唐代起，"哥"字开始在口语里代替了"兄"字。① 例如：

岐王等奏之云："邠哥有术。"（《旧唐书·邠王守礼传》）

---

① "哥"又可以用来称父。《旧唐书·王琚传》："玄宗泣曰：四哥仁孝。"四哥指睿宗。《淳
化阁贴》有唐太宗与高宗书，称"哥哥敕"。这可能是用低一级的称呼来表示亲热；如
果"哥"有"父"义，则"四哥"不可解。清高翔麟《说文字通》云："北齐太子称生母为姊
姊，宋时呼生母为大姊姊。"这种情形与"哥"字同。

　　　　帝呼宁王为宁哥。(《酉阳杂俎》)

　　　　上幸宁王第,叙家人礼,上曰:"大哥好作主人。"(张九龄《敕赐
宁王池宴诗序》)

　　这"哥"字可能是外来语。须待进一步的研究,才能确定。

　　《说文》:"蜀谓母曰姐。"《广雅》:"姐,母也。"《广韵·马韵》:"姐,羌人呼
母。"《集韵》:"妭,母也,或作姐。"我们认为现代汉语的"姐"是"姊"字古音的
残留(上古"姊"读 tsĭei,转为 tɕie);"蜀谓母曰姐"的"姐"字也是"姊"字的转音
(《说文》云:"读若左。")。音小变而意义跟着改变,在方言里不乏其例。

(五)关于生产的词汇

　　按照社会生产发展的过程来说,应该是由渔猎社会到畜牧社会,再由畜
牧社会到农业社会。但是,我们最早的语言史料——甲骨文——是殷代的东
西,而殷代已经被证实为进入了农业时代。因此,我们在叙述古代关于生产
的基本词汇的时候,就不必把渔猎、畜牧和农业分期叙述,我们只须把这三种
有关生产的基本词,作一个综合的叙述就够了。

　　首先我们注意到农业词汇和渔猎词汇的历史联系。畋猎的畋在上古都
只写作"田"。例如:

　　　　文王不敢盘于游田。(《书经·无逸》)
　　　　["盘",乐。]
　　　　叔于田,巷无居人。(《诗经·郑风·叔于田》)

在甲骨文里,"田"字虽也常常当畋猎讲,但也当耕田讲(例如:"王大令众人曰
协田,其受年。")。大约在远古时代,畋猎是主要的生产方式,后来耕田是主
要的生产方式,就把"田"字也用到耕田上来,同时把所耕的土地叫做"田"①。

---

①　后来耕田的田写作"畎",《书经·多方》:"畎尔田。"《说文》:"畎,平田也。"可见耕田的
　　田正是应该写作"畎",和畋猎的"畋"同形。其所以这样显得混乱,就因为二者本来都
　　是主要的生产方式。卜辞田猎的"田"和耕田的"田"无别。

再拿"获"和"穫"为例。对于畋猎所得,叫做"获"(甲骨文作"隻");对于农作所得,叫做"穫"(甲骨文作"萑")。其实它们是同音词,在口语里是毫无分别的。

这里我们顺便谈一个和语法有关的词汇情况。在原始时代,名词和动词往往是分不开的。这种情况,在生产方面更加突出。上面谈到的"田"字,它一方面是名词,一方面又是动词,就是很好的一个例子。此外我们可以再举"鱼"、"禽"、"兽"三字为例。"鱼"本来是名词(《书经·禹贡》:"淮夷蠙珠暨鱼"),直到后来都是这样。至于动词,在最初的时候也可以写作"鱼"。甲骨文里有"王其鱼","鱼"是动词。《左传·隐公五年》:"公将如棠观鱼者。"("鱼者",捕鱼的人。)亦只作"鱼"。后来人们在字形上就把名词的"鱼"和动词的"渔"分开。但是"鱼"、"渔"既然同音,我们不可以为文字所迷惑,把它们分为不同的两个词。

"禽"可能是先用做动词,后用做名词(甲骨文作 ,象捕鸟的网)。不管怎样,先秦已经"禽兽"并称。(《左传·襄公二十一年》:"然二子者,譬于禽兽,臣食其肉而寝处其皮矣。"《孟子·离娄下》:"人之所以异于禽兽者几希。")可见"禽"也用作名词来指称鸟类了。在最初的时候,擒获的鸟叫"禽",后来词义引申,猎获的兽类,甚至于擒获的人,也都叫做"禽"。《易经·井卦》:"旧井无禽",擒的是兽类,《左传·襄公二十四年》:"收禽挟囚。"擒的是人,也都只写作"禽"。至于动词的擒,经传一般也写作"禽"。例如:

> 齐师败绩,知伯亲禽颜庚。(《左传·哀公二十三年》)
> 使死士再禽焉。(同上《定公十四年》)
> 王乎(手)禽费中恶来,众畔(叛)百走。(《墨子·明鬼下》)
> 引机发梁,适人可禽。(同上《备城门》)
> 服者不禽,格者不舍。(《荀子·议兵》)

写作"擒"的只有个别的例子:

> 是我兵未出而劲韩以威擒,强齐以义从矣。(《韩非子·存韩》)

"兽"字似乎只用作名词了。其实不然。甲骨文有"王弜渔,其兽","兽"

字是动词。这个动词后来写作"狩",就看不出它和"兽"的真正关系。例如：

> 叔于狩,巷无饮酒。(《诗经·郑风·叔于田》)
> 东有甫草,驾言行狩。(同上《小雅·车攻》)
> 明夷于南狩。(《易经·明夷》)

"兽"、"狩"既然完全同音,我们就应该打破文字的障碍去看它们之间的词义联系①。至于冬猎为狩的说法只是后起的解释,是不能拿来说明语源的。

其次,我们注意到某些词虽然在后代死亡了,它们在上古可能算是基本词。在渔猎时代,人们有必要辨别许多的鱼类、鸟类和兽类。举例来说,鹿类有鹿,有麇,有麚(麌)等,而且牝鹿叫做"麀",鹿子叫做"麛"(麑)。这是因为当时确有仔细区别的必要。在畜牧时代,人们也有必要区别家畜的详细种类。试以猪类为例：

> 乃社于新邑,牛一,羊一,豕一。(《书经·召诰》)
> ["社",某种祭祀。]
> 有豕白蹢,烝涉波矣。(《诗经·小雅·渐渐之石》)
> ["蹢",蹄;"烝",众。]
> (豕是总称。)
> 彼茁者葭,一发五豝……彼茁者蓬,一发五豵。(同上《召南·驺虞》)
> ["茁",初生壮盛的样子;"葭",芦苇;"蓬",蓬蒿。]
> (《说文》:"豝,牝豕也。"又:"豵,生六月豚也。")
> 言私其豵,献豜于公。(同上《豳风·七月》)
> ["私",自己留下。]
> (《说文》:"豜,三岁豕。")
> 阳货欲见孔子,孔子不见。归孔子豚。(《论语·阳货》)
> (《说文》:"豚,小豕也。")

---

① 《诗经·小雅·车攻》:"搏兽于敖。"笺:"兽,田猎搏兽也。"可见"兽"也用作动词。《左传·襄公四年》:"兽臣司原。""兽臣"就是主管打猎的官。

　　既定尔娄猪，盍归吾艾豭。(《左传·定公十四年》)

　　[“娄猪”，求子猪，就是待配的母猪；“艾”，老；“归”，送还。]

　　(《说文》：“猪，豕而三毛丛居者。”又：“豭，牡豕也。”)①

在农业时代，人们也有必要辨别谷物的种类。例如：

　　亟其乘屋，其始播百穀。(《诗经·豳风·七月》)

　　(《说文》：“穀，百穀之总名。”)

　　王出郊，天乃雨，反风，禾则尽起。(《书经·金滕》)

　　(《说文》：“禾，嘉穀也。”)

　　越其罔有黍稷。(同上《盘庚》)

　　[“越”、“其”，发语辞；“罔”，无。]

　　(《说文》：“黍，禾属而黏者是也。”又；“稷，齎也，五穀之长。”)

　　爰采麦矣，沬之北也。(《诗经·鄘风·桑中》)

　　有稷有黍，有稻有秬。(同上《鲁颂·閟宫》)

　　(《笺》：“秬，黑黍也。”)

　　王事靡盬，不能蓺稻粱。(同上《唐风·鸨羽》)

　　[“盬”，止息；“蓺”，种植。]

　　(《说文》：“粱，米名也。”朱骏声云：“今小米之大而不黏者，其
细而黏者谓之秫。”)

　　以上所举的词，只有少数是沿用到现代并一直作为基本词的(如“猪”、
“稻”、“麦”)，其余都变了僻字或不常用的字(这是指北方话来说的。方言有不同
的情况，例如“禾”在粤语里是常用字，而“稻”反而不是常用字)，或仅仅作为词素
来出现(如“高粱”的“粱”)。有些词虽也沿用到现代，但是意义范围缩小了。例
如现代的“穀”字，只指稻子的果实，不再是五穀的总名了；现代粤语里的“禾”字，
也只指稻子，不再指一般的穀类了。

---

① 《尔雅·释兽》：“豕子，猪。”朱骏声从此说。“三毛丛居”确不好讲，但“豕子”的意义对
于《左传》这一段话又讲不通。《左传》杜注：“娄猪，求子猪也。”

（六）关于物质文化的词汇

关于物质文化的词汇，我们只举几个例子来谈谈。总说起来，也必须联系社会的发展来看物质文化方面基本词汇的发展。

（甲）宫室方面。——"宫"、"室"二字起源都很早。它们都和"穴居"有关。远古人民掘地为穴，半陷在地平面下，尚未脱离原始生活"穴居"的情况。有一种连环穴，正像甲骨文的"宫"字(𠀀,𠁁)①。至于"室"字，它是和"垤"字相通的。《诗经·豳风·东山》："鹳鸣于垤。"《传》："蚍蜉冢也。"其实不但蚍蜉冢(蚂蚁窠)叫做"垤"，人冢也叫做"垤"，不过写作"室"罢了。《诗经·唐风·葛生》："百岁之后，归于其室。"《笺》："室犹冢圹也。"在远古时代，室就是穴，穴就是室。到了殷代，有了版筑堂基上栋下宇的建造，②室和穴才有了分别。所以《诗经·王风·大车》说："榖(生)则异室，死则同穴。"把室和穴区别开来了。

"屋"在最初只是帐幕之类(同"幄")。《诗经·大雅·抑》："尚不愧于屋漏。"毛《传》："屋，小帐也。"《左传·文公十三年》："大室(太室)之屋坏"，说"室"又说"屋"，可见"室"、"屋"不是相同的东西③。但是，在《诗经》时代，版筑的房屋也可以用屋的名称，叫做"板屋"。《诗经·秦风·小戎》："在其板屋。"甚至"板"字也可以不用，而单说成"屋"。《诗经·召南·行露》："谁谓雀无角？何以穿我屋？"这个"屋"可能就是指板屋。从此以后，"屋"的指帐幕的意义就逐渐消失而专指房屋了。

《说文》："房，室在旁也。"这是正确的。段玉裁说："凡堂之内，中为正室，左右为房，所谓东房西房也。"《书经·顾命》："在西房……在东房。"《荀子·正论》："侍西房。"都足以证明《说文》的解释。

春秋以前没有楼房，战国有两层的房子(据最近出土的模型)，因此也就产生了"楼"字④。例如：

---

① 参看郭宝钧：《辉县发掘中的历史参考资料》，见《新建设》杂志 1954 年 3 月号，40 页。
② 参看郭宝钧：《辉县发掘中的历史参考资料》，见《新建设》杂志 1954 年 3 月号，40 页。
③ 《诗经·秦风·权舆》："夏屋渠渠。"《笺》："屋，具也。"也不是房屋的意思。参看徐灏《说文解字注笺》"屋"字下。
④ 《孟子·告子下》："方寸之木，可使高于岑楼。"赵注："岑楼，山之锐岭者。"这楼不是楼房的楼。

城上百步一楼。(《墨子·备城门》)

备穴者,城内为高楼。(同上《备穴》)

志爱公利,重楼疏堂。(《荀子·赋篇》)

(乙)衣服。——关于衣服,只谈帽子、裤子、鞋子和袜子。先秦时代,没有现在这种帽子,只有所谓"冠"。而"冠"是二十岁才有资格戴的。《释名·释首饰》:"巾,谨也,二十成人,士冠,庶人巾。""巾"作头巾讲,似乎是汉代的事。《说文》:"冃,小儿及蛮夷头衣也。"这就是后代的"帽"字。《荀子·哀公》:"古之王者有务而拘领者矣。""务"就是"帽"。但也都不一定像现代的帽子。

《说文》:"绔,胫衣也。"这是套裤(袴,绔)。若像现代的裤子,则叫做裈(朱骏声说)。无论袴或裈都不见于先秦史料;当时人们只穿裳,不穿裤子。《说文》:"常(裳),下帬(裙)也"。《诗经·魏风·葛屦》:"可以缝裳。"《笺》:"男子之下服。"

最早的时候,鞋子叫做"屦",周末以后,又叫做"履"。"屦"和"履"是古今语的分别。① 例如:

纠纠葛屦,可以履霜。(《诗经·魏风·葛屦》)

公惧,队(坠)于车,伤足丧屦。反,诛(责)屦于徒人费。(《左传·庄公八年》)

郤克伤于矢,流血及屦,未绝鼓音。(同上《成公二年》)

今之禽兽麋鹿蜚鸟贞虫,因其羽毛以为衣裘,因其蹄蚤以为绔屦,因其水草以为饮食。(《墨子·非乐上》)

至舍,进盥漱巾栉,脱屦户外,膝行而前。(《庄子·寓言》)

(以上是用"屦"。)

是故圣王作为宫室,便于生,不以为观乐也;作为衣服带履,便于身,不以为辟怪也。(《墨子·辞过》)

---

① 段玉裁说:"《易》、《诗》、三《礼》、《春秋传》、《孟子》皆言屦,不言履,周末诸子汉人书乃言履。《诗》、《易》凡三履,皆谓践也。然则履本训践,后以为屦名,古今语异耳。"(《说文解字注》"屦"字下)

今谓人曰："予子冠履，而断子之手足，子为之乎？必不为。何故？则冠履不若手足之贵也。"(同上《贵义》)

夫迹，履之所出，而迹岂履哉？(《庄子·天运》)

（以上是用"履"。）

先秦还有所谓"扉"。"扉"是草做的；而且似乎是方言用语。① 例如：

若出于陈郑之间，共其资粮扉屦，其可也。(《左传·僖公四年》)

后来又出现了"屫"(蹻)。例如：

赢滕履蹻，负书担囊。(《战国策·秦策》)

蹑屫而见之。(《史记·孟尝君列传》)

蹑蹻担簦。(同上《平原君虞卿传》)

布衣草蹻而牧羊。(《汉书·卜式传》)

《广韵·药韵》："屫，草履也。"这样，"屫"可能就是《左传》里所说的"扉"，只是古今语不同而已。

到了汉代，"履"已经成为鞋子的通称，《方言》："履，其通语也。"而且在汉代，又有了"鞮"，是皮做的鞋子。"鞮"、"鞋"是古今字。中古以后，一般鞋子（不一定是皮做的）都叫做"鞋"(鞮)了。例如：

邺下一领军贪甚，坐事籍其家，麻鞋一屋，馀财不可胜言。(《颜氏家训》)

白头厌伴渔人宿，黄帽青鞋归去来。(杜甫诗)

美人蹋上歌舞来，罗袜绣鞮随步没。(白居易诗)

竹鞮葵扇白绡巾，林野为家云是身。(同上)

------

① 《方言》："扉、屦、麤、履也。徐兖之郊谓之扉。"《释名·释衣服》："齐人谓韦屦曰扉。"依这个解释，"扉"就是方言词。

　　刬袜步香阶，手提金缕鞋。（李煜词）

　　先秦已有袜子。《左传·哀公二十五年》："褚师声子韈而登席。""韈"、"袜"古今字。顾炎武说："古人之袜，大抵以皮为之"。

　　（三）家具。——关于家具，只谈床、桌子和椅子。

　　古人很早就有了床（《左传·庄公八年》："遂人杀孟阳于床。"《宣公十五年》："登子反之床。"）。床是坐卧两用的。上古的人坐于床，床前有几（段玉裁说）。供坐的床一直传到近代。

　　上古没有桌子，只有几。几长方形，很矮，在床前或席前。除几之外还有案，案只是上食的木盘加脚。《急就篇》："椸杅槃案。"颜注："无足曰槃（盘），有足曰案。"汉梁鸿举案齐眉，就是这个案。后来由食盘（木制）引申为食桌，再由食桌引申为一般的桌子。《后汉书·刘玄传》已经有所谓"书案"。桌本作"卓"，后来写作"棹"、"桌"，起源很晚，大约是在宋代。（杨亿《谈苑》："咸平景德中，主家造檀香倚卓。"）

　　上古的人们既然坐在席上或床上，所以没有椅子。南北朝人所谓"坐"（座），大约已经是坐具。椅本作"倚"，后作"椅"，大约起源于宋代；据说是因为后面可以倚靠，才叫"椅"。

＊　＊　＊　＊

　　由上面所陈述的事实，可以引出下面的一些结论：

　　第一，汉语的基本词汇是富于稳固性的；多数的基本词有了几千年（或者是几百年）的寿命。在复音词逐渐发展以后，有些基本词转变为词素（如"月亮"的"月"）。

　　第二，基本词汇虽然稳定，变化还是可能的。首先是跟着社会的发展而发展。古代需要区别的东西（如"豝"、"豵"），后代不再需要区别了。古代存在的东西（如"冠"），后代不再存在了。其次是转化，如"眼"、"脚"、"屋"、"案"。有些转化是跟社会发展有关系的，如"宫"、"室"。最后是方言和外来语的影响，如"头"、"哥"。

　　第三，古代没有，而后代产生的东西，当然需要产生新词。战国的"楼"

字,宋代的"桌"字、"椅"字,都是好例子。

第四,一般词汇的词可以转变为基本词汇的词,例如"嘴"。反过来说,基本词汇的词也可以转变为一般词汇的词。

第五,阶级习惯语和行业语也可以转变为基本词汇。例如"太阳"本来是道家的行业语。反过来说,基本词汇也可以转变为阶级习惯语和行业语,例如人称代词"朕"字("朕"字在先秦是一般的人称代词,秦以后变成了皇帝专用的人称代词)。

这些结论还不够全面,只是拣重要的来说一说罢了。

关于汉语词汇史研究的一点思考

张永言　　汪维辉

导言——

本文原载于《中国语文》1995 年第 6 期。

作者张永言(1927～2017),四川成都人。四川大学教授、博士生导师。研究方向为汉语词汇史、训诂学,著有《词汇学简论》(1982、增订本 2015)、《训诂学简论》(1985、增订本 2015)、《语文学论集》(1992、增订本 2015)等。

汪维辉(1958～　　),浙江宁波人。浙江大学教授、博士生导师。研究方向为汉语词汇史、训诂学,著有《东汉—隋常用词演变研究》(2000、修订本 2017)、《汉语词汇史新探》(2007)、《汉语词汇史新探续集》(2018)、《汉语核心词的历史与现状研究》(2018)等。

早期的汉语词汇研究,往往与训诂密不可分。故前辈学者往往从训诂学角度对汉语词汇进行深入分析。文章指出,词汇史与训诂学研究既有联系,又有区别。训诂的目的是准确地理解古书,重点在于解释疑难词语。词汇史研究则在于"阐明某一种语言的词汇的发展历史及其演变规律",因此,疑难词语、常用词语都是需要考察的对象。基于这种认识,作者认为,对常用词发展演变的探讨就成为词汇史研究的重要内容。文章以同义词语在中古时期的演替为着眼点,考察了"目/眼"、"足/脚"、"侧、畔、旁/边"、"视/看"、"居/

住"、"击/打"、"疾、速、迅/快、驶"、"寒/冷"等 8 组常用词的变迁交替情况。作者倡议学者重视常用词的历史，并将之置于词汇史研究的中心位置。此后，李宗江《汉语常用词演变研究》、汪维辉《东汉—隋常用词演变研究》等，都遵循了本文所倡导的研究理路，志在建立常用词语演变的历史脉络。而常用词演变研究也成为目前汉语词汇史研究的重要课题。

　　在汉语史诸部门中，词汇史向来比较落后，而中古（晚汉—隋）时期汉语词汇史的研究尤为薄弱。① 近二十年来，经过郭在贻等先生的大力倡导和身体力行，中古词汇研究已经由冷落而繁荣，取得了一批重要的成果，专著如林，各擅胜场，单篇文章多至难以胜数。这些成果是应当充分肯定的，它们对古籍整理、辞书编纂等都具有不可低估的价值，也为建立汉语词汇史积累了许多有用的材料。但是，这些论著大多偏重疑难词语的考释，研究的对象集中在从张相到郭在贻一贯强调的"字面生涩而义晦"和"字面普通而义别"的这两类词。也就是说，主要还是训诂学的研究，是传统训诂学的延伸和扩展。至于作为语言词汇的核心的"常语"，向来是训诂学者认为可以存而不论或者无烦深究的。然而，要探明词汇发展的轨迹，特别是从上古汉语到近代汉语词汇的基本格局的过渡，即后者逐步形成的渐变过程，则常用词的衍变递嬗更加值得我们下工夫进行探讨。而这正是汉语史异于训诂学之处。因为不对常用词作史的研究，就无从窥见一个时期的词汇面貌，也无以阐明不同时期之间词汇的发展变化，无以为词汇史分期提供科学的依据。

　　训诂学与词汇史有密切的联系，又有本质的区别。训诂的目的是"明古"，训诂学的出发点是为了读古书——读懂古书或准确地理解古书。因此，那些不必解释就能理解无误的词语，对训诂学来说就没有多少研究价值。词汇史则颇异其趣，它的目的是为了阐明某一种语言的词汇的发展历史及其演变规律，而不是为了读古书，尽管不排除客观上会有这种功用。所以，在训诂

---

① 吕叔湘先生曾指出："汉语史研究中最薄弱的部分应该是词汇研究。"又说："汉语的历史词汇学是比较薄弱的部门，从事这方面研究的力量跟这项工作的繁重程度很不相称。"（分见《吕叔湘文集》第 4 卷，商务印书馆，1992，页 38,228）郭在贻先生也说过："关于汉语词汇史的研究，魏晋南北朝这一阶段向来是最薄弱的环节。"（见《读江蓝生〈魏晋南北朝小说词语汇释〉》，《中国语文》1989 年第 3 期）

学看来没有研究意义的词汇现象，从词汇史的立场去看可能恰恰是极为重要的问题。目前在语言学界还存在着一种模糊认识，有意无意地将训诂学和词汇史混为一谈，以为考释疑难语词和抉发新词新义就是词汇史研究的全部内容。这种认识对词汇史研究的开展是不利的。因此，我们想要强调的是，这两门学问各有其彼此不可替代的价值，由于研究目的不同，看问题的角度、所用的方法和材料等等都有所不同。在目前词汇史研究还很薄弱的情况下，有必要分清两者的关系，尤其是它们的区别。

早在四十年代王力先生就撰文指出："古语的死亡，大约有四种原因：……第二是今字替代了古字。例如'怕'字替代了'惧'，'绔'字替代了'裈'。第三是同义的两字竞争，结果是甲字战胜了乙字。例如'狗'战胜了'犬'，'猪'战胜了'豕'。第四是由综合变为分析，即由一个字变为几个字。例如由'渔'变为'打鱼'，由'汲'变为'打水'，由'驹'变为'小马'，由'犊'变为'小牛'。"①又说："无论怎样'俗'的一个字，只要它在社会上占了势力，也值得我们追求它的历史。例如'松紧'的'松'字和'大腿'的'腿'字，《说文》里没有，因此，一般以《说文》为根据的训诂学著作也就不肯收它（例如《说文通训定声》）。我们现在要追究，像这一类在现代汉语里占重要地位的字，它是什么时候产生的。至于'脖子'的'脖'，'膀子'的'膀'，比'松'字的时代恐怕更晚，但是我们也应该追究它的来源。总之，我们对于每一个语义，都应该研究它在何时产生，何时死亡。虽然古今书籍有限，不能十分确定某一个语义必系产生在它首次出现的书的著作年代，但至少我们可以断定它的出世不晚于某时期；关于它的死亡，亦同此理。……我们必须打破小学为经学附庸的旧观念，然后新训诂学才真正成为语史学的一个部门。"②王先生所说的"新训诂学"，实际上就是词汇史。后来他又在《汉语史稿》第四章"词汇的发展"中勾勒了若干组常用词变迁更替的轮廓。此后陆续有学者对王先生论及的各个新词出现的时代上限提出修正，但讨论对象基本上没有超出他举例的范围，且仅以溯源（找出更早的书证）为满足。溯源当然是词汇史研究的一个方面，而且是相当重要的一环，因为不明"源"就无从探讨"流"，但是仅仅溯源是远

---

① 《古语的死亡残留和转生》，原载《国文月刊》第 4 期，1941 年 7 月；收入《龙虫并雕斋文集》第 1 册，中华书局，1980，页 414。

② 《新训诂学》，原载《开明书店二十周年纪念文集》(1947)；又收入同上书同册，页 321。

远不够的。蒋绍愚先生曾经设想,"可以根据一些常用词语的更替来考察词汇发展的阶段"①。在新近出版的《蒋绍愚自选集》中,又多次论及这一问题②,还有专文《白居易诗中与"口"有关的动词》③,分析探讨了与"口"有关的四组动词从《世说新语》到白居易诗到《祖堂集》的发展演变情况,并运用了判别旧词与新词的两种基本方法——统计使用频率和考察词的组合关系。蒋先生从理论和实践两方面所作的探索,无疑将对推进汉语词汇史的研究产生重要影响。本文作者之一也曾经试图通过考察个别词语的消长与更替(如:言—说,他人—旁人,有疾—得病)来探讨作品语言的时代特征。④ 但这是一项难度很大的工作,不是少数人在较短的时间内能做到相当程度的。现在我们打算抛砖引玉,试从若干组同义词语在中古时期的变迁交替入手,作一初步的探索,希望能为汉语词汇的史的发展理出一点线索,或者说寻找一种方法或途径,以期改变目前有关研究工作中畸轻畸重的局面,使疑难词语考释与常用词语发展演变的研究齐头并进,相辅相成,从而逐步建立科学的汉语词汇史。

1. 目/眼

王力先生说:"《说文》:'眼,目也。'《释名》:'眼,限也。'可见汉代已有'眼'字。但战国以前是没有'眼'字的。战国时代也还少见,汉代以后才渐渐多见。'眼'在最初的时候,只是指眼球。……这样,它是和'目'有分别的。后来由于词义的转移,'眼'就在口语里代替了'目'。"⑤

就目前所掌握的材料看,秦以前典籍中"眼"共 5 见,除王力先生所引的《战国策》、《庄子》、《周易》各一例外,另两例是:《韩非子·外储说右下》:"赵

---

① 1991 年 9 月 13 日致张永言信。
② 如《近代汉语词汇研究》一文中的"常用词演变研究"节、"各阶段词汇系统的描写"节,又如《关于汉语词汇系统及其发展变化的几点想法》一文中对《祖堂集》里"木/树"、"道/路"、"言/语/说"等几组同义词的考察(此文原载《中国语文》1989 年第 1 期)等等。河南教育出版社,1994。
③ 原载《语言研究》1993 年第 2 期。
④ 张永言《从词汇史看〈列子〉的撰写时代》,《季羡林教授八十华诞纪念论文集》上卷,江西人民出版社,1991。
⑤ 《汉语史稿》下册,中华书局,1980,页 499。

王游于圃中,左右以兔与虎而辍,盼然环其眼。王曰:'可恶哉,虎目也!'左右曰:'平阳君之目可恶过此。见此未有害也,见平阳君之目如此者,则必死矣。'"《吕氏春秋·遇合》:"陈有恶人焉,曰敦洽雠糜,椎颡广颜,色如浃赪,垂眼临鼻。"用例确实不多。

　　方一新曾列举约二十条书证证明"眼"字在汉魏六朝文献中就常作"目"讲,并非如王力先生在两篇文章中所讲的那样到了唐代"眼"才成为"目"的同义词。① 方文所举的"眼"当"目"讲的最早一条书证是《史记·孔子世家》的"眼如望羊",其实这个例子还不够典型,因为字书多释此"眼"为"眼光";《史记》中还有一例"眼"是确凿无疑等于"目"的,即《大宛列传》:"其人皆深眼,多须髯。"②《吕氏春秋》的"垂眼"也是指"眼睛"。③ 如此看来,"眼"当"目"讲在汉代以前就已经有了。由此我们甚至怀疑"眼"从一开始就等于"目",把它解释成"眼球"可能是后人强生分别。因为仅仅根据"抉眼"、"白眼"这些用例就断定"眼"是指"眼球"似乎不够全面。我们认为,古人在一般情况下并不细分整个眼睛和眼球,正像"目"有时也可指"眼球"一样,"眼"也是通指的。(现代汉语仍然如此,如"眼睛布满血丝",不必说成"眼球布满血丝"。)如上引《韩非子·外储说右下》例,上文用"眼",下文用"目",所指无别。又如《洛阳伽蓝记》卷5:"雪有白光,照耀人眼,令人闭目,茫然无见。"似乎"眼"指"眼球","目"指"眼睛",是有分别的;但是比较一下出于同卷的下面两个例子就不难看出,"眼"和"目"是浑然无别的:"林泉婉丽,花彩曜目。""通身金箔,眩耀人目。""眼"在具体的上下文中有时专指"眼球",那不过是它的义位变体而已。虽然在先秦两汉典籍中一般说"抉眼",但应劭《风俗通义》(《匡谬正俗》卷8引)说:"吴王夫差……诛子胥,……抉其目东门。"《旧唐书·太宗纪下》有"抉目剖心","抉目"的说法在文人笔下一直常用。④ 又,《说文》:"目,人眼也。""眼,目也。"说得清清楚楚。这些都说明古人就是如此理解"眼"和"目"的。

---

① 方一新《"眼"当"目"讲始于唐代吗?》,《语文研究》1987年第3期;又王云路、方一新《中古汉语语词例释》"眼"条,吉林教育出版社,1992,页425—427。

② 《汉书·西域传上·大宛国》作"其人皆深目,多须髯"。此或为班固改俗为雅。"深眼"跟《世说新语·排调》所说"康僧渊目深而鼻高"的"目深"指的是一回事。《高僧传》卷4"康僧渊"正作"鼻高眼深"。

③ 张双棣等编《吕氏春秋词典》就释作"眼睛"。山东教育出版社,1993。

④ 参看《汉语大词典》"抉目吴门"条。

表示"眼球"的概念古代有一个专门的词"目䁖（字又作眣）"。如《周礼·春官·序官》"瞽矇"郑玄注引郑司农曰："无目䁖谓之瞽，有目䁖而无见谓之矇。"《新序·杂事一》："晋平公闲居，师旷侍坐，平公曰：'子生无目䁖，甚矣，子之墨墨也！'"附带说一下，王力先生的说法可能是本于元代的戴侗。徐灏《说文解字注笺》"眼"字下引戴侗曰："眼，目中黑白也，《易》曰：'为多白眼。'合黑白与匡谓之目。"

　　从汉末起"眼"用例渐多，如："咸姣丽以蛊媚兮，增婜眼而蛾眉。"（文选·张衡《思玄赋》）[①]"两头纤纤月初生，半白半黑眼中睛。"（《艺文类聚》卷 56 引古诗）"睫，插也，接也，插于眼眶而相接也。"（《释名·释形体》）"回头四向望，眼中无故人。"（《文选》陆云《答张士然》诗李注引魏文帝诗）"感念桑梓城，仿佛眼中人。"（《文选》陆云《答张士然》诗）"眼耳都融，弃干忘机。"（皇甫谧《高士传》卷中"老商氏"）"能令弟子举眼见千里。"（《太平广记》卷 5 引《神仙传》）"犟兽大眼。"（郭璞《山海经图赞·犟兽》，《山海经》原文作"大目"）"于眼，得色界四大造清净色，是名天眼。"（姚秦鸠摩罗什译《大智度论》卷 5）晋代以后，例子就难以数计了。从以下两个方面观察，在当时的实际口语中，"眼"应该已经战胜"目"并逐步取而代之：1）使用范围。"眼"不仅大量出现在口语色彩较强的小说、民歌、翻译佛典等文体中，而且进入了诗文、史书等高文典册。《高僧传》卷 1"康僧会"："（支亮）眼多白而睛黄，时人为之语曰：'支郎眼中黄，形躯虽细是智囊。'"史书人名有"傅竖眼"、"杨大眼"等，这些都是当时口语的实录。此外，指称动物的眼睛往往用"眼"，如：龙眼（植物名）、鹅眼（钱名）、鱼眼[②]、蛇眼、龟眼、鳖眼、鹰眼、牛眼、兽眼等等。2）构词能力。"眼"表现出强大的构词能力，这正是基本词汇最显著的特征之一。例如：慧眼、肉眼、天眼、青白眼、满眼、碧眼、婜眼、耀眼、举眼、眩眼、懒眼、晃眼、明媚眼、清明眼、道眼、眼分、眼色、眼境、眼界、眼根、眼患、眼医、眼明（眼明袋、眼明囊）、眼前、眼笑、眼花、眼中、眼中人、眼识、眼学、眼眶、眼膜、眼语、眼精（睛）、眼泣、眼光、眼耳、眼角。其中有许多是不能用"目"来代替的，如：肉眼、青白眼、懒眼、晃眼、明媚眼、眼境、眼界、眼根、眼医、眼花、眼膜、眼耳、眼角等。此外还有"眼

---

① 按，"婜眼"即《楚辞·大招》"婜目宜笑，蛾眉曼只"的"婜目"。

② "鱼眼"东方朔《七谏·谬谏》已见："玉与石其同匮兮，贯鱼眼与珠玑。"魏晋南北朝用例多见，不备引。

目"、"目眼"同义连文的,这种由新旧两个同义语素构成的并列复合词在词汇发展中是常见的。

下面我们再来具体考察一下《世说新语》一书中"眼"和"目"的使用情况(据高桥清编《世说新语索引》统计):全书"眼"共 15 见,当"眼睛"讲的"目"17见,出现频率大体持平;在用法上,"眼"的自由度要大于"目"。"眼"除组成"眼光"、"眼耳"、"白眼"、"青白眼"外,都单独使用;而"目"则主要出现于承用前代的一些固定搭配中,如耳目、蜂目、举目、属目、触目、目精、瞋目(4 见)等,只有少数能独立使用。"目"的"眼睛"义被"眼"挤占后,它在《世说新语》中更多地是用作"品评"义(共 46 见);此外,当动词"看"讲和"节目"之类的用法也是"眼"所没有的。

2. 足/脚

王力先生指出:"《说文》:'脚,胫也';《释名》:'脚,却也,以其坐时却在后也'。可见'脚'的本义是小腿。……但是,到了中古,'脚'在基本词汇中已经代替了'足',这里有一个典型的例子:'潜无履,王弘顾左右为之造履。左右请履度,潜便于坐伸脚令度焉。'(《晋书·陶潜传》)"[1]"脚"有"足"义的始见时代,经过学者们的考订,已经把它提前到了三国。[2]

我们认为,"脚"从最初指"胫"到后来转而指"足",中间应该有一个指"整个膝盖以下部分"的过渡阶段,即先从小腿扩大到包括脚掌在内,然后再缩小到脚掌。汉末魏晋南北朝时期正处在这个过渡阶段之中,而一直到隋末这个过程似乎尚未完成。下面这些例子中的"脚"都不易断定是专指小腿抑或专指脚掌,只能看作是笼统地指"整个膝盖以下部分"(在具体的上下文中有时仅指这个整体中的某一部分,这是义位与义位变体的关系,二者并不矛盾):"乌头汤方,治脚气疼痛不可屈伸。"(《金匮要略·中风历节》)"左右遂击之,

---

① 《汉语史稿》下册,页 500。

② 参见董志翘《"脚"有"足"义始于何时?》,《中国语文》1985 年第 5 期;吴金华《"脚"有"足"义始于汉末》,《中国语文》1986 年第 6 期。吴文所举后汉康孟详译《兴起行经》二例不可靠(此经译者和时代均不详,参看吕澂《新编汉文大藏经目录》,齐鲁书社,1980,页 68),因此只能根据他所引的《汉书》如淳注及三国支谦译《撰集百缘经》二例,把始见书证的时代暂时定在三国。

不能得，伤其左脚。其夕，王梦一丈夫，须眉尽白，来谓王曰：'何故伤吾左脚?'乃以杖扣王左脚。王觉，脚肿痛生疮，至死不差。"(《西京杂记》卷6)"臣久婴笃疾，躯半不仁，右脚偏小。"(《晋书·皇甫谧传》载谧上晋武帝书)"(王)贡初横脚马上，侃言讫，贡敛容下脚，辞色甚顺。"(又《陶侃传》)"夜梦星坠压脚，明而告人曰：'……梦星压脚，必无善征。'"(《魏书·儒林陈奇传》)此外像"跛脚、损脚、动脚、患脚、脚患、脚疾、脚弱、脚痛、脚挛"等等，其中的"脚"究竟是指哪个部位都很难确定。王力先生曾举《释名》"脚，却也，以其坐时却在后也"为例，证明"脚"的本义是"小腿"，但出自同书的下面几个例子却表明，在刘熙的口语中"脚"已经并非专指小腿："裈，贯也，贯两脚上系要中也。袜，末也，在脚末也。"(《释衣服》)"超，卓也，举脚有所卓越也。"(《释姿容》)

"脚"有时甚至可以指包括大腿在内的整条腿，如："崇乃伤腰，融至损脚。时人为之语曰：'陈留、章武，伤腰折股。'"(《魏书·灵皇后胡氏传》)"庾玉台常因人，脚短三寸，当复能作贼否?"(《世说新语·贤媛》)"昔荷圣王眄识，今又蒙旌贲，甚愿诣阙谢恩；但比腰脚大恶，此心不遂耳。"(《梁书·何胤传》)当然，这样的例子是少数，但这跟"脚"用以指动物和器物的脚时是指它们的整条腿这一用法又是一致的。① 指动物的四肢和器物的脚时，既可用"足"，也可用"脚"，虽有文白之别，但指的都是整条腿，如《太平广记》卷320引《续搜神记》："四人各捉马一足，倏然便到河上。……遂复捉马脚涉河而渡。"这样的语言现象值得我们注意。

专指"脚掌"的"脚"魏晋以后渐渐多见起来，如："或濯脚于稠众，或溲便于人前。"(《抱朴子外篇·刺骄》)"羊了不眄，唯委脚几上，咏瞩自若。"(《世说新语·雅量》)"仰头看室，而复俯指陛下脚者，脚(据《太平御览》卷1引补)，足也，愿陛下宫室足于此也。"(《太平广记》卷118等引《幽明录》)"左右巧者潜以脚画神形，神怒曰：'速去!'"(殷芸《小说》卷1)"身既浮涌，脚以(已)履地。"(《法苑珠林》卷17、《广记》110引《冥祥记》)"于夜梦一沙门以脚踏之。"(同上。《广记》作"以足蹑之")"赞者曰：'履著脚。'坚亦曰'履著脚'也。"(《御览》499引《笑林》)《说文》："袜，足衣也。"《玉篇》作"脚衣"。此外，像"脚跟"、"脚指"、

---

① "脚"指动物腿的用法起源颇早，如《淮南子·俶真》："飞鸟铩翼，走兽挤脚。"郭璞注《尔雅》用了不少此类的"脚"，大多指整条腿。指器物的"脚"则似乎是魏晋时期产生的新用法，最常见的是"床脚"，还有"鼎脚"、"车脚"、"楼脚"、"箭脚"等。

"脚迹"、"脚腕"等,由于有另一个语素的限定,"脚"指"脚掌"也是确定无疑的。但是如果没有其他语素或上下文的限定,或限定不够明确,有时仍难以断定"脚"是否就指"脚掌",这种疑似的例子在这一时期是很多的。由此我们推测,"脚"在一定的上下文中专指"脚掌",开始时也是作为"膝盖以下部分"的一个义位变体而出现的,后来这个义位变体用得多了,就渐渐地独立为一个固定的义位了。这个过程的最终完成,恐怕是要在"腿"取代了"股"、"胫"以后,这时候原先由"股"、"胫"、"足"三个词构成的一个最小子语义场就变成了由"腿"(大腿、小腿)和"脚"两个词构成了。

上面的简单描述表明,"脚"在魏晋南北朝时期使用频繁,词义发生变化:先是义域扩大,侵入"足"的义域,有时还侵入"股"的义域,但最常用的还是指"膝盖以下部分";然后停止后一发展趋势,并逐步失去指"小腿"部分的功能,词义趋向于固定在"脚掌"上。这一过程的最终完成应该是在唐以后。但在某些方言中,至今仍保留着"脚"在汉魏六朝时期的这一古义,如吴方言"脚"就既可以指脚掌,也可以指整条腿。①

3. 侧、畔、旁(傍)/边

表示"在某物的旁边"这个意思,②先秦主要用"侧",偶而也用"旁"和"畔",如《韩非子·外储说右上》:"齐尝大饥,道旁饿死者不可胜数也。"《墨子·备突》:"门旁为橐。"《楚辞·渔父》:"游于江潭,行吟泽畔。"("畔"字用法非常有限,例子也极少。)在先秦典籍中,这类"旁"用得最多的是《吕氏春秋》,共 5 次;而"侧"全书一共才 4 见,直接放在名词后面的仅 2 次。用"旁"多于用"侧"的现象在《史记》中有了进一步的发展,全书"旁"共 113 见,用作此义的有48 次,"傍"16 见,用作此义 6 次;搭配范围也有所扩大,可用在"江、河、海、冢、石、右"以及表示建筑物、人、天体(如北斗、日)等名词的后面。而"侧"全书仅37 见,且如此用的仅 5 次(均为"旁侧",用法单一)。"边"在先秦基本上不如

---

① 关于"脚"的词义变化,参看江蓝生《魏晋南北朝小说词语汇释》,语文出版社,1988,页 98—99。

② 本文所讨论的仅限于这一组词直接放在名词后面的这一种用法,放在动词、介词和 "之"、"其"、"一"、"两"、"四"等字之后的均除外。

此用,《韩非子·外储说右下》:"今王良、造父共车,人操一边辔而出门闾,驾必败而道不至也。"似可看作此种用法的雏形。

到了魏晋南北朝时期,"边"开始出现并迅速增多。《广雅·释诂四》:"边,方也。"(王念孙疏证:"《士丧礼》注云:'今文旁为方。'")《玉篇》:"边,畔也。"都记录了这一事实。早期的用例如:"马边县男头,车后载妇女。"(蔡琰《悲愤诗》)"佛语阿难:'如世间贫穷乞丐人,令在帝王边住者,其人面目形貌何等类乎?'"(后汉支谶译《无量清净平等觉经》卷1)"柳垂重荫绿,向我池边生。"(魏文帝曹丕《于玄武陂作》诗)"鸷鸟化为鸠,远窜江汉边。"(《艺文类聚》卷92引王粲诗)"向来道边有卖饼家蒜齑大酢,从取三升饮之,病自当去。"(《三国志·魏志·华佗传》)"似逢我公,车边病是也。"(同上)"太祖征张鲁,教与护军薛悌,署函边曰:'贼至乃发。'"(又《张辽传》)"渺渺寻木,生于河边。"(郭璞《山海经图赞·寻木》)"轻妆喜楼边,临镜忘纺绩。"(左思《娇女诗》)"悲风嗷于左侧,小儿啼于右边。"(束皙《贫家赋》)"塔边有池,池中有龙。"(《法显传·蓝莫国》)"如是大风昼夜十三日,到一岛边。"(又《自师子国到耶婆提国》)[1]这一时期"边、侧、旁"[2]都很常用,在大多数场合可以互相替换;在诗和骈文中,这三个词常常构成同义互文;还有"旁边"、"傍边"、"旁侧"同义连文的。"畔"则用得较少,使用范围也小得多。[3] "边"作为一个新兴的词汇成分,从两个方面表现出它的特点:一是使用频率迅速提高,到了《世说新语》里,它已经远远超过了"旁"和"侧"("边"13次,"傍"1次,"侧"7次);二是用法灵活多样,"旁"和"侧"所有的用法它几乎都具有,还出现了"左边、右边、颊边、耳边、烛边"这样一些说法;有些用法则是"旁"和"侧"所没有的,如:天边、东边、北边、南边,[4]这无疑跟"边"的本义有关。往这个方向再虚化,就有了"前边、后边、里边、外边、上边、下边"这些用法,而"旁"和"侧"直到今天

---

① 《汉语大词典》及太田辰夫《中国语历史文法》均引陶渊明《五柳先生传》为始见书证,尚嫌稍晚。

② 先秦一般用"旁",汉魏六朝则多用"傍"。下文以"旁"赅"傍",不再——说明。

③ 基本上只限于一些表示地理概念的名词。"星畔、耳畔、窗畔、酒畔、樽畔、琴畔、篱畔、炉畔、灯影畔、兰烛畔、画图畔"一类的说法大多要到唐代才产生,而且带有明显的文学修辞意味,恐怕不是地道的口语词。

④ 《搜神记》卷3:"北边坐人是北斗,南边坐人是南斗。"

都没有虚化到这一地步。① 这意味着在这一组同义词的竞争中,"边"已经表现出优势,又经过唐以后的发展,它终于在口语中吞并了"旁"和"侧",成为现代汉语表示这一概念的唯一的口语词。

4. 视/看

表示"用眼睛看"这一行为,先秦两汉一般说"视"。就目前所知,"看"最早见于《韩非子·外储说左下》:"梁车新为邺令,其姊往看之。"但先秦典籍中仅此一见而已。《说文》著录了"看"字,并且有异体作"翰",但在两汉文献中,"看"字仍然难得见到。直至魏晋以后才逐渐多起来,《广雅·释诂一》:"看,视也。"可能是对当时实际使用情况的记录。这里举一些较早的用例:"遥看是君家,松柏冢累累。"(古诗《十五从军征》)"时频婆娑罗王及臣民,闻佛世尊调化毒蛇,盛钵中来,合国人民皆共往看。"(又卷 6)"仰看苍天,不睹云雨。"(三国康僧会译《六度集经》卷 2)"看树上有雀,小儿欲射。"(西晋法炬共法立译《法句譬喻经》卷 4)"今此郡民,虽外名降首,而故在山草,看伺空隙,欲复为乱。"(《三国志·吴志·周鲂传》)"朝炊,釜不沸。举甑看之,忽有一白头公从釜中出。"(《搜神记》卷 17)"狱中奇怪,愿王往看。"(《法显传·伽耶城》)"晨夕看山川,事事悉如昔。"(陶渊明《乙巳岁三月为建威参军使都经钱溪》诗)"若不信侬语,但看霜下草。"(晋《子夜歌》四十二首之十六)"逢人驻步看,扬声皆言好。"(晋《江陵乐》四曲之三)"暂出后湖看,蒲茭如许长。"(晋《孟珠》八曲之一)

在这一时期的翻译佛经中,"看"字极为常见,而且用法繁多,朱庆之曾细分为 15 个义项:1) 视,瞻。视线接触人或物。如三国支谦译《撰集百缘经》卷5:"遥见祇桓赤如血色,怪其所以,寻即往看,见一饿鬼。"2) 观察,考察。如西晋无罗叉译《放光般若经》卷 20:"时释提桓因意念言:'今是菩萨以般若波罗蜜故欲供养法上菩萨,我今试往看其人为用法故? 颇有谀谄?'"3) 检查、治疗(病)。如东晋佛陀跋陀罗共法显译《摩诃僧祇律》卷 32:"佛言:'汝不能到者

---

① 关于"边"的虚化,参看太田辰夫《中国语历史文法》11.5.9 节,蒋绍愚、徐昌华译,北京大学出版社,1987,页 92。他把"宅边"的"边"称为"后助名词";而把"外边"、"里边"、"旁边"的"边"称作"接尾词",认为"这种接尾词'边'从唐代开始有"。其实时间还应提前。

旧医看病耶?'"4) 表示提示。如失译《兴起行经》卷上:"王闻是语,嗔恚大唤,语诸大臣:'看是道士,行于非法,应当尔耶?'"5) 试探。如东晋佛陀跋陀罗共法显译《摩诃僧祇律》卷 9:"其家有机,让比丘坐:'即坐小待。'复起以指内釜中,看汤热不。"6) 助词。如同上卷 19:"精舍中庭前沙地有众长寿。'借我弓箭,试我手看。'答语:'可尔。'"①7) 任凭。如同上卷 34:"若床褥、枕、拘执垢腻破坏者,不得看置,应浣染补治。""看置"犹今语"眼睁睁看着不管"。8) 难看的"看"。如隋僧就合《大方等大集经》卷 14 高齐那连提耶舍译《日藏分》卷 39:"如是恶露,臭处难看。"9) 看望。如三国支谦译《撰集百缘经》卷 10:"时聚落主闻王欲来看孙陀利。"10) 照看,照顾。如同上卷 6:"我唯一子,今舍我去,谁当看我?"11) 看护(病人)。如东晋佛陀跋陀罗共法显译《摩诃僧祇律》卷 28:"若弟子病,应自看,使人看。"12) 看管。如东晋僧伽提婆译《中阿含经》卷 37:"犹如放牛人,不能看牛者则便失利。"13) 监视。如同上卷 29:"我复忆昔时,看田作人,止息田上。"14) 看待,对待。如姚秦佛陀耶舍译《四分律》卷 33:"和尚看弟子当如儿意看,弟子看和尚当如父意。"15) 接待。如东晋僧伽提婆译《中阿含经》卷 23:"与我好饮食,好看视我。"又失译《杂譬喻经》:"昔北天竺有一木师,作一木女,端正无双,衣带严饰,与世女无异,亦来亦去,亦能行酒看客,唯不能语耳。"②上述义项大多在中土文献中也能见到用例。

在《世说新语》里,"看"字也已用得十分频繁(全书凡 53 见),而且"阅读"也可以说"看"了(用作此义共 14 次),如:"殷中军被废东阳,始看佛经。"(《文学》)还有"看杀卫玠"的说法(《容止》)。"看杀"、"打杀"的"杀"是这时期兴起的一种新用法。在陈代江总的诗里,还有了重叠的"看看":"故殿看看冷,空阶步步悲。"(《奉和东宫经故妃旧殿诗》)可以说,现代汉语中"看"字的所有义项和用法,这时都已基本齐备。这标志着"看"在六朝已经是一个发育成熟的词,在当时的实际口语中应该已经取代了"视",而且还侵入了"观、省、察、读"等词的义域。只有在少数场合"视"不能换成"看",如"虎视、熟视、高视、省视"等固定搭配。

"看"从《韩非子》始见到六朝发育成熟,这中间理应有一个漫长的渐变过

---

① 按,《齐民要术》有"尝看",石声汉注:"'尝看'是本书常用的一句话,即今日口语中的'尝尝看'。"

② 朱庆之《佛典与中古汉语词汇研究》,台湾文津出版社,1992,页 180—184。

程，也就是说，在这段时间里，"看"一定是活在口语中的（也许开始只是一个方言词，后来发展成为全民通语），到了魏晋以后，它又得到了迅速的发展。只是现存两汉文献没有充分反映口语的实际使用情况，使我们难以窥见它在当时演变发展的过程罢了。

5. 居/住

表示"居住"这个概念，上古用"居"（偶尔也用"止"等），现代汉语用"住"。这个交替过程也发生在魏晋南北朝时期。

"住"本是"停留，停止"义，如："佛语阿难：如世间贫穷乞丐人，令在帝王边住者，其人面目形貌何等类乎？"（后汉支谶译《无量清净平等觉经》卷 1）"见者呼之曰：'蓟先生小住。'"（《搜神记》卷 1）"住"应与"驻"同源，如《东观汉记·桓帝记》："以京师水旱疫病，帑藏空虚，虎贲、羽林不任事者住寺，减半奉。"《后汉书·邓禹传》："禹所止辄停车住节，以劳来之。"均用同"驻"。① 引申为"居住"义。《战国策·齐策六》："先是齐为之歌曰：'松邪，柏邪？住建共者客邪？'"这个"住"应该就是"居住"的住，这里用作使动，是"使建居住在共"的意思。这是目前所能见到的表示"居住"义的"住"的最早用例。另外《易林》卷 4"井之颐"有一例，也应作"居住"讲："乾作圣男，坤为智女，配合成就，长住乐所。"《风俗通义·过誉》："汝南戴幼起，三年服竟，让财与兄，将妻子出客舍中住，官池田以耕种。""住"指"居住"是无疑的了。

魏晋以后，"居住"义的"住"就很常见了，例如："妾家扬子住，便弄广陵潮。"（晋《长干曲》）"愿留就君住，从今至岁寒。"（陶渊明《拟古》九首之五）"乃遣人与曹公相闻：'欲修故庙，地衰不中居，欲寄住。'"（《搜神记》卷 17）"人民殷乐，无户籍官法，唯耕王地者乃输地利，欲去便去，欲住便住。"（《法显传·摩头罗国》）"蔡司徒在洛，见陆机兄弟住参佐廨中，三间瓦屋，士龙住东头，士衡住西头。"（《世说新语·赏誉》）"朝士住其中。"（《洛阳伽蓝记》卷 5）"王孝伯起事，王东亭殊忧惧，时住在慕士桥下。"（《御览》469 引《俗说》）"至嘉兴郡，暂住逆旅。"（《广记》320 引《荀氏灵鬼志》）"长沙有人，忘其姓名，家住江边。"

---

① 《说文》说解中"住"字 3 见，而正文无"住"字。清代学者有以为是"驻"或"逗"、"侸"之俗字者，详见《说文解字诂林》。

《御览》930、《广记》425 引《续搜神记》）"居住"、"住居"连文亦已见，如《搜神记》卷 10："石有弟子戴本、王思二人，居住海盐。"《魏书·杨椿传》："吾今日不为贫贱，然居住舍宅不作壮丽华饰者，正虑汝等后世不贤，不能保守之。"《洛阳伽蓝记》卷 2："吴人之鬼，住居建康。"

"住"用作"居住"义，在开始时并不完全等于"居"，用法上跟"居"有一定的互补性。"住"的词义有一个从具体到抽象的发展过程，也就是说，"住"是一步一步地侵入"居"的义域然后取而代之的。通过比较这两个词在魏晋南北朝时期的用法差异，我们能够把"住"的演变轨迹大体上探寻出来。比如"暂住"、"寄住"就多用"住"而少用"居"，这说明"住"跟"居"相比有一种时间上的短暂性，这种暂时性直接来源于它的本义。住在某地（一个行政区划）则多说"居"而较少用"住"，如"居某州（郡、县、城）、居京师"的说法很常见，与此相反，"住"的对象多为表示具体住所的名称，如"房、宅、舍、瓦屋、田舍、斋中、西厢中、某某家、廨、寺、亭、土窟、岩石间、墓下（侧、边）"等；或者比较具体的某个地点，如"村、某山、山中"等。下面这个例子很有代表性："居在临海，住兄侍中墓下。"（《世说新语·栖逸》）①"与某人同住"一般也用"居"不用"住"，如："与嵇康居二十年，未尝见其喜愠之色。"（《德行》）"陶公少有大志，家酷贫，与母湛氏同居。"（《贤媛》）"居人"（名词）不说"住人"。（如《搜神后记》卷 10："武昌虬山有龙穴，居人每见虬龙出入。"）"居"的"处"义更是"住"所没有的（直到今天都如此），如《搜神记》卷 6"贤者居明夷之世"、"贱人将居贵显"。这说明"住"所表达的"居住"概念比较具体，这也跟它的本义密切相关；而"居"经过几千年的使用，含义已经比较抽象，用法上也比较灵活。不过从总体上看，这一时期"住"从"暂住"到"久住"义的演变过程已经基本完成；表"居住在某地"的用法也在逐渐增多，例如："训不乐住洛，遂遁去。"（《搜神记》卷 1）用法上的这种扩展完成以后，"住"取代"居"的条件也就成熟了。在构词上，"住处"、"住所"等现代汉语常用的词语也已经出现：《论语·雍也》："非公事，未尝至于偃之室也。"梁皇侃疏："若非常公税之事，则不尝无事至于偃住处也。"是用当时的通用语来解释古书。《魏书·袁翻传》载翻表："那瑰住所，非所经见，其中事势，不敢辄陈。"又如以前说"居止"，而此时说"住止"（均为

---

①　在《世说新语》中，"居"和"住"大体上是这么分工的。全书"居"当"居住"讲的 16 见，其中对象是具体住所的 4 次；作"居住"讲的"住"13 见，对象全部为具体住所。

同义连文），例如《百喻经·效其祖先急速食喻》："昔有一人，从北天竺至南天竺，住止既久，即聘其女共为夫妻。"这些都表明，在当时的实际口语中"住"大概已经取代了"居"。

6. 击/打

"打"是后汉时期出现的一个新词，最早见于字书著录的是《广雅》，《释诂三》："打，击也。"又《释言》："打，棓也。"①早期的用例如："捎魍魉，拂诸渠，撞纵目，打三颅。"（东汉王延寿《梦赋》）"（乐无为）故默不答，众臣便反缚乐无为，拷打问辞。树神人现出半身，语众人曰：'莫拷打此人。'众臣曰：'何以不打？'"（失译《兴起行经》卷上《孙陀利宿缘经第一》）"时谷贵饥馑，人皆拾取白骨，打煮饮汁；掘百草根，以续微命。"（又《头痛宿缘经第三》）"打金侧玳瑁，外艳里怀薄。"（晋《子夜歌》四十二首之二十）"纨如打五鼓，鸡鸣天欲曙。"（《晋书·邓攸传》载《吴人歌》）"初，豁闻符坚国中有谣曰：'谁谓尔坚石打碎。'"（又《桓豁传》）"婢无故犯我，我打其脊，使婢当时闷绝。"（《搜神记》15）"打坏木栖床，谁能坐相思！"（宋《读曲歌》八十九首之六）"打杀长鸣鸡，弹去乌臼鸟。"（又之五十五）"伊便能捉杖打人，不易。"（《世说新语·方正》）逊便大呼云："奴载我船，不与我牵，不得痛手！方便借公甘罗，今欲击我。我今日即打坏奴甘罗！"（《广记》卷 320 引《续搜神记》）宋齐以后，用例迅速增多，凡古来用"击"的地方，有许多可以用"打"。上占的习惯用法"击鼓"，这时候已经以说"打鼓"居多了。还有"打击"、"击打"连文的，如："岩石无故而自堕落，打击煞人。"（葛洪《抱朴子内篇·登涉》）"以瓦石击打公门。"（《魏书·张彝传》）②在组合关系上，"打"多出现在比较口语化的上下文中并常跟新兴的语言成分相结合，如《高僧传》卷十"释慧通"："又于江津，路值一人，忽以杖打之，语云：'可驶归去，看汝家若为？'"这里的"打"、"驶"、"看"、"若为"都是地道的六朝口语词。《太平广记》卷 319 引《幽明录》："鬼语云：'勿为骂我，当打汝口

---

① 《说文新附·手部》："打，击也。"唐玄应《一切经音义》卷 6 引《说文》："打，以杖击之也。"又卷 3 引《通俗文》："撞出曰打。"钮树玉和郑珍两家的《说文新附考》都认为"打"即《说文·木部》朾之俗字。

② 《汉语大词典》"打击"条首引《水浒传》，太晚。

破。'”、“打汝口破”是此时的新兴句法。又如《北齐书·尉景传》：“景有果下马，文襄求之，景不与。……神武对景及常山君责文襄而杖之，常山君泣救之，景曰：'小儿惯去，放使作心腹，何须干啼湿哭不听打耶！'”《南史·陈本纪上》：“侯景登石头城，望官军之盛，不悦，曰：'一把子人，何足可打！'”又《任忠传》：“明日欻然曰：'腹烦杀人，唤萧郎作一打。'”又《高爽传》：“取笔书鼓云：'……面皮如许厚，受打未讵央。'”这些应当都是当时口语的实录，如果把“打”换成“击”就失去口语的生动性了。此外，史书引“时谣”、“童谣”之类一般都用“打”。又如“打杀（煞）、打死、打坏、打折、打拍、打摓（争斗）、打毬、打虎、打胸、打稽（时人称拦路杀人抢劫）、打簇（北朝时的一种游戏，又称'打竹簇'）、殴打、痛打、相打、极打、扑打、拷打、捶打、拳打、鞭打”等，也都是新生的口语说法。在数量上，就逯钦立所辑的六朝民歌考察，几乎全用“打”，“击”仅1见；《世说新语》“击”5见，“打”4见。这些事实说明，在当时的口语中“击”已退居次要地位，逐渐为“打”所代替，二词已有明显的文白之分。

　　“打”的词义在近代汉语阶段又得到了空前的丰富和发展。到了现代汉语，共有24个义项（据《现代汉语词典》），词义的丰富和用法的灵活恐怕没有哪个单音词能够同它相比。“打”在用法上的灵活性，在魏晋南北朝时期已经有所表现，不过总的来看，这一时期“打”的词义还比较实在，基本上都是指敲击性的动作，对象大都是具体的人和物。像《梁书·侯景传》：“我在北打贺拔胜，破葛荣，扬名河朔。”《颜氏家训·音辞》：“打破人军曰败。”用作“攻打，进攻”义，已显露出向抽象方向引申的迹象。

7. 疾、速、迅/快（駃）、驶

　　表示“迅速”这个意思，上古汉语用“疾”、“速”、“迅”等，现代汉语用“快”。中古时期除承用“疾、速、迅”之外，口语中常用的是“快”（字又作“駃”）和“驶”。

　　在中古时期，“疾、速、迅”都仍很常用；特别是“迅”，出现频率非常高。但这三个词大体上有个分工：“迅”主要用于修饰名词，作定语，如“迅羽、迅足、迅风、迅雨、迅雷、迅电、迅流、迅翼”等；“速”主要修饰动词，作状语，如“速决、速殄、速达、速装、速熟、速断”等，除个别情况外（如“速藻”——指速成的词藻），基本不修饰名词；“疾”则适用范围最广，修饰名词、动词均可，如“疾雨、疾风、疾雷、疾霆、疾流、疾马，疾行、疾走、疾进、疾驱、疾驰、疾战”等。从使用习惯看,这三个词主要用于书面语,在当时都属于较文的词语。

　　"快"原指一种心理活动,《说文》:"快,喜也。"大约在东汉,"快"除沿用旧义外(此义一直沿用至今),开始有了"急速"的意思,①扬雄《方言》:"逞、苦、了,快也。"蒋绍愚先生认为这个"快"就是"快急"之"快"。② 文献用例如:"何等为十六胜? 即时自知喘息长,即自知喘息短;即自知喘息快,即自知喘息不快;即自知喘息止,即自知喘息不止。"(后汉安世高译《大安般守意经》卷上)"何谓十六? 喘息长短即自知……喘息快不快即自知,喘息止走即自知。"(三国康僧会译《六度集经》卷7)这两段文字文意相同,译者不同,但都用"快"表"急速"义,可见当时此义已在口语中行用。③ 魏晋以后,用例多见,如:张承与岱书曰:"……加以文书鞅掌,宾客终日,罢不舍事,劳不言倦,又知上马辄自超乘,不由跨蹑,如此足下过廉颇也,何其事事快也。"(《三国志·吴志·吕岱传》)"若欲服金丹大药,先不食百许日为快。若不能者,正尔服之,但得仙小迟耳。"(《抱朴子内篇·杂应》)"蛴螬以背行,快于用足。"(《博物志》卷4"物性")"君可快去,我当缓行。"(《搜神记》卷4)"此马虽快,然力薄不堪苦行。"(《晋书·王湛传》)"卿下手极快,但于古法未合。"(《广记》324引《幽明录》)"(陈安)常乘一赤马,俊快非常。"(《艺文类聚》60、《北堂书钞》124、《御览》354引《荀氏灵鬼志》)"嵇中散夜弹琴,忽见一鬼著械来,叹其手快,曰:'君一弦不调。'"(《御览》644引《语林》)"梁武帝尝因发热,欲服大黄,僧垣曰:'大黄乃是快药,然至尊年高,不宜轻用。'"(《周书·姚僧垣传》)最常见的是作定语修饰动物,如"快马、快牛、快犬、快狗"等。也有"快疾"连文的,如《拾遗记》卷6:"帝于辇上,觉其行快疾。"字又写作"駃",《说文·马部》"駃"下徐铉曰:"今俗与快同用。"例子如:"日南多駃牛,日行数百里。"(杨孚《异物志》)"曹真有駃马名为惊帆,言其驰骤如烈风之举帆疾也。"(崔豹《古今注·杂注》)"牛歧胡有

---

①　曹广顺认为:"'快'字的'迅速'义可能是从'駃'字来的。"又说:"根据我们目前所见的材料,'快'获得'迅速'义,可能不迟于魏晋南北朝。"见《试说"快"和"就"在宋代的使用及有关的断代问题》,《中国语文》1987年第4期。现在看来,时间还可提前。又,江蓝生也有类似说法,参看上引书,页117—118。
②　《从"反训"看古汉语词汇的研究》,原载《语文导报》1985年第7、8期;又收入《蒋绍愚自选集》,河南教育出版社,1994,页23。
③　《汉语大词典》"快"字此义下所引始见书证为《史记·项羽本纪》"今日固决死,愿为诸君快战",似欠妥,此"快"仍当为"畅快"义。

寿,眼去角近,行駃。"(《齐民要术·养牛马驴骡》)"夫三相雷奔,八苦电激,或方火宅,乍拟駃河,故以尺波寸景,大力所不能驻。"(王僧孺《礼佛唱导发愿文》)"道中有土墙,见一小儿,裸身,正赤,手持刀,长五六寸,坐墙上磨其駃。"(《御览》345 引《祖台之志怪》)

"駛"也是魏晋南北朝时期的一个常用词,[①]它的"快速"义在西汉时就已有了,《尉缭子·制谈》:"天下诸国助我战,犹良骥 骒骈之駛,彼驽马鬐兴角逐,何能绍吾气哉!""駛"一本作"駃"。《诗·秦风·晨风》:"鴥彼晨风,郁彼北林。"毛传:"先君招贤人,贤人往之,駃疾如晨风之飞入北林。"《释文》:"駃,所吏反。"阮元《校勘记》云:"相台本駃作駛,小字本作駛,案駛字是也。"唐慧琳《一切经音义》卷 66 引《苍颉篇》:"駛,马行疾也。"又卷 61 引《苍颉篇》:"駛,疾也。"魏晋以后,它的使用频率不低于"快(駃)",这里举一些例子:"宣王为周泰会,使尚书钟毓谓泰曰:'君释褐登宰府,三十六日拥麾盖守兵马郡,乞儿乘小车,一何駛乎!'"(《三国志·魏志·邓艾传》裴注引郭颁《世语》)"蕤宾五月中,清朝起南飔。不駛亦不迟,飘飘吹我衣。"(陶渊明《和胡西曹示顾贼曹》诗)"倾家持作乐,竟此岁月駛。"(又《杂诗》十二首之六)"感此还期淹,叹彼年往駛。"(潘岳《在怀县作》诗二首之二)"(鳖)自捉出户外,其去甚駛,逐之不及,遂便入水。"(《搜神记》卷 14)"福曰:'汝何姓,作此轻行? 无笠,雨駛,可入船就避雨。'"(又卷 19)"年十岁,从南临归,经青草胡,时正帆风駛,(荀)序出塞郭,忽落水。"(《御览》769 引《续搜神记》)"既及冷风善,又即秋水駛。"(谢灵运《初往新安至桐庐口》诗)"辞家远行去,空为君,明知岁月駛。"(刘铄《寿阳乐》)"燕陵平而远,易河清且駛。"(沈约《豫章行》诗)"逸足骤反,游云移駛。"(萧统《七契》)"菌蟪夕阴,倏駛无几。"(王僧孺《为韦雍州致仕表》)"风多前鸟駛,云暗后群迷。"(梁元帝《咏晚栖鸟》诗)"湍高飞转駛,涧浅荡还迟。"(张正见《陇头水》诗二首之一)又多用作定语修饰名词,组成下面这样一些词组:駛雨、駛风、駛雪、駛河、駛流、駛马、駛牛、駛翼等。

"快(駃)"和"駛"在用法上大体相同,两者都常作定语和谓语。不过也有一些细微差别:1)"駛"更多地用于"风、雨、雪"一类的自然现象,着重强调它

---

① 参看江蓝生上引书,页 177—178。

们的急骤猛烈；"快"则更多地用于动物，词义侧重于速度快。① 2）"快"可受否定副词"不"修饰，"驶"则未见。3）"驶"多见于诗赋等典雅的文学作品中，而"快"在这种场合很少出现。这些细微差别似乎跟"驶"在后来的同义词竞争中终于被淘汰而"快"一直沿用到现代汉语这一事实存在着某种内在的联系：风、雨、雪等的急骤猛烈后世多用"急、紧、猛"等词语来形容，"驶"就让位给了它们，而在描摩动物的速度快方面，"驶"也没能在竞争中取胜，它原先所占的地盘后来都让给了"快"；"驶"在用法上的局限性（如不能受"不"修饰）使它在竞争中处于不利地位；就在魏晋南北朝时期，"驶"在口语中的势力可能已经没有"快"大，或者说，"快"正处在上升扩展时期，而"驶"却在走下坡路。这些仿佛都预示着两个词以后的发展命运。

8. 寒/冷

这组词本文作者之一曾在一篇文章中讨论过，②这里我们再作两点补充：

一、魏晋以后，"冷"已用得十分普遍，它不仅"成为'热'的通用反义词"，而且常跟"暖"、"温"对用，例如："昔太子生时，有二龙王，一吐冷水，一吐暖水。"（《艺文类聚》卷 76 引支僧载《外国事》）"余所居庭前有涌泉，在夏则冷，涉冬而温。"（傅咸《神泉赋序》）"艾县辅山有温冷二泉……热泉可煮鸡豚，冰（疑当作'冷'）泉常若冰生。"（《初学记》卷 7 引《幽明录》）"左右进食，冷而复暖者数四。"（《世说新语·文学》）"桓为设酒，不能冷饮，频语左右，令'温酒来'。"（又《任诞》）

二、在这一时期"冷"虽然已是"热、暖、温"的反义词，又是"可以与'寒'连文或互用的同义词"，但"寒"和"冷"在意义和用法上还是有区别的，这主要表现在以下几个方面：1）"寒"所指的寒冷程度比"冷"所指的要深，表现为"寒"常和"冰、霜、雪"等词联系在一起，例如："天寒岁欲暮，朔风舞飞雪。"（晋《子夜四时歌·冬歌》十七首之九）"寒云浮天凝，积雪冰川波。"（又之七）"欲知千

---

① "快风、快雨、快雪"的"快"大多仍是"畅快、痛快"的意思，跟"驶风、驶雨、驶雪"的意义不一样。如《三国志·魏志·管辂传》："时天旱，……到鼓一中，星月皆没，风云并起，竟成快雨。"王羲之有《快雪时晴帖》。

② 张永言《说"淘"》，《中国语言学报》1988 年第 3 期；又收入《语文学论集》，语文出版社，1992。

里寒,但看井水冰。"(又之十五)"经霜不堕地,岁寒无异心。"(又之十六)而"冷"则很少这样用。用现代人的区分标准来看,"寒"大多是指零度以下,而"冷"则一般指零度以上;"冷"的程度大概介于"寒"和"凉"(今义)之间。《后汉书·戴就传》:"就语狱卒:'可熟烧斧,勿令冷。'"这个"冷"指冷却,不能换成"寒",就很能说明两者程度上的差别。当然这种区别不是绝对的,比如王献之《杂帖》:"极冷,不审尊体复何如?"沈约《白马篇》:"冰生肌里冷,风起骨中寒。"萧统《锦带书十二月启·黄钟十一月》:"酌醇酒而据切骨之寒,温兽炭而祛透心之冷。""冰"、"霜"也可以说"冷",如《晋书·王沉传》:"褚翜复白曰:'冰炭不言而冷热之质自明者,以其有实也。'"隋炀帝《手书召徐则》:"霜风已冷,海气将寒。"不过数量都还比较少。但后世"冷"终于取代"寒"从这里已经可以看出端倪。2)"冷"多用于表具体物质或物体的感觉上的冷,而"寒"则多用于抽象的事物或用来概括某类事物的特点。比如"天寒、岁寒、寒暑、寒衣、寒服"都是指比较抽象的气候寒冷,一般不能换成"冷"①;"冷"可以描绘的具体对象范围很广,比如"水、火、风、月、雨、霜、露、冰、山气、朔气、身、体、体中、胃中、手、足、背、齿、心、心下、肠、髓、乳、衣袖、气、茶、酒、粥、浆、炙、药性、物性、枕席、簟、器、殿、堂、猿、牛角、卵、竹、蓝、榆、石、涧、泉"等等。其中"心冷"、"肠冷"等已是相当抽象的引申用法,为后世继续朝这个方向引申(如"冷面"、"冷眼"等)开了先河。3)"冷"可以修饰动词作状语,如上文所举的《世说新语·任诞》"不能冷饮",又如晋陆翔《邺中记》:"邺俗,冬至一百五日为介子推断火,冷食三日。"巢元方《诸病源候论》卷6"寒食散发候篇"引皇甫谧《论》:"坐衣裳犯热,宜科头冷洗之。"《北史·崔赡传》:"何容读国士议文,直如此冷笑?"这是"寒"所没有的。这种用法在后世得到了进一步的发展,这可能也是在口语里"冷"最终淘汰了"寒"的一个原因。

　　以上我们讨论了8组常用词在中古时期变迁递嬗的大概情况。由于掌握的材料有限,研究的方法也在探索之中,观察和分析都还是很粗浅的,所得的结论不一定确切,有的甚至难免错误,这都有待于今后继续探讨和修正。本来,我们写作本文的主旨,也不过是想通过分析一些实例来提倡一下词汇史

---

① "天冷"的说法当时还很少见,《洛阳伽蓝记》卷5:"是时八月,天气已冷。""冷"一本作"寒"。

领域中长期被忽视的常用词演变的研究。经过初步的实践,我们感到常用词的历史的研究是很有意义的,而且是大有可为的,但迄今尚未引起词汇史研究者的普遍重视。除上面提到的少数几篇文章外,还很少有人问津,大家的兴趣和工夫几乎都集中到考释疑难词语上头去了。这种情况看来亟须改变,要不然再过一二十年,词汇史的研究将仍然会远远落在语音史和语法史的后面。因为常用词大都属于基本词汇,是整个词汇系统的核心部分,它的变化对语言史研究的价值无异于音韵系统和语法结构的改变。词汇史的研究不但不应该撇开常用词,而且应该把它放在中心的位置,只有这样才有可能把汉语词汇从古到今发展变化的主线理清楚,也才谈得上科学的词汇史的建立。这项工作也许需要几代人的共同努力,但是可以肯定研究前景是十分广阔的。现在我们不揣浅陋,把这一点不成熟的思考贡献出来,恳切希望得到同行专家的批评指正。

两次分类——再谈词汇系统及其变化

蒋绍愚

导言——

本文原载于《中国语文》1999 年第 5 期。

作者蒋绍愚(1940~　),浙江富阳人。北京大学教授、博士生导师。研究方向为汉语词汇史、汉语语法史,著有《古汉语词汇纲要》(1989)、《唐诗语言研究》(1990)、《近代汉语研究概况》(1994)、《汉语词汇语法史论文集》(2000)、《汉语词汇语法史论文续集》(2012)等。

如果对不同语言的对应词项或者同一语言在不同历史时期的对应词项进行对比研究的话,就会发现,这类词项往往意义并不完全等价。这类现象的深层原因就在于"两次分类"的不同。文章以怎样认识语言的词汇系统、词汇系统历史发展的表现层面等为着眼点,认为词汇的核心是词义,其中,"'义位'是属于语言深层结构的,反映人们思想中对客观事物的分类。"(蒋绍愚《关于汉语词汇系统及其发展变化的几点想法》)至于义位的设定方面,在不同语言、同一语言的不同历史时期中均有不同,这属于"第一次分类"。不过,义位需要依附于词来显现,除单义词外,往往是多个义位结合成一个词。在结合过程中,又形成"第二次分类"。"两次分类"的观点可以很好地帮助我们进行不同语言词汇的对比。斯瓦迪士曾编辑一百基本词的"修正表",用于语言对比。但学者发现,不同语言里很难找到意义、用法等方面完全等价的词。这是因为两种语言的词项既有第一次分类的不同,即义位的参差和义域的宽窄;也有第二次分类的区别,即一个多义词包含的具体义位不同。明乎此,则可以深入比较不同语言的词汇结构。同理,两次分类的观点也有助于研究汉语词汇发展史。根据斯瓦迪士一百基本词的"修正表"进行对比可知,一个词的主要义位的义域会发生变化,这是第一次分类的变化;同时,一个词的义位也可能发生增减,这就是第二次分类的变化。在此后的文章中,作者又从概念场角度出发,将这类概念节点称之为"义元"(蒋绍愚《打击义动词的词义分析》)。

怎样认识一种语言的词汇系统?一种语言的词汇系统和另一种语言的词汇系统的不同表现在什么地方?同一种语言的词汇系统的历史发展表现在什么地方?这是研究词汇和词汇史必须要解决的一个大问题。在拙著《关于汉语词汇系统及其发展变化的几点想法》(《中国语文》1989年1期)中谈了一点想法,现在进一步谈一谈。

各种语言的词汇系统有什么不同?最直观的看法是:词是音义结合的语言单位,词所表示的义(概念)是各种语言共同的,不同的是词的音。

另一种相当普遍的看法是:各民族的社会和文化情况不同,同一个民族在不同历史时期的社会和文化情况也不相同,所以不同民族的语言的词汇以及同一种语言在不同时期的词汇构成都不相同。比如:生活在寒带的民族,其语言中有很多反映冰雪的词,古代民族语言中有很多关于祭祀的词,现代民族语言中有很多关于现代科技的词等等。

还可以从构词法的角度看:不同民族、不同历史时期的语言,构词法不同,所以词汇的面貌也不相同。

这些看法都有一定的道理。但词汇的核心是词义,考虑词汇系统的问题主要还应从词义着眼。而词义是和人们对世界的认知紧密联系着的,所以,这个问题要从人们对世界的认知谈起。这就是本文所说的"两次分类"的问题。

——

1.1　人们对客观世界认知的过程不是机械的、照相式的反映,而是能动地认识世界。世界上的事物、动作、性状极其纷繁复杂,人们不可能逐个地加以指称,而总是要加以概括、抽象,舍弃一些非本质特征,把具有某些本质特征的归为一类。把哪些事物、动作、性状分为一类,把另一些事物、动作、性状分为另一类,这在不同民族以及同一民族在不同历史时期都有所不同。与此相应,在不同的语言中以及同一种语言在不同历史时期中,把哪些事物、动作、性状概括为一个义位,也有所不同。这是我们所说的"第一次分类"。

例如,把帽子、衣服、鞋子套在身上的动作,英语中统称为"wear",如:"wear cap"、"wear clothes"、"wear shoes"。不仅如此,英语中"wear"这个义位还可以表示把钻石等挂在身上,甚至留着头发等动作,可以说"wear a dia-mond"、"She worn her hair in a knob behind"等。[①] 而在汉语中,上古这三个动作分别用"冠"、"衣"、"履"三个义位来表示,中古用"著"一个义位来表示,现代用"戴"、"穿"两个义位来表示。这就是第一次分类的不同。拿这些义位相比较,可以看出,英语中"wear"这个义位的义域最宽,汉语(不论是上古汉语、中古汉语还是现代汉语)中上述义位的义域都不能完全覆盖英语"wear"的义域。[②]

又如,"摇头"、"摇树"、"摇旗(呐喊)"、"摇扇子"、"摇摇篮"、"摇辘轳"、"摇尾巴"的"摇",虽然动作的方式不一样,但是在说现代汉语的人看来,这些"摇"的词义并无不同,也就是说,把这些动作归为一类。但是在英语中,这些动作就要分别用不同的词表示,如:"shake head"、"shake the tree"、"wave a flag"、"wave a fan"、"rock the cradle"、"turn windlass"、"wag tail"等,也就是

---

① 　*"Oxford English Dictionary"*(*second edition*):
WEAR:(1) 1. To carry appendant to the body.(J.)
1. a. To carry or bear on one's body or on some number of it, for covering, warmth, ornament etc; to be dressed in, to be covered or decked with, to have on.
3. To allow(one's hair, beard) to grow in a specified fashion, or as opposed to shaving or to the use of a wag. (2) To waste, damage, or destroy by use.
12. To form or produce by attrition.
本文英语词语的释义多引用 *Oxford English Dictionary*,以下不再一一注明。
② 　"义域"的概念请参见拙作《关于义域》,《蒋绍愚自选集》。

说,在说英语的人看来,这些动作要根据其方式(包括动作的主体、方向、频率等)的不同分为几类。

　　动作是如此,事物也是如此。《论语·雍也》:"智者乐水,仁者乐山。"这个"水"是江河湖海的统称或任指。"水"的这个义位现代汉语中还保留着,如"水上居民"。这个义位要翻译成英语就很困难,因为英语中没有一个义位和它相当。(汉语中的"水陆运输"英语说成"transportation by land and water",但这是因为英语中"by water"表示"movement by river or sea",这并不表示英语中"water"一词有"river or sea"这个义位。[①] 汉语中的"水上居民",英语中称为"boat dwellers"。这是对同一种事物从不同的角度命名,这个问题这里不讨论。)也就是说,说汉语的人可以把"江"、"河"、"湖"、"海"归为一类(当然也可以分开),而说英语的人不把它们归为一类。

　　又如"笔"。中国最早使用的是毛笔。后来有了铅笔、钢笔、粉笔、圆珠笔等,人们把它们都归为一类,在汉语中统称为"笔"。但是,在英语中,"pen"的定义是"an instrument for writing or drawing with ink. esp. a. a thin short piece of wood,with a thin pointed piece of metal(NIB)at one end which is dipped into ink. b. = FOUNTAIN PEN. c. = BALLPOINT. d. = Quill."("LONGMAN ENGLISH DICTIONARY")即:只包括蘸水笔、自来水笔、圆珠笔、鹅毛笔。铅笔和粉笔都是另一类,分别称为"pencil"和"chalk";毛笔更是另一类,称为"writing brush",竟然和刷子归为一类了。这也是分类不同的一个有趣的例子。

　　再举一个表性状的例子。英语的"male"、"female"表示性别,既可以指动物,也可以指人。在汉语(不论是古汉语还是现代汉语)中,表动物的性别和表人的性别必须分开,表动物的性别说"牝牡"、"公母"、"雌雄",表人的性别说"男女"。这也是分类的不同。说英语的人把动物的性别和人的性别归为一类,而说汉语的人要把两者分开。

　　在各种语言中(或同一种语言的不同历史时期中),把某些事物、动作、性状归为一类,成为一个义位,把另一些归为另一类,成为另一个义位,这就是我们所说的"第一次分类"。由于第一次分类的不同,使得两种不同的语言

---

① *"Oxford English Dictionary"*:

"by water:by ship or boat on the sea or a lake or river or canal."

sea,lake,river,canal 并列,可见英语中没有江河湖海的统称。

（或不同时期的语言）中的义位形成十分错综的状态：甲语言中用一个 A 义位来表达的，在乙语言中可能要分别用两个（a，b）或三个（a，b，c）义位来表达；甲语言中有 A 义位，乙语言中未必有相应的义位；或者乙语言中虽然有大体相应的 a 义位，但 a 义位的义域和和 A 义位的义域有大小的不同。等等。

义位是词义结构的第一层，在这一层上，各种语言的词汇结构就有所不同。

1.2 但义位是必须通过词来显现的。单义词一个词就是一个义位，多义词一个词有几个义位。也就是说，在多数情况下，总是几个义位结合在一起，组成一个词。哪些义位结合在一起组成一个词，这又是一次分类。这是我们所说的"第二次分类"。这种分类，也是各种语言（或各个不同时期的语言）有所不同的。

还用上面举过的例子。在汉语中，上古的表示戴帽的"冠"，和表示行冠礼的"冠"、表示位居第一的"冠"结合在一起，组成一个词。表示穿衣的"衣"，和表示覆盖的"衣"（《周易·系辞下》："古之葬者，厚衣之以薪。"）结合在一起，组成一个词。表示穿鞋的"履"，和表示践履的"履"结合在一起，组成一个词。中古表示穿戴的"著"，和表示附着的"著"结合在一起，组成一个词。现代表示戴帽的"戴"，和表示拥戴的"戴"结合在一起，组成一个词。表示穿衣的"穿"，和表示穿透的"穿"结合在一起，组成一个词。在英语中，表示穿戴的"wear"和别的义位，如"to form or produce by attrition."（如：A steep and rugged path，worn by the boors' cattle），①结合在一起，组成一个词。

又如：现代汉语中的"水"，除 H_2O 和"江河湖海的统称"以外，还有另一个义位：洗的次数（洗几水）。英语中的"water"，除了常见的 H_2O 以外，还有另一个义位：state or level of the tide（潮）。（如：at high water.）

---

① *"Oxford English Dictionary"*（*second edition*）：
WEAR：(1) 1. To carry appendant to the body.(J.)
1. a. To carry or bear on one's body or on some number of it, for covering, warmth, ornament etc; to be dressed in, to be covered or decked with, to have on.
3. To allow(one's hair, beard) to grow in a specified fashion, or as opposed to shaving or to the use of a wag.
(2) To waste, damage, or destroy by use.
12. To form or produce by attrition.

　　同一个词的几个义位之间意义总是有联系的,从历史发展来看,一个词的意义由少变多,由本义产生出若干个引申义,形成一个词包含若干义位,这应该说是一种联想的过程,为什么把一个词包含几个义位说成是"第二次分类"的结果呢? 这是因为有联系的意义可以有很多,把哪些意义归在一起组成一个词,把另一些意义另归在一起组成另一个词,这在不同语言(或不同时期的语言)又是有所不同的。如"水(water)"(H_2O)和"洗的次数"以及"tide(潮)"意义上都有联系,但这三个意义哪些用同一个词表达(即归为一类),在汉语中和英语中就不一样。汉语中把"水"和"洗的次数"分为一类,用同一个词表达。而英语中把"water"和"tide"分为一类,用同一个词表达。又如:汉语中同是表示"戴帽"的"冠"(上古)和"戴"(现代),意义上与"位居第一"以及"拥戴"都有联系,但上古"冠"(戴帽)和"位居第一"用一个词表达,现代"戴"(戴帽)与"拥戴"用同一个词表达。人们把哪几个意义有联系的义位归在一起,用同一个词表达,这也是分类。我们称之为"第二次分类"。这种分类的不同也形成各种语言(或不同时期的语言)的词汇结构的差别。

　　词是词义结构的第二层。在这一层上,各种语言的词汇结构也有所不同。

二

　　"两次分类"的观点对词汇研究有什么用处呢?

　　首先,有助于两种语言词汇的对比。

　　语言年代学的创始人 W. 斯瓦迪士编制了一百词的"修正表",考察这一百个基本词根语素(basic-root-morphemes)在古英语和现代英语以及民间拉丁语和西班牙语中意义的异同,以此来考察语言的年代。后来别的学者也用这个"修正表"来考察其他语言的年代。我们的兴趣不在于语言的年代,但可以利用这个"修正表"来比较两种语言的词汇结构。

　　已经有学者指出,用这个"修正表"来研究其他语言的年代的时候,首先遇到的一个问题是:两种语言很难找到意义、用法等方面都等价的词。H. Hoijer 在用此表研究印第安语的 Navaho 语时就发现,Navaho 语和英语的很多词对不上。例如:cin 的意义比 tree 宽,包括棍子、木材、柱头以及各种木块。-naaʔ 既表示 seed,又表示 eye。-cii 表示 head 和 hair(人的头发),而动物的毛(hair)则用另一个词来表达。英语的"know"在 Navaho 语中用三个词表达。① 这种现象，用我们的观点来看，就是"两次分类"的不同。cin 和 tree 的不同是由于第一次分类的不同：两个大致相应的义位，义域的宽窄不同。-naaʔ 和 seed，eye 的区别则可能是由于第二次分类的不同：英语中 seed 和 eye 两个不同的义位分别用两个词来表达，Navaho 语中两个相应的义位结合成一个词-naaʔ。

拿这一百个英语的"基本词根语素"和汉语中大致相应的词作比较，也可以看出很多差别。为了讨论的方便，下面只就一些词的最主要的义位进行比较，举出一些较为显著的差别。

（1）I，WE　英语中是两个词，古汉语中都用"我"表示。

（2）NOT　古汉语中在谓词性词语前面用"不"，在体词性词语前面用"非"。

（3）MANY　英语中还有 much，用以说明不可数名词，而 MANY 用于说明可数名词。汉语中只有一个"多"。

（4）BIRD　古汉语中有两个词和它相应："禽"和"鸟"。"禽"包括鸟和兽，义域比 BIRD 宽。

（5）TREE　古汉语中相应的词是"木"。"木"既指树，也指木头、木质的，义域比 TREE 宽。

（6）BARK，SKIN　BARK 是树皮，SKIN 是人和动物的皮。在古汉语中，人皮叫"肤"，树皮和动物的皮都叫"皮"。在现代汉语中，三者统统叫"皮"。这是分类不同的一个好例子。

（7）FLESH　FLESH 主要指长在人和动物身上的肉，另有 meat 主要指吃的肉（但不包括鱼肉和鸡肉）。古汉语中"肌"指人身上的肉，"肉"指动物的肉（不分身上的和吃的）。现代汉语中统统叫"肉"。这也是分类不同的一个好例子。不但分出来的类不同，而且英语和古汉语分类的标准也不同。

（8）EGG　古汉语中相应的词是"卵"。但"卵"的义域比 EGG 宽，还可以指鱼子，这在英语中叫 spawn。

（9）FEATHER，HAIR　古汉语中相对应的有三个词：鸟的毛叫"羽"，人

---

① Harry Hoijer：" Lexicostatistics：A Critique," *Language*，Vol.32 No.1，1956. 转引自徐通锵《历史语言学》。

的头发叫"发",人的其他毛和动物的毛叫"毛"。现代汉语中相对应的有两个词:头发叫"发",其他都叫"毛"(鸟的毛也可以叫"羽毛")。但分类和英语不同。

(10) KILL 汉语中相应的义位是"杀"。但 KILL 的义域比"杀"宽:"He was killed by an accident","They were killed with famine"中的 KILLED 不能翻译为"杀"或"杀死",只能翻译为"死"。

(11) SAY 汉语中相应的义位是"说"。但 SAY 的义域比"说"宽:"He said his prayers"中的 SAID 不能翻译成"说",而只能翻译成"念"。

(12) STONE 汉语中大致相应的义位是"石"(古汉语)或"石头"(现代汉语)。但"石"或"石头"可以指小石子也可以指巨石,而 STONE 的意义是"a piece of rock,esp. not very large",巨石要说"rock"。所以 STONE 的义域比"石"或"石头"窄。

(13) FIRE 汉语中大致相应的义位是"火"。英语中还有一个 flame,和 FIRE 有区别,意义是"red or yellow burning gas"(火焰),但 flame 有时也相当于汉语的"火"。如"a great fire","a great flame"都是"大火","The whole house was in flames",汉语通常不说成"在火焰中",而说"在大火中"。可见 FIRE 的义域比"火"窄。

(14) PATH PATH 和 road 相对,就如同古汉语中的"径"和"路(道)"相对。在现代汉语中,不论大小都叫做"路"。英语 PATH 的义域比现代汉语"路"的义域窄。

(15) MOUNTAIN MOUNTAIN 和 hill 相对,如同古汉语中的"山"和"丘"相对。在现代汉语中,不论大小都叫做"山"。英语 MOUNTAIN 的义域比现代汉语"山"的义域窄。

以上比较的是"第一次分类"的不同,表现为义位的参差和义域的宽窄。至于第二次分类的不同,即一个词包含哪些义位的不同,在两种不同语言的词汇中就更加普遍,可以说几乎找不到两个相对应的英语和汉语的多义词其义位是一一对应的。比如最简单的 ONE 和"一",英语中的 ONE 除了表示"一"以外,还有一个义位:(the) only necessary and desirable(唯一的)。如:She is the one person for this job.汉语的"一"没有这个义位。(古汉语可以说"一人而已",但"唯一"的意思是由"而已"表达的。)反过来说,汉语的"一"除了表示 ONE 以外,还有一个义位:另一个。如:泰山一名岱宗。英语的 ONE 没有这个义位。

　　了解了这种情况，不但可以深入比较两种语言词汇结构的不同，而且有助于学习外语。中国人学英语，往往把 many 和 much 用混，把 flesh 和 meat 用错，把"小山"说成"small mountain"，其原因就是还用汉语的词汇结构模式来使用英语。上面说的仅仅是一百个"基本词根语素"中的英语词和汉语词的差别，如果再扩大一点，比较一下几百个常用词，其差别会更多。如果把这种差别整理出来，告诉初学者，这对他们的外语学习肯定是大有裨益的。

三

　　"两种分类"的观点还有助于汉语词汇发展史的研究。这是我们更加感兴趣的一个方面。

　　上面说过，斯瓦迪士用一百词的"修正表"来考察语言的年代，但他只是看一种语言中表达同一概念的词从古到今是否变了，或者改变以后是否与原来的词同源。按照"两次分类"的观点，研究词汇系统的历史发展演变，不仅仅要考察是否以新词替换了旧词，还要进一步考察，即使古今还是同一个词，它的内部结构是否有变化，即：1. 这个词的主要义位的义域古今是否有变化；2. 这个词的各个义位古今是否有变化。

　　我们以斯瓦迪士的"修正表"中的一百词为依据，考察了和这一百个词相应的汉语的词，发现其中有不少词虽然从古到今没有新旧替换，但是其内部结构发生了变化。

　　3.1　一个词的主要义位的义域发生了变化①

　　（1）长　"长短"的"长"从古到今主要意义没有变，但义域有变化。《墨子·公输》："荆有长松文梓。"《史记·孔子世家》："孔子长九尺有六寸，人皆谓之'长人'而异之。"这些"长"在现代汉语普通话中要说"高"。也就是说，古代的"长"义域比现代的"长"宽。②

　　（2）大　先秦"大"表示"年龄大"很少见。《诗经·小雅·楚茨》："小大稽

---

① 　一个词产生了新的意义（如"大"表示年龄大），究竟应该看作义域的扩大，还是义位的增加，有时难以确定。本文对此不作详细讨论。
② 　有些例句转引自《汉语大词典》，不一一注明。

首。"郑笺:"小大犹长幼也。"这种例子很少。《管子·海王》有"大男"、"大女",指成年男女,但《管子》一书未必是先秦的作品。西汉已有"大小毛公"、"大戴"、"小戴"之称,可见"大"已指年龄大。"大"作为动词表示"长大"就更晚。《释名·释姿容》:"匍匐,小儿之时。……人虽长大,及其求事尽力之勤犹亦称之。"大约是东汉之后。这已经不止是义域的扩大,而是增加一个新的义位了。

(3) 小 先秦"年纪小"一般说"少",不说"小"。《诗经》例已见上引。大约西汉出现"少小",如刘向《说苑·谈丛》:"仁慈少小,恭敬者老。"但汉代一般仍说"老少"和"幼少",如《史记·货殖列传》:"不择老少。"《汉书·王莽传》:"周成王幼少。"说"老小"和"幼小"是较晚的事,如《孟子·梁惠王上》"反其旄倪"赵岐注:"乞还其老小。"《后汉书·李固传》:"帝尚幼小。"可见"小"的义域是逐渐扩大的。

(4) 木 在先秦两汉"木"既指树,又指木头。"树"也可以指树木,但用得不如"木"多。后来"木"的义域逐渐缩小,只表示"木头"的意义,"树木"的意义通常用"树"表示。可以把下面的例子加以对比:《楚辞·九歌·湘夫人》:"洞庭波兮木叶下。"《汉书·珪弘传》:"有虫食树叶成文字。"《汉书·晁错传》:"木皮三寸。"《南齐书·陈显达传》:"瞰死人肉及树皮。"当然,后代用"木"表示"树"也还不少,但这是仿古的现象。

(5) 皮 先秦时"皮"和"肤"分为两类。"皮"只指兽皮和树皮,人皮叫"肤"。有人举出《庄子·山木》:"吾愿君刳形去皮,洒心去欲。"认为先秦"皮"已可指人皮,这是误解。《庄子》原文是:"夫丰狐文豹,……其皮为之灾也。……今鲁国非独君之皮耶? 吾愿君刳形去皮,洒心去欲。""皮"是比喻的用法。《论语·颜渊》:"肤受之愬。"皇疏:"肤者,人肉皮上之薄皱也。"这时才把兽皮和人皮归为一类,统称为"皮"。"皮"的义域扩大了。

(6) 肉 先秦时"肉"和"肌"分为两类。"肉"指兽肉,"肌"指人身上的肉,一般不混。《说文》:"肌,肉也。""肉,胾肉也。"段注:"人曰肌,鸟兽曰肉,此其分别也。"段注说的是先秦的情况,《说文》反映的是汉代的情况,到汉代,已把人身上的肉和鸟兽的肉合为一类,统称为"肉"。"肉"的义域扩大了。

(7) 毛 先秦时"毛"和"羽"分为两类。"毛"指兽毛,有时也指人的头发(如"二毛"),鸟的毛称"羽"。后来鸟毛也可以叫"毛",如《战国策·楚四》:"是以国权轻于鸿毛。""鸿毛"也见于司马迁《报任安书》,可见西汉已经通用。

"毛"指人的头发的用法后代也还能见到,如"白毛"。"毛"的义域扩大了。

(8) 路　先秦"路"和"径"分为两类。"路"是大路,"径"是小路。《十三经》和《史记》均无"小路"的说法,《吴子》:"险道狭路,可击。"但《吴子》不是先秦作品。《汉书·韩信传》:"从间路绝其辎重。"《史记·淮阴侯列传》作"从间道绝其辎重"。可见"间路"出现得比较晚。后来"大路"、"小路"都叫"路","路"的义域扩大了。

(9) 山　先秦"山"和"丘"分为两类。"山"是大山,"丘"是小土丘。《尔雅》中《释丘》、《释山》分为两章,《释山》中的"小山"仍然是"山"而不是"丘"。如"小山别大山,鲜。""鲜"仍是山。《诗经·大雅·皇矣》:"度其鲜原,居岐之阳。"度过的是一座山,而不是一个小土丘。反之,柳宗元《钴姆潭西小丘记》中的"小丘"不能说成"小山"。到后来,小土丘也可以称为"小山","山"的义域扩大了。

(10) 二　先秦时"二"只用于事物的数量,表动作的数量用"再",如《庄子·山木》:"一呼而不闻,再呼而不闻,于是三呼邪?"不能说"二呼"。到汉代,表动作数量也用"二",如班昭《女诫》:"夫有再娶之义,妇无二适之文。""二"的用法同"再"。"二"的义域扩大了。(后来"两"又代替了"二",也是兼表事物和动作。)

3.2　一个词的义位有了增加或减少

(1) 男　古代"男"有"男子"和"儿子"两个义位。直到《红楼梦》中还有"镇国公诰命生了个长男"(14 回)。在现代普通话中,一般说"长子",不说"长男"。"男"的"儿子"这个义位消失了。

(2) 口　"口"的"出入的通道"的义位是先秦没有的。大约魏晋时新增加了这个义位,陶渊明《桃花源记》:"山有小口。"

(3) 心　"心"的"中央部位"的意思先秦很少见。《礼记·少仪》:"牛羊之肺,离而不提心。"郑玄注:"刌离之不绝中央少者。"从汉朝开始,这个意义用得多起来,如《诗经·小雅·大田》"去其螟螣"孔颖达疏引汉李巡:"食禾心为螟。"《颜氏家训·勉学》:"帝握拳代痛,爪入掌心,血流满手。"皇甫嵩《浪淘沙》词:"宿鹭眠鸥非旧浦,去年沙觜是江心。"《游仙窟》:"兰草灯心,并烧鱼脑。"等。这个义位是后来增加的。

(4) 死　"死"的"呆板、不灵活"的义位产生得很晚,大约是唐代。张彦远《历代名画记》:"夫用界笔直尺,是死画也。"叶梦得《石林诗话》卷中:"偃蹇狭陋,尽成死法。"

（5）日　古代"日"除了有"日月星辰"的"日"的义位外,还有一个义位"三百六十五日"的"日"。在现代普通话中,前一个意义单说时说成"太阳",但作为语素时仍说"日",如"日食"、"日出"。后一个意义一般说成"天"。表示"一昼夜"的概念,原先用"日"表示,和表示"太阳"的"日"构成同一个词的两个义位;后来用"天"表示,和表示"天空"的"天"构成同一个词的两个义位,这也是分类的不同。在汉语发展的历史上,这种变化是逐渐产生的。大概从南北朝开始,"天"可以表示某一段时间,尤其是某个季节,如:《世说新语·夙惠》:"晋孝武年十二,时冬天,昼日不著复衣,但著单练衫五六重。"《晋书·天文志》:"冬天阴气多,阳气少,……故冬日短也。"王建《昭应官舍书事》:"腊月近汤泉不冻,夏天临渭屋多凉。"这里的"冬天"、"夏天"可以用"冬日"、"夏日"替换("冬日"、"夏日"在先秦就有,如《孟子·告子上》:"冬日则饮汤,夏日则饮水。"),但《晋书》中"故冬日短也"中的"冬日"(冬天的白昼)在当时还不能换成"冬天"。再进一步发展,"天"所指的时间可以缩短,如罗隐《湖上岁暮感怀有寄友人》:"雪天萤席几辛勤,同志当时四五人。"指下雪的那几天。至于"今天"、"明天"、"白天"、"黑天"、"一天"、"两天"等说法,在《红楼梦》里还没有,大概是在现代汉语中才出现。

（6）火　"火"的"怒气"(名词)的义位产生得也较晚,"发怒"(动词)的义位产生得更晚。唐李群玉《自澧浦东游江表》诗:"中夜恨火来,焚烧九回肠。"还有很明显的比喻色彩。元朱震亨《丹溪心法·火六》:"阴虚火动难治,火郁当发。"这个"火"是中医的术语。《快嘴李翠莲》:"恼得心头火气冲。"高文秀《黑旋风》杂剧:"恼犯黑旋风,登时火性发。""火气"、"火性"指怒气、暴躁的脾气。《孽海花》27回:"臣从没见过老佛爷这样的发火。""火了"的"火"大概是"发火"的省缩,用例更晚。

（7）黑　"黑"的"夜晚"的义位大约产生在唐代。王建《和门下武相公春晓闻莺》诗:"侵黑行飞一二声,春寒啭小未分明。"

（8）白　"白"在先秦时有"彰明"的义位,如《荀子·天论》:"礼仪不加于国家,则功名不白。"这个义位在现代汉语中已不复存在。"白"在现代汉语中有"徒然"的义位,这个义位大概在唐代已经产生。如李白《越女词五首》之四:"相看月未堕,白地断肝肠。"

（9）热　"热"在先秦没有"发烧"的义位,这个义位汉代才产生。《汉书·

西域传》："令人身热无色，头痛呕吐。"这个义位在现代普通话中已经不常用，在方言中仍然使用。

（10）烟 "烟"的主要意义是燃烧产生的烟，这个义位先秦就有。到明末清初，"烟"又有了一个新的义位："香烟"的"烟"。俞正燮《癸巳存稿》："崇祯末，嘉兴遍处栽种，三尺童子莫不食烟。"这个新义位的产生，显然和"烟"原有的义位有密切的关系。"烟"是由"烟草"制成的，"烟草"原产于吕宋，明末传入中国，最初的译名为"淡巴姑"（见方以智《物理小识》）。后来称为"烟草"（也可以叫"烟"，如"种烟"），显然是由于其用途是点燃后吸食其烟。当一种新事物产生或传入时，需要语言中有一个新的名称。这个新的名称或者是一个新的义位，或者是一个新的词，而这个新的义位或词往往和原有的义位或词相联系。从人的认知方面来看，这也是一个分类问题。汉语把"淡巴姑"和"香烟"都称为"烟"，就是因为汉人把这两种东西和"烟火"的"烟"联系在一起。而英语中，把"淡巴姑"音译为"tobacco"，把"香烟"称为"cigarette"，都和"smoke"（烟）没有关系；但"抽烟"称为"smoke"，却和动词的"smoke"（冒烟）同属一个词的两个义位。"smoke：1. give off smoke or other visible vapour. 2. Draw in smoke from burning tobacco or other substances through the mouth and let it out again."也就是说，汉语中把名词的"烟"（香烟）和"烟"（烟气）联系在一起，而英语中把动词的"smoke 2"（抽烟）和"smoke 1"（冒烟）联系在一起。这就是不同的分类。而且，同一种动作，汉语称为"食烟"、"吃烟"、"吸烟"或"抽烟"，是从"吸入"方面着眼的，而英语称为"smoke"，是从"吐出"方面着眼的。这也反映语言中认知的差别。这种分类的不同在方言中也有。如：tomato 中国南方叫"番茄"，即归为"茄子"一类；北方叫"西红柿"，归为"柿子"一类。potato 粤语叫"薯仔"，吴语叫"洋番芋"，北京话叫"土豆"，也反映分类的不同。

以上仅仅是以斯瓦迪士的一百个基本词根语素为范围所作的一些观察。在这一百词以外，这种词的主要意义不变而义域或义位发生变化的情形就更多了，需要我们用"两次分类"的观点一一加以考察，并且根据历史资料确定其变化的时代。（本文所说的义域和义位变化的时代都是很粗略的，要确定准确的时代需要进行深入的研究。）这是一项极其浩大的工程，是需要几代人的持续努力才能完成的。但只有把这项工作做好了，汉语词汇的历史发展的面貌才可以说大体上搞清楚了。

参考文献

王力　1990　《汉语词汇史》，《王力文集》第十一卷，山东教育出版社。

徐通锵　1991　《历史语言学》，商务印书馆。

《汉语大字典》　1986—1990　四川辞书出版社，湖北辞书出版社。

《汉语大词典》　1986—1993　汉语大词典出版社。

Oxford English Dictionary（*second edition*）Oxford University Press.

从"隐含"到"呈现"（上）
——试论中古词汇的一个本质变化①

胡敕瑞

导言——

本文原载于《语言学论丛》第 31 辑。

作者胡敕瑞(1963～　)，江西泰和人。北京大学教授、博士生导师。研究方向为汉语词汇史、汉语语法史，著有《〈论衡〉与东汉佛典词语比较研究》(2002)等。

众所周知，上古汉语到中古汉语的一个重要变化就是出现了大量的复音词。文章指出，复音化现象的背后，其实是不少词语在概念层面发生了"隐含"到"呈现"的变化。"隐含"到"呈现"的主要类别有"修饰成分从中心成分中呈现"，"对象从动作（或动作从对象）中呈现"、"动作从结果中呈现"（"饱≥食饱"）。作者重点谈了前两类变化。就修饰性成分而言，体词性中心和谓词性中心的修饰成分都在中古逐渐呈现（前者如"金≥黄金"，后者如"白≥雪白"）。而就动作与对象的层面来说，既有对象从动作中呈现（"启≥启户"），又有动作从对象中呈现（"城≥筑城"）。对于这些现象，作者将原因大致归纳为四个方面：隶变引起的字形变化；语音系统简化和声调逐渐完备；语义泛化、语义混同、语义转移；语言自组织的因素。文章同时指出，隐含到呈现不仅影响到汉语词汇单音节为主的格局，对汉语语法也有重要影响，促发了名词、动词、形容词三大词类分家等。

---

① 本文承蒙蒋绍愚、徐通锵、何九盈、朱庆之先生审正，曹广顺、吴福祥、赵长才、李宗江、杨荣祥、石锓、朱冠明等先生提了不少很好的意见，汪维辉、洪波先生专门来邮件，赐教良多，在此谨致谢忱。本文的下半部分将择期发表。

一、引 言

汉语从上古到中古词汇究竟发生了什么变化?① 研究者多半会得出一个普遍的结论,即中古产生了大量的复音词。面对这样一个笼统的答案,人们似乎仍感有所欠缺,因为数量的增多(即"量变")并不代表本质的变化(即"质变")。中古与上古词汇本质上究竟有什么差异,依然是一个亟待探讨的问题。

汉语词汇沿着一条从单音到复音的道路发展,这已是学界的一个共识。然而直觉和事实告诉我们,并非所有上古的单音节词后来都发展成了复音(主要是双音)节。究竟哪些单音节词发展成了双音节呢? 又是什么原因促使这些单音变化为双音了呢? 通过对上古和中古词汇的比较观察,我们注意到,这期间词汇的发展存在一条重要规则:从隐含到呈现。

何谓"从隐含到呈现"? 跨语言的研究表明不少语言存在一种普遍现象,那就是一些似乎应当分开来表达的概念成分往往可以融合(combine or conflate)在同一形式之中。譬如 Atsugewi 语把"主体"、英语把"方式"、西班牙语把"路径"分别融入到动作中(Saeed 1997:245—249),而墨西哥语的动词则常常伴有宾语本身,也就是说宾语被嵌入了动词(洪堡特 1826b)。这里引举一个有关"主体"与"动作"融合的例子,如在 Atsugewi 语中"-lup-"意为"for a small shiny spherical object(eg. a round candy, an eyeball, a hailstone) to move/be located","主体(如糖果、眼球、冰雹等小而发亮的圆形物)"和"动作(滚动或位于)"共同融合在"-lup-"这个形式中。这种"融合"其实就是一种"隐含"②,上例即为"主体"隐含在"动作"中。汉语作为一种典型的孤立语,趋向于给每一个概念以一个命名,即常用一个字来表达一个概念,这种对概念独立所作的大胆处理,经常是把相关概念隐含起来。汉语也有"主体"隐含于"动作"的例子,如"崩"(《说文·山部》:"崩,山坏也。")就是主体"山"与动作"倒塌"融合在同一结构中,所以只要一提到"崩"熟悉汉语的人马上就会想到其主体"山"。在汉语的历时发展中,不少像"山"这样的隐含概念最终从其融

合形式("崩")中分离出来而形成了新的结构("山崩")①,这种从概念融合到概念分离是"从隐含到呈现"的典型范例。"主体"隐含于"动作"只是汉语概念融合的一个小类,下面将揭示上古到中古汉语词汇"从隐含到呈现"的主要类别及其具体成因。

二、"从隐含到呈现"的主要类别

除少许"主体"与"动作"成分融合之外,上古存在概念融合的词语主要有三类:修饰成分与中心成分融合、对象与动作融合、动作与结果融合。这三类融合也可理解为三类隐含,即修饰成分隐含于中心成分、对象隐含于动作(或动作隐含于对象)、动作隐含于结果。中古三类"隐含"纷纷"呈现":修饰成分从中心成分中呈现出来、对象从动作(或动作从对象)中呈现出来、动作从结果中呈现出来②。

2.1 "修饰成分与中心成分融合"

汉语的中心成分可分为体词性和谓词性两类,上古既有体词性中心的修饰成分被隐含,也有谓词性中心的修饰成分被隐含,中古这两类隐含的修饰成分同时呈现。

2.1.1 体词性中心的修饰成分"从隐含到呈现"

呈现方式是,原词保留作为体词性的中心成分,隐含的修饰成分呈现出来。用公式表示为:[M] Ht≥M Ht (M 表示修饰成分,[M]表示修饰成分被隐含,Ht 代表体词性的中心成分,≥表示"呈现为",下同)。其中又可分为 A、B 两式。

A 式例如③:

臂≥手臂　《老子》:"攘无臂,扔无敌。"东汉支谶译《阿阇世王

---

① 不过字书的释义与实际用例可能不尽一致,"崩"在上古汉语中并非没有主体出现,《说文》"崩"的释义或许只是为了强调字形。感谢汪维辉、洪波先生指出这点。

② "动作从结果中呈现出来"所产生的形式就是人们所熟知的"动补结构",限于篇幅,这一类描写文中略而不具。

③ 每类举例仅选一些典型例子,远非穷尽,但由此已足见"从隐含到呈现"的大观。另外,为了说明字形与概念的关系,文中有些例子用了繁体,特此说明。

经》："自问其佛：是谁手臂，姝好乃尔？"

波≥水波 《诗·小雅·渐渐之石》："有豕白蹄，烝涉波矣。"毛传："将久雨，则豕进涉水波。"东汉竺大力等译《修行本起经》："俯没仰出，譬如水波。"

髮≥头髮 《墨子·公孟》："昔者越王勾践剪髮文身，以治其国。"东汉安世高译《大安般守意经》："二者去家下头髮求道。"

泪≥眼泪 《韩非子·和氏》："和乃抱其璞而哭于楚山之下，三日三夜，泪尽而继之以血。"东汉竺大力等译《修行本起经》："眼泪鼻涕，涎出相属。"

葉≥树葉 《诗·卫风·氓》："桑之未落，其叶沃若。"《汉书·眭弘传》："上林苑中大柳树断枯卧地，亦自立生，有虫食树叶成文字。"

指≥手指 《庄子·胠箧》："毁绝钩绳，而弃规矩，擿工倕之指，而天下始人有其巧矣。"东汉安世高译《道地经》："十在手指相。"

他如：

策≥竹策、箙≥竹箙、篱≥竹篱、管≥竹管、箭≥竹箭、简≥竹简、节≥竹节、笋≥竹笋；榦≥树榦、杪≥树杪、末≥树末、梢≥树梢、荫≥树荫、枝≥树枝；岑≥山岑、巅≥山巅、峰≥山峰、岗≥山岗、麓≥山麓、崖≥山崖；沫≥水沫、泡≥水泡、涯≥水涯；犊≥牛犊、羔≥羊羔、驹≥马驹、腕≥手腕、趾≥足趾、脉≥血脉、涕≥鼻涕、环≥玉环等等。

B式例如：

金≥黄金 《书·舜典》："金作赎刑。"孔传："金，黄金。"《论衡·验符》："爵言其状，君贤曰：'此黄金也。'"

矛≥长矛 《韩非子·难一》："以子之矛，陷子之盾，如何？"《三国志·魏志·典韦传》："弃盾，但持长矛撩戟。"

象≥大象 《左传·襄公二十四年》:"象有齿以焚其身。"东汉支娄迦谶译《阿阇世王经》:"譬如大象而有六牙,……大象闻之嗅便奔走入山。"

雪≥白雪 《吕览·季冬纪》:"时雪不降,冰冻消释。"《世说新语·言语》:"公欣然曰:'白雪纷纷何所似?'"

月≥白月/明月 《诗·陈风·月出》:"月出皎兮,佼人僚兮。"三国支谦译《须摩提女经》:"面如白月初圆,目如众星夜朗。"东汉安世高译《道地经》:"所语言说,譬如明月明。"

雉≥野雉 《易·旅》:"六五,射雉一矢亡。"晋王隐《晋书》:"小儿辈贱家鸡爱野雉,皆学逸少书,须吾下当比之。"

他如:

地≥大地、海≥大海、鹏≥大鹏;日≥白日、羊≥白羊、玉≥白玉、银≥白银、毫≥白毫;简≥青简、竹≥青竹、蛇≥毒蛇、箫≥长箫、夜≥黑夜等等。

AB两式符号(≥)左边的单音词语是上古"隐含"形式,右边的双音词语为中古"呈现"形式,下同。上古一般采用单音节的中心成分形式,然而上古并非没有"修饰成分+中心成分"的体词性词语,像"手纹"、"大雪"、"黄裳"等比比皆是,但是像中古呈现的"手指"、"大象"、"黄金"等在上古则罕见。这是因为"手指"、"大象"、"黄金"等词语有一个共同点,即其修饰语是中心语必选或优选的,容易通过联想来激活,所以可以隐含而达到语义自足;而"手纹"、"大雪"、"黄裳"等词语的修饰语并不是中心语必选或优选的,难以通过联想来激活,所以不能隐含,否则将会造成语义残损。

AB两式虽然呈现的都是中心语必选或优选的修饰成分,但是两式之间也有不同。首先,A式呈现的修饰成分为类属,多由体词性(主要是名词)成分来充当;而B式呈现的修饰成分多为性状,多由谓词性(主要是形容词)成分来充当。其次,A式呈现的类属都是其中心语所具有的绝对稳固、永久的必然特征,具有"不可让渡性"(inalienable),而B式呈现的性状多是其中心语所具有相对稳固、永久的典型特征,具有"可让渡性"(alienable)①,因此 A 式中的修饰语与中心语的关系比 B 式更密切,这可以得到"距离相似性原则"的验证,譬如"竹简"、"山峰"和"青简"、"高峰"分别是 A、B 式呈现的词语,但汉语中只有"青竹简"、"高山峰",却没有"竹青简"、"山高峰"②,B 式中的修饰语比 A 式中的修饰语离中心语更远。此外,A 式表类属的修饰成分大多是具体事物,所以可以在原词的字形偏旁中直接或间接体现出来③;而 B 式表性状的修饰成分大多是抽象事物,所以难以在原词的字形偏旁中体现出来。上古似乎趋向于用字形偏旁来隐含类属,而用字音同源来隐含性状(参 3.1.2)。

2.1.2　谓词性中心的修饰成分"从隐含到呈现"

呈现方式是,原词保留作为谓词性的中心成分,隐含的修饰成分呈现出来。用公式表示为:[M]ˉHw≥M Hw(Hw 代表谓词性的中心成分)。其中也可分为 A、B 两式。

A 式例如:

白≥雪白　《吕览·应同》:"故其色尚白,其事则金。"《后汉书·宋汉传》:"太中大夫宋汉,清修雪白,正直无邪。"

黄≥金黄　《易·坤》:"天玄而地黄。"晋傅玄《郁金赋》:"叶萋萋兮翠青,英蕴蕴兮金黄。"

急≥火急　《战国策·秦策三》:"今者义渠之事急,寡人日自请太后。"《北齐书·幼主纪》:"(帝)特爱非时之物,取求火急,皆须朝征夕办。"

他如:

---

① "不可让渡性"与"可让渡性"本是用来区别领属关系内部类别的两个概念,详参张敏(1998:209)的有关论述。A 式具有"不可让渡性",所以其呈现的双音形式一般只有一种;而 B 式具有"可让渡性",所以其呈现的双音形式有的并不限于一种,如"月"呈现的形式既有"白月"又有"明月"。

② 这一点也合乎功能语法订立的语序组合原则(韩礼德 1994),即事物的类别总要比品性更靠近中心语,而品性中的客观品性又要比主观品性离中心语近,上面 B 式中的修饰语多为主观品性。

③ 直接体现指字形中的偏旁明显指向类属,如"波"中的"氵"旁;间接体现指用语义相通的偏旁来暗示类属,如"阿"的"阜"旁,因为"山"旁与"阜"旁语义相通。

　　白≥银白、长≥绵长、黑≥墨黑、烂≥花烂、冷≥冰冷、亮≥玉亮
等等。

B 式例如：

　　见≥面见　《荀子•儒效》："闻之不若见之。"支谶译《道行般若
经》："后世得深般若波罗蜜者，为已面见佛。"
　　眺≥远眺　《国语•齐语》："而重为之皮币，以骤聘眺于诸侯。"
晋赵至《与嵇茂齐书》："乘高远眺，则山川悠隔。"
　　渍≥水渍　《礼记•内则》："渍取牛肉，必新杀者。"《释名•释
饮食》："桃滥，水渍而藏之。"

他如：

　　罗≥网罗、蹑≥足蹑、望≥远望等等。

　　A 式是形容词，呈现后的结构表示性状比喻，语义格式是"比况动词（似/
如等）＋表比喻的修饰成分＋中心成分"。其中用作比喻的修饰成分具有典
型性特征，对于中心成分来说具有高可选性，这有点类似"蚕食"、"狐疑"、"虎
视"、"蚁附"等词语，这些词语中用以比喻的修饰成分（"蚕、狐、虎、蚁"）与其
中心成分（"食、疑、视、附"）也具有相似特征关联，容易唤起联想。但是，A 式
呈现后的词语只是类似（但不等同）"蚕食"等词语，这是因为 A 式呈现的词语
是用比喻来描摹性状的形容词，而"蚕食"等词语是用比喻来描摹行为的动
词；而上古汉语"性状接近于无"（徐通锵 2001），"雪白"等描摹性状的"名＋
形"式状态形容词中古才见（何乐士 2000），而"蚕食"等描摹行为的"名＋动"
式动词上古已有。
　　B 式是动词，呈现后的结构表示行为方式，语义格式是"介词（以/于等）＋
表方式的修饰成分＋中心成分"。B 式表方式的修饰成分比 A 式表比喻的修
饰成分与中心成分的融合更紧密，A 式的修饰成分是可选性的，只是在可选
的范围内具有优选性，而 B 式的修饰成分对于中心成分来说，基本上是必选
的，所以 B 式中的修饰成分呈现后仿佛是语义冗余。其次，A 式都用名词来

充当饰语,不过其意义在中心成分的字形偏旁中得不到暗示,这是因为性状无形可示,B式并不都用名词来充当饰语,但若用名词来充当饰语,其意义多可在中心成分的字形偏旁中得到暗示,如"水渍"(氵=水)、"网罗"(罒=网)等。此外,A式主要是用名物来描摹性状,由于某些名物与性状又具有比较稳定的关系①,所以 2.1.1B式的一些词语可以倒序变成 2.1.2A式来描摹状态,如"黄金"倒作"金黄","白雪"倒作"雪白"等;B式主要是用名物来描摹方式,而工具方式和与行为动作也具有比较稳定的联系,所以 2.1.2B式的一些词语也可倒序作 2.2.1A式来描摹行为,如"面见"倒作"见面","足蹑"倒作"蹑足"等。

与上类体词性修饰成分的呈现相比较,此类谓词性修饰成分的呈现要少得多。这是由于:1) 这类呈现很多存在语义冗余,有悖于语言的经济性原则,特别是其中的 B式;2) B式呈现的词语所采用的"名十动"格式与名词作状语的格式相同,由于名词作状语的用法中古开始衰微,因而这种格式也就成了一种非能产格式。

2.2 "对象与动作融合"

上古有不少对象隐含在动作中,也有不少动作隐含在对象中;中古这些隐含的对象与动作则纷纷呈现出来。

2.2.1 动作中的对象"从隐含到呈现"

呈现方式是,原词保留作为动词置前,隐含的对象呈现出来作为宾语。用公式表示即:V[O]≥ VO(V 代表动作成分,O 代表对象,[O]代表对象被隐含)。其中又可分为 A、B 两式。

A式例如:

拱≥拱手 《论语·微子》:"子路拱而立。"《水经注·渭水三》:"(鲁)班于是拱手与言。"

汲≥汲水 《易·井》:"井渫不食,为我心恻,可用汲。"《东观汉纪·王琳传》:"恭恶其争,多置器其上,为预汲水满之。"

---

① 辞书中不少性状词的释义就是采取相关名物的比拟来定义的,如《汉语大字典》对"白"的定义是"像(霜)雪一样的颜色",对"黄"的定义为"像金子(或向日葵)一样的颜色"。

瞑≥瞑目　《左传·僖公元年》：“丁未王缢。谥之曰灵，不瞑；曰成，乃瞑。”《后汉书·马援传》：“今获所愿，甘心瞑目。”

启≥启户　《左传·隐公元年》：“夫人将启之。”《易林·临之姤》：“牙孽生齿，室堂启户。”

娶≥娶妻　《左传·隐公元年》：“初，郑武公娶于申，曰武姜。”《后汉书·皇后纪》：“（光武）因叹曰：‘仕宦当作执金吾，娶妻当得阴丽华。’”

他如：

盥≥盥手、猎≥猎兽、牧≥牧牛、凝≥凝冰、蹑≥蹑足、骑≥骑马、涉≥涉水、沃≥沃水、驯≥驯马、引≥引弓、驭≥驭马、植≥植树、逐≥逐兽、琢≥琢玉等等。

B 式例如：

發≥發矢　《战国策·西周》：“去柳叶者百步而射之，百发百中。”鲍彪注：“发，发矢。”《汉书·淮南厉王刘长传》：“行之有疑，祸如发矢，不可追已。”

浣≥浣衣　《公羊传·庄公三十一年》：“何讥尔？临民之所漱浣也。”晋陆翙《邺中记》附录：“诏葬县南，因名此地为浣衣里。”

戍≥戍边　《诗·小雅·采薇》：“我戍未定，靡使归聘。”《后汉书·郭躬传》：“躬上封事曰‘圣恩所以减死罪使戍边者，重人命也。’”

漱≥漱口　《管子·弟子职》：“少者之事，夜寐蚤作，既拚盥漱，执事有格。”东汉支曜译《成具光明定意经》：“读是经时，先施清净水，盥手漱口，常令清净。”

他如：

钓≥钓鱼、沐≥沐头、洗≥洗脚、浴≥浴身、御≥御车、耘≥耘草等等。

国外人类学者早就注意到,"在美洲的各种原始语言的发展过程中,动词最早是表示特殊意义的"(列维·布留尔 1930:161)。国内语言学者也注意到,"汉语早期表示动作的一些字大多与特定的名物相联系,使它们只适用于一些特定种类的名物"(徐通锵 1997:338)。以上 AB 两式正显示了早期汉语不少名物对象与动作行为具有特定的联系,这些对象往往隐含在动作之中而不需用独立的形式表现出来,如"拱"即"拱手","汲"即"汲水","漱"即"漱口"。然而上古并非没有对象与动作同现的词语,像"报仇"、"即位"、"受辱"等都是上古已见的。值得注意的是,上古这些与动作同现的对象(如"报仇、即位、受辱"中的"仇、位、辱")和上面 AB 两式动词后呈现的对象(如"拱手、汲水、漱口"中的"手、水、口")不同。除了前者多为抽象无形的对象、后者多为具体有形的对象外;还有一点不同,就是前者对象与动作没有特定的联系,而后者对象与动作有特定的联系。正由于此,上古"报仇"等词语其对象必须与动作同现,因为单说"报"很难激活其后的非特定联系对象"仇";而"拱手"等词语中的对象则可以隐含在动作中,因为单说"拱"很容易激活其后的特定联系对象"手"。这一事实证明语义"关联"的疏密与语义"通达"的难易成正比①。

不过,上古 AB 两式的隐含对象也不是完全藏身无迹,字形之中可以发现蛛丝马迹。A 式上古单音字的偏旁可直接指示(refer)动作的对象,如"瞑"的偏旁"目"即是其对象,"启"的偏旁"户"也是其对象;B 式上古单音字的偏旁可间接暗示(imply)动作的对象,如"發"中之"弓"为"发矢"的工具,"耘"中之"耒"为"耘草"的工具。A 式的偏旁多直接指示动作的对象,B 式的偏旁多间接暗示动作的工具,这是 AB 两式的微殊之处,也是我们分出 AB 两式的根据。如果把偏旁表意也看成是一种特殊的"呈现",那么像"娶妻"、"拱手"等词语可以说历经了二度"呈现",第一次是从"取"到"娶"、从"共"到"拱",第二次是从"娶"到"娶妻"、从"拱"到"拱手"。

2.2.2　对象中的动作"从隐含到呈现"

呈现方式是,原词保留作为后置宾语,隐含的动作呈现出来作为述语。用公式表示即:[V]O≥VO([V]代表动作被隐含,O 代表对象,V 代表动作被呈现)。其中也可分为 A、B 两式。

---

① 关于语义关联和语义通达的关系,可参看徐彩华、张必隐(2001)等人的相关论述。

A 式例如：

忿≥怀忿　《战国策·秦策五》："伯主约而不忿。"《后汉书·滕抚传》："(抚)性方直，不交权势，宦官怀忿。"

怒≥发怒/生怒　《国语·周语上》："王怒，得卫巫，使监谤者。"《后汉书·杨震传》："帝发怒，遂收考诏狱，结以罔上不道。"后秦鸠摩罗什译《大智度论》："众生侵害，忿然生怒。"

誓≥发誓　《左传·隐公元年》："遂置姜氏于城颖，而誓之曰：不及黄泉，无相见也。"后秦鸠摩罗什译《佛说华手经》："今于佛前发誓。"

问≥发问/启问/致问/行问/作问①　《论语·八佾》："子入太庙，每事问。"西晋竺法护译《文殊支利普超三昧经》："如来在斯，何不启问菩萨大士所设之行？"唐菩提流志译《大宝积经》："斯事微浅，何勤致问？"《论衡·知实》："(孔子)当复行问以为人法，何故专口授弟子乎？"《汉书·东方朔传》："上以朔口谐辞给，好作问之。"

言≥发言/陈言/举言/启言/兴言　《国语·周语上》："国人莫敢言，道路以目。"韦昭注："不敢发言，以目相眄而已。"东汉支谶译《阿阇世王经》："则复陈言：若盲者承佛所得眼目。"东汉支曜译《成具光明定意经》："则皆举言：愿发无上独尊平等之意。"又："善明叹已，更避坐叉手启言：我所居止去是不远。"晋左思《蜀都赋》："圣武兴言，将耀威灵。"

他如：

哀≥加哀、猜≥怀猜、愁≥抱愁/怀愁/作愁、害≥加害/行害、恨≥抱恨/怀恨、护≥加护/作护、恚≥怀恚/兴恚、计≥行计/作计、讲≥开讲/起讲、敬≥加敬、哭≥行哭、礼≥加礼/施礼/行礼/作礼、愍≥加愍、谋≥建谋/出谋/作谋、念≥发念/起念/兴念/作念、叹≥兴

① 东汉支谶译《阿阇世王经》"其佛侍者皆问佛：是钵从何所来？"句中"问"在同经异译的晋本中对译作"启问"，而在同经异译的宋本中对译作"发问"。

叹/作叹、想≥起想/作想、羞≥怀羞、揖≥作揖、疑≥抱疑/持疑/生疑/怀疑、忧≥怀忧/作忧、怨≥抱怨/怀怨、诤≥起诤等等。

B式例如：

城≥筑城 《诗经·小雅·出车》："王命南仲，往城朔方。"郑笺："王使南仲为将帅，往筑城于南方。"

华（花）≥发花/敷华/开花/作花 《礼记·月令》："桃始华。"刘宋求那跋陀罗译《过去现在因果经》："枯木发花，腐草荣秀。"符秦僧伽跋澄等译《僧伽罗刹所集经》："树木皆悉润泽，随时敷华。"隋阇那崛多译《佛本行集经》："树木药草，依时开华。"鲍照《梅花落》："中庭杂树多，偏为梅咨嗟，问君何独然，念其霜中能作花。"

雷≥起雷 《吕览·重己》："是聋者之养婴儿也，方雷而窥之于堂。"《列子·周穆王》："冬起雷。"

衣≥着衣 《孟子·滕文公上》："许子必织布而后衣乎？"东汉支娄迦谶《般舟三昧经》："时佛与比丘僧，皆着衣持钵。"

雨：降雨/下雨 《战国策·燕策》："今日不雨，明日不雨，即有死蚌。"《后汉书·孝安帝纪》："即日降雨。"法贤译《众许摩诃帝经》："云何空中无云下雨？"

他如：

病≥被病/得病/发病/遘病、道≥取道、热≥发热、风≥起风/生风、鼓≥击鼓/打鼓、冠≥著冠、光≥舒光/发光/生光、介（甲）≥被甲、履≥著履/贯履、目≥运目、实≥结实、使≥发使/遣使、树≥栽树/种树、王≥称王等等。

尽管都是"对象与动作融合"，但2.2.1AB两式与2.2.2AB两式仍有不同。首先，2.2.1AB两式以动作为支点，呈现的对象多是动作的受事，动作和对象之间多是一种支配关系（govern relation），而且对象存在于动作发生之前；而2.2.2AB两式以对象为支点，呈现的动作多是造成对象的行为，动作和对象之间多是一种伴随关系（cognate relation），动作行为过程也是对象形成的过程。其次，2.2.1AB 两式呈现的对象和动作之间具有特定联系；而 2.2.2AB 两式呈现的动作和对象之间并无特定联系。具体表现为：（1）同一个隐含形式可以用多个动词来呈现（如"问"即可在其前呈现"发"、"启"、"致"、"行"、"作"等动词）；（2）同一个动词也可用来搭配多个对象（如"作"即可在其后加上"礼"、"护"、"言"、"病"、"花"等对象）。

2.2.2AB 两式呈现的词语虽然都可以共用"发"、"作"等动词，并且这些动词的动作性都比较弱，没有明显可见的具体动作行为。但是比较而言，"发"、"作"等动词主要用于 A 式，这是因为 A 式中动作和对象之间的联系比 B 式中动作和对象之间的联系似乎更为疏远。A 式中的对象大多是一些与"言语"、"心理"有关的抽象事物，它们是不能占据空间的无形之物，所以动作对它们施加的影响要弱；而 B 式中的对象主要是一些具体的名物，不少是能占据空间的有形之物，所以动作对它们施加的影响较强。相应地，因为抽象事物更难接受具体动作的管控，所以 A 式中呈现的动词更像虚化动词（如"发（怒）"、"作（问）"等），它们仿佛可以和对象任意搭配；而具体名物更易受到具体行为的影响，所以 B 式呈现的动词更具有个性化（如"着（衣）"、"降（雨）"等），它们与对象的搭配要受到限制。这些差异显然与它们呈现前的原形有关，AB 两式的原形在上古虽然都可名动兼用，但 A 式（如"忿、怒、问"等）似乎更像动词、而 B 式（如"花、雷、衣"等）则更像名词。

以上列举的"修饰成分与中心成分融合"、"对象与动作融合"以及未列举的"动作与结果融合"上古都是采取相关概念隐含的方式，这些隐含概念多具有天然的或恒定的特性，容易通过联想激活，因而无需通过文字形式凸现。如果把概念的形式化也理解为一种标记，根据标记理论（沈家煊 1999：36，张国宪 2000），常规的、可预见的概念往往是无标记的（如"［手］指"、"［大］象"、"漱［口］"中的"手、大、口"上古即采取无标记的隐含）；而非常规的、不可预见的概念则往往是有标记的（如"手纹"、"大雪"、"张口"中的"手、大、口"上古则采取有标记的显现）①。然而，为什么时至中古无标记的隐含概念（即单音词）却要采取有标记的形式（即双音词）来呈现呢？洪堡特（1826a）早就发现古汉语的词语只指称概念，它们所包含的语义分量很重，常需要"让听者自己去添

---

① 这里所使用的标记概念较为宽泛，有异于一般意义上的标记。

补一系列中介概念,而这等于要求精神付出更多的劳动"。但是汉语词汇由上古隐含到中古呈现,显然不能简单地归结为一个解放思想劳动的需求,"从隐含到呈现"的原因有必要作更深入的探讨。

三、"从隐含到呈现"的具体原因

语言有口语、书面语之分,有耳治、目治之别,汉语自古已然。重申这一常识绝非饶舌,因为在汉语发展的历程中口语和书面语经常交互影响,而形、音、义作为汉语的三大要素也是在综合口语和书面语特点的基础上归纳出来的①。两汉时期汉语的形、音、义都发生了重大变化,"从隐含到呈现"之所以在中古发生与汉语形、音、义在两汉所产生的剧变有必然的关系,可以说后者是促成前者的具体诱因。当然,汉语追求明晰化的自组织原则也是导致"从隐含到呈现"的一个原因。

3.1 字形变化的因素

洪堡特(1826b)认为,"在中国,文字实际上是语言的一部分","字符造就了一个图像,对概念来说就是其外衣,而对于经常使用这些字符的人,这样的图像跟概念就融合了起来"。上古很多概念融合在字形中,举凡有:(1) 表类属的概念融合在字形中,如"(树)枝"(类属"树"通过偏旁"木"隐含在字形中);(2) 表对象的概念融合在字形中,如"启(户)"(对象"户"作为偏旁隐含在字形中);(3) 表工具或方式的概念融合在字形中,如"(网)罗"(工具"网"通过偏旁"罒"隐含在字形中);(4) 表主体的概念融合在字形中,如"(山)崩"(主体"山"作为偏旁隐含在字形中)。前一部分列举的上古单音隐含形式,有不少相关概念隐含在字形中。但是,在汉代发生的重大汉字变革——隶变,形成了古今文字的一道分水岭。这次变革使汉字的面貌发生了极大的变化,对汉字的结构也产生了巨大的影响②。具体表现为,在形体上"图像化"的字体被"笔画化",表意形符变成了无旨记号;在结构上汉字大量简化,记号字、半记

---

① 西方语言学偏重口语,所以现代语言学在考察语言构成时多谈音、义;汉语自古重视书面语,所以传统语文学在考察语言构成时多谈形、音、义。这里我们重提形、音、义,不是有意复古,而是意欲把握汉语史倾向于书面语的特点。

② 汉魏之际产生的楷书又使得汉字有了进一步的变化,汉字的符号性越来越强,象形性越来越差。

号字增多,并出现不少异体。结果汉字象形表意的功能大大减弱了,原本隐含于字形中的概念由于字形表意的失效而被迫形诸字外,这等于是放弃"立体图像临摹概念"的方法而改用了"线性符号描写概念"的方法。譬如本来象形的"水"、"手"等形体隶变以后变成了不太象形的"氵"、"扌",由于难以据形察义了,于是"波"要呈现为"水波","拱"要呈现为"拱手";又譬如"玉"、"网"等结构隶变以后出现了简化的异体"王"、"罒",如果据形揣意,还有可能产生误解,所以"环"要呈现为"玉环","罗"要呈现为"网罗"①。事实证明,当"能指"符号所表达的"所指"概念模糊不清时就有可能另选明晰的符号来表达,现代汉语"凯旋"与"胜利凯旋"、"凯旋而归"并存,就是由于"凯旋"前后两个语素所指不明而造成的叠床架屋。汉语"从隐含到呈现"显然与隶变造成的汉字表意模糊有关,因为相关的概念无法再用形象的偏旁来隐含,于是就只好采取添加一个字形的两字组来呈现了。2.1.1A、2.2.1A 两式的"呈现"显然与这个原因有关。

3.2 语音变化的因素

众所周知,汉语从上古到中古语音有两个重大的变化:一是语音系统趋于简化,二是声调逐渐完备。语音简化的一个具体表现是上古有些韵母的辅音韵尾丢失,结果是缩短了音节的长度,致使很多音节成了单韵素音节而无法构成音步,因为一个音步必须遵循"二分枝(Binary Branching)"原则,即必须是一个可再分的"二分体";丢失了韵尾的单韵素音节不符合二分的条件,所以添加一个音节而构成的双音节音步应运而生。韵尾丢失得到的补偿是声调出现,由于声调的产生,声调的长短就抵消了音节内部韵素的长短;既然韵素的长短不能再显示韵律音步,就只好通过添加音节的数量来实现一个双音步。冯胜利(1997,2000)比较详细地从音节简化、声调出现等方面论证了汉语双音步建立于汉代。联系到汉语去、入二调在中古的彻底分立,汉语双音步在汉代确立是完全可能的。上古大量隐含于单音形式的概念正好在汉代(特别是东汉)纷纷通过双音形式呈现,显然与此时形成的双音步为其预备了理想的结构模式有关。换言之,双音步模式为"从隐含到呈现"提供了一个

---

① 此外,还有常用词的更替也会带来字符偏旁表意的失效,如"枝"等"木"旁本来就是表示"树",但是从西汉开始"木"已被"树"所替代,"木"旁表意的功能随之逐渐隐晦。

必要条件。

如前所述,早期汉语似乎趋向于用字形(即形义理据)来隐含类属,而用语音(即音义理据)来隐含性状,这一推论有两方面的依据:一是它符合认知的常理,因为事物类属大多是具体而有形的,而事物性状一般是抽象而无形的,所以类属可以托形表义,而性状只好寄义于声;二是占汉字绝大多数的形声字,其构成基本上是形符表"类别"而声符表"性状"。上古晚期,形义的理据由于汉字的演变而被打破,原来隐含于字形之中的"类属"被迫通过两字组来呈现;与此同时,音义的理据由于语音的变化也被割裂,原来隐含于语音之中的"性状"也被迫通过两字组来呈现。张清常(1991)、张永言(1999)曾用具体例证论证了早期汉语表颜色等性状的概念并不用独立字形来表达。徐通锵(1997,2001)更进一步指出早期汉语除了一些表性状的联绵词外,可以说"性状接近于无",表性状的概念大多隐含于具体的名物中,如小犬为"狗"、小马为"驹"、小虎为"豿"等。由于不同的"音"可含相同的义(如"句、此、取、戋"等音共含"小"义)、相同的"音"又可表不同的义(如"叚"音既可表"大"又可表"红"义),为了减少声音表义的混杂及其过重的负担,就有必要将"音"中所含的性状抽象出来用一个特定的字来表示,结果便造成部分词语由单字码转化为双字组。如果说 2.1.1A 式等的"呈现"与字形的原因有关,那么 2.1.1B 式的"呈现"则与语音的原因有关。

3.3 语义变化的因素

字形、语音的变化都可导致"从隐含到呈现",语义的变化也可影响"从隐含到呈现"。具体说来,语义对"呈现"的影响大致有三:(1)语义泛化导致"呈现"。上古有不少词的语义本来是表示一些特定的概念,如"发"为"发矢"(《说文》"射发也")、"迹"为"足迹"(《说文》"步处也")等,但通过隐喻的方式这些词后来逐渐被泛用于其他相关语境,因而有了"发令"、"发轫"、"发声"、"辙迹"、"事迹"、"王迹"等,特殊概念的词变成了普通概念的词;词的泛用带来语义泛化,"发"、"迹"原来的语义因泛用而被"漂白(bleaching)"褪色,为了再现其原义,于是需要呈现两字组"发矢"、"足迹"等来表明。(2)语义混同导致"呈现"。上古有不少词的语义看似相同但实际上存在细微差别,如"视"与"望"("视"为细看、"望"为远看)、"疾"与"病"("疾"轻、"病"重)等,但中古这些词义的细微差别在使用中逐渐被淡化而趋于混同①；如果还要体现这些词义的微殊，就需要呈现两字组"远望"、"笃病"等来细化。（3）语义转移导致"呈现"。上古有不少词的常用义后来发生了转移，如"涕"的常用义本是"眼泪"，"金"的常用义本是泛称"五金"，中古这些词的常用义发生了转移，"涕"由"眼泪"变成了"鼻涕"，"金"由泛称"五金"变成了"五金之一"；为了使新生的常用义不至于与原来的常用义相混淆，于是需要呈现两字组"鼻涕"、"黄金"等来区分。

从上古到中古，语义发生泛化、混同、转移的情况很常见。毫无疑问，由它们导致"呈现"的词语一定也不在少数。

3.4　汉语自组织的因素

以经济化的手段达到明晰化的目的，这是语言自组织的原则。上古汉语名、动兼用现象很多，结果是名、动难分。一身二任容易误解，明晰化的原则必然要求汉语自身作出调整，方法就是用标记形式（marked form）来加以区分，而标记形式无非"音（听觉符号）"、"形（视觉符号）"两种。王力（1958：213）认为，"中古汉语的形态表现在声调变化上面。同一个词，由于声调的不同，就具有不同的词汇意义和语法意义。主要是靠去声来和其他声调对立"。利用去声变调来区分名动，的确是一种经济的手段，因为它采用的是非音质音位。但是，（1）去声变调既可用于名词转化为动词，也可用于动词转化为名词，标记功能并不专一，最终不能使名、动彻底分家；②（2）去声别义虽然在口语中能分辨，但在书面语中却无法识别。"音"的标记既然有这样两个缺陷，"形"的标记便成了唯一的选择。③ 要把名动兼用中的动词用法明确区分出

---

① 如"疾病"至少在《论衡》时代就已经混同了，《左传·宣公十五年》："武子疾，命颗曰：'必嫁是。'疾病，则曰：'必以为殉。'"句中"疾"与"病"有轻重之别，但相关的内容到了《论衡·死伪》文作："武子疾，命颗曰：'必嫁是妾。'病困，则更曰：'必以是为殉。'"、"疾病"改作"病困"，这说明"疾"、"病"的轻重之别在《论衡》时代已混而不分，因而需要借助"困"来区分了。

② 关于去声引起词性的变化，王力（1958：213—216）分为"名或形变名"和"动变名"两大类以及动词内部两小类，周法高（1962）分为八类。梅祖麟（1980）曾经论证去声别义具有不同的历史层次，其看法有助于说明去声刚产生时可能功能单一，后来泛用才造成了去声的功能不清，因而最终导致了字组呈现的方法。

③ 以音别义现象在中古渐趋消亡（梅祖麟 1988），而此时正是"形"的标记诞生时代，一消一长，当非巧合。

来,有效的办法可在原词前再添一个动词词形来标明其为动词,这种"形"标方法能够使名、动彻底分家;然而,如果添加的是一个动作意义很强的动词词形,显然又会影响甚至改变原词的意义。不具实在动作意义的虚化动词是两全其美的候选标记。2.2.2AB 两式(主要是 2.2.2A 式)的"呈现"正是采用虚化动词(如"作、行、施、加"等)来明确名动兼用中的动词用法,这一结论可由古今语言事实证明:(1)上古"作"等动词也可带宾语构成"述宾"结构,但充当其宾语的多是清一色的典型名词(如"作洛、作坛、作甬"中的"洛、坛、甬"等),罕见名动兼用的词充当其宾语;"作"等动词也具很强的动作意义,若删除"作"等将会影响"述宾"结构的原义(如删除"作洛"中的"作","洛"则不等于"作洛")。而中古呈现的"作"等充当述语的"述宾"结构,其中的宾语可以是名动兼用的词(如"作礼、作念、作问"中的"礼、念、问"等①),若删除"作"等动词并不会影响"述宾"结构的原义(如删除"作礼"中的"作","礼"还等于"作礼"),这说明呈现式中的"作"等只是充当标记的虚化动词(或曰傀儡动词 dummy verb)。(2)朱德熙(1985)曾对现代汉语"进行调查"、"予以照顾"、"给予帮助"、"加以说明"一类述宾结构作过细致的研究,他发现其中充当宾语的都是兼有动名双重性质的名动词,如"调查、照顾、帮助、说明"等,而充当述语的都是虚化动词,如"进行、予以、给予、加以"等,去掉或互换它们并不改变结构原义,其作用是在书面语中区分兼用作名词的谓词。正在经历的语言现象与历史上发生的语言现象如此相似,既然现代汉语的"予以、给予、加以、进行"等是用以区分名动兼用的谓词性功能的标记,那么中古"作、行、施、加"等呈现也可能是起因于区分名动兼用的动词性功能。

"从隐含到呈现"原因是多方面的。以上四点并不代表"呈现"的所有原因,东汉以降,大量佛典被翻译成汉语,佛典原文可能对汉语词汇的"呈现"也发生过一定的影响。譬如在汉译佛典中多见"作念、作想、作行、作是言、作是说、作是化、作是思维、作是供养"等,和其中"作"对应的梵文是"kr",是一个意义虚泛的动词,功能和汉语的虚化动词"作"类似;又如上古汉语不见"眼泪"(只有"泪"),东汉译经中才开始见到双音词"眼泪",而这个词在梵语中的几个复合形式(如 netra-vari,netra-aübu,nayana-jala,nayana-uda)都是"眼"

---

① 佛典中还有大量的"作是念"、"作是言"、"作是说"等(许理和 1977)。

＋"水（泪）"的结构，汉文译经中"眼泪"的出现可能有原典的影响，类似的情况恐怕不少。此外，某些类别的"呈现"不一定是单个原因在起作用，譬如上文论述了 2.1.1A、2.2.1A 两式的"呈现"与汉代文字的隶变有关，"有关"只是说文字的变革对 2.1.1A、2.2.1A 两式"呈现"有一定的影响，但不能说文字变革是 2.1.1A.2.2.1A 两式"呈现"的唯一原因，因为语言归根结底是一种言说的口语，文字变化对语言词汇的影响需要慎重估价。

四、结　语

词汇概念"隐含"是上古多见、中古罕见的，而词汇概念"呈现"是中古多见、上古罕见的，从上古到中古，汉语词汇发展的总趋势是"从隐含到呈现"。"呈现"的方式主要有"修饰成分从中心成分中呈现"、"对象从动作（或动作从对象）中呈现"、"动作从结果中呈现"三类。

"呈现"主要围绕性质状态、名物对象、动作行为等隐含概念而展开，其影响所及不仅直接表现在汉语词汇方面，同时也波及汉语语法。概括而言，在词汇方面，"呈现"加速了汉语双音化的进程，三类"呈现"分别导致了偏正、述宾、动补三种双音词语的激增，并由此固化了汉语双音节的构词模式，瓦解了汉语以单音词为主的基本格局；在语法方面，"呈现"削弱了上古的词类活用，促发了汉语名词、动词、形容词三大词类分家，在句法上则引发了介词短语前移、动补结构产生等一系列重大的变化。影响的具体细节，我们将有另文讨论。

基于"呈现"类别的多样及其影响的深远，有理由相信"从隐含到呈现"是中古汉语词汇的一个本质变化。

参考文献

戴浩一　（2002）　概念结构与非自主性语法：汉语语法概念系统初探，《当代语言学》第 1 期，北京。

方一新　（1996）　东汉语料与词汇史研究刍议，《中国语文》第 2 期，北京。

冯胜利　（1997）　《汉语的韵律、词法与句法》，北京大学出版社，北京。

——　（2000）　汉语双音化的历史来源，《现代中国语言研究》第一期；又载《从语义信息到类型比较》（史有为主编），北京语言文化大学出版社，2001，北京。

符浩 （1990） 词义演变过程中的离析与综合现象，《广西师范大学学报》第 3 期，桂林。

何乐士 （2000） 《世说新语》的语言特色，《湖北大学学报》第 6 期，武汉；又载人大复印资料《语言文字学》2001 年第 3 期，北京。

洪堡特 （1826a） 论汉语的语法结构，《洪堡特语言哲学文集》（姚小平译），湖南教育出版社，长沙。

——— （1826b） 论语法形式的通性以及汉语的特性，《洪堡特语言哲学文集》（姚小平译），湖南教育出版社，长沙。

胡敕瑞 （1999） 对汉字与汉语性质的一点认识，《古汉语研究》第 1 期，长沙。

黄易青 （1999） 同源词义素分析法，《古汉语研究》第 3 期，长沙；又载人大复印资料《汉语言文字分册》2000 年第 2 期，北京。

蒋绍愚 （1989） 汉语的词汇系统及其发展变化，《中国语文》第 1 期，北京；又载《蒋绍愚自选集》，河南教育出版社，1994，郑州。

列维·布留尔 （1930） 《原始思维》（丁由译），商务印书馆，1985，北京。

刘道英 （1999） "隐含"不同于"省略"，《汉语学习》第 6 期，延吉。

梅祖麟 （1980） 四声别义中的时间层次，《中国语文》第 4 期，北京；又载《梅祖麟语言学论文集》，商务印书馆，2000，北京。

——— （1988） 内部构拟汉语三例，《中国语文》第 3 期，北京；又载《梅祖麟语言学论文集》，商务印书馆，2000，北京。

裘锡圭 （1988） 《古文字学概要》，中华书局，北京。

沈家煊 （1999） 《不对称与标记论》，江西教育出版社，南昌。

王洪君 （2000） 汉语韵律词与韵律短语，《中国语文》第 6 期，北京。

王力 （1958） 《汉语史稿》（中册），中华书局，1980，北京。

王宁 （1995） 汉语词源意义的探求与阐释，《中国社会科学》第 2 期，北京。

徐彩华、张必隐 （2001） 现代汉语单音词通达的复杂性，《语言文字应用》第 9 期，北京；又载人大复印资料《汉语言文字分册》2002 年第 3 期，北京。

徐通锵 （1997） 《语言论》，东北师范大学出版社，长春。

——— （2001） 编码机制的调整和汉语语汇系统的发展，《语言研究》第 1 期，武汉；又载人大复印资料《汉语言文字分册》2001 年第 7 期，北京。

许理和 （1977） 最早的佛经译文中的东汉口语（蒋绍愚译），载《语言学论丛》第十四辑，北京。

袁毓林 （1995） 谓词隐含及其句法后果，《中国语文》第 4 期，北京；又载《语言的认知研究和计算分析》,北京大学出版社,1998,北京。

张国宪 (2000) 现代汉语形容词的典型特征,《中国语文》第 5 期,北京;又载人大复印资料《汉语言文字分册》2001 年第 1 期,北京。

张敏 (1998) 《认知语言学与汉语名词短语》,中国社会科学出版社,北京。

张清常 (1991) 汉语的颜色词,《语言教学与研究》第 3 期,北京。

张永言 (1999) 《语文学论集》(增补本),语文出版社,北京。

张志毅、张庆云 (2001) 《词汇语义学》,商务印书馆,北京。

周法高 (1962) 《中国古代语法:构词篇》,"中央研究院"历史语言研究所,台北。

朱德熙 (1985) 现代书面汉语里的虚化动词和名动词,《北京大学学报》第 5 期,北京;又载《朱德熙文集》(第 3 卷),商务印书馆,1999,北京。

Jerome I. Pachard (2002) *The morphology of Chinese：A linguistic and cognitive approach*, Cambridge University Press, Cambridge.

John I. Saeed (1997) *Semantics*,外语教学与研究出版社,2000,北京。

M. A. K. Halliday (1994) *An introduction to functional grammar*,外语教学与研究出版社,2000,北京。

♀ 延伸阅读 ♀

1. 何九盈、蒋绍愚《古汉语词汇讲话》,北京出版社,1980。

2. 罗正坚《汉语词义引申导论》,南京大学出版社,1996。

3. 马真《先秦复音词初探》,见《北京大学百年国学文粹·语言文献卷》,北京大学出版社,1998。

4. 齐佩瑢《训诂学概论》,中华书局,1984。

5. 王力《汉语词汇史》,商务印书馆,1993;曾收入《王力文集》第 11 卷,山东教育出版社,1990。

6. 张永言《词汇学简论》,华中工学院出版社,1982。

♀ 问题与思考 ♀

1. 谈谈汉语基本词汇与一般词汇的联系与区别。

2. 怎样看待汉语词汇史研究的重心?

3. 怎样从共时和历时的两个方面把握汉语词汇的词义系统?

📍 研究实践 📍

1.

研究课题	词义的系统性与词典义项的设置
背景材料	蒋绍愚《古汉语词汇纲要》,北京大学出版社 1989 年 12 月第 1 版。 罗正坚《汉语词义引申导论》,南京大学出版社 1996 年 2 月第 1 版。 李开《现代词典学教程》,南京大学出版社 1990 年 11 月第 1 版。
方法提示	应用系统论的观点,从古汉语常用词中选取一个(或几个)具体的考察对象,通过析字形或求语源以识别其本义,进而理清由其本义到近引申义再到远引申义的逻辑发展顺序,画出词义引申系统图,图中每个义项都选配典型书证。用以指导词典义项的设置,从而为《汉语大字典》、《汉语大词典》等大型字典、词典释义的修订工作提供科学理据。
呈现形式	· 论文,如《论多义词内部的小系统》、《论词典释义的系统性》、《"玄"词义引申系统图》、《"道"词义引申系统图》等。 · 小型学术研讨会 · 写学术札记

2.

研究课题	汉语中哪些虚词由实词变来
背景材料	王力著《汉语史稿》下册、《汉语词汇史》。 杨树达著《高等国文法》、《词诠》。 北京大学中文系 1955、1957 级语言班编《现代汉语虚词例释》,商务印书馆 1982 年 9 月第 1 版。
方法提示	汉语中的虚词很多是从实词虚化而来的。以现代汉语的常用虚词为重点考察对象,逐一回溯它们在古代汉语中的发展演变情况,理清它们由实而虚的线索及其虚实并行与否的事实,为古书阅读和汉语教学提供有益的帮助。
呈现形式	· 论文,如《汉语中介词的由来》、《汉语中连词的由来》、《"于"字用法的历史演变》、《"和"字用法的历史演变》等。 · 小型学术研讨会 · 写学术札记

第五章　语　法

导　论

　　古代汉语语法是研究古代汉语语法结构规律及其发展变化的学科,在汉语近四千年的发展过程中,哪些新质语法要素产生了,哪些旧质语法要素消亡了,这都是我们要考察的问题。汉语有文字可考的历史是从商代的甲骨文开始的,考察汉语语法的发展也应该从甲骨文开始。

　　汉语语素绝大多数都是单音节的,不单用时是构词成分,单用时就是词。上古汉语单音节词占大多数,整个汉语词汇发展的趋势是双音节词数量不断增长。汉语里应用最广的构词法是词根复合法,也就是根据句法关系、由词根构成复合词,这种构词法与由词结合为词组的造句法是一致的。汉语缺乏形态变化,语音形态构词法很少,如以内部曲折形式构成使动范畴;变调构词也属于语音形态构词法,即一个词通过变换声调而构成具有不同的词汇意义和语法意义的新词。

　　汉语里缺乏真正的词缀,此类附加法在构词上不占重要地位。上古末期,前缀"阿"字产生。现代汉语常用的前缀"老"产生于唐代,它来源于形容词"老"。"子"在上古,已有词缀化倾向,魏晋以后逐渐普遍应用起来,另外常见的后缀还有"头"和"儿"。

　　个体量词的普及化,是汉语发展中的重要特点。汉代以后,通用个体量词"枚"和"个"首先出现;魏晋开始,有特定对应名词的特指个体量词广泛运用起来。动量词萌芽于汉代,广泛运用于魏晋以后。动量词是汉藏语系特有的语法范畴。

代词从古至今经历了一个由繁到简的过程，上古第一人称代词有"吾、我、卬、余、予、朕、台"等，第二人称代词有"汝（女）、若、而、乃"等，宾格代词有"之"，领格代词有"其"。指示代词，近指用"此、兹、斯、是、若、之、时"，远指用"彼、夫、其、尔"等。疑问代词中"谁、孰"主要是问人，"何、曷、奚、胡"主要问事物，"恶、安、焉"主要问处所和事理，中古以后淘汰了一些代词，也产生了一些新的代词，如"身、侬"（第一人称），"渠、伊、他"（第三人称），"底"（疑问代词）等。到了近代汉语，人称代词"你"，形尾"们"，指示代词"这、那"，疑问代词"什么、怎么"先后产生，现代汉语代词系统逐渐形成。

动词，上古类似前缀的形式有"爱、曰、言"三字，类似后缀的形式有"思、止"两字，动词词缀"得"来源于动词"得"，产生于唐代，普遍运用于宋。完成貌词缀"了"源于表终了、了结义的"了"，形成于晚唐五代。持续动词后面的"着"是进行貌词缀"着"的来源，晚唐五代已有这种表示进行貌的词缀"着"。

上古汉语的形容词有类似前缀的附加成分，如"其"和"有"。"如、若、而、然、尔"则是形容词副词共用的后缀。另外，近代汉语"底"、"地"和"的"来源和发展历史也非常值得关注。

介词是古今汉语发生变化最大的一大词类，成员几乎全部更新，现代汉语的介词都是由古代汉语的动词演变而来的。上古汉语常用的介词有"于、以、为、与"，一词往往有多种功能，翻译成现代汉语，一个与今天的几个介词相对应。中古和近代汉语新介词又递有增加，某些旧介词的用法也发生了变化。

拥有大量句末语气词，这也是汉语语法的一大特点。这些语气词表示的是全句的语气。陈述语气，上古汉语用"也、矣"，近代汉语用"的、了"；疑问语气，上古汉语用"乎、哉、与、耶"，近代汉语用"呢、吗、那"；另外还有表示夸张语的语气词，"里、哩"等。

语序是汉语语法的重要内容。从传世文献上看，汉语语序没有发生大的变化，如主语在谓语前面，修饰语在被修饰语前面。但也并非没有变化。如一般所说，宾语放在动词的后面，可下面三种情况的宾语在上古汉语常常放在动词以前：疑问代词作宾语；否定句中代词作宾语；名词（或代词）作宾语而又有"是"或"之"字帮助。到了中古，这些前置成分渐渐地移到了动词之后，和现代汉语的语序相同了。另外一项语序的重大变化是，作处所状语和工具状语的介宾短语在上古时期可以放在动宾短语之后，但到中古以后，只能放在动宾短语之前了。

　　古代汉语有词类活用现象,比较常见的是:名词用如动词;动词、形容词、名词有使动用法;形容词、名词有意动用法;名词用作状语;动词用作状语。

　　判断句从古代汉语到现代汉语形式上发生了很大的变化。上古汉语判断句一般不用系词,而是在谓语后面用语气词"也"来帮助判断,也有的判断句在主语后面加"者"字,然后再在谓语后面加"也"字,"者"跟"也"相照应。这两种形式的判断句是上古汉语判断句的典型结构。系词"是"产生得较晚,一般认为是两汉之交的事。

　　带有被动标记的被动式是逐步形成的。春秋战国之交出现了"为"字式、"见"字式;战国末期不含施事者的"被"字短被动句出现,汉末含施事者的"被"字长被动句出现,并且陆续出现了动词后带宾语、与处置式结合、动词前后成分复杂化等新特点;唐代以后,"被"字式在口语中渐渐占据了优势;近代汉语中,"教"字式、"吃"字式、"给"字式也可以用来表达被动意义。

　　唐代出现了"把"字和"将"字处置式。处置式是由目的共宾式发展而来的,首先出现在韵文及唐诗中,起初谓语可以是单独的动词,逐渐发展出谓语复杂、宾语有定的特点。

　　动补结构的产生与发展是汉语语法史上的一件大事,印欧语里没有跟它相对应的形式。动补结构有四种类型,结果补语、趋向补语,状态补语、可能补语,结构类型不同,产生的时代也各不相同。

　　汉语方言是汉语历史发展的产物,由于语言发展得并不平衡,古代汉语的许多语言现象在各地方言中不同程度的得以保留,因此方言可以给古代汉语语法研究提供活的资料,可以帮助我们更好地探明古代汉语语法发展的轨迹。结合方言,是深化研究的有效途径,也是当今汉语历史语法研究所致力的方向。

　　汉语语法研究历史悠久,周秦已有语法意识的萌芽,但早期的语法研究着重在虚词,且多融于训诂学当中。中国真正的汉语语法研究是从清末马建忠的《马氏文通》开始的,它是中国第一部系统的文言语法著作。

　　古代汉语语法涉及的范围非常广,篇幅所限,我们无法面面俱到。有关研究论著更是不可胜数,这里也不可能选录更多,本章所选的四篇论文,都是各自领域语言研究的代表作,读者可从中学习到一些分析问题和论文写作的方法。

选 文

自指和转指
——汉语名词化标记"的、者、所、之"的语法功能和语义功能

朱德熙

导言——

本文原载于《方言》1983 年第 1 期,现选自《朱德熙文集》第三卷《汉语语法论文》(商务印书馆,1999)。

作者朱德熙(1920～1992),江苏苏州人。著名语言学家,北京大学中文系教授。致力于现代汉语语法和古文字研究,著有《现代汉语语法研究》(1980)、《语法讲义》(1982)、《语法答问》(1984)、《语法丛稿》(1989)、《朱德熙古文字论集》(1995)等。

《自指和转指》提出了两组概念:"陈述"和"指称","自指"和"转指"。指称就是所指,陈述就是所谓。指称形态反映在语法上,是体词性成分,反映在语义上是个名称;陈述形态反映在语法上,是谓词性成分,反映在意义上是个名题。指称和陈述可以互相转化。由陈述形态转化来的指称形态,可分为两种情况,一是自指,一是转指。二者区别在于:自指是纯粹词性的转化,即由谓词性转化为体词性,语义不变;转指,不仅词性发生变化,语义也发生变化,由指行为动作或性质本身转化为指与行为动作或性质相关的事物。运用这两组概念,可以解释一些相关语法现象。"所"和"者"同为名词化标记,却有区别:"所"只能提取宾语,"者"只能提取主语;"所"仅有转指功能,"者"既有转指功能,也有自指功能。"的"字既能提取主语,也能提取宾语;既有转指功能,又有自指功能。"之"字有自指功能。朱文两组概念的提出,使很多问题因此而得到了解决,对语言研究有很大的影响,丰富和发展了普通语言学理论(陆俭明所列汉语语法学对普通语言学的十大贡献,每一项都与朱德熙有关)。

1. 引 言

汉语和印欧语语法上的显著区别之一,是汉语的动词和形容词_{两者合称谓}词。可以直接作句子的主语或宾语而无需改变形式。过去有的语法论著认为主语和宾语位置上的动词、形容词已经转化为名词。五十年代国内"名物化"的说法,六十年代国外的"零形式名词化"(zero nominalization)的说法①都是持这种观点的。我们曾经对名物化的说法作过评论,②这里不重复。我们认为,汉语的动词、形容词本身可以作主宾语,也可以名词化以后作主宾语。不过凡是真正的名词化都有实在的形式标记。所谓"零形式名词化",对于汉语来说,只是人为的虚构。

本文打算分析现代汉语的"的"和古汉语的"者、所、之"等名词化标记的性质,并且从语法功能和语义功能两方面比较其异同。

2. 自指和转指

2.1 从语义的角度看,谓词性成分的名词化有两种。第一种单纯是词类的转化,语义保持不变。例如英语形容词 kind 加上后缀-ness 之后,转化为名词 kindness;kindness 和 kind 的词汇意义是一样的,后缀-ness 没有给词根 kind 添加新的意义。所以在词典里,kindness 可以附在 kind 之下,注明词类,无须另外释义。第二种除了词类的转化以外,词义也发生明显的变化。例如英语动词 write 加上后缀-er 转成名词 writer。writer 和 write 不仅词类不同,意义也不一样。因此词典里在 writer 下边必须另行释义(如 someone who writes 之类),不能只注明词类就算完事。前一种名词化造成的名词性成分与原来的谓词性成分所指相同,这种名词化可以称为自指;后一种名词化造成的名词性成分与原来的谓词性成分所指不同,这种名词化可以称为转指。

上文说英语后缀-ness 没有给词根添加新的意义,这倒不是说 kindness 和

① Hashimoto Anne Yue(1966),Embedding Structures in Mandarin,P. O. L. A,Ohio State University. Paris,Marie-Claude(1979),Nominalization in Mandarin Chinese.

② 《关于动词形容词"名物化"的问题》,《现代汉语语法研究》193~224页。

kind的意义毫无区别,只是说自指意义(kindness)只跟谓词自身(kind)的意义相关,而转指意义则跟谓词所蕴含的对象相关(例如 writer 指动作的施事,employee 指动作的受事)。

英语的动词和形容词只有通过构词手段或句法手段(详下)转化为名词性成分之后才能在主宾语位置上出现。表示自指意义的名词的后缀-ness,-ity,-ation,-ment 之类就是适应这种需要产生的。从这个意义上说,此类后缀只有语法上的价值,没有词汇上的价值。

英语 government 的本义是统治,当"政府"讲,是词义的引申;association 的本义是联合,当"协会"讲,也是词义的引申。这两个词里的-ment 和-ation 仍旧是表示自指的后缀。

汉语的名词后缀"-子、-儿、-头"加在谓词性词根上造成的名词绝大部分都是表示转指意义的,例如:

(1) -子——扳子　塞子　骗子　傻子　辣子
(2) -儿——盖儿　画儿　印儿　黄儿　尖儿
(3) -头——念头　檀头　吃头　看头　苦头

汉语缺乏表示自指意义的名词后缀,很可能就是因为汉语的动词和形容词本身就能充任主宾语,不像英语那样必须在形式上名词化之后才能在主宾语位置上出现。

2.2　以上说的是构词平面上的名词化。句法平面上的名词化也有自指和转指的区别。例如英语用 that 引出的名词从句(noun clause)就有自指和转指两种类型:

(4) The diamond that she stole was lost.

(5) I saw the diamond that she stole.

(6) That she stole the diamond is incredible.

(7) The fact that she stole the diamond has been proved.

(4)～(5)两句里的 that she stole 指 diamond,表示转指意义;(6)～(7)两句里的 that she stole the diamond 指她偷钻石这件事本身,表示自指意义。(4)～

(5)的 that 从句里有缺位（宾语没有出现），(6)～(7)的 that 从句里没有缺位（宾语出现）。英语用 that 引出的名词从句里有缺位时表示转指意义，无缺位时表示自指意义。这一点跟汉语的"VP 的"是一致的。不同的是英语里表示转指意义的 that 从句只能在定语位置上出现，而汉语则是表示自指意义的"VP 的"只能在定语位置上出现。看下文 5.1。

2.3 现代汉语句法平面上名词化的主要手段是在谓词性成分后头加"的"。这样造成的名词性结构跟英语用 that 组成的名词从句一样，可以表示转指意义，也可以表示自指意义。这里先举表示转指意义的例子：

(8) 红：红的（红颜色的东西）

(9) 吃：吃的（食物｜吃东西的人）

(10) 没钱：没钱的（没钱的人）

(11) 叶子上长刺儿：叶子上长刺儿的（叶子上长刺儿的植物）

表示转指的"的"有两方面的功能，一是语法功能的转化，就是名词化，二是语义功能的转化。如果我们只看到"的"有名词化的功能，看不到它还有语义转化的功能，那就不容易说明为什么"的"除了在谓词性成分后头出现以外，还能在名词性成分后头出现，例如：木头的｜外国的｜我哥哥的。"木头｜外国｜我哥哥"本来就是名词性成分，加上"的"以后，从一个名词性成分变为另一个名词性成分，语法功能没有变，可是语义功能变了。

2.4 "的"可以加在单独的谓词后头，也可以加在由谓词组成的各类谓词性结构（包括主谓结构）后头。如果我们把这些统称为谓词性成分，并且用 VP 来表示，那末当我们在 VP 后头加上"的"的时候，原来表示陈述（assertion）的 VP 就转化为表示指称（designation）的"VP 的"了。这种指称形式跟直接用名词表示的指称形式不同，它是通过陈述形式表示出来的一种分析形式。请比较(12)和(13)。

(12) 名词 ——食物　　　　改锥　　　　教员　　　　母亲
(13) VP 的——吃的　　　起螺丝的　　教书的　　　做母亲的

2.5 "VP 的"所表示的转指意义的范围很广。它可以指动作的施事，也可以指受事、与事、工具等等。例如：

（14）施事：游泳的｜开车的｜坐在主席台上的｜什么事儿也不会
干的

（15）受事：新买的｜小孩儿画的｜从图书馆借来的｜让人家瞧不
起的

（16）与事：你刚才跟他打招呼的（那个人）｜我借给他钱的（那
个人）｜我向他请教过的（那个人）

（17）工具：吃药的（杯子）｜裁纸的（刀）｜我开大门的（那把钥
匙）｜装书的（箱子）

2.6　自指的"VP 的"只能在定语位置上出现，而且不能离开后头的中心
语独立。例如：

（18）开车的技术｜说话的声音｜走路的样子｜到站的时间｜爆炸
的原因｜打架的事情

这类"VP 的"都是表示自指意义的。关于自指意义的"VP 的"的详细情况看
下文5.1.1～2。

2.7　先秦汉语里没有跟"的"字功能正好相当的单字。"的"字的功能是
由"者"和"所"两个名词化标记分别承担的。"者"和"所"分布不同，功能也不
一样。粗略地说，"者"字加在谓词性成分后头，"所"字加在谓词性成分（双向
动词以及由双向动词组成的动词结构，看 4.2）前头。谓词性成分加上"者"和
"所"都造成表示转指的名词性结构。区别是"VP 者"往往指施事，有时也指
受事；而"所 VP"总是指受事、与事、工具等等，不指施事，只有个别的例外，例
如：《诗·小雅·小宛》"夙兴夜寐，无忝尔所生"。（19）～（23）"者"字的例子，
（24）～（31）"所"字的例子。

（19）施事：新浴者振其衣，新沐者弹其冠。（《荀子·不苟》）

（20）　　　不救火者比降北之罪。（《韩非子·内储说上》）

（21）　　　入人之场园取人之桃李瓜薑者，上得且罚之，众闻

则非之。(《墨子·天志下》)

(22) 受事：士之急难可使者几何人？(《管子·问》)

(23)　　知士无思虑之变则不乐，辩士无谈说之序则不乐，
　　　　察士无凌谇之事则不乐，皆囿于物者也。(《庄子·
　　　　徐无鬼》)

(24) 受事：鱼，我所欲也；熊掌，亦我所欲也。(《孟子·告子
　　　　上》)

(25)　　仁者以其所爱及其所不爱，不仁者以其所不爱及其
　　　　所爱。(同上《尽心下》)

(26) 与事：揖所与立。(《论语·乡党》)

(27)　　好臣其所教，而不好臣其所受教。(《孟子·公孙丑
　　　　下》)

(28) 工具：子夏、子张、子游以有若似圣人，欲以所事孔子事
　　　　之。(同上《滕文公上》)

(29)　　食者国之宝也，兵者国之爪也，城者，所以自守也。
　　　　(《墨子·七患》)

(30) 处所：鲁平公将出，嬖人臧仓者请曰：他日君出，则必命有
　　　　司所之。今乘舆已驾矣，有司未知所之，敢请。
　　　　(《孟子·梁惠王下》)

(31)　　古者尧治天下，南抚交阯，北降幽都，东西至日所出
　　　　入。(《墨子·节用中》)

2.8　"者"字除了转指功能之外，还有自指功能。比较(32)和(33)：

(32) 知者乐水，仁者乐山。(《论语·雍也》)
(33) 仁者，人也；义者，宜也。(《礼记·中庸》)

(32) 的"仁者"指有"仁"这种德性的人，转指；(33) 的"仁者"指"仁"这种德性
本身，自指。

"所"字只有转指功能，没有自指功能。

3. 句法成分的提取

3.1 第 2 节里对于"VP 的 | VP 者 | 所 VP"等名词化形式转指意义的描写是相当浮面的。我们知道,由"的、者、所"造成的名词化形式的指称范围宽窄不同。大体说来,"VP 者"和"所 VP"的指称范围合起来与"VP 的"相当,而"VP 者"和"所 VP"的所指有一种不严格的互补关系,即"VP 者"大量指施事,少量指受事,不指与事、工具、处所;"所 VP"则只能指受事、与事、工具、处所等等,不指施事。上文的描写不能解释为什么"的、者、所"的所指范围有宽有窄,为什么"VP 者"和"所 VP"的所指互补,更不能解释为什么这种互补关系又是不严格的。这种描写方法的弱点在于想要直接描写"VP 的 | VP 者 | 所 VP"等形式的转指意义。实际上这些形式的转指意义是通过"的、者、所"三者不同的语法功能体现出来的。为了说明这件事,我们先介绍谓词性成分名词化时"提取"句法成分的概念。

3.2 当我们在谓词性成分 VP 上头加一个名词化的标记——假定说是英语里的 that——使它转化为名词性成分的时候,原来表示陈述的 VP 就转化为表示指称的 that＋VP 了。我们可以把 that＋VP 看成是从一个比 VP 略长的谓词性结构 VP′里提取出来的。VP′与 VP 的差别仅在于所包含的名词性成分的数目不同,即 VP′至少比 VP 多包含一个名词性成分。例如 that she stole 可以看成是从 VP′"she stole the diamond（money, document……)"一类格式里提取出来的宾语部分,或者说它是这种格式的宾语表达式。按照上述观点,我们可以说英语名词化标记 that 的语法功能之一是提取宾语。(事实上,that 不但能提取宾语,也能提取主语。例如：I met the woman that stole the diamond.)因为 that 提取宾语时,VP 里宾语必须缺位。所以我们又可以说此时 that 的作用就是把 VP′里提出宾语以后剩余的部分(VP)拿来表达宾语。

3.3 采取这种观点来看"的"和"者、所",就会发现三者的语法功能不同："者"是提取主语的,"所"是提取宾语的。因为古汉语里只有施事主语,没有施事宾语,所以"VP 者"和"所 VP"的所指互补。又因为古汉语里主语有时也可以指受事,所以这种互补关系只能是不严格的。"的"既能提取主语,又能提取宾语,所以它的指称范围最宽。大致说来,"VP 的"的所指相当于"VP 者"和"所 VP"所指的总和。因此古汉语里"VP 者"和"所 VP"译成现代汉语都是"VP 的"。

现在我们可以在上文讨论的基础上对"的、者、所"三者的语法功能和语义功能作比较细致一点的观察。为了避免混淆,必要时把转指的"的"和"者"分别记为"的ₜ"和"者ₜ",把自指的"的"和"者"分别记为"的ₛ"和"者ₛ"。"所"字只有转指功能,没有自指功能,所以不加标记。

4. "者、所、的"的转指功能

4.1 者ₜ

4.1.1 因为"者ₜ"是提取主语的,所以在"VP 者ₜ"里,主语必须缺位。换句话说,不可能有"＊SP 者ₜ"的形式(SP 里的 S 指主语,P 指谓语,下同),下边的例子好像是例外:

(1) 臣弑其君者有之,子弑其父者有之。(《孟子·滕文公下》)

(2) 南门之外有黄犊食苗道左者。(《韩非子·内储说上》)

(3) 原(源)浊者流不清。(《墨子·修身》)

(4) 色庄者乎。(《论语·先进》)

(5) 孔子曰:过我门而不入我室,我不憾焉者,其惟乡愿乎。
(《孟子·尽心下》)

(1)"臣弑其君者"的构造是"臣/弑其君者",不是"臣弑其君/者"。"弑其君者"是"臣"的后置修饰成分。(2)情形相同,应分析为"黄犊/食苗道左者"。(3)~(5)是另一种情形。拿(3)来说,"源浊"确实是主谓结构,可是这个主谓结构本身可以另有自己的主语,譬如说"江河源浊"。"源浊者"提取的正是这个位置上的主语(所谓大主语)。由此可见,"源浊者"仍应看成是主语缺位的格式,它的构造不是"SP 者ₜ",而是"P(SP′)者ₜ"[①]。

4.1.2 因为古汉语里句子的主语可以是受事,所以"VP 者ₜ"除了表示施事之外,有时也表示受事,例如:

(6) 治于人者食人,治人者食于人。(《孟子·滕文公上》)

[①] 此处符号的写法参照 Otto Jespersen, Analytic Syntax,第二章。

(7) 吾闻用夏变夷者,未闻变于夷者也。(同上)

(8) 君不行仁政而富之,皆弃于孔子者也。(《孟子·离娄上》)

(9) 征于关者勿征于市,征于市者勿征于关。(《管子·问》)

(10) 士之急难可使者几何人。(同上)

(11) 故可使治国者使治国,可使长官者使长官,可使治邑者使治邑。(《墨子·尚贤中》)

有的 VP 表示被动语态,前边的主语总是指受事,因此加上"者"字以后也只能指受事。例(6)~(8)的 VP 里都有表示被动语态的"于"字,就属于这一类。有的 VP 的主语可以指施事,也可以指受事,因此加上"者"字以后,也可以兼指施事和受事。例(9)的"征于关者"、"征于市者"在《管子》原文里虽然指受事。可是放在别的上下文里,也有可能指施事。

4.1.3 因为受事主语后边的谓语往往不是一个单独的动词,①所以单独的及物动词加上"者₁"以后大都指施事,不指受事。表示刑罚的动词如"刖、黥"等的主语经常指受事,很少指施事,所以加上"者₁"以后,"刖者、黥者"也经常指受事。再如:

(12) 今有功者必赏,赏者不得(德)君,力之所致也。有罪者必诛,诛者不怨上,罪之所生也。(《韩非子·难三》)

(13) 初,武城人或有因于吴竟(境)田焉,拘鄫人之沤菅者,曰:"何故使吾水滋?"及吴师至,拘者道之以伐武城。(《左传·哀公八年》)

(14) 今大国之攻小国也,攻者农夫不得耕,妇人不得织,以守为事。攻人者亦农夫不得耕,妇人不得织,以攻为事。(《墨子·耕柱》)

(15) 春秋伐者为客,伐者为主。何休注:伐人者为客,长言之,伐者为主,

---

① 主语指受事、谓语是单独的动词的例子也有,但往往是几件事对比着说的,例如:

"(范蠡)自齐遗大夫种书曰:蜚鸟尽,良弓藏;狡兔死,走狗烹。"(《史记·越王勾践世家》)

"其母好者其子抱。"(《韩非子·备内》。参看《史记·留侯世家》:"臣闻母爱者子抱。")

"彼窃钩者诛,窃国者为诸侯。"(《庄子·胠箧》)

短言之。(《公羊·庄公二十八年》)

(12)的"赏者"和"诛者"分别指被赏者和被诛者,(13)的"拘者"指被拘者,(14)的"攻者"指被攻者,都与通例不合。不过(12)是可以解释的,我们可以说,"赏者"承上句提取受事主语"有功者","诛者"承上句提取受事主语"有罪者"。我们不知道(13)和(14)该如何解释。(15)似乎是同类的现象。这类例子少见,有待进一步研究。

4.1.4 "VP 者_r"也很少指工具。古汉语里要把一种工具用分析形式说出来,通常总是采用"所以 VP"的形式。例如:

(16) 所以注斛,陈魏宋楚之间谓之篙。(《方言五》)
(17) 所以除镜一。(《马王堆一号汉墓》上册 149 页,遣册 243,文物出版社,1973)

下例(18)好像是用"VP 者_r"指工具:

(18) 有人置系蹄者而得虎。虎怒决蹯而去。(《战国策·赵策三》)

可是和(19)~(20)比较来看:

(19) 有妇人哭于墓者而哀。(《礼记·檀弓》)
(20) 人有见宋王者,锡车十乘。(《庄子·列御寇》)

那么(18)"置系蹄者"的构造应该是"置系蹄+者",不是"置+系蹄者"。"系蹄"应看成是一个动宾式的名词(指捕兽的工具)。

为什么"VP 者_r"不能指工具?因为古汉语里主语指工具的时候,谓语只能是"所以 VP",不能是 VP。例如只能说:"篙,所以注斛",不能说"﹡篙,注斛"。因此"注斛者"只可能指人(施事),不可能指**篙**(工具)。

4.2 所

4.2.1 现在我们来讨论"所"字。"所 VP"可以指受事、与事、工具、处所等等,不能指施事。这个现象也同样可以从"所"字的语法功能上找到解释。因为"所"提取的是宾语,而宾语在古汉语里正是只能指受事、与事、工具等等,不能指施事的。至于什么时候指受事,什么时候指与事、工具等等,则要受 VP 里动词的"向"的数目的制约①。

4.2.2　双向动词只能带一个宾语(以下把双向动词记为 V^2,三向动词记为 V^3,把双向动词和三向动词组成的动词结构分别记为 V^2P 和 V^3P),因此在"所 V^2P"里,宾语必须缺位。换句话说,只有"所 V^2"的形式,没有"*所 V^2O"的形式②。这是从构造上说的,从语义上说,由于古汉语里双向动词的宾语大都指受事或处所,所以"所 V^2P"也往往指受事或处所。例如:

　　(21) 从吾所好。(《论语·述而》)

　　(22) 鱼,我所欲也,熊掌,亦我所欲也。(《孟子·告子上》)

　　(23) 仲子所居之室,伯夷之所筑与,抑亦盗跖之所筑与?(同上《滕文公下》)

　　(24) 冀之北土,马之所生。(《左传·昭公四年》)

　　(25) 有司未知所之。(《孟子·梁惠王下》)

　　(26) 故道之所在,圣人尊之。(《庄子·渔父》)

(21)~(23)里的"所好、所欲、所居、所筑"指受事。(24)~(26)里的"所生、所之、所在"指处所。

4.2.3　"所VP"后头可以再加一个表自指的"者"字造成"所VP 者ₛ"的格式。下边是"所 V^2P 者ₛ"的例子:

　　(27) 狄人之所欲者,吾土地也。(《孟子·梁惠王下》)

　　(28) 圣人先得我口之所耆(嗜)者也。(同上《告子上》)

　　(29) 此寡人之所见者也。(《庄子·达生》)

----

① 关于动词的"向",看本文集第二卷《"的"字结构和判断句》。(案:"本文集"指《朱德熙文集》)

② 前引《孟子·滕文公上》:"他日,子夏、子张、子游以有若似圣人,欲以所事孔子事之。""所"字下省略了"以"字。同书《公孙丑上》:"孟施舍之所养勇也",似乎不好这样解释,录以存疑。(上文"北宫黝之养勇也"无"所"字。)

（30）故天下皆知求其所不知，而莫知求其所已知者，皆知非其所不善，而莫知非其所已善者。（同上《胠箧》）

（31）其地南至交趾，北至幽都，东西至日月之所出入者。（《韩非子·十过》）

因为"所"字不能加在名词性成分前头，而"者"字却可以加在名词性成分后头，所以"所 VP 者"的构造一定是"所 VP＋者"，不是"所＋VP 者"。又因为"所 VP 者"跟"所 VP"所指相同，所以这个"者"一定是表示自指的，不是表示转指的。

4.2.4　三向动词可以带两个宾语，在"所 V^3P"里，这两个宾语至少要有一个缺位。换言之，可以有"所 V^3"的形式，也可以有"所 V^3O"的形式，可是不能有"＊所 $V^3O_1O_2$"的形式。由于 V^3 的两个宾语只能指受事、与事、工具、处所等等，不能指施事，所以"所 V^3P"也只能指受事、与事、工具、处所等等，不能指施事。跟"所 V^2P"一样，"所 V^3P"后头也能再加表示自指的"者"字。下边把"所 V^3P"和"所 V^3P 者$_s$"合在一起举例：

指称形式：所 V^3（O）（者$_s$）　　**相应的陈述形式：$V^3O_1O_2$**

（32）耳目之官不思……心之官则思……此天之所与我者。（《孟子·告子上》）

天与我耳目心。

我＝O_1　耳目心＝O_2

（33）吾有所受之也。（同上《滕文公上》）

吾受之孟子。

（34）孟尝君曰：文甚不取也。夫所借衣车者，非亲友则兄弟也。夫驰亲友之车，被兄弟之衣，文以为不可。（《国策·赵策一》）

借亲友兄弟衣车。

亲友兄弟＝O_1

衣车＝O_2

（35）其北陵，文王之所避风雨也。（《左传·僖公三十二年》）

文王避风雨其北陵。

（36）大官大邑，身之所庇也。（同上《襄公三十一年》）

庇身大官大邑。

(32)"所与我者"指受事,(33)"所受之"、(34)"所借衣车者"指与事,(35)"所避风雨"指处所。(36)的"所庇"似乎也指处所,可是下文说"大官大邑,所以庇身也",可见是作为工具看待的。以上举的五个例子里,(32)～(35)动词后头都带宾语,构造是"所 V^3O(者$_s$)",所指是确定的。(36)的"所庇"没有带宾语,构造是"所 V^3",所指不确定。就这个格式本身来说,可以指受事(提取 O_1 "身"),也可以指处所或工具(提取 O_2"大官大邑")。下边两个例子的情形与此类似:

(37)南方有鸟焉,名曰蒙鸠,以羽为巢,而编之以发,系之苇苕。风至苕折,卵破子死。巢非不完也,所系者然也。(《荀子·劝学》)

(38)兰槐之根是为芷,其渐之滫,君子不近,小人不服。其质非不美也,所渐者然也。(同上)

亡友马汉麟君在《古代汉语"所"字的指代作用和"所"字词组的分析》《中国语文》1962 年第 10 期 477～480 页中说:

"所系"可能了解为"系"的对象"巢",因为上文说"系之苇苕","系"是及物动词。但是这样了解是错误的,因为上文说"巢非不完也"。"所系"这里指的是"系"的处所"苇苕",因为上文说"风至苕折,卵破子死"。同样,"所渐"可能了解为指"芷",但是应该了解为指"滫"。

马文指出"所系者"和"所渐者"有歧义是很对的。根据上文的分析,这是因为二者的构造都是"所 V^3 者$_s$",它所提取的宾语可以理解为是 O_1,也可以理解为是 O_2,跟例(36)的"所庇"情形一样。值得注意的是《荀子》本文已经告诉我们跟"所系者、所渐者"相对应的陈述形式分别是"系之苇苕"和"(其)渐之滫"。二者的构造正好是 $V^3O_1O_2$,可见我们把"所 V^3(O)"看成是从跟它相对应的陈述形式 $V^3O_1O_2$ 里提取宾语得到的指称形式是合理的。

4.2.5 现在我们来讨论"所"字后头紧跟介词的格式:"所 JV"(J 表示介词,V 可以是单独的动词,也可以是动词结构)。这类"所"字结构提取的是介词的宾语,所以介词 J 后头宾语必须缺位。与此类格式相应的陈述形式是

JOV。"所 JV"后头也能加"者₅"。下边把"所 JV"和"所 JV 者₅"合在一起
举例：

指称形式：所 JV（者₅）	相应的陈述形式：JOV
（39）丑见王之敬子也，未见所以敬王也。（《孟子·公孙丑下》）	以尧舜之道敬王。
（40）吾所以说吾君者，横说之，则以诗书礼乐，从（纵）说之，则以金板六韬。（《庄子·徐无鬼》）	以诗书礼乐、金板六韬说吾君。
（41）民无所于食。（《商君书·垦令》）	民于斯食。
（42）彼审乎禁过，而不知过之所由生。（《庄子·天地》）	过由此生。
（43）吾闻上君所与居皆其所畏也。（《韩非子·外储说左下》）	上君与其所畏居。
（44）其妻问所与饮食者，则尽富贵也。其妻告其妾曰：良人出则必餍酒肉而后反。问其与饮食者，尽富贵也。（《孟子·离娄下》）	良人与之饮食。

例(44)先说"问所与饮食者"，下文又说"问其与饮食者"。前者的构造是"所
VP 者₅"，后者的构造是"VP 者ₜ"。两种说法在原文里虽然指的都是与齐人
一起饮食的人，可是结构不同，语法意义也不一样，正好拿来对比。"所与
饮食者₅"提取的是"与"的宾语，指与事；"与饮食者ₜ"提取的是"与饮食"的主语，
指施事。跟"所与饮食者₅"相应的陈述形式是：

（良人）与之₁（＝富贵者）饮食。

跟"与饮食者,"相应的陈述形式是：

（富贵者）与之₂（＝良人）饮食。

两者的主语所指不同，"与"的宾语所指也不同。"所与饮食者₅"提取的是"之₁"，因此在这个格式里，"之₁"必须缺位。"与饮食者,"提取的是"与饮食"的主语。在这个格式里，"之₂"也没有出现。不过这不是缺位，而是省略。这个"之"字也可以不省，说"与之饮食者,"。

因为"所与饮食者"里的"者"是自指的，"所与饮食者"跟"所与饮食"所指相同，所以这个"者"是可有可无的（optional）。"与饮食者"的"者"是转指的，去掉"者"字，"与饮食"就变成陈述形式了，所以这个"者"是非有不可的（obligatory）。如果不借助于自指、转指和句法成分的提取等观念，要想把"所与饮食者"和"与饮食者"的构造讲清楚恐怕是很困难的。

4.3 的,

4.3.1 我们认为"的,"跟英语的 that,一样既能提取主语，又能提取宾语。"的,"之能够提取主语是十分明显的，最直接的证据是它能够加在单向动词上造成指施事的"VP 的,"。至于说"的,"还能提取宾语，这要从稍微远一点的地方说起。

4.3.2 现代汉语里陈述句的主语所指的范围是很广的。它可以指施事，也可以指受事、与事、工具、处所、时间等等。例如：

（45）李大夫（施事）用中草药给病人治好了关节炎。

（46）这位病人的关节炎（受事），李大夫用中草药给他治好了。

（47）这位病人（与事），李大夫用中草药给他治好了关节炎。

（48）这种中草药（工具），李大夫用它给病人治好了关节炎。

如果我们利用 C. J. Fillmore 格语法（case grammar）①的表述形式把包含在一个句子里的名词性成分按照它们跟主要动词之间的语义关系区分为若干

① Charles J. Fillmore, "The case for case," *Universals in linguistic theory*，1968.

个格(case),如施事(A),受事(O),与事(D),工具(I),处所(L)之类,那么上引(45)～(48)四句虽然构造不同、意思也不一样,可是这些句子里各个名词性成分跟主要动词之间的格的关系却始终维持不变:"李大夫"是施事,"中草药"是工具,"病人"是与事,"关节炎"是受事。施事、受事、与事、工具等概念不容易下严格的定义或者规定精确的范围。不过本文提到的这类术语按通常比较宽泛的意义去理解,并不至于影响我们的讨论。至于上引四句的区别可以看成是所选择的主语不同。

由于选择的主语不同,句子的结构会受到某些制约。例如(46)选择受事"关节炎"做主语,此时与事"这位病人"最自然的位置是放在"关节炎"前边作修饰语。特别值得注意的是当主语是与事或工具时,谓语里往往要用代词"他"来复指主语,如(47)～(48)两句。

4.3.3 跟(45)～(48)等陈述形式相应的指称形式"VP 的$_t$"有:

(49)用中草药给病人治好关节炎的(那位大夫)

(50)李大夫用中草药给病人治好的(那种关节炎)

(51)李大夫用中草药给他治好了关节炎的(那位病人)

(52)李大夫用来给病人治好关节炎的(那种中草药)

很明显,"VP 的$_t$"本身也跟包含在 VP 里的名词性成分一样,属于一定的格。在 VP 里,A、I、D、O 等不能全都出现,里头总有缺位,而"VP 的$_t$"所属的格正好是 VP 里所缺的那个格。例如(49)的 VP"用中草药给病人治好关节炎"里缺施事,加上"的"以后,"用中草药给病人治好关节炎的"指的正是施事(大夫)。(50)的 VP"李大夫用中草药给病人治好"缺受事,加上"的"以后,"李大夫用中草药给病人治好的"指的也正是受事(关节炎)。(51)"李大夫用中草药给他治好了关节炎的"指与事(病人),VP 里的"他"正指与事,不缺位,似乎是例外。可是上文已经指出,这个"他"是复指成分,虽有若无,仍应作为缺位看待。

由于"VP 的$_t$"可以看成是动词的一个格,所以我们也可以用 A、I、D、O 等格的概念说明"VP 的$_t$"的转指意义,例如说(49)转指施事(A),(50)转指受事(O)等。

4.3.4 以上讨论了"VP 的$_t$"跟相应的陈述形式的语义构造。现在我们回到"的ᵣ"是否能提取宾语的问题上来。

如果我们认为"的ᵣ"只能提取主语,不能提取宾语,那么我们就得说(49)～(52)等是依次从(45)～(48)等陈述形式里提取主语以后得出的名词化形式。如果我们认为"的ᵣ"不但能提取主语,还能提取宾语,那么我们既可以认为(49)～(52)是分别从(45)～(48)等形式里提取主语以后得出的格式,也可以认为它们是从(45)～(48)的任何一个形式里分别提取主语和"治好、给、用"等等的宾语以后得出的格式。

认为"的ᵣ"只能提取主语,不能提取宾语的说法是有困难的,因为它无法解释某些语言事实。我们举一个明显的例子来说。"笑"和"哭"在一种意义上是不及物动词(他笑ᵢ了|他哭ᵢ了),在另一种意义上是及物动词(他笑ᵣᵣ我|他哭ᵣᵣ他爸爸)。"笑ᵢ的|哭ᵢ的"提取的是主语,"笑ᵣᵣ的|哭ᵣᵣ的"指受事的时候([我]笑的是他|[他]哭的是他爸爸),提取的只能是宾语,不可能是主语,因为这两个动词的受事只能出现在宾语位置上,不能出现在主语位置上。

关于"的"字提取句法成分的细节,我们研究得还不充分,不过有一点是清楚的,就是它既能提取主语,又能提取宾语。

5. "的、者、之"的自指功能

"所"字只有转指的功能,没有自指的功能,"的"和"者"既有转指的功能,又有自指的功能。"之"字放在主语和谓语之间也能造成表示自指的名词化格式。以下先讨论"的",再讨论"者"和"之"。

5.1 的ₛ

5.1.1 上文 4.3.3 里指出,当 VP 里只有一个缺位的时候,"VP 的"所属的格就是缺位的那个格。要是 VP 里有两个或两个以上的缺位时,"VP 的"就会产生歧义。例如(1)有 A 和 D 两个缺位:

(1) 用中草药治好了关节炎的

所以(1)这个说法既可以指大夫(A),也可以指病人(D)。当 VP 里没有缺位的时候,"VP 的"不能独立,后头总是带着中心语。比较(2)的甲类和乙类:

(2)　　　　甲　　　　　　　　　　　　乙

　　开车的(人)　　　　　　　　　他开车的技术

　　老王开的(那辆车)　　　　　　火车到站的时间

　　装书的(箱子)　　　　　　　　他用箱子装书的原因

　　扩大招生名额的(学校)　　　　扩大招生名额的问题

　　他给我写的(信)　　　　　　　他给我写信的事儿

甲类的 VP 里都各有一个缺位，"VP 的"跟后头的中心语同格。离开中心语独立时，"VP 的"可以指代中心语。乙类的 VP 里没有缺位。修饰语"VP 的"和中心语之间没有同格的关系，"VP 的"不能指代中心语。例如"开车的技术"不能离开中心语光说"开车的"。光说"开车的"，只可能指人，不可能指技术。不过乙类的根本特点并不在于 VP 里没有缺位。例(3)～(4)里的 VP 都有缺位，可是整个偏正结构仍然属于乙类，不属于甲类：

　　(3) 休息的时间太少。

　　(4) 你说说用船运的好处在哪里。

　　(5) 难道连笑的权利也没有？

乙类跟甲类的区别在于其中的"VP 的"不属于跟 VP 里的动词相关的任何一个格。(6)有歧义：

　　(6) 这就是他反对的办法。

如果我们把它看成是甲类格式，那末"他反对的"是受事格，这句话的意思是说：这个办法就是他所反对的。如果我们把它理解为乙类格式，那末"反对的"不属于跟动词"反对"相关的任何一个格，这句话的意思是说：他就是用这个办法来反对的。

　　5.1.2　我们认为(2)里乙类格式的"VP 的"表示自指。其中的"的"字有时可以省去，例如"开车技术｜火车到站时间｜扩大招生名额问题"。这个现象似乎也有助于说明乙类格式里的"的"是表示自指的。

5.2　者。

5.2.1　现在我们来讨论"者"的自指功能。

由于表示转指的"者"是提取主语的,所以如果"者"字前头是一个主谓结构,而且这个主谓结构又不能作为一个大主语的谓语部分看待(看 4.1. 1),这种"者"字就只能是表示自指的。换句话说,主语不缺位的"VP 者"一定是表示自指意义的。例如:

(7) 金重于羽者,岂谓一钩金与一舆羽之谓哉。(《孟子·告子下》)

(8) 然则舜有天下也,孰与之? 曰,天与之。天与之者,谆谆然命之乎? (同上《万章上》)

(9) 秦攻梁者,是示天下要(腰)断山东之脊也。(《战国策·魏策四》)

不过自指的"者"前边的 VP 不一定都带主语,正如转指的"VP 的₁"里也可以有缺位一样(参看 4.3.3)。例如:

(10) 以顺为正者,妾妇之道也。(《孟子·梁惠王下》)

(11) 夫折大木蜚大屋者,唯我能也。(《庄子·秋水》)

5.2.2　现代汉语里表示转指的"的"可以加在名词性成分上头(看 2.3),古汉语里表示自指的"者"也可以加在名词性成分上头。例如:

(12) 虎者戾虫,人者甘饵也。(《战国策·秦策二》)

(13) 昔武王克商,光有天下。其兄弟之国者十有五人,姬姓之国者四十人。(《左传·昭公二十八年》)

(14) 有颜回者好学。(《论语·雍也》)

(15) 于是使勇士某者往杀之。(《公羊·宣公六年》)

(16) 此二人者实弑寡君。(《左传·隐公四年》)

(17) 此二物者,所以惩肆而去贪也。(同上《昭公三十一年》)

自指的"者"还可以加在指时间的词语上头：

(18) 昔者吾友尝从事于斯矣。(《论语·泰伯》)

(19) 寡人夜者寝而不寐,其意也何?(《公羊·僖公二年》)

(20) 莫春者,春服既成。冠者五六人,童子六七人,浴乎沂,风乎舞雩,咏而归。(《论语·先进》)

无论是名词性词语还是时间词语,加上"者₅"以后,所指都不变。这种位置上的"者₅"似乎有一种指示作用。"此二人者"表示说到的是这两个人,而不是什么别的两个人;"莫春者"表示指的是暮春,而不是别的季节。

因为自指的"者"可以加在名词性成分上头,所以名词化结构"所 VP"和"所 JV"也都可以带上这种"者"字造成"所 VP 者₅"和"所 JV 者₅"等格式。"所 VP"和"所 JV"都是表示转指的,后边加上自指的"者"之后,并不改变所指。因此"所 VP 者₅"(所杀者)和"所 JV 者₅"(所以杀人者)对于"所 VP"(所杀)和"所 JV"(所以杀人)来说,表示自指,对于 VP(杀)和 JV(以……杀人)来说,实际上表示转指。

5.2.3 《马氏文通》以来的语法著作大都把本文所谓自指的"者"字看成是有"提顿"作用的语气词,而把我们说的表示转指的"者"字看成是代词。把自指的"者"字看成语气词,主要因为此类"者"字在句子里不是具体意义的承担者,而且经常在主语或复句里前置从句的末尾出现。说它有提顿作用是因为后头往往跟一个句中的停顿。其实自指的"者"字能够出现的位置并不限于主语和从句的末尾。例如(21)～(22)里的"三子者"在修饰语的位置上,(23)的"三子者"在宾语的位置上,①这些"者"字显然不能解释为语气词。

(21) 异乎三子者之撰。(《论语·先进》)

(22) 夫三子者之言何如?(同上)

(23) 君曰告夫三子者。(同上《宪问》)

---

① 周法高《中国古代语法》称代篇 425 页认为这个"者"字是加在"全句之末"的。只要比较(21)～(23)三例,就知道这个说法是不对的。

以上举的是名词性成分后边的"者"字的例子。现在再来看"VP 者ₛ"的例子：

    (24)（孟尝）君所以得为长者,以吾毁之者也。(《战国策·齐策三》)

    (25)晋荀吴伪会齐师者。假道于鲜虞,遂入昔阳。(《左传·昭公十二年》)

    (26)阳虎伪不见冉猛者,曰:猛在此,必败。(同上《定公八年》)

    (27)晋赵鞅纳卫大子于戚……使大子絻,八人衰绖,伪自卫逆者。服虔曰：衰绖,为若从卫来迎大子也。(同上《哀公二年》)

    (28)齐陈乞伪事高,国者。杜注：高张国夏受命立荼。陈乞欲害之,故先伪事焉。(同上《六年》)

    (29)不识舜不知象之将杀己与? 曰:奚而不知也。象忧亦忧,象喜亦喜。曰:然则舜伪喜者与?(《孟子·万章上》)

    (30)孔子于乡党,恂恂如也,似不能言者……过位,色勃如也,足躩如也,其言似不足者。摄齐升堂,鞠躬如也,屏气似不息者。(《论语·乡党》)

    上引(24)～(30)等例里的"VP 者ₛ"都在宾语的位置上,其中的"者"不可能是语气词。(24)的"吾毁之者"是介词"以"的宾语。"以吾毁之者"等于说"以吾毁之之故"。(25)的"会齐师者"是动词"伪"的宾语。"伪会齐师者"等于说"伪为会齐师之状",翻译成现代话,就是：装做要跟齐国的军队会合的样子。(26)～(29)的情形跟(25)相同。(30)的"不能言者｜不足者｜不息者"都是动词"似"的宾语。"似不能言者"等于说:好像不善于说话的样子。余同此。

    像(25)～(29)里"伪"字的那种用法,《左传》里一共见到十九次,其中九次后头有"者"字,十次后头没有"者"字。后者例如："我伪逃楚,可以纾忧。成公十六年｜冉猛伪伤足而先。定公八年｜华亥伪有疾以诱群公子。昭公二十年"可见"伪"字的宾语可以是谓词性成分,也可以是名词性成分(VP 的名词化形式)。这正像在现代汉语里"假装没看见"也可以说"假装没看见的样子"一样。

    5.2.4 既然"VP 者ₛ"处于定语和宾语位置上的时候,"者ₛ"不可能是语气词,那末当它处在其他语法位置上的时候,自然也不能说它是语气词。过去的语法著作大都把判断句里主语后头的"者ₛ"看成是跟句末的"也"字相配的语气词,并且认为"者ₛ"的作用在于表示"提顿"语气。现在我们知道语气词的说法是难以成立的。至于这类判断句里表现出来的"提顿"语气,应该说是"VP 者ₛ"所处的语法位置(主语)造成的,跟"者"字本身没有多少关系。因为只要把"VP 者ₛ"换到别的语法位置上去,这种"提顿"语气就完全消失了。跟"VP 者ₛ"相比,"VP 也者ₛ"的"提顿"语气似乎更为明显:

(31) 故素也者,谓其无所与杂也;纯也者,谓其不亏其神也。(《庄子·刻意》)

(32) 凡术也者,主之所以执也;法也者,官之所以师也。(《韩非子·说疑》)

可是就连"VP 也者ₛ"也可以放到宾语的位置上去。例如:

(33) 鲁人有周丰也者。(《礼记·檀弓》)

(34) 见其可欲也,则必前后虑其可恶也者;见其可利也,则必前后虑其可害也者。(《荀子·不苟》)

(35) 有始也者,有未始有始也者,有未始有夫未始有始也者,有有也者,有无也者,有未始有无也者,有未始有夫未始有无也者。(《庄子·齐物论》)

由此可见,"VP 也者ₛ"也是表示指称的名词性结构。这个"者"也不能看作语气词。

5.2.5　一个 VP 加上自指的"者"以后,从语法上说,是从谓词性成分转化为名词性成分;从语义上说,是从陈述转化为指称。由于指称形式跟相应的陈述形式意义上相通,要是把一个句子里包含的"VP 者ₛ"的"者ₛ"取消,往往不至于影响原句的基本意义。有的"者ₛ"不能取消,是因为所在的语法位置只能容纳名词性成分,如上引(35)。

自指的"VP 者ₛ"跟相应的 VP 的意义相通而又有区别。撇开语法功能不论,专从语义的角度看,"VP 者ₛ"的作用就是把 VP 所表示的意义加以事物

化。如果说 VP 是表示行为、动作、状态的,那末"VP 者。"表示的就是事物化了的行为、动作、状态。举例来说:

> (36) 鱼,我所欲也;熊掌,亦我所欲也。二者不可得兼,舍鱼而取熊掌者也。生,亦我所欲也;义,亦我所欲也。二者不可得兼,舍生而取义者也。(《孟子·告子上》)

把"舍鱼而取熊掌者也"和"舍生而取义者也"里的"者"字取消,句子仍然站得住,区别在于:不带"者"字,"舍鱼而取熊掌也"和"舍生而取义也"是陈述形式,说的是行为,是这么做(舍鱼而取熊掌)还是那么做(舍熊掌而取鱼)的问题。加上"者"字,转为指称形式,说的是事物,是要这个(舍鱼而取熊掌者)还是要那个(舍熊掌而取鱼者)的问题。比较同书下例:

> (37) 充仲子之操,则蚓而后可者也。(同上《滕文公下》)

这个"者"也是"者。"。不带"者"字,"蚓而后可"是一个判断,加上"者"字,就变成了"事类"。这句话的意思是说,如果"充仲子之操",那末他的行为就要属于"蚓而后可"那一类了。

5.2.6　我们关于自指的"者"的说法在分析下边一类句子的时候似乎碰到了困难:

> (38) 鲁无君子者,斯焉取斯?(《论语·公冶长》)
> (39) 为君计者,勿攻便。(《战国策·魏策》)
> (40) 故从山上望牛者若羊,而求羊者不下牵也,远蔽其大也。
> (《荀子·解蔽》)
> (41) 若告我以鬼事,则我不能知也。若告我以人事者,不过此矣,皆我所闻知也。(《庄子·盗跖》)
> (42) 若宿者,令人养其马,食其委。(《管子·大匡》)
> (43) 客亦何面目复见文乎? 如复见文者,必唾其面而大辱之。
> (《史记·孟尝君列传》)

这些句子里的"VP 者$_s$"都表示假设意义，有的前边还有表示假设的连词"若"或"如"。这种场合的"VP 者$_s$"似乎应该看成是复句里的前置分句，不宜看成名词性主语。如果真是如此，那末其中的"者"字就只能解释为语气词，不能解释为名词化标记了。

5.2.7　何莫邪在他的近著《古汉语语法四论》①里对这种句式提出一种看法。他认为先秦汉语里除了作为名词化标记的"者"（相当于本文的"者$_t$"）之外，还有一个从句句尾（subordinating particle）"者"。何氏的看法实际上跟《马氏文通》以来的传统看法是一致的。他所谓名词化标记"者"，相当于传统说法的代词（《马氏文通》的接读代字）；他所谓从句句尾，大体上相当于传统说法的语气词（《马氏文通》的传信助字）。不过何氏认为这两种"者"并不是两个互不相干的语法成分，它们之间是有联系的。这种联系可以从下边这件事实上看出来：凡是包含"VP 者"的句子，不管这个"者"是名词化标记，还是从句句尾，否定的时候都不是对 VP 的否定，换言之，用以否定全句的否定词不能进入 VP。例如"不遇时者（名词化标记）多矣《荀子·宥坐》"的否定形式不是"遇时者多矣"，而是"不遇时者不多矣"。同样，"苟无之中者（从句句尾）必求于外《荀子·性恶》"②的否定形式也不是"苟非无之中（＝有之中）者必求于外"，而应该是"苟无之中者（亦）未必求于外"。

何氏提到的这种现象虽然是事实，可是光凭这一点并不足以证明两种"者"之间有什么关系。根据这条标准，我们同样可以把"所"和"者"联系起来。因为包含"所 VP"的句子的否定式也服从这个规则，例如"从其所好"的否定形式不是"从其所不好"，而是"不从其所好"。在我们看来，何氏想把假设句后头的"者"跟转指的"者"统一起来的尝试是不成功的。

我们不知道假设句后头的"者"跟转指的"者"是不是有联系，可是我们知道假设句后头的"者"跟自指的"者"确实有联系，下边就来说明这一点。

5.2.8　在（38）～（43）六个例子里，有的"VP 者$_s$"前头有"若"字或"如"字，有的没有。我们推测带"若"字或"如"字的格式起源比较早，后来才出现了省略"若"或"如"的说法。"若"和"如"本来都是动词。后头的"VP 者$_s$"原

---

① Christoph Harbsmeier, *Aspects of Classical Chinese Syntax*. Denmark 1981.

② 何氏书在谈到包含从句句尾的"者"的句子的否定形式时没有举例。这个例子是我们替他举的。又上文（40）和（42）两例何氏书已引。

是它的宾语。"若 VP 者₅"跟上文 5.2.3 里讨论过的"似 VP 者₅"一样,本来是表示比拟的。比拟是把"非 A"当作 A 看待,假设是把没有实现或不可能实现的事当作已经实现的事看待。换言之,假设也可以看成是一种比拟。二者之间的关系可以从本来表示比拟的"如此、如是"可以用来表示假设这件事里看出来:

> (44) 信能行此五者,则邻国之民仰之若父母矣。率其子弟攻其父母,自生民以来,未有能济者也。如此,则无敌于天下。(《孟子・公孙丑上》)
> (45) 夫如是,则四方之民襁负其民而至矣。(《论语・子路》)

我们现在还说"像这样就好了",意思是"如果这样就好了",跟"如此、如是"的情形相同。

关于表示假设的连词"若"和"如"是从原来表示比拟的动词发展来的这一点,比利时教士 Joseph Mullie 早在四十年前就已经指出来了。① 为了跟汉语的"若"和"如"比较,他还举了法语的 si 和荷兰语的 zoo 都是兼有"如此"和"假若"两方面的意思作为例证。

5.2.9 归结起来说,我们认为表示假设的"若(如)VP 者"里头的"VP 者"仍旧是名词性结构,其中的"者"仍旧是自指的"者₅"。不过这是针对"若"和"如"还是纯粹的动词的时候说的。等到"VP 者₅"可以离开前边的"若"和"如"独自负担起表示假设的功能时,它就变得越来越像谓词性结构(从句)了,后头的"者₅"也变得越来越像语气词(或从句句尾)了。这个时候,加在"VP 者₅"前边的"若"和"如"也由动词逐渐演化成为连词。这种情形跟现代语里表示假设的"VP 的话"的情形如出一辙。表示假设的"VP 的话"本身显然是名词性结构,原先大概是作为动词"说"的宾语在假设句里出现的(要说下雨的话,就去不成了)。等到它能够离开动词"说"独自表示假设的时候,就显得像是一个谓词性结构,后头的"的话"也变得像语气词了。

5.2.10 最后,我们讨论一下屡见于《左传》等书的誓辞里的"所 VP 者"

---

① Joseph Mullie, "Le mot-particule 之 Tche," Tirage-à-part du 通报 *T'oung pao*, Vol. 36.1942.

句式。

　　（46）所不与舅氏同心者，有如白水。（《左传・僖公二十四年》）

　　（47）若背其言，所不归尔孥者，有如河。（《左传・文公十三年》）

　　（48）所不杀子者，有如陈宗。（《左传・哀公十四年》）

　　（49）余所有济汉而南者，有若大川。（《左传・定公三年》）

　　（50）予所否者，天厌之，天厌之。（《论语・雍也》）

历来讨论这种句式的人都把注意力集中在"所"字上，提出了种种不同的解释。其实就语法结构说，关键在"者"字上。这类句子跟 5.2.6 里讨论的句子完全一样，都是用自指的"VP 者"表示假设的。至于这类句式里的"所"字恐怕跟名词化标记"所"无关，很可能代表一个意义与"若"类似的词。王引之《经传释词》卷九讨论这类"所"字时说："所犹若也，或也。"又参看周法高《中国古代语法》称代篇 399～403 页。

5.3 之

5.3.1　"之"字的语法作用是联系修饰语和中心语。当我们在主谓结构的主语和谓语之间加上"之"字的时候，谓词性的主谓结构就转化为名词性的偏正结构了。就这一点而论，可以说"之"的作用是使主谓结构名词化，因此我们把"之"字也看成一个名词化标记。下边是"N 之 V"的例子：

　　（51）君子之过也，如日月之食焉。（《论语・子张》）

　　（52）夷狄之有君，不如诸夏之亡也。（同上《八佾》）

　　（53）民之归仁也，犹水之就下，兽之走圹也。（《孟子・离娄上》）

5.3.2　"所 VP"和"所 JV"都是提取宾语的。从语义上说，指的是受事、与事、工具等等。这两种格式都预先假定（presuppose）有一个施事存在。代表这个施事的名词性成分只能作为整个格式的修饰语（直接或凭借"之"字的联系）在"所"字前边出现。例如：

　　（54）姑舍女所学而从我。（《孟子・梁惠王下》）

　　（55）此吾所以不受也。（《庄子・让王》）

为了跟"N 之 V"比较,我们可以把"N 所 V"(汝所学)和"N 所 JV"(吾所以不受)分别看成是主谓结构"NVN′"(汝学之)和"NJN′V"(吾以此不受)的名词化形式。因为"所"是提取宾语的,所以在"N 所 V"和"N 所 JV"里,宾语(N′)必须缺位。

按照这种看法,我们可以说"N 所 V"和"N 所 JV"也跟"N 之 V"一样,都是主谓结构的名词化形式。不同的是"N 所 V"和"N 所 JV"表示转指,而"N 之 V"表示自指。

因为古汉语里跟"第三人称代词+之"相当的形式是"其",所以"其 V"也应该看成是主谓结构的名词化形式[①]。例如:

> (56) 吾见师之出而不见其入也。(《左传·僖公三十二年》)
>
> (57) 吾见其居于位也,见其与先生并行也。(《论语·宪问》)

5.3.3 "N 之 V"是先秦汉语里非常活跃的一种语法构造。关于它的结构和功能,我们准备另文讨论。这里只说一件事,就是"N 之 V"也跟"VP 者ₛ"一样,能够表示假设意义。前边可以有"若"字,也可以没有。这个时候,"N 之 V"带着明显的谓词性。例如:

> (58) 我之大贤与,于人何所不容? 我之不贤与,人将距我,如之何其距人也。(《论语·子张》)
>
> (59) 事之不捷,恶有所分。与其专罪,六人同之,不犹愈乎?(《左传·宣公十二年》)
>
> (60) 若事之捷,孙叔为无谋矣。不捷,参之肉将在晋军,可得食乎?(同上)
>
> (61) 君无秽德,又何襄焉? 若德之秽,襄之何损?(《左传·昭公二十六年》)

"N 之 V"跟 NV 的意思十分接近("N 之 V"是 NV 所指的行为、动作、状态的事物化。参看上文 5.2.5 关于"VP 者ₛ"的意义的讨论)。这种语义上的相通

---

① 看吕叔湘《中国文法要略》6.72。

促成了语法功能上的同化。这大概就是上述现象产生的原因。

英语里的不定式动词(infinitive)和动名词(gerund)都兼有动词和名词双重性质,所以 Otto Jespersen 曾把英语动名词比喻为名词和动词的混血儿[①]。我们在先秦古汉语的"N 之 V"和"VP 者₅"等名词化形式上也看到了类似的现象。

6. 余 论

6.1 上文提到何莫邪想要把假设从句末尾的"者"跟"者₅"联系起来,可是他并没有成功。我们认为假设从句末尾的"者"就是"者₅"。因此何氏的问题到了我们这里就变成"者₅"和"者₁"之间是否有联系的问题了。这个问题我们现在还不知道怎么回答。这里只想提一点线索作为今后研究这个问题时的参考。

6.2 "者₅"有可能只是"者₁"的一种特例。换句话说,"者₅"有可能也是提取主语的。不过与"X 者₅"相应的陈述形式只限于主语和谓语之间有同一性的那种类型的主谓结构。我们所以会有这种想法,是因为有下边这类句式,特别是(3)和(4)。

(1)篙,所以注斛也。——所以注斛者,篙也。

(2)虎,戾虫也。——戾虫者,虎也。

(3)乱臣者,必重人。重人者,必人主所甚亲爱也。人主所甚亲爱也者,是同坚白也。(《韩非子·外储说右上》)

(4)孔子之谓集大成。集大成也者,金声而玉振之也。金声也者,始条理也。玉振之也者,终条理也。始条理者,智之事也。终条理者,圣之事也。(《孟子·万章下》)

例(3)一共三句话。前两句都是同一性主谓结构。我们可以把第二句的主语

① Otto Jespersen, *Essentials of English Grammar*, p.320.

"重人者"看成是以第一句为相应的陈述形式提取主语得出的"VP 者$_2$"①,把第三句的主语"人主所甚亲爱也者"看成是以第二句为相应的陈述形式提取主语得出的"VP 者$_1$"。例(4)的情形跟例(3)基本相同。按照这种看法,"X 也者"里的"X 也"应该看成是一个潜在的同一性主谓结构的谓语部分。这样不但可以对于"也"字的存在作出合理的解释,而且还可以说明为什么以"X 也者"为主语的句子总是包含着对上文已经提到的事情进行解释的意味。

假定说我们终于找到了一种能够给"者$_2$"和"者$_1$"作出统一的解释的理论。随之而来的问题是:"的$_2$"和"的$_1$"之间是不是也有联系? 如果有,那么这种联系是不是能用同一个理论来解释?

一九八〇年六月初稿,一九八二年十一月定稿

词义演变和句法演变的相互关系

蒋绍愚

导言——

本文选自 2015 年《汉语史学报》第十五辑。

作者蒋绍愚(1940~),祖籍浙江富阳,生于上海。曾任北京大学中文系副主任,中文系学术委员会主任,北京大学汉语语言学研究中心副主任、主任。现受聘为北京大学国学研究院导师,清华大学人文学院教授。主要从事汉语词汇史和近代汉语研究。著有《古汉语词汇纲要》、《唐诗语言研究》、《近代汉语研究概要》、《汉语历史词汇学概要》等。

本文在过去研究的基础上,综合讨论了词义演变和句法演变的相互关系。词义演变和句法演变之间有三种相互关系:词义影响句法;句法影响词义;词义和句法共同影响词义。本文分别举例讨论了这三种情况。

词义的变化会影响句法组合,这从动词"谓"的变化可以看出来。"谓"从

---

① 因为同一性主谓结构的谓语是名词性成分,所以用"者"字提取主语得出的指称形式事实上是"NP 者$_1$"。

言说动词(对某人说)发展为认知动词(认为某人如何),导致在句法结构中把直接宾语从名词性成分替换成了谓词性成分。

词所处的句法位置也会导致词义的变化,最明显的例子便是系词"是"的产生。"是"常复指整个句子的主语,又做小句的主语,由此从指示代词演变为联系一个判断中的主谓两项的系词。又如,"走"本是一个表示"快跑"的不及物动词,但由于后面可以出现表示目的地的处所名词,因此演变为表示行走趋向的动词,词义发生了变化,甚至连语音都发生了变化。

如果一个词经常处于某种语法关系语境中,这个词原有的词义会淡化,逐步吸收语境的语法意义,形成一个新的词义。"为"在[疑问代词+以+N+为]的格式中常处于句末,动词意义淡化,由此从动词演变为语气词,甚至可以摆脱原来的格式而单用为语气词,出现了新的词义。这是词义和句法对词义的共同影响。

对于词义演变和句法演变,学者们通常是分开进行讨论。其实,它们之间存在着密切的互动关系。本文用充分的举例和细致的分析说明了这一点。本文还应用了普遍语言学理论,考虑到语言演变的动因、机制、途径等等方面,很具有说服力。

词义的演变和句法的演变,都已讨论得很多。但通常是把这两者分别讨论的。研究历史词汇的关注词义的演变,研究历史句法的关注句法的演变;至于词义演变和句法演变的相互关系,往往注意得不够。其实,这两者是有关系的。贝罗贝、李明(2007)对此作了深入的讨论,对我们很有启发。下面我想就此问题谈一点自己的想法。

我在 2013《词义变化与句法变化》一文(以下简称"2013 文")中谈过这个问题,本文在此基础上进一步展开,有些问题是新增的,有些问题的看法有一些改变。有些问题(如"构式影响词义")也在这个题目范围内,但因为在 2013 文中已经谈过,而且没有什么改变,就略去不谈。

本文认为,词义演变和句法演变的相互关系有三种情况:一、词义影响句法。二、句法影响词义。三、词义和句法共同影响词义。

一、词义影响句法

词义变了,其句法组合也会随之而变,这是最常见的。比如,"吃(喫)"最初的意义是"食用",可以用于主动句和被动句,如"我吃鱼","鱼被我吃了"。后来演变为"受到、遭受",就只能用于主动句,不能用于被动句,如只能说"他吃了批评",不能说"批评被他吃了"。但不是词义演变后其句法组合都要发生变化,词义演变后其句法组合不变也很常见。

1.1 下面以"谓"为例说明词义变化影响句法组合变化

"谓"在先秦有 5 个主要义项:① (对某人)说。② 称(某人为 N)。③ 说/认为(某人、某物如何)。④ 说/评论(某人)。⑤ 以为。① 是基本义,其余的是演变而成的意义。

① 谓¹:(对某人)说。

谓¹的词义决定了句子要有三个部分:说的动作(谓¹),说的对象(动词的间接宾语),说的内容(动词的直接宾语)。说的内容可以是直接引语(DQ),也可以是间接引语(IQ)。在直接引语前面可以有"曰",也可以没有"曰"。这样,其常见的句法结构有 3 种类型:

1) 谓¹+O+曰+DQ

　　《论语·为政》:"或谓孔子曰:'子奚不为政?'"

2) 谓¹+O+DQ

　　《诗经·大雅·皇矣》:"帝谓文王:'无然畔援。'"

3) 谓¹+O+IQ

　　《左传·襄公二十二年》:"今吾子来,寡君谓吾子姑还,吾将使驲奔问诸晋而以告。"
　　《左传·宣公十八年》:"逢大夫与其二子乘,谓其二子无顾。"
　　《左传·襄公二十七年》:"子木谓向戌,请晋、楚之从交相见也。"
　　《左传·昭公二十五年》:"公若从,谓曹氏勿与,鲁将逐之。"

② 谓²:称(某人为 N)。

谓²的词义决定了句子要有三个部分:称的动作(谓²),称的对象(动词的间接宾语),对象的称呼(动词的直接宾语)。

其句法结构为:

谓²＋O1(N)＋O2(N)

《诗经·王风·葛藟》:"终远兄弟,谓他人父。"

《左传·隐公元年》:"请京,使居之,谓之京城大叔。"

虽然谓¹和谓²的句法结构都是"动词＋间接宾语＋直接宾语",但谓¹的直接宾语是谓词性的,通常是一个动词短语,谓²的直接宾语是名词性的,通常是一个简单名词。这种不同是由动词词义决定的。

③ 谓³:说/认为(某人、某物如何)。

谓³和谓¹都是"说",但含义不同。谓¹是向对方说一句话,目的是向对方提供某种信息或提出某种要求、某个问题,谓³是说(认为)对象如何如何。谓³组成的句子,其构成和谓¹大体相同,有三个部分:说/认为的动作(谓³),说/认为的对象(动词的间接宾语),说/认为的内容(动词的直接宾语)。但谓³和谓¹词义不同,所以句中说的内容不是告诉对方的一句话,而是描述对象的性状。也有少数句子中说的对象不出现,"谓"后面直接跟说的内容,这就是第 3)种句式。

其句法结构有 4 种类型:

1) 谓³＋O1(N)＋O2(P)

《诗经·王风·大车》:"谓予不信,有如皦日。"

2) 谓³＋O1(N)＋O2(S＋P)

《诗经·魏风·园有桃》:"不知我者,谓我士也罔极。"

3) 谓³＋O(S＋P,DQ)

《左传·昭公二十六年》："单旗、刘狄剥乱天下，壹行不若，<u>谓</u><u>'先王何常之有，唯余心所命，其谁敢讨之'</u>，帅群不吊之人，以行乱于王室。"

有时说的对象和说的内容可以合在一起，构成一个主谓结构(S＋P)，整个作谓³的宾语，这样，句子就不是双宾语，而是单宾语了。而且，"谓＋SP"可以是口说的言辞，也可以是心里的认定，这两者往往难以截然区分，这时的"谓"已经处于从言说动词演变为认知动词的过程中了。

4) 谓³＋O(S＋P,IQ)

《诗经·召南·行露》："谁<u>谓雀无角</u>，何以穿我屋。"
《论语·八佾》："孰<u>谓鄹人之子知礼乎</u>?"

④ 谓⁴：说(某人)，评论(某人)。
谓⁴是由谓³演变而来的，谓³是用言说来描述对象的某种性状，谓⁴演变为"评论"义，表示说话者对对象的一种评价。这个义项在《诗经》中没有出现，到《论语》中才出现，可能比前面三个义项出现得晚一些。

谓⁴评论的内容都是作为谓⁴的直接宾语出现的，个别句子在"谓"后面还有"曰"，所以其句法组合有2种类型：

1) 谓⁴＋O(评论的对象)＋DQ

《论语·公冶长》："子<u>谓公冶长</u>：'可妻也。'"
《论语·公冶长》："子<u>谓子产</u>：'有君子之道四焉。'"
《左传·襄公十四年》："惠公蠲其大德，<u>谓我诸戎</u>：'是四岳之裔胄也，毋是翦弃。'赐我南鄙之田，狐狸所居，豺狼所噑。"
《左传·襄公二十四年》："毋宁使人<u>谓子'子实生我'</u>，而<u>谓'子浚我以生'</u>乎?"
《左传·昭公十二年》："楚子<u>谓成虎</u>：'若敖之余也。'遂杀之。"

2) 谓⁴＋O(评论的对象)＋曰＋DQ

《左传·文公十年》："楚范巫矞似谓成王与子玉、子西曰：'三君皆将强死。'"

⑤ 谓[5]：以为。（反叙实）

"谓[5]"是从"谓[3]"的表认定演变而来的。"谓[3]"的表认定是叙实（认识和客观事物一致），"谓[5]"是反叙实（认识和客观事物相反）。和表认定的"谓[3]"一样，其语法组合只有一种形式，"谓"的宾语是一个小句(S＋P)：

谓[5]＋O(S＋P)

《左传·僖公二十四年》："臣谓君之入也，其知之矣。若犹未也，又将及难。"

《左传·襄公十三年》："吴乘我丧，谓我不能师也，必易我而不戒。子为三覆以待我，我请诱之。"

从谓[1]到谓[5]，都是"谓"本身词义的演变，这种演变不是句法组合影响的结果，但词义演变会影响句法结构。但也可能词义变化了而句法结构不变，从谓[3]到谓[5]就是如此。

我在 2013 文中说：

"谓 2"和"谓 3"的词义很接近：都是表示对某个对象的称述。只是"谓 2"表示称某人为何（名词，名称），"谓 3"表示说（认为）某人为如何（谓词，性状）。从"谓 2"变为"谓 3"是不难的。"谓 2"的句法组合也容易变成"谓 3"的句法组合。从"谓＋O＋N"→"谓＋O＋P"→"谓＋O＋(S＋P)"，"谓"就从"谓 2"变为"谓 3"。而"O＋P"的结构变得再紧密一点，成了"S＋P"，这就成了"谁谓（雀无角）"这样的句子。这种组合关系的变化也会影响"谓"的词义，使之从"谓 2"变为"谓 3"。

这是词义和句法组合同时发生变化。

现在，我的看法有些改变。从"谓＋O＋N"→"谓＋O＋P"→"谓＋O＋(S＋P)"，确实是句法结构的改变，但这种改变不会影响词义的变化。当"谓"

是"谓²：称(某人为 N)"的时候,其句法结构只能是"谓＋O＋N",不能变为"谓＋O＋P",更不能是"谓＋O＋(S＋P)",所以不可能是句法结构的变化使"谓²：称(某人为 N)"变为"谓³：说/认为(某人、某物如何)"。相反,句法结构"谓＋O＋P"和"谓＋O＋(S＋P)"的出现,只能是"谓²：称(某人为 N)"变为"谓³：说/认为(某人、某物如何)"的结果。这还是词义变化影响句法结构的变化。

1.2　我们还可以用"呼"来和"谓"作一比较

"谓"和"呼"的词义有相同的发展。"谓"的例句已如上举,"呼"的有关例句不太好找,尽量多列一些:

① 呼¹:(对某人)说。

其句法结构为:

呼¹＋O＋曰＋DQ

　　《左传·宣公六年》:"赵盾起将进剑,祁弥明自下**呼之**曰:'盾食饱则出,何故拔剑于君所?'"

　　《左传·哀公十一年》:"将战,吴子**呼叔孙**曰:'而事何也?'"

　　《左传·哀公十三年》:"赵鞅**呼司马寅**曰:'日旰矣,大事未成,二臣之罪也。'"

　　《国语·吴语》:"王亲独行,屏营仿偟于山林之中,三日乃见其涓人畴。王**呼之**曰:'余不食三日矣。'"

② 呼²:称(某人为 N)。

其句法结构有两种类型:

1) 呼²＋O1(N)＋O2(N)

　　《庄子·天道》:"昔者子**呼我牛**也而谓之牛,**呼我马**也而谓之马。"

2) 呼²＋O1(N)＋为＋O2(N)

　　王符《潜夫论》:"即**呼鸟为鱼**,可内之水乎? **呼鱼为鸟**,可栖之木邪?"

　　《抱朴子内篇·仙药》:"楚人<u>呼天门冬为百部</u>。"

此种句式,在郭璞注《尔雅》及《方言》中甚多,仅各举一例:

　　《尔雅·释鸟》:"鸤鸠,鹊鵴。"郭璞注:"今之布谷也,江东<u>呼为</u>
<u>获谷</u>。"
　　《方言》卷一:"自关而东河济之间谓之媌。"郭璞注:"今关西人
<u>亦呼好为媌</u>。"

　　③ 呼³:认为(某人、某物如何)。(叙实)但"呼³"和"谓³"的语义表达有所
不同:"呼³"不表示口说的言辞,只表示心里的认定,已经从言说动词演变为认
知动词。所以其句法结构中,"呼³"后面没有言说的对象,只有认定的内容。
也就是说,没有"谓³"那种双宾语式,只有谓词性成分作宾语。
　　其句法结构有两种类型:
　　1) 呼³＋O(VP)

　　　　陆云《与兄平原书》:"《文赋》甚有辞,绮语颇多,文适多体便欲
不清,不审兄<u>呼尔不</u>?"
　　　　王羲之《杂帖四》:"吾尚不能惜小节目,但一开无解已,又亦终
无能为益,适足为烦渎,足下<u>呼尔不</u>?"
　　　　《抱朴子内篇·论仙》:"魏文帝穷览洽闻,<u>自呼于物无所不经</u>,
谓天下无切玉之刀,火浣之布。"校勘记:"荣案卢本'自呼'作'自谓'。"
　　　　戴逵《答周处士难释疑论》:"仆所为能审分命者,<u>自呼识拔常</u>
<u>均</u>,妙鉴理宗,校练名实,比验古今者耳。不谓沦溺生死之域,欣戚
失得之徒也。"

也可以"呼谓"或"谓呼"连用:

　　　　《六度集经》卷六:"怪此夫人口为妄语,<u>谓呼鬼病</u>。下问谴祟,
无所不至,无能知者。"

《贤愚经》卷十:"太子贪惜,增倍求价。<u>谓呼价贵</u>,当不能贾。"

《抱朴子外篇·讥惑》:"又凡人不解,<u>呼谓中国之中居丧者,多</u>皆奢溢,殊不然也。"

2) 呼³＋为＋O(VP)

《三国志·魏书·杜畿传》注引《杜氏新书》:"杀胡之事,天下谓之是邪,是仆谐也;<u>呼为非邪</u>,仆自受之,无所怨咎。"

《抱朴子内篇·勤求》:"天下别有此物,或<u>呼为鬼魅之变化</u>,或云偶值于自然。"

《抱朴子外篇·尚博》:"尔则文章虽为德行之弟,未可<u>呼为余事也</u>。"

⑤ 呼⁵:以为(反叙实)。"呼³"已经从言说动词演变为认知动词,"呼⁵"更增强了主观性,从"呼³"的叙实变为反叙实。

其句法结构为:

呼⁵＋O(VP)

《修行本起经》卷上:"诸来决艺,悉皆受折,惭辱而去。复有力人王,最于后来,壮健非常,勇猛绝世。谓调达难陀,为不足击,当与太子共决技耳。被辱去者<u>审呼能报</u>,踊跃欢喜。"

更多的是"谓呼"连用:

《杂宝藏经》卷一:"母见其子慈仁孝顺,谓不能去,戏语之言:'汝亦可去。'得母此语,<u>谓呼已定</u>,便计伴侣,欲入海去。庄严既竟,辞母欲去。母即语言:'我唯一子。当待我死,何由放汝。'"

《百喻经》卷三:"昔有痴人,往大池所。见水底影,有真金像,<u>谓呼有金</u>。即入水中,挠泥求觅。"

《百喻经》卷四:"中捉驴根,<u>谓呼是乳</u>。即便构之,望得其乳。"

《佛所行赞》:"闻白马悲鸣,长鸣而应之,<u>谓呼太子还</u>,不见而绝声。"

"呼"这个词的词义演变路径和"谓"是不完全相同的。"谓"一开始就是一个言说动词,而"呼"基本的词义是"呼喊,呼叫",不是言说动词。只是"呼"的词义从"呼喊,呼叫"演变为"言说"(即上面所说的"呼^1")以后,才和"谓"有了相同的词义,并有了大致相同的演变路径。和"谓"相比,"呼"缺少"谓^1"的意义和句法结构,其他意义和"谓"大致相同,各种不同意义的"呼"的句法结构也和"谓"大致相同(有一些小差异),即:

呼^{1}的句法结构为:呼^1＋O1(N)＋曰＋O2(N)

呼^{2}的句法结构为:呼^2＋O1(N)＋O2(N)(有时中间有"为")

呼^{3}的句法结构为:呼^3＋O(VP)(有时中间有"为",有时"谓呼"连用)

呼^{5}的句法结构为:呼^5＋O(VP)(经常"谓呼"连用)

从呼^{1}到呼^{5}是"呼"本身的词义演变,其句法结构的不同是词义的不同造成的,不是句法结构的不同造成词义的不同。而且"呼"的词义演变和"谓"的词义演变一致,这说明其词义演变有共同的规律。从言说动词到认知动词的演变是词义演变的共同规律,这在李明(2003)中已经作了很好的说明。所以,"谓"和"呼"是词义变化影响句法变化的例子。

这里还有一个问题需要回过来讨论。上面引的"呼"的例句中,有这样一些例句:

《尔雅·释鸟》:"鸤鸠,鴶鵴。"郭璞注:"今之布谷也,江东呼为获谷。"

《抱朴子外篇·尚博》:"尔则文章虽为德行之弟,未可呼为余事也。"

《三国志·魏书·杜畿传》注引《杜氏新书》:"杀胡之事,天下谓之是邪,是仆谐也;呼为非邪,仆自受之,无所怨咎。"

郭璞例的"呼"是"呼^2"(称为),后面两例的"呼"是"呼^3"(认为),这是词义的不同。但比较一下三个例句中的"呼为××",是不是可以认为,这是从"呼为获谷"(呼为＋专名)→"呼为余事"(呼为＋一般名词)→"呼为非"(呼为＋形容词),因为句法结构的变化,造成了词义的从"称为"到"认为"的变化呢?我想,如果单从这几个例句看,特别是因为有"为"的存在,当然不排斥这种可能。但从总体上看,表"称为"的"呼^2"和表"认为"的"呼^3"都还有其他句法表达形式，是无法作这样的转换的，比如，"呼我牛"这种句法结构，不可能把"牛"换成形容词从而使"呼"的词义发生变化。而且，和"呼"平行的"谓"，也无法因句法结构的变化而造成"谓²"（称为）演变为"谓³"（认为）。所以，从总体上看，"呼"和"谓"都是先出现词义变化，从"称为"义演变为"认为"义，然后，由于词义不同，句法结构随之而不同；而不是反过来，由句法结构的变化造成词义的变化。

二、句法影响词义

句法影响词义有三种情况：（1）词所处的句法位置使得词义变化。（2）句法组合的变化影响词义变化。（3）构式影响词义变化。分述如下。

2.1 词所处的句法位置使得词义变化

最明显的例子是"是"从指示代词演变为系词。我在《古汉语词汇纲要》中说：

> 有些词因为经常出现在某种句法位置上，因而取得了新的意义。
>
> 例如，"是"原是指示代词，后来变为判断词。这种变化是怎样产生的呢？这是因为指示代词"是"经常出现在《荀子·天论》"日月星辰瑞历，是禹桀之所同也"这样的句子中。这种句子有个特点：谓语（"是禹桀之所同"）是个主谓结构，"是"充当这个主谓结构的主语，而且复指整个句子的主语"日月星辰瑞历"。
>
> $$\underline{\underset{\text{主 1}}{\text{日月星辰瑞历}}}，\underset{\underset{\text{谓 2}}{\underline{\underset{\text{谓 1}}{\text{是禹桀之所同也}}}}}{}$$
> $$\underline{\underset{\text{主 2}}{}}$$
>
> 在"是禹桀之所同"这个主谓结构中，"是"（主2）和"禹桀之所同"（谓2）构成判断。但因为"是"是复指"日月星辰瑞历"的，所以在意义上，"日月星辰瑞历"（主1）和"禹桀之所同"（谓2）也可以构成判断。这样，"是"的作用逐渐变为联系一个判断中的主谓两项的"系词"。

这种演变过程已经有很多讨论，此处从略。

2.2 句法组合的变化影响词义变化

有时,在词义不变的情况下,句法组合可以有一些细微的变化。比如,动词后面可以有处所名词。这些处所名词可以有不同的类别。某种类别的处所名词出现得多了,可能会引起词义的变化。下面举两个例子。

(1)"走"的变化

"走"本来的意思是"快跑"。

> 《尔雅·释宫》:"室中谓之时。堂上谓之行。堂下谓之步。门外谓之趋。中庭谓之走。大路谓之奔。"
>
> 《释名》卷二:"两脚进曰行……徐行曰步……疾趋曰走……奔……奔赴之也。"

到汉代,"走"产生了"趋向"义。例见下。

"走"从表示行走方式的动词(快跑)变为表示行走趋向的动词(趋向),词义发生了变化。这种变化是怎样发生的呢?

表示"快跑"的"走"是个不及物动词,后面不跟宾语。从较早的文献看,《周易》、《论语》无"走"字,《尚书》中的"走"6 例,最后 2 例是《古文尚书》的,但《胤征》例《左传》曾引用过,所以是可靠的;《武成》例暂不计入。前 5 例都是"奔走"或"走"后面不跟名词。如:

> 《尚书·酒诰》:"纯其艺黍稷,奔走事厥考厥长。"
> 《尚书·君奭》:"小臣屏侯甸,矧咸奔走。"
> 《尚书·多士》:"亦惟尔多士攸服,奔走臣我。"
> 《尚书·多方》:"今尔奔走臣我监五祀。"
> 《尚书·胤征》:"啬夫驰,庶人走。"
> 《尚书·武成》:"邦甸、侯、卫骏奔走,执豆笾。"

《诗经》中 2 例,其中《绵》例"走"是使动,《清庙》例"奔走"后面有处所名词,表示奔走的处所。

> 《诗经·大雅·绵》:"古公亶父,来朝走马。"

《诗经·周颂·清庙》:"骏奔走在庙。"

在《左传》中"走"后面出现了表示"走"的趋向之地的处所名词,有 8 例:

《左传·文公十六年》:"百濮离居,将各走其邑。"
《左传·宣公十二年》:"赵旃弃车而走林。"
《左传·宣公十二年》:"遇敌不能去,弃车而走林。"
《左传·襄公十八年》:"齐侯驾,将走邮棠。"
《左传·襄公二十三年》:"奉君以走固宫,必无害也。"
《左传·昭公七年》:"寡君寝疾,于今三月矣,并走群望,有加而无瘳。"
《左传·昭公十八年》:"卜筮走望,不爱牲玉。"
《左传·昭公二十六年》:"王愆于厥身,诸侯莫不并走其望,以祈王身。"

陆德明《经典释文》在《襄公二十一年》"奉君以走固宫"下注"走如字,一音奏",他还是倾向于"走"不改读。在其他处均无注。

《国语》也有 4 例带表示趋向的处所宾语:

《国语·鲁语下》:"从君而走患,则不如违君以避难。"注:"走,之也。"
《国语·晋语二》:"夫狄近晋而不通,愚陋而多怨,走之易达。"
《国语·晋语二》:"且夫偕出偕入难,聚居异情恶,不若走梁。"
《国语·晋语九》:"襄子出,曰:'吾何走乎?'"

可见这种句式在战国初期已经出现了。这种句式,到汉代更加普遍,而且在注释中已有了"奏"的破读音。

《淮南子·说林》:"渔者走渊,木者走山。"高诱注:"走读奏记之奏。"

在《史记》中,这样的句式更多,注释中标明"音奏"的共有 8 处,有的还注出词义"向也":

《史记·项羽本纪》:"长史欣恐,还走其军。"《正义》:"走音奏。"

《史记·项羽本纪》:"杀汉卒十余万人。汉卒皆南走山。"《正义》:"走音奏。"

《史记·楚世家》:"射伤王。王走郧。"《正义》:"走音奏。"

《史记·萧相国世家》:"沛公至咸阳,诸将皆争走金帛财物之府分之。"《索隐》:"音奏。奏者,趋向之。"

《史记·伍子胥列传》:"盗击王,王走郧。"《索隐》:"奏云二音。走,向也。"

《史记·蒙恬列传》:"行出游会稽,并海上,北走琅邪。"《索隐》:"走音奏。走犹向也。"

《史记·黥布列传》:"可遂杀楚使者,无使归,而疾走汉并力。"《索隐》:"走音奏,向也。"

《史记·张释之冯唐列传》:"上指示慎夫人新丰道,曰:'此走邯郸道也。'"《集解》:"如淳曰:'走音奏,趋也。'"《索隐》:"音奏。案:走犹向也。"

《史记·吴王濞列传》:"因王子定长沙以北,西走蜀、汉中。"《正义》:"走音奏,向也。"

不及物动词不带表对象的宾语,但是可以带处所宾语。如"坐",如果要表达其处所,多数是用"坐于＋P"的形式,如《孟子·梁惠王上》:"王坐于堂上。"这种形式很常见,不用多举例。但也可以不用"于","坐"后面直接跟处所名词,如:

《晏子春秋·谏下》:"景公猎休,坐地而食……晏子封曰:'臣闻介胄坐陈不席,狱讼不席,尸坐堂上不席。'"

《吕氏春秋·分职》:"公衣狐裘,坐熊席。"

《楚辞·招魂》:"坐堂伏槛,临曲池些!"

这种处所名词表示的是"坐"这个动作所在的地方,"坐"还是一个静态的动作,其词义没有改变。

按照这种"Vi+P"的句法规则,"走"这个不及物动词后面也可以带处所名词。如《诗经》例所显示的,最初带的处所名词是表示"走"这个动作的处所,这不会影响"走"的词义。但后来带的处所名词表示"走"的趋向之地,像《左传》以下的诸例。这种"走+P"整个表示动作的趋向。由于这种影响,人们就会把趋向义看作是动词"走"所带的词义,这样,就使得"走"的词义逐渐变化,到后来甚至觉得"走"的词义已经改变,明确地注明"走"的意义是"之也"(见《国语·鲁语下》例韦昭注),而且用音变的办法把它和原来表"快跑"义的"走"区分开来,也就是说,认为"走"是一个趋向动词了。这个例子清楚地表明了句法组合影响词义变化。

(2)"进"的变化

在上古汉语中,"进"和"入"的词义是不同的。"进"是前进,"入"是入内。《韩非子·外储说左上》:"夫为门而不使入,委利而不使进,乱之所以产也。""进"和"入"的区别很明显。但后来,"进"逐渐演变成"入"义,而"入"在口语中不单用了。这种变化是怎么产生的呢?

上古汉语中,"进"是个不及物动词。先秦 10 种文献中,"进"共出现 370 余次,带宾语的 44 次,多数是"进"为"推荐"义(如"进贤"),或为"进献"义(如"进酒");"前进"义的"进"带宾语只有使动宾语,如《左传·宣公四年》:"鼓而进之。"有时"进"后面有介词"于",表示在某种境界中前进,如《荀子·性恶》:"身日进于仁义而不自知也者,靡使然也。"总之,"进"的词义只表明行走的方向,无需说出进到什么处所,所以后面没有处所宾语;不但如此,在上文中也没有表示进到什么地方的词语。这是先秦的情况。

后来这种情况有了改变。请看汉代文献中的一些例句:

《淮南子·人间》:"师行数千里,数绝诸侯之地,其势必袭郑。凡袭国者,以为无备也。今示以知其情;必不敢进。"

贾谊《过秦论》:"秦人开关延敌,九国之师逡巡遁逃而不敢进。"

《汉书·王莽传下》:"严尤曰:'称尊号者在宛下,宜亟进。'"

扬雄《太玄·进》:"次八:进于渊,君子用船。测曰:进渊用船,以道行也。"

《汉书·文帝纪》："代王乃进至渭桥。"

《汉书·天文志》："太白出西方,进在日前,气盛乃逆行。"

《后汉书·祢衡传》："衡进至操前而止。"

《后汉书·光武帝纪》："进至邯郸。"（"进至××"在《后汉书》中
多次出现。）

上述例句都说明了"进"到什么处所。有两种情况:(1) 在上文说明"进"
的处所。如:郑,关(函谷关),宛下。(2) 更多的是用介词标明处所。如:于,
至,在。这些例句进的处所是一个广大的地域,所以不影响"进"的词义。

但时代再往后(大约是汉末到晋代),在句中出现的"进"的处所就有所变
化。例如:

《后汉书·南蛮传》："槃瓠得女,负而走入南山,止石室中。所
处险绝,人迹不至。于是女解去衣裳,为仆鉴之结,着独力之衣。帝
悲思之,遣使寻求,辄遇风雨震晦,使者不得进。"注:"此已上并见
《风俗通》也。"

《三国志·吴书·朱治传》："诸父老故人,莫不诣门。治皆引
进,与共饮宴。"

《搜神记》卷一："陈仲举微时,常宿黄申家,中妇方产,有扣申门
者,家人咸不知,久久方闻屋里有人言:'宾堂下有人,不可进。'"

《搜神记》卷十二："秦时,南方有'落头民',其头能飞。其种人
部有祭祀,号曰'虫落',故因取名焉。吴时,将军朱桓,得一婢,每夜
卧后,头辄飞去。或从狗窦,或从天窗中出入,以耳为翼,将晓,复
还。数数如此,傍人怪之,夜中照视,唯有身无头,其体微冷,气息裁
属。乃蒙之以被。至晓,头还,碍被不得安,两三度,堕地,噫吒甚
愁,体气甚急,状若将死。乃去被,头复起,傅颈。有顷,和平。桓以
为大怪,畏不敢畜,乃放遣之。既而详之,乃知天性也。时南征大
将,亦往往得之。又尝有覆以铜盘者,头不得进,遂死。"

《晋书·石崇传》："崇素与舆等善,闻当有变,夜驰诣恺,问二刘
所在,恺迫卒不得隐。崇径进,于后斋牵出,同车而去。"

《晋书·皇甫谧传》："刺史陶侃礼之甚厚。侃每造之,着素士

服,望门辄下而进。"

《晋书·刘兆传》:"尝有人着靴骑驴至兆门外,曰:'吾欲见刘延世。'兆儒德道素,青州无称其字者,门人大怒。兆曰:'听前。'既进,踞床问兆曰:'闻君大学,比何所作?'兆答如上事,末云:'多有所疑。'客问之。兆说疑毕,客曰:'此易解耳。'因为辩释疑者是非耳。兆别更立意,客一难,兆不能对。客去,已出门,兆欲留之,使人重呼还。"

注意:这个例句需要分析。如果看"兆曰:'听前。'既进,……"这两个小句,似乎"进"就是"前进"。但前面说客"至兆门外"而不得入,后面说客"出门",可知"进"的就是"门";"进门"就是"入门"。

《魏书·杨播传》:"逸为政爱人,尤憎豪猾,广设耳目。其兵吏出使下邑,皆自持粮,人或为设食者,虽在暗室,终不进,咸言'杨使君有千里眼,那可欺之'。"

这些例句中,进的处所是一个狭小的、封闭的区域,如:室中、门内、堂下、盘中、室内。在这种情况下,"进"的词义就和"入"相同了。

下面一些例句时代可能更晚一些,"进"的处所直接出现在"进"后面,《魏书》例用"于",其他诸例都是直接作"进"的宾语。这些处所和上面一些例句一样,都是狭小、封闭的区域,所以,"进"的词义同于"入"。

《魏书·桓玄传》:"玄入建邺宫,逆风迅激,旌旗、服章、仪饰一皆倾偃。是月酷寒,此日尤甚。多行苛政,而时施小惠。迎温神主进于太庙。"

《南齐书·崔景慧传》:"恭祖率轻骑十余匹突进北掖门,乃复出。"

《北齐书·王晞传》:"有顷,奏赵郡王睿为左长史,晞为司马。每夜载入,昼则不与语,以晞儒缓,恐不允武将之意,后进晞密室,曰……"(意思是"使晞进密室")

《梁书·陈伯之传》:"伯之顿篱门,寻进西明门。"

下面例句中"进"和"入"都出现,词义和用法都一样。

　　《南史·谢弘微传》:"曾要何徽君讲《中论》,何难以巾褐入南门,乃从东围进。"

　　《南史·王弘传》:"俄而帝崩,融乃处分以子良兵禁诸门。西昌侯闻,急驰到云龙门,不得进,乃曰:'有敕召我。'仍排而入。"

　　《南史·齐宗室传》:"乃进西掖门,开鼓后得入殿内。"

这种情况,到唐代的文献中更多,略举几例:

　　韩愈《唐故虞部员外郎张府君墓志铭》:"(张)涂进韩氏门,伏哭庭下。"

　　《旧唐书·玄宗纪上》:"攻白兽、玄德等门,斩关而进,左万骑自左入,右万骑自右入,合于凌烟阁前。"

大概到了唐代,"进"的旧义"前进"仍在使用,而新义"入内"已经固定,"进"和"入"同义,所以可以构成一个复合词"进入"在语言中使用了。"进入"原来是一个连动结构,意为"前进而入某处",如:

　　《三国志·吴书·周瑜传》:"转下湖孰、江乘,进入曲阿,刘繇奔走。"

但到唐五代,在下列例句中,"进入"的意思就是原来的"入"或新出现的"进"。如:

　　王建《宫词》:"昨日教坊新进入,并房宫女与梳头。"

　　《入唐求法巡礼行记》卷二:"摇橹进入桑岛东南少海,有岛,于此泊舶。"

　　花蕊夫人《宫词》:"画船花舫总新妆,进入池心近岛傍。"

"进"的"入内"义,各种辞书都引同一个例句:

　　王嘉《拾遗记·秦始皇》:"(有人身长十尺)云欲见秦王子婴,门者许进焉。"

　　仅此一例,显得很孤单也很突兀。通过上面的引例和分析,可以看出,"进"的词义从"前进"演变为"入内",是有一个历史过程的,是逐渐发展的。首先是在汉代,"进"要到达的处所在文中已经出现,但其处所还是一个广大的地区,所以不影响"进"的词义。后来,进的处所可以是一个狭小、封闭的区域,这就使得"进"的词义逐步向"入"演变。《后汉书》例"进"的处所在文中表达得不大清楚,如果是指进室中,那这就是"进"词义演变的开端;这个例句虽然出于《后汉书》,但李贤注说是引自《风俗通》,也就是说,"进"的词义演变从东汉末就已经开始了。在魏晋南北朝时期,这种演变逐步推进,其演变的时代和演变的脉络都比较清晰,例子也不止一个。到了唐代,这种演变已经完成。但那时"进"的旧义和新义还同时并用,后来旧义逐步消失。

　　特别值得注意的是:引起"进"的词义演变的,开始时并不是在"进"所处的句子中线性组合的改变(比如宾语的增加、减少,或宾语类别的改变),而是"进"的论元的改变,而且这个论元是在"进"前面出现的,甚至是句子的表层结构上是不出现(《拾遗记》例)或在句中不明确的(《晋书·刘兆传》例)。这种论元的变化也会影响动词词义的改变。

2.3　构式影响词义变化

　　上面说的是一般的句法组合的变化造成词义的变化。这里说的是构式影响词义的变化。"构式"和一般句法组合不同,Goldberg "Constructions"给"构式"下的定义是:"如果短语型式的形式或意义的某些方面不能从其构成成分的特征或其他构式中得到完全预测,那么其短语型式是一个构式。"(中译本,p.4)一个词处于某个构式中.会表现出某种特别的意义,这是由这个词的词义和构式意义整合在一起而产生的,是一种临时的意义,这个词的词义并没有改变。但是,如果一个词长期处在某个构式中,这种整合而产生的意义也可能成为其固定的词义。在 2013 文中,我以"来→招徕","贷→与之"为例,做过详细的讨论,此处从略。

三、句法和词义共同影响词义

　　有些词义的演变,似乎是由句法关系造成的;但仔细分析,词义本身仍然是造成演变的一个重要因素。所以,这是由句法和词义的共同影响而造成词义的演变。

3.1　我的《古汉语词汇纲要》第八章第一节是"由语法关系而造成的词义变化"，里面举了三个词作例子："为"、"斯"、"必"。在 2013 文中，只谈了"为"和"斯"两个词，而且认为："还是语义变化在前；当然，句法的影响也很重要。"本文的看法有些改变，我认为这是句法和词义的共同影响而造成的词义变化。下面对这三个词的演变重新做一些分析和讨论，例句也增加一些。

（一）为

"为"由动词"作，做"演变为疑问语气词。这经过三个阶段：

(1) 疑问代词＋以＋N＋为？

　　1)《论语·颜渊》："君子质而已矣，何以文为？"
　　2)《庄子·让王》："日出而作，日入而息，逍遥于天地之间而心意自得。吾何以天下为哉？"
　　3)《韩非子·说林下》："君长有齐，奚以薛为？"

"何（奚）以文为"即"以文为何（奚）"。"何（奚）以 N 为"的格式中 N 是名词。"以"是"用"，"为何（奚）"表示"做什么"，"焉"是动词"作，做"，不能去掉。

(2) 疑问代词＋以＋V＋为？

　　1)《论语·季氏》："是社稷之臣也，何以伐为？"
　　2)《庄子·逍遥游》："我决起而飞，枪榆枋，时则不至，而控于地而已矣，奚以之九万里而南为？"

"何（奚）以 V 为"的格式中 V 是动词。这种格式，仍可理解为"以 V 为何（奚）"；但"以"也可以理解为"因"，"何以/奚以"可以表示"为什么"，作 V 的修饰语。这样，"何（奚）以 V 为"就大致等于"何（奚）以 V 也（乎）"。可比较下面两句：

　　3)《吕氏春秋·赞能》："子何以不归耕乎？"
　　4)《战国策·秦策五》："君其试臣，奚以遽言叱也？"

所以"何以 V/奚以 V"可以成句。这样，"为"就成为多余的；因为处在疑问句的句末,所以被人们理解为疑问语气词。

(3) VP+为?

>1)《穀梁传·定公十年》:"夷狄之民,何为来为?"
>2)《楚辞·渔父》:"何故深思高举,令自放为?"

"为"已成为语气词,所以,可以用在疑问句的句末。

"为"从动词演变为疑问语气词,是因为另一个词"以"的歧义(用/因)而产生重新分析,改变了直接成分的边界,"为"成为多余的了;然后又因为处于疑问句的句末,被人们当作疑问语气词。这可以说是语法变化影响词义变化,但首先还是因"以"的歧义而使"为"的词义变化,所以这一演变也和词义的变化有关。

(二)斯

"斯"从指示代词演变为连词。这也经过三个阶段。

>1)《论语·尧曰》:"子张曰:'何谓惠而不费?'子曰:'因民之所利而利之,斯不亦惠而不费乎!'"

"斯不亦惠而不费乎"是个陈述句。"斯"是指示代词,回指上文"因民之所利而利之",在"斯不亦惠而不费乎"这个小句中作主语。作主语的"斯"在句中的地位比较突出,其指示代词的性质不会改变。

>2)《论语·尧曰》:"子张问于孔子曰:'何如斯可以从政矣?'子曰:'尊五美,屏四恶,斯可以从政矣。'"

"尊五美,屏四恶,斯可以从政矣"是个因果复句。"尊五美,屏四恶"是因,"可以从政矣"是果。"斯"本是指示代词,回指"尊五美,屏四恶","斯"和"可以从政矣"也是因果关系。因为"尊五美,屏四恶"和"可以从政矣"的因果关系已经很清楚,再用"斯"回指上一小句而和"可以从政矣"构成因果关系已属多余。所以"斯"的指示代词的性质逐渐淡化。另一方面,"斯"处在"因"和"果"之间,这种因果关系本来是由句式而不用虚词表示的,但既然"斯"的指示代词的性质已经淡化,那么,"斯"在句中起什么作用呢? 人们会觉得"斯"是用来连接因果的,于是对这类句子作新的解读(重新分析)。这样,"斯"就逐渐取得了连词的功能。

    3)《论语·先进》:"冉有问:'闻斯行诸?'子曰:'闻斯行之!'"

当"斯"逐渐演变为连词之后,人们就可以把它作为连词来使用,所以,可以用在这种表因果的语句中。

"斯"的这三个句子虽然都是出现在《论语》中的,是同一个时代平面的句子。但就句中"斯"的性质和功能来看,是反映了"斯"演变的三个阶段。

(三) 必

"必"原来是一个副词,最常见的意义是"必定,一定"。后来演变为假设连词"如果"。前一种意义大家都很熟悉,例子不用举了。后一种意义,是清代学者吴昌莹在《经词衍释·补遗》中首先提到:

> 必,若也。《昭二十七年》:"必观之。"《家语五刑解》:"义必明,则民不犯。"《史记孟尝君传》:"必受命于天,君何忧也。必受命于户,则高其户耳。"《项羽纪》:"必欲烹若翁。"《高祖纪》:"必欲诛无道秦。"

在现代编纂的几部词典中都列有此义项:

    《汉语大字典》:"必⑧连词。表示假设关系,相当于'假使'、'如果'。《左传·昭公十五年》:'必求之,吾助子请。'《史记·廉颇蔺相如列传》:'王必无人,臣愿奉璧往使。'唐杜荀鹤《题会上人院》:'必能行大道,何用在深山。'"

    《汉语大词典》:"必⑦连词。表示假设关系。倘若,如果。《论语·颜渊》:'子贡问政。子曰:"足食,足兵,民信之矣。"子贡曰:"必不得已而去,于斯三者何先?"曰:"去兵。"'《史记·项羽本纪》:'吾翁即若翁,必欲烹而翁,则幸分我一杯羹。'宋梅尧臣《题老人泉寄苏明允》诗:'渊中必有鱼,与子自徜徉;渊中苟无鱼,子特翫沧浪。'"

《古代汉语虚词词典》："必连词……可译为'果真'、'假使'等。"例句为：《左传·昭公十五年》："必求之，吾助子请。"《论语·颜渊》："子贡曰：'必不得已而去，于斯三者何先？'"《史记·廉颇蔺相如列传》："王必无人，臣愿奉璧往使。"等。

下面，我们对"必"的这个意义进行一些讨论。

"必"在历史上有没有作连词"假如"这个意义？应该说是有的。这将在下面进一步论证。但上述例句中很多"必"不是连词"假如"。

先看先秦的例句。

《论语》中"必不得已而去"的"必"是个副词。《经词衍释·补遗》："必，果也。《论语》：'必不得已而去之。'"这是对的。

《左传·昭公二十七年》："令尹好甲兵，子出之，吾择焉。取五甲五兵。曰：'寘诸门。令尹至，必观之，而从以酬之。'"

这个例句中的"必"显然不是"假使"的意思，因为令尹"好甲兵"，所以到来后"必观之"。"必"是"必定"之意。

《左传·昭公十五年》："楚费无极害朝吴之在蔡也，欲去之。乃谓之曰：'王唯信子，故处子于蔡。子亦长矣，而在下位，辱。必求之，吾助子请。'又谓其上之人曰：'王唯信吴，故处诸蔡。二三子莫之如也，而在其上，不亦难乎？弗图，必及于难。'"

这是费无极两边挑拨的话。他一方面怂恿朝吴，让他必须去求上位；一方面对处于上位的人说，要他防备朝吴。"必"是"必须"，不是"假使"。

我调查了《左传》中"必"的用法，不见"必"有"假使"义。

《史记》中的"必"是否有"假使"义呢？一般认为有"假使"义的有如下例句：

《史记·项羽本纪》："吾翁即若翁，必欲烹而翁，则幸分我一杯羹。"

《史记·高祖本纪》:"足下必欲诛无道秦,不宜踞见长者。"

《史记·廉颇蔺相如列传》:"王必无人,臣愿奉璧往使。"

《史记·孟尝君列传》:"文曰:'人生受命于天乎? 将受命于户邪?'婴默然。文曰:'必受命于天,君何忧焉? 必受命于户,则高其户耳,谁能至者!'"

其实,这些例句都不是。

先看"必欲"。《史记》中"必欲"用得很多,除上述例句外,再举两例:

《史记·晋世家》:"王必欲致士,先从隗始。"

《史记·乐毅列传》:"王必欲伐之,莫如与赵及楚、魏。"

"欲"表示意愿,后面的动词是未然的动作。"必"仍是"一定"的意思,但因为放在"欲"前面,表达的也是未然的意思。正是这种未然的语境,使得"必"读起来似乎有"假使"的意思。把"必欲+V"读作"如果一定要"也是读得通的,但实际上,"如果"是由语境而产生的,不是"必"的词义。

再看其他的"必"。"王必无人,臣愿奉璧往使。"这个"必",《王力古汉语字典》是这样解释的:

必㈠副词。① 一定。《诗·邶风·旄丘》:"何其救也? ～有以也。"② 果真。《史记·廉颇蔺相如列传》:"王～无人,臣愿奉璧往使。"

这是很对的。这个"必"不是假设连词"如果",而是副词"果真"。《史记·孟尝君列传》:"必受命于天。"这个"必"也是"果真"。

《史记》中这种"必"也很多,举例如下。这些例句中的"必"都能用"果真"解释:

《史记·高祖本纪》:"正月,诸侯及将相相与共请尊汉王为皇帝。汉王曰:'吾闻帝贤者有也,空言虚语,非所守也,吾不敢当帝位。'群臣皆曰:'大王起微细,诛暴逆,平定四海,有功者辄裂地而封为王侯。大王不尊号，皆疑不信。臣等以死守之。'汉王三让，不得已，曰：'诸君必以为便，便国家。'甲午，乃即皇帝位氾水之阳。"

《史记·晋世家》："献公私谓骊姬曰：'吾欲废太子，以奚齐代之。'骊姬泣曰：'太子之立，诸侯皆已知之，而数将兵，百姓附之，奈何以贱妾之故废适立庶？君必行之，妾自杀也。'"

《史记·廉颇蔺相如列传》："复请李牧，牧杜门不出，固称疾。赵王乃复强起使将兵。牧曰：'王必用臣，臣如前，乃敢奉令。'王许之。"

《史记·仲尼弟子列传》："且王必恶越，臣请东见越王，令出兵以从，此实空越，名从诸侯以伐也。"

把这种"必"解释为"果真"是有根据的。

《玉篇》："必，果也。"

《广韵·质韵》："必，审也。"

"果真"和"假使，如果"不同，"假使，如果"是单纯的假设，"果真"是"假使＋一定"或"假使＋确实"。如果把上述句子中的"必"解释为"假使，如果"，就剩下了单纯的假设，而把"一定/确实"的意思丢掉了。实际上，"一定/确实"正是"必"本身的意义，而"假使"是语境造成的：上述句子说的都是一种假设的情况，这种语境，把"假设"的意义带给了"必"。

所以，上述句子中的"必"还不是假设连词，虽然已经朝假设连词跨近了一大步。

那么，"必"到什么时候演变为假设连词呢？请看下面一例：

《太平经》卷五三："其子事者，必若父有伏匿之事，不敢以报其子；子有匿过，不敢以报其父母，皆应相欺，以此为阶也。"

《太平经》认为，君主对臣有四种态度：师父事之，友事之，子事之，视臣若狗、若草木。子事其臣，则是君臣之间如有错误互相隐瞒。这里的"必若"是"必"和"若"同义并用，"必"义同"若"，是单纯的假设，没有"一定，确实"之义。这就是假设连词了。据此，可以认为，"必"在东汉的口语中已经演变为假设连词。

假设连词“必”，到唐代就用得很多了。张相《诗词曲语辞汇释》卷二：“必，假拟之辞，犹倘也，若也，如也，或也。”也可“必若”连用。举唐诗例甚多。如：

杜甫《丹青引》：“将军画善盖有神，必逢佳士亦写真。”

杜甫《送韦讽上阆州录事参军》诗：“必若救疮痍，先应去蟊贼。”

下面补充一些敦煌变文和《旧唐书》中的例句：

《敦煌变文校注·燕子赋》：“你亦未能断事，到头没多词句。必其倚有高才，请乞立题诗赋。”

《敦煌变文校注·欢喜国王缘》：“必若有人延得命，与王齐受百千年。”

《旧唐书·鲁炅传》：“中官冯廷瓌曰：‘将军必能入，我请以两骑助之。’”

《旧唐书·安禄山等传》：“必若玄宗采九龄之语，行三令之威，不然使禄山名位不高，委任得所，则群黎未必陷于涂炭，万乘未必越岷、峨。”

这些“必”，都没有“一定，确实”之义，而只是单纯的表假设了，所以，已经演变为假设连词。

所以，“必”的词义演变首先是由于经常处于假设语境中，而其演变的完成，是由于其原有的词义“一定，确实”的消失。

3.2　“为”、“斯”、“必”三个词的词义演变，都是“语境吸收”(absorption of context)。

“语境吸收(absorption of context)”见于 J. Bybee 等(1993)，我在 2013 文中引用了其中有关段落，并以汉语“要”的词义演变加以说明，此处不赘。简单地说，“语境吸收”是指一个词经常处于表示某种语法关系的语境中，这个词原有的词义淡化，逐步吸收了语境的语法意义，形成一个新的词义。

由“语境吸收”而造成词义演变，“语境”是关键。“为”、“斯”和“必”的词义演变正是这样。“为”演变为疑问语气词，“斯”演变为承接连词，“必”演变为假设连词,都是吸收了它们经常所处的语境的意义,这是句法对词义演变的影响。但是,并不是任何词处在同样的语境中都会发生同样的词义演变的。这种词义演变的一个必要条件是这个词原有意义的弱化以至消失。"为"的演变,首先是由于"以"的歧义,使"何(奚)以 V 为"这种格式发生重新分析,"为"成为多余的成分,然后才吸收了语境的意义,演变为疑问语气词。"斯"的演变,是因为"斯"的指代性不是很强,有可能弱化而吸收语境意义;如果换一个指代性更强的"此",即使处在同样的语境中,也不会吸收语境意义而变成连词,不会有"闻此行诸"这样的句子。"必"如果只是吸收了语境意义,而其本身的词义"一定,确实"没有消失,其演变只能到达"果真"这一步;只有进一步演变,"必"本身的词义消失了,这才演变为假设连词。这又是词义变化对这种演变的影响。所以,由"语境吸收"而产生的词义演变,是句法和词义共同影响的结果。

上面说到"是"从指示代词演变为系词,是由于"是"所处的句法位置造成的,但是没有把"是"的演变看作"语境吸收"。为什么这样处理呢?因为"语境吸收"是一个词经常处于某种语境中,其原有的词义弱化以至消失,同时吸收了语境的意义(如疑问、连接、假设等)。而"是"所处的句法位置(N1,是N2)本身并没有表判断的语法意义,N1 和 N2 在句法上并不构成判断;只是N1 和 N2 在语义上所指相同,这为"是"演变成系词提供了条件。所以,这是和"语境吸收"有区别的。

在讨论词义和句法的影响的关系时,有一个问题应当注意。如果在一个句子中词义和句法都发生了变化,那么,对于何者是影响演变的原因,何者是演变形成的结果,必须通过细致的分析,做出明确的区分,而不能倒果为因。

比如:

1)《左传·僖公二年》:"荀息请以屈产之乘与垂棘之璧假道于虞以伐虢。公曰:'是吾宝也。'"

2)《史记·刺客列传》:"此必是豫让也。"

以 2)和 1)相比,其中"是"的词义已经发生了变化,从指示代词发展为系词;句法也发生了变化,指示代词"是"本来是不能用副词修饰的,而在这个句子中,"是"前面有副词"必"修饰。那么,这两种变化究竟是哪一种发生在前?

是句法的变化影响到词义的变化呢,还是词义的变化影响到句法的变化? 指示代词"是"前面是不能用副词修饰的,现在"是"前面有副词"必",能不能说这是系词产生的句法条件?

如果这么说,就是倒果为因。如果2)中的"是"还是个指示代词,那就不可能用副词"必"修饰。现在"是"前面有副词"必",说明"是"已经演变为系词。

那么,"是"是在什么情况下从指示代词演变为系词的? 这在前面已经说过,是像"日月星辰瑞历,是禹桀之所同也"这种句法环境。这种句法环境中的 N1 和 N2 之间的位置,可以兼容指示代词"是"和系词"是",正因为如此,这个句子的结构可以发生重新分析,"是"也由此发生演变。"是"的词义演变(语法化)确实是受句法位置影响的,但对它产生影响的句法条件是"日月星辰瑞历,是禹桀之所同也"这种句式,而不是副词出现在"是"前面。副词出现在"是"前面是"是"词义演变(语法化)的结果,而不是其原因。

又如:

"把"原是个动词,"执持"之义。后来演变为处置式的标记。

　　1)宋之问《桂州三月三日》诗:"晨趋北阙鸣珂至,夜出南宫把烛归。"

　　2)宋之问《温泉庄卧病寄杨七炯》诗:"惜无载酒人,徒把凉泉掬。"

以2)和1)相比,其中"把"的词义已经发生了变化,从动词发展为处置式标记;句法也发生了变化,动词"把"的宾语必须是可执持之物,而在这个句子中,"把"的宾语"凉泉"是不能执持的。那么,这两种变化究竟是哪一种发生在前? 是句法的变化影响到词义的变化呢,还是词义的变化影响到句法的变化? 能不能说"把"的宾语出现了不可执持之物是"把"演变为处置式标记的句法条件?

处置式的形成,已有很多论述。简单地说,处置式"把(P)+N+V"是从连动式"把(V)+N+V"演变来的。连动式"把(V)+N+V"中的 N 都是可执持之物,如上举宋之问诗例(1);演变过程中的"把+N+V",N 也是可执持之物,如王力《汉语史稿》所举的例子:杜荀鹤《入关因别舍弟》:"莫愁寒族无人荐,但愿春官把卷看。""把"正是在这种既可读作连动式也可读作处置式的情况下,产生重新分析,从而从动词演变为处置式标记的。如果"把"的后面出现了不可执持之物作宾语,如上举宋之问诗例(2),那就已经演变为处置式标记了。所以,"把"的后面出现了不可执持之物作宾语,是"把"词义演变的结果,而不是"把"词义演变的条件。

当然,这不是说句法成分中宾语类别的改变全都不可能影响词义。上面说过,"走"和"进"的词义变化,是受这些动词后面的宾语类别改变而产生的。关键在于:"走"和"进"是在词义不变的情况下宾语类别发生改变,所以宾语类别的改变是词义变化的原因。而"把"是在词义改变之后,宾语类别才改变的,所以宾语类别的改变是词义变化的结果。词义变化和句法变化孰先孰后,必须分清楚,这样才不会倒果为因。

词义演变和句法演变的相互关系是一个重要问题,对这个问题的研究还刚开始,上面谈的是我的一些初步的想法。希望有更多的人关注这个问题,使研究逐步深入。

参考文献

贝罗贝 李明 2007 《语义演变与句法演变》,沈阳、冯胜利主编《当代语言学理论和汉语研究》,商务印书馆。

蒋绍愚 1989 《古汉语词汇纲要》,北京大学出版社。

——— 2011 《词汇、语法和认知的表达》,《语言教学与研究》第4期。

——— 2013 《词义变化与句法变化》,《苏州大学学报》第1期。

李明 2003 《试谈言说动词向认知动词的引申》,《语法化与语法研究(一)》,商务印书馆。

Bybee, Joan, Revere Perkins and William Pagliuca 1994 *The Evolution of Grammar—Tense, Aspect, and Modality in the Language of the World*, The University of Chicago Press.

Goldberg E. Adele 1995/2007 *Constructions—A Construction Grammar Approach to Argument Structure*, 吴海波译, 北京大学出版社。

汉语使役与被动兼用探源

江蓝生

导言——

本文原载于法国社会科学高等院东亚语言研究所 1999 年出版的 *Linguistics Essays In Honor of Mei Tsu-Lin：Studies on Chinese Historical Syntax and Morphology*(《梅祖麟纪念文集：汉语历史句法与形态研究》)，现引自安徽教育出版社 2002 年出版的《著名中年语言学家自选集：江蓝生卷》。

作者江蓝生(1943～　　)，湖北沔阳(今仙桃市)人。著名语言学家，中国社科院原副院长，中国社会科学院研究员，学部委员，中国辞书学会原会长，主要从事近代汉语词汇和语法研究。著有《近代汉语探源》、《近代汉语研究新论》、《汉语词汇语法论考》等。

使役、被动本属于不同的语法范畴，但在汉语中，"叫"、"让"可以兼表使役和被动。罗杰瑞(1982)、桥本万太郎(1987)认为这种现象源自北方其它语言的影响。本文则提出，1.使役、被动兼用是汉语语法的内在表现，与其它语言无关；2.给予动词表被动南北通行，且自古以来兼表使役、被动。江蓝生先生以先秦、汉、唐五代、宋、明、清、近现代为坐标构成一条时间轴，分别叙述使役动词和给予动词的发展，说明自唐以来，就出现了使役、被动兼用的现象。本文并参考了太田辰夫(1958)、蒋绍愚(1994)的研究，说明使役转换为被动的句法条件。江先生还探究了给予动词的历史发展，揭示出给予动词自古以来就可兼表使役、被动，又以给予动词还能表处置为例补充证明了这种兼用是汉语自身的特点。

本文的价值之一在于从历时角度探索了使役、被动、处置兼用这一重要的语言现象。使役、被动、处置的语言表现形式是重要的研究课题，它们的之间的关系也颇受学界关注。价值之二则在于从汉语的历史文献出发解释汉语的现象。近年来，跨语言研究蔚成大观，通过比较多种语言，本族语言的特质可以更加显明，某些语言现象可能会得到更好的解释，语言学理论可以得到印证。但首先应当从该语言自身来寻求原因，再考虑语言接触、语言渗透等外部因素。

一

1.0　使役动词"叫、让"在现代汉语里既表示使役，又表示被动。所谓使役，是指动词有使令、致使、容许、任凭等意义，例如：

> 叫/让他早点儿回家。｜叫/让您久等了。｜不叫/让咱去，咱就不去。｜别理他，叫/让他闹去。

"叫、让"还可以表示被动，是个被动标志词，例如：

> 弟弟叫/让爸爸揍了一顿。｜衣裳叫/让雨水淋得精湿。｜那本书叫/让小王借走了。

1.1　使役和被动是不同的语法范畴，在一些语言里被区分得泾渭分明，为什么汉语的"叫、让"却可以使役、被动兼用呢？罗杰瑞(1982)的解释是：现在的北京话最初是以满族统治东北之后南迁中原的各民族共同使用的一种汉语方言为基础而发展来的，满语的被动是用使役标志来表示的，因此北方汉语里用使役标志来表达被动，很可能有阿尔泰语句法的背景。桥本万太郎(1987)指出，不仅通古斯-满族语、锡伯语、土族语、东乡语等阿尔泰语系里某些蒙古族语言也有使动标志兼表被动的特征，这种使动与被动的兼用是整个北方各族语言共有的一种区域特征。与此相对，汉语南方方言是用给予动词作被动标志的。他十分肯定地说："在现代汉语里只限于北方方言的这种使动、被动共用标志的现象会有阿尔泰语系的背景更为无疑。"(46 页)

1.2　罗先生、桥本先生的推断引起我们很大的兴趣，但是遗憾的是，他们的文章没有对一些基本前提加以论证。比如，如果罗先生的结论不错，那么应该证明在清代以前汉语不曾有过"叫、让"兼表被动的用法；如果桥本先生的推断不错，那么应该拿出事实证明，古代北方少数民族语言存在着使役、被动兼用的现象；而且他们两位都应该说明：除非受到外族语言的影响，汉语自身不可能自发地产生使役与被动兼用的现象。因为如果没有这些前提，我们完全可以作出相反的推论，说阿尔泰语受到汉语的影响才产生了使役与被动的兼用，或者说使役、被动兼用是汉语和阿尔泰语系共有的特征。本文对汉语使动、被动兼用的历史进行了初步的考察，对使动、被动兼用的条件、原因进行了归纳和分析，结论是这种兼用完全是汉语语法本质特征的表现，与阿尔泰语的影响应无关系。

二

2.0　历史上汉语的使役动词主要有"教、遣、使、令"等，现代主要有"叫、让"。历史上"教"最常用，"教"作使役动词读平声，这从唐代以来的文献中"教"常写作"交"可以知道。"叫"本为呼喊义动词，后来（明代以后）才用作使役动词，并逐渐取代了"教"。"让"本为谦让、把好处给别人之义，直到清代的文献里还没有见到用作使役义的例子，"让"表示使役是很晚近的事。

2.1　虽然表示被动的"叫"是在清代的文献中才开始见到的（如《红楼梦》第8回："叫雪滑倒了。"第25回："这一分家私要不都叫他搬了娘家去，我也不是个人。"），但是太田辰夫（1958）指出使役动词"教"（又作"交"）早在唐五代的文献中就已有被动用法了。他认为"教"在以下三种情况下可以表示被动：

（1）兼语动词的宾语是不具有意志的东西：

见说上林无此树，只教桃李占年芳。（白居易诗）
刚被太阳收拾去，却教明月送将来。（苏轼诗）

（2）表达造成了某种结果的感觉：

春思翻教阿母疑。（和凝词）
教那西门庆听了，赶着孙寡嘴只顾打。（《金瓶梅》，15回）

（3）和禁止相配合：

第一莫教渔父见。（李远诗）
莫教人见。（《历代法宝记》，伯2125）
莫教人笑汝。（寒山诗）

太田先生对汉语使役兼表被动的解释是：二者在意义上有难以区别的场合。使役与被动的区别不在于客观事物本身，而是基于主观判断。他说"被他打"或许就是做了"使他打"那样的事情，如果是这样，自然也能说成"使他打"。（247～248 页）也就是说，太田先生认为汉语使役、被动的兼用主要是这两个范畴在意义上有关联，在一定条件下（比如上举三类情况）不好区分，从而由使役转而表示被动。

2.2　蒋绍愚（1994）不完全同意太田氏的看法，他对使役动词"教、叫、让"用来表示被动作了进一步的说明。他说："'教'作为使役动词，词汇意义很薄弱，其语法意义是表示甲使得乙发出某一动作。对于这个动作来说，'乙'就是施事者。'被'字的作用是在被动句中引出施事者。但在汉语中动词的主动和被动没有形态的区别，所以当具备两个条件时，'教'的语法意义就和'被'相同。"蒋先生举出的两个条件是：

（1）"教"前面的名词不出现，或者根本说不清是什么使得乙发出某一动作。

（2）"教"后面的动词或动词词组可以表示被动，即必须是及物的，并且表示某一情况已经实现。

蒋先生认为太田氏所举各例都符合以上条件。至于"教"的宾语是否具有意志并不成为"教"由表示使役转为被动的必要条件。因为太田氏所举的例子中"教"的宾语就有不少是人。（见 230～232 页）蒋先生的这个意见是对的，而且他对于上述问题的观察和分析大大深入了一步，更加贴近现象的本质。下面，我们对汉语使役动词兼表被动的原因再作一些补充和说明。

2.3.1　前面蒋先生提到"汉语中动词的主动和被动没有形态的区别"，太田氏提到"使役与被动的区别不在于客观事物本身，而是基于主观判断"。二位先生的话，指出了汉语跟印欧语等有严格形态标志的语言的本质不同，这就是传统语言学所谓"施受同辞"和汉语语法的意合性。

所谓施受同辞，是指汉语在词法上不区别施动和受动，施受可用同一词形表示。比如：

　　（1）宋人伐郑，围长葛。（《左传·隐公五年》）
　　（2）鲁酒薄而邯郸围。（《庄子·胠箧》）

同一个"围"字,例(1)为施动,例(2)为被动,没有词形上的区别,人们是根据语境,通过逻辑思维来判定它是表示施动还是表示被动的。这种词法上的施受同词,表现在句法上就是主动句和被动句表层结构相同。例如:

(3) 蜚鸟尽,良弓藏;狡兔死,走狗烹。(《史记·越王勾践世家》)

(4) 屈原放逐,乃赋《离骚》;左丘失明,厥有《国语》。(司马迁《报任安书》)

例(3)和例(4)有六句主谓句,如下所示,其中 A 组是主动句,B 组是被动句。

A:主动句	B:被动句
蜚鸟尽	良弓藏
狡兔死	走狗烹
左丘失明	屈原放逐

A、B 两组主谓句的表层结构相同,都是"名+动",但其深层结构则很不相同。A 组主语是施事,动词为内动词,句子是叙述句。B 组主语为受事,动词是外动词,表示被动,可以看作是主动者不出现的被动句。B 类语法现象,黎锦熙(1986)称之为"反宾为主",在古代汉语十分普遍,谢质彬(1996)对此进行了详细的说明。所谓"反宾为主",实质上就是受事宾语转化为受事主语。"良弓藏、走狗烹、屈原放逐"实际上就是由"藏良弓、烹走狗、放逐屈原"之类的述宾结构通过反宾为主的方法变换而成的,这从例(1)的"围长葛"和例(2)的"邯郸围"可以得知。我们认为,汉语使役动词转而表示被动的根本原因就在于汉语语法的上述特点。下面再作进一步说明。

2.3.2　我们把使役句分成两大类。甲类是无主句,即蒋先生所说"教"前面的名词不出现,或补不出的(包括有禁止词的句子):

只教桃李占年芳(白居易)|却教明月送将来(苏轼)|教那西门庆听了,……(金瓶梅)|第一莫教渔父见(李远)|莫教人笑汝(寒山)

这类句子的表层结构跟被动句一样:

> 教＋兼语＋VP
> 被＋兼语＋VP

其中的 VP 都是及物的,所不同在于使役句的 VP 表示施动,被动句的 VP 表示被动,由于汉语施受同辞的原因,这一区别在形式上得不到反映;当这类使役句在表示某一情况已实现或表示禁止(未实现)时就转而表示被动。因为被动句里的情况一般都是已实现的;禁止句无论使役句、被动句都是未实现的。

乙类使役句是受事主语句,"被"前面的名词出现,或虽未出现但可以补出。这类用例在早期比较少见,所以太田先生和蒋先生都未提及。我们在敦煌写本《燕子赋》(甲)中检得二例:

> (1) 但雀儿之名脑子,交被老乌趁急。("雀"为雀子自称之词;
> "儿",儿子。句义为:我儿名叫脑子,被老乌追得很急。一说"急"也
> 为追赶义)

此处"交被"连用仍为"被"义,可知"交(教)"也同表被动。

> (2) 阿你浦(逋)逃落藉,不曾见你膺王役,终遣官人杖脊,流向
> 儋、崖、象、白。(终归会被官人杖打脊背)

这两例分别使用了使役动词"交(教)、遣",使役动词前或有名词,或可补出。例(1)为麻雀之子"脑子",例(2)为"阿你——燕子"。由于"脑子"和"阿你"分别是谓语动词"趁急"和"杖脊"的受事,在句中充当隐现的受事主语,所以句子就由使役转变为被动。①

---

① "使"表被动的例子如白居易《新丰折臂翁》诗:"夜深不敢使人知,偷将大石锤折臂。"《红楼梦》里的例子如:"谁知他贼人胆虚,只当鸳鸯已看见他的首尾了,生恐叫喊起来使众人知觉更不好。"(71 回)

使役句和被动句都是兼语句,二者表层结构相同,即:

$$N＋教＋兼语＋VP$$
$$N＋被＋兼语＋VP$$

但其内部语义关系却很不相同:

$$N_{(施事)}＋教＋兼语＋VP_{(施动)}$$
$$N_{(受事)}＋被＋兼语＋VP_{(受动)}$$

很显然,当使役句的主语为受事时,使役句就转化为被动句。

使役句的主语一般都是施事,但是现代汉语里有一类使役句的主语是受事,例如:

桌子叫人搬回家。|水笼头叫水暖工修好。|孩子叫家长领走。

这类句子中使役动词后的情况都是未实现的,一旦成为已实现的,使役句就具备了转变为被动句的条件:

桌子叫人搬回家了。|水笼头叫水暖工修好了。|孩子叫家长领
走了。

由此我们知道使役句转化为被动句的条件主要有三:① 主语为受事;② 使役动词后的情况是已实现的;③ 谓语动词是及物的。上举《燕子赋》例(2)"终遣官人杖脊"一句虽然"官人杖脊"是未实现的,但使役动词"遣"前面有副词"终","终遣"表示最终会实现,是预言事情的实现的,所以此句可转化为被动句。

三

3.0 现代汉语确实存在着桥本先生所指出的北方用使役动词"叫、让"兼

表被动、南方方言用给予动词作被动标志的地域上的分别,但从历史上看,给予动词兼表被动是南北通行的(详见 3.1.1/3.1.2),就是在清代文康所著《儿女英雄传》里也有其例:

> 就是天也是给气运使唤着,定数所关,天也无从为力。(3 回)

文康是满人,《儿女英雄传》的语言是早期北京话的代表,这说明北方汉语也能用给予动词表被动。其次不容忽视的是,文献表明,给予动词自古以来就是兼表使役和被动的(详见 3.1、3.2、3.3)。换言之,汉语使役、被动兼用的特点也表现在给予动词的语法功能上。下面分别介绍给予动词的使动、被动用法。

3.1.1 "与"表示使役义

在"给"作给予动词之前,汉语历史上使用最早、最普遍的给予动词是"与",直到今天它在书面语中还没有彻底消声匿迹。"与"自先秦就从给予义引申出容许、许可义,又由容许义引申为让、使义,从而用如一个使役义动词。

　　a 容许、许可

　　歼厥渠魁,胁从罔治。旧染污俗,咸与维新。(《书·胤征》 惩办祸首,胁从者不治罪。过去有劣迹者,都允许其悔过自新。)

　　曷为大之? 不与夷狄之执中国也。(《公羊传·隐公七年》 陈立义疏:"与者,许也。"不许夷狄控制中国。)

　　见有上柱国勋,请与收赎罪价。(《变文集·燕子赋》 请允许用勋功抵罪。)

　　b 使、让

　　故忠臣也者,能纳善于君,不能与君陷于难。(《晏子春秋·问上十九》 不能使君王陷于危难之中。)

　　数日,号令召三老、豪杰与皆来会计事。(《史记·陈涉世家》 下令召三老、豪杰,让他们来商量事情。)

　　有顷,沛公起如厕,招樊哙出,置车官属,独骑,与樊哙、靳强、滕公、纪成步从间道走军,使张良谢羽。(《汉书·高帝纪》 沛公……独自骑马,让樊哙等人从小道逃走,让张良留下辞谢项羽。)

唐宋白话文献中"与"表使动的用法十分常见：

> 净能曰：必被岳神取也！欲与张令妻再活。（《变文集•叶净能诗》，217 页；打算使张令之妻死而复活）
>
> 老人答曰："……知和尚看一部《法华经义》，回施功德，与我等水族眷属例皆同沾福利。"（同上，《韩擒虎话本》，196 页；让我等同沾福利）
>
> 彼王早知如是次第，何妨与他修行？（《祖堂集》，卷 14，江西马祖；让他修行何妨）
>
> 露花烟叶与人愁。（晏几道《浣溪沙》，词；使人愁）
>
> 老氏便要常把住这气，不肯与他散，便会长生久视。（《朱子语类》，中华书局标点本 137 页；不愿使气分散）

敦煌变文中有"交与"连用之例，"交与"实即"教与"：

> 后母一女把著阿耶："杀却前家哥子，交与甚处出坎！"（《舜子变》，133 页；后母的女儿拽住父亲说："这样做会杀死前房哥哥，让他从什么地方爬上井来！"）

又有"与教"连用者：

> 君到嵩阳吟此句，与教三十六峰知。（白居易，《送嵩客》诗）

"教与"、"与教"的意思都是"教"，应视为同义连用，"与"也是使役义①。

3.1.2 "给"表示使役义

《现代汉语八百词》记录了普通话用"给"表示使役义的用法，举例为：

---

① 宋元文献中"与"还相当于"请"，"请"也是使役，不过是一种委婉恭敬的使役罢了。以下二例录自张相《诗词曲语辞汇释》：与君不用叹飘零，待结子成阴归去。（张孝祥《鹊桥仙•落梅》词）｜当初他要嫁我来，如今却嫁了周舍。他有八拜交的姐姐，是赵盼儿，我去与他劝一劝，有何不可。（元曲《救风尘》一折；请赵盼儿解劝）

给他多休息几天│你那本书给看不给看？│酒可是不给喝│看着小鸟儿，别给飞了。

鲁迅作品里也有其例：

我很想借此算是竦身一摇，将悲哀摆脱，给自己轻松一下。（《为了忘却的记念》）

3.2 "与"在先秦文献已有表示被动的用例，不过比较少见。例如：

（夫差）无礼于宋，遂与勾践所禽也。（《战国策·秦策》）

王念孙《读书杂志》注："言为勾践所禽也。"可见"与"表示被动。

到了唐代以后，"与"表被动的用法就很常见了。如：

世间一等流，诚堪与人笑。（寒山诗）

鬼识人与料，客辨羊肉厄。（王梵志诗；鬼精明则人被捉弄，客聪明则羊儿遭殃。）

和尚是高人，莫与他所使。（《祖堂集》，卷2，慧可禅师）

明清小说中也很常见，各举一例：

老王八，依你说起来，我的孩儿应该与这杀材骗的！（《醒世恒言》，卷8）

（众人）虽想二姐儿实在温和怜下，如今死去，谁不伤心落泪？只不敢与凤姐看见。（《红楼梦》，69回）

3.3 以上事实表明，汉语古今通用的给予动词"与"自古以来就是兼表使动与被动的。这一节将进一步说明不仅"与"，南方方言如闽南话中的给予动词也是使动、被动兼用的。下面以台湾定静堂丛书所收明刊本闽南戏文为例：

a "乞"为使动义：容许、致使、让

(生)娘仔共小人断约一声,乞你入去。(嘉靖本,《荔镜记》,二十六出"五娘刺绣",61b)

(旦)且慢,父也是亲,母也是亲,你咒誓着,咒乞伊明白。(同上)

(旦)请阿兄乞我拜辞一下。(万历本,《金花女》,10a)

b "乞"为被动义

共君出外乞人做骂名。(《荔镜记》,三十三出,"计议归宁",73b)

总是乞人骗。(《金花女》,14a)

我为谁乞人打,为着陈三。(万历本,《荔镜记·代棒盆水》,35b)

3.4　以上事实表明,给予动词无论在南方还是北方,自古以来都是使役和被动兼用的,可以说汉语使役、被动兼用的特点集中体现在给予动词身上。现代汉语北方用使役标志兼表被动反映的是唐代以来的历史层次,而南方方言用给予动词兼表使役和被动反映的是上古的历史层次。桥本氏(1987)注意到南方方言用给予动词作被动标志,但他没有注意到汉语的给予动词自上古以来就是兼表使役和被动的事实,因而他所概括出来的北方使动、被动兼用,南方用给予动词表示被动的"区域特征"不反映语法类型上的差异,而只是词汇选择上的不同。

3.5　这一节解释一下为什么给予动词能够兼表使役和被动。给予动词的基本词义是施与,也即是使对方获得。当给予动词后面带的不是体词而是谓词(与＋VP)、或处于给予动词直接宾语位置的不是体词而是谓词时(与＋N＋VP),给予动词的词义就发生了变化,"给去"就是允许去,"给他去"就是让他去,"给他难堪"就是使他难堪,"给"的原义虚化,引申为"许可、让、使",从而用如使役动词。前举"咸与维新"作"都允许(他们)悔过自新"解、"不能与君陷于难"作"不能使君王陷于危难"解,都是因为"与"的后面有谓词性成分、而且表示施动的缘故。

当"与＋VP"或"与＋N＋VP"结构中的 VP 是及物性的、并且表示受动时,就转为被动结构;当这两式前面有名词、并且表示受事时,就转为被动句。

可以看出,给予动词兼表使动与被动的根本原因也在于谓语动词施受同辞。

四

4.0 如上所述,使役动词和给予动词都能兼表使动与被动,这是它们的共同点;不同的是,给予动词还能兼表处置。关于这一点讲的人比较少,而这又跟探讨汉语使役、被动兼用的原因有关,因此下面略用一些笔墨加以说明。

4.1 早期处置式的标记有引出工具的"以"(相当于"用");隋唐以来又出现了"将"字句和"把"字句,此外还有少数"捉"字句;现代汉语通常只用"把",方言有用"拿"(吴语)、kaʔ(闽南话)的,总之,近现代汉语处置式的标志都源自跟手持义有关的一系动词。给予动词表示处置是一种转用,唐宋白话文献里已见其例[①]:

> 燕若入来,把棒撩脚,……更被唇口喽嗐,与你到头尿却。(《变文集·燕子赋》,249 页;燕子如果再纠缠不休,就把你的窝全都尿湿。)
>
> 争得大裘长万丈,与君都盖洛阳城。(白居易,《新制绫袄成感而有咏》诗;用君盖庇全洛阳城的人。君指大裘)
>
> 不须乞米供高士,但与开轩作胜游。(王安石,《题正堂相上人筹龙轩》诗;把开封作为胜游)
>
> 也拟与愁排遣,奈江山遮拦不断。(宋·莫岌,《水龙吟》词)
>
> 譬如捉贼,"克己"便是开门赶出去,索性与他打杀了,便是一头事了。(《朱子语类》,1118 页)

现代汉语的给予动词"给"也可表示处置,较早的例子见于《儿女英雄传》:

---

① 唐宋资料里还有"与将"、"与把"连用的,例如:"长怕嵇康乏仙骨,与将仙籍再寻看。"(唐·曹唐《小游仙》诗)|"便与将丝分付了,都来只要两间房。"(《董永变》)|"使君才气卷波澜,与把新诗判断。"(苏轼《西江月》词)|"香虬烟断,是谁与把重衾整。"(柳永《过涧歇近》词)张相云:"与字与把字同义,故与、把二字,又往往联用之。""凡云与把,犹云把也。"今谓"与将"也应同样看待。但张相释曹唐诗云:"言为嵇康在仙籍上检查之也。"把"与"释作"为",疑非是。

接了人家两三吊钱,给人搁下,人家依吗?（4 回）|老爷待要不
接,又怕给他掉在地下惹出事来。（38 回）

朱景松(1995)举出王朔等当代作家的作品中用"给"引进受事成分(即作处置
式标记)的十几个例子,现转录四例于下:

要不给那老师找来,安慰安慰她（冯小刚）|哎,东宝,你不是说
你能扛二百斤么? 怎么几个萝卜就给你治成这样?（王朔）|求求你
们了,想个法儿给他弄走吧!（魏人）|凭什么给我们老王扣下不让
回家?（苏雷）

由上来看,给予动词真是个"万能"成分,能兼表使动、被动和处置,集三任于
一身①,这到底是什么原因呢? 请看下面三个例句:

a 使役句:他|给我打（球）了　　　（他同意我打（球）了）
　　　　（施）（兼）
b 被动句:他|给我打了　　（他被我打了）
　　　　（受）（兼）
c 处置句:他|给我打了　　（他把我打了）
　　　　（施）（受）

我们可以清楚地看到:① 使役句和被动句的差别在于一个主语是施事,一个
主语是受事;② 处置句与使动句、被动句的结构不同,处置句是连动式,使动
句、被动句是兼语式;③ 处置式的主语为施事,跟使动句相同,但处置句的第
二个名词成分是第二个动词成分的受事,而使动句的第二个名词成分是第二
个动词成分的施事;④ 处置句与被动句中两个名词成分的施受关系完全不
同。由上可知,给予动词之所以能兼表使动、被动与处置,就在于变换句中两
个名词性成分和谓语动词的施受关系,而施受关系可以变换的原因又要归结
到非形态语言的汉语在词法上施受同辞这一本质特点。

---

① 　其实,给予动词的语法功能还不止这些,它还能作介词,相当于"对、向、跟","为、替",
以及作连词,相当于"和"等。

五、结　语

5.0　本文第一节介绍了罗杰瑞、桥本万太郎两位先生关于汉语使动、被动兼用有阿尔泰语背景的推论。第二节引用太田(1958)的研究成果,指出使役动词"教"早在唐代文献中就已有表示被动的用法。并详细讨论了使役动词转表被动的条件、原因;第三节考察了给予动词兼表使役和被动的历史及其原因;第四节从给予动词又兼表处置的事实进一步论证了汉语使役动词、给予动词具有多重语法功能的根本原因在于汉语是非形态语言,词法上主动与被动没有形态上的区别。

5.1　在探索一种语言的某一语法现象的来源时,一般应先从这个语言自身去寻找原因,如果从该语言的内部找不到合理、圆满的解释时,就须从外部——语言接触、语言渗透等因素去寻找答案。如上所述,汉语使役、被动的兼用完全能用汉语的历史文献、汉语的本质特征作出合理的解释,所以本文对阿尔泰语背景说持怀疑和否定的态度。

5.2　那么,怎么看待满语和蒙古语族里一些语言使动、被动的兼用呢?笔者不懂满语和蒙语,对于它们的历史面貌更是一无所知,这里仅借助桥本(1987)注㉛提供的信息作一点推测。桥本先生在注㉛里说土族语和东乡语里使动、被动兼用"也可能是这些语言里的创新现象(innovation),不一定是蒙古族原来的用法,因为 1.不只在现代蒙古语,连在中期蒙古语里也没有这个用法,而且 2.东乡语、土族语(特别是互助方言)受汉语影响很深,汉语借词也相当多。"据此我们知道蒙古语中期和现代都没有使动、被动兼用现象,这恰好可以证明汉语的使动、被动兼用跟蒙古语无关。其次,诚如桥本先生所说,东乡语、土族语"受汉语影响很深",因此,与其把东乡语、土族语的使动、被动兼用看作是一种"创新现象",似乎不如看作是汉语的影响更合乎情理一些。至于满语使动、被动兼用应该怎么看,我们不清楚,无非有两种可能:一种是汉语的影响;一种是满语和汉语共有的特点。不同的人种、不同的民族会有不同类型的语言,不同的思维特点,但人类的思维逻辑毕竟有很大的共同性,从使动与被动在逻辑上的联系来看,或许使动、被动的兼用不应是汉语的专利。

参考文献

桥本万太郎(1987):《汉语被动式的历史·区域发展》,《中国语文》第 1 期。
　　　(1983):《北方汉语的结构发展》,《语言研究》第 1 期。

罗杰瑞(1982):《汉语和阿尔泰语互相影响的四项例证》,台湾《清华学报》第 14 卷第 1、2 期合刊。

太田辰夫(1958):《中国语历史文法》247—248 页,(日)江南书院。

蒋绍愚(1994):《近代汉语研究概况》230—237 页,北京大学出版社。

香坂顺一(1983):《白话语汇の研究》6、7、87、93—95 页,(日)光生馆。

黎锦熙(1986):《比较文法》44 页,中华书局。

谢质彬(1996):《古代汉语反宾为主的句法及外动词的被动用法》,《古汉语研究》第 2 期。

吕叔湘(1987):《说"胜"和"败"》,《中国语文》第 1 期。

朱德熙(1979):《与动词"给"相关的句法问题》,《方言》第 2 期。

梅祖麟(1990):《唐宋处置式的来源》,《中国语文》第 3 期。

王希杰(1988):《施受·词序·主宾语》,《语法研究和探索》(4),北京大学出版社。

饶长溶(1990):《把字句·被字句》,人民教育出版社。

龚千炎(1980):《现代汉语里的受事主语句》,《中国语文》第 5 期。

吴启主(1990):《连动句·兼语句》,人民教育出版社。

徐丹(1990a):《关于给予式的历史发展——读贝罗贝著〈汉语历时句法——公元前 14 世纪至公元 18 世纪给予式的演变〉》,《中国语文》第 3 期。

　　(1990b):《评介〈介词问题及汉语的解决方法〉》,《中国语文》第 6 期。

朱景松(1995):《介词"给"可以引进受事成分》,《中国语文》第 1 期。

论汉语韵律的形态功能与句法演变的历史分期

冯胜利

导言——

本文选自 2009 年《历史语言学研究》第二辑。

作者冯胜利(1955～　　),籍贯北京。香港中文大学中文系教授,博士生导师。曾为美国堪萨斯大学东亚系终身教授,哈佛大学东亚语言文明系教授、中文部主任,哈佛北京书院主任,北京语言大学长江学者讲座教授。主要研究领域为韵律句法学、历时句法学、语体语法理论、训诂学及汉语教学法。著有

《汉语的韵律、词法与句法》《汉语韵律句法学》及《汉语历时句法学论稿》等。

本文是冯胜利先生汉语历时句法研究的总结之作,提出了"韵律参数致变"说,并进行了尝试型论证。

冯先生首先说明了在现代汉语中韵律具有形态功能。在构词方面,韵律具有标识词性、区分词与短语界限的作用。在句法方面,韵律可以启动句法的运作,如介词并入动词,而且韵律也会成为句法运作的限制条件。韵律虽是超音段现象,但也扮演了和语音形态相同的角色,应视为一种形态手段。

根据形式句法学理论,语言差异来自形态参数的不同,历时差异即来自形态参数的历时差异。在汉语的历时演变中,韵律同样发挥出了形态的作用,冯先生以轻动词的发展、被字句的发展、动补结构的移位为例证明了这一点。汉语从远古的韵素音步转型为音节音步,音步成双的韵律规则又导致了句法的演变,激活了双音节复合词、被字句、动补结构等新的语法格式,也激活了有音轻动词这样的新功能词。

有学者提出,以东汉为界,汉语从综合型语言转变为分析型语言。实际上,韵律才是导致汉语转型的真正原因,韵律系统变化的时代就是汉语转型的年代。本文最后还列举了与韵律形态有关的汉语类型性演化示例,并提示诗体的演变也受此触动。

冯先生的"韵律参数致变"说不仅超越了对汉语现象的一般分析,进一步凿实了古代汉语从综合走向分析的原因(超音段形态的作用)及其转型年代的确定(以东汉为界),从语言系统内部寻找演变的原因;而且对语言学理论的发展亦有推动,普通语言学上一向所持的"句法无涉语音"之说(phonology-free syntax)由此不攻而自破。

1. 韵律的形态功能(构词与造句)

什么是形态? 以英语为例,act 加上 -tion 就变成名词(action),若变成 acting 则为动名词。形态就是利用语音的手段(如加缀、变形等)来改变句子中成分的语法性质,因而这些通过语音手段加到成分上的语音符号,就具有了形态的功能。长期以来,人们普遍认为汉语缺乏形态,但事实是否绝对如此,仍然值得深入研究。我们知道,现代汉语当然没有英文那样的形态语素,就是说汉语缺乏音段形态,如表第三人称单数的-s、动词变名词的-tion、形容词变副词的-ly等等。然而,通过对韵律的研究,我们发现:汉语可以通过韵律这种超音段的手段,发挥其类似于音段形态手段的作用。这一发现基于我们对韵律制约句法的巨大能量的重新认识:数年来韵律句法的研究揭示出了大量的韵律制约构词和句法的现象,然而,韵律之所以有如此巨大的威力、之所以能够制约构词和句法的原因,不可能仅仅在于韵律本身的长短轻重。根据最近的研究(冯胜利2007),我们认为:韵律具有语言形态的功能。换言之,形态不仅可以通过音段形式来实现,也可以通过超音段形式来标记。后者可以从如下两个方面来论证:(1) 韵律在构词上的形态功能(如构词法、词性转移等);(2) 韵律在句法上的形态功能(如促发移位、改变结构等)。毫无疑问,如果韵律本身可以作为语言形态的一种手段,那么,就像决定语言变化及彼此差异的形态语素一样,韵律也是语言所以嬗变及所以不同的一种功能参数。倘如此,韵律制约词法和句法的作用则是自然而然的内在机制。果又如此,那么一向所谓"句法无涉语音"的说法(phonology-free syntax)则不攻自破。下面我们先看韵律在构词上的形态功能。

1.1　韵律在构词上的形态功能

1.1.1　韵律决定语辞的词性(Prosody determines part of speech)

韵律的形态功能首先表现在它标识词性的作用。请看:

a. 编教材　　　编写教材
b. *教材编　　　教材编写
c. *教材的编　　教材的编写

从这组词可以清楚地看到:没有韵律的手段,单音节动词无法作为名词性的成分来使用。在a组中,"编教材"是动宾结构,"编写教材"也是动宾关系,二者结构关系相同,"编"与"编写"除了意义上的细微差异之外,其功能是一样的。但在b组中二者表现出很大的不同:"教材编"绝不能说,"教材编写"则毫无问题。如果加上"的"就更加清楚:"教材的编"不合法,而"教材的编写"则文从字顺。我们可以类推,一个及物动词如果具有单音节和双音节两种对应形式,凡是能够同时进入[动宾]和[宾动]两种格式的,必是其中的双音节形式。同样道理,下面的例子也是如此。

调工作	调动工作
* 工作调	工作调动
* 工作的调	工作的调动

从"教材编写"、"工作调动"我们可以发现,这里的"编写"和"调动"是名词化的动词,而相对应的单音节形式"编"和"调"仍为动词。也就是说一个单音节动词要名词化,必须变成双音节(双音化)。这是一种语法的运作,其运作按下面规则进行:

规则:$V \to N/V/[\ldots]_{\sigma\sigma}$①

这条规则说:一个单音节动词(用一个 V 表示)要"名词化"(或变成"动名词"或"动名兼类")的话,那么这个单音节动词必须变成一个"双音节单位"。换言之,双音化是动词变成名词或兼类词的必要条件和形式标记。

由此可见,这里的双音化实际上相当于英语中的音段标记-ing。当然,不同语言中的功能标记不可能绝对一样,因此我们不能说汉语的超音段标记与英语音段标记的功能完全雷同。然而,不能否认的是:汉语的双音模组具有语法范畴的标记功能,具有改变动词性质的形态功能。②

1.1.2 韵律影响动词的及物性(Prosody affects the transitivity of verbs)

研究社会	进行研究 * 社会	对社会进行研究
解决问题	加以解决 * 问题	对问题加以解决
调查人口	从事调查 * 人口	对人口从事调查
打击敌人	给予打击 * 敌人	对敌人给予打击

---

① 当然,句中的单音节动词的词性改变比比皆是,如"他的来和去显得有点儿太突然"等等。然而,这是"句位"保证的临时功能,所以"* 北京的来"、"* 饭的吃"都不成话,这和"* 教材的编"不合法的道理一样。

② 注意:把"双音节"当作动词名词化的标记并不意味着所有的双音形式都是名词化的结果,正如-ly是副词的标记,并不意味着所有带-ly 的形式(如 holly, mealy)都是副词一样。当然,音段形态和超音段形态的作用范围必不相同,容另文专述。然而,我们必须首先承认超音段的形态功能,而后才能进而比较它和音段形态的差异。

这组例子反映了这样一种现象：在及物性双音节的动词前加上"进行、加以……"后，该动词的后面便不能再出现宾语。这种现象用当代形式句法理论可以这样解释："进行、加以"等 VV 形式具有一定的语法功能，这种功能要求：(1) 它们后面必须是一个抽象动词；(2) 后面的位置取消了抽象动词指派宾格的能力。值得注意的是：上面的句法功能必须通过韵律来实现，亦即：

$$规则：V(O) \rightarrow V(^*O)/VV_{助} + [……]_{\sigma\sigma} \#$$

就是说，"进行、加以"等 VV 形式的句法功能是使后面的抽象动词必须组成双音，而正是这种双音才使得这个动词丧失了它的指派宾格的能力——使之发生语法性质的变化，于是只能用介词重新引出宾语。不难看出，双音模组正是实现上述语法功能的一种形式标记，只不过这种标记不是音段形式而已。

1.1.3　韵律决定词语分界

除了上面这些现象之外，韵律还具有在一定范围内区分词与短语界限的作用。界定或标示"词"和"语"的不同，是形态重要的语法功能。在这一点上，韵律形态与音段形态有着异曲同工之妙。我们先来看下面的几组例子：

第一组：

a. 负责工作	*负责任工作	对工作负责任
b. 取笑他	*开玩笑他	跟他开玩笑
c. 有害身体	*有伤害身体	对身体有伤害
d. 并肩战斗	*并肩膀战斗	
e. 携手前进	*携手臂前进	
f. 同步运行	*同步伐运行	

在这一组的例子中，"负责"、"取笑"、"有害"都是动宾结构，但仍可再带宾语（外宾语）；而"负责任"、"开玩笑"、"有伤害"同是动宾结构，但不能再带宾语。"并肩、携手、同步"是动宾结构作状语，所以可以修饰动词；而"并肩膀、携手臂、同步伐"虽同是动宾结构，但无法修饰动词。[①] 也就是说，凡是要

---

① 有些动词前的三音节动宾似乎是例外，如"迈大步前进"。但是，汉语不说"*迈大步地前进"，所以"迈大步前进"可以分析成连动而非状动。感谢蒋绍愚先生给本文提出这一点。

完成"动宾结构带宾语","动宾结构作状语"这样一些句法任务时,原始的动宾都必须是双音节形式,它们必须遵循下面的规则:

规则 1:VO→Compound/[VO]$_{PrWd}$

任一动宾短语要变成一个词,该短语必须成为一个标准(双音节)韵律词。①

遵守双音节的条件就可以成为一个韵律词,超出这个条件就无法成为一个韵律词。无法成为韵律词的就不能成词。不能成词的动宾,当然不能再带宾语。这里的道理简单,但意义非凡。以前我们的分析仅止于词语之别,今天看来,意犹未尽。因为能不能成词取决于是否双音,双音节是汉语中的韵律模组。这个模组就相当于英语中的符号标记,只不过是超音段的标记而已。音段是听得到的,超音段也是听觉可感的,唯方式不同而已。

因此,我们不但可以说汉语是有形态的,而且可以说汉语给我们打开了一个认识形态的新视窗,让我们重新思考形态的定义、探索实现形态的不同手段和方法。无独有偶,请看:

第二组:

a. 他非常可疑	* 他非常可怀疑
b. 他非常可靠	* 他非常可依靠
c. 他非常可信	* 他非常可相信
d.	* 这个东西非常可加工

"非常可疑"可以说,但"非常可怀疑"就不好。"可疑"和"可怀疑",构词模式一样、句法结构相同、意义也没有太大区别。可是一个合法,一个无法接受。其原因就在于一个违反了韵律形态的要求,亦即不合下面的规则:

规则 2:Aux V→Compound/[Aux V]$_{PrWd}$

---

① 注意:我们说韵律是一种语法手段,这并不意味着所有的语法功能都由一种手段来实现。汉语构词靠韵律,但"蚂蚁上树"是词(一道菜名),既不合词法(汉语没有[主+谓+宾]构词法),也无视韵律。有关韵律构词的例外和反例,参冯胜利 2001。

[助动词＋动词]的短语要成为一个词，必须是一个标准韵律词。

第三组：

a.	* 白大盘子	红小兵
b.	* 红小雨伞	黑大汉
c.	* 红小电脑	黑小辫儿
d.	* 黑大熊猫	黑大雁
e.	* 白大萝卜	白大米
f.	* 紫小番茄	绿小葱

"A＋N"历来是汉语研究中的一个争论焦点：到底 A＋N 是短语还是词？众说纷纭，莫衷一是。但无论采用哪一种说法，上面的事实均不可否认："红小兵"可以，但"白大盘子"不行。根据左边带"＊"的组合，我们可以归纳出一条规则：凡是[A＋大/小＋N]的结构，都不合法。然而，这条规则并不绝对，因为右边的"红小兵、黑大汉"等形式都可以说。这样一来，我们便处于两难境地：如果说前面那条规则不对，我们有左边的非法例句支持它；如果支援前面的规则，我们又有右边合法的例子反对它。如何解决这一矛盾呢？其实很简单，前面的规则没有错，只不过有个例外条件，亦即：只有当[大/小＋N]是双音节或是标准韵律词时，可以成词，因此可以不受管制。于是我们又得到一个与上面一、二两组同样的成词规则：

规则 3：AN→Compound/[AN]$_{\text{PrWd}}$

综上所述，如果我们把韵律词这样一个模组当作一个形态的话，那么两个音节的"音量"就相当于一个形态的标记，标志着它是一类特殊的词或特殊的词性，从而具有不同于短语和其他形式的语法功能。韵律的形态功能在词法上不但历历在目有如上述者，而且一定还有更多的待发之覆。

1.2　韵律在句法上的形态功能

1.2.1　介动并入（P→V Incorporation）

上面说的是韵律在词法上的形态；在句法上，韵律同样有其形态的功能。

首先,我们知道,句中主要动词后充当补述语成分的介词,如不并入前面的动词就不合法。譬如:

* 那本书,他[放了在]桌子上。

那本书,他[放在了]桌子上。

问题是为什么"在"必须并入"放"句子才合法。注意,纯句法理论没有理由要求介词一定要上移并入动词,因为其他语言(如英文)动词后的介词不上移也合法。汉语没有理由在[动+介]的句法关系上"搞特殊"。然而事实是:汉语中的介词不并入动词就不合法。其实,这里的要求不是句法,而是韵律(参冯胜利 2000),亦即:

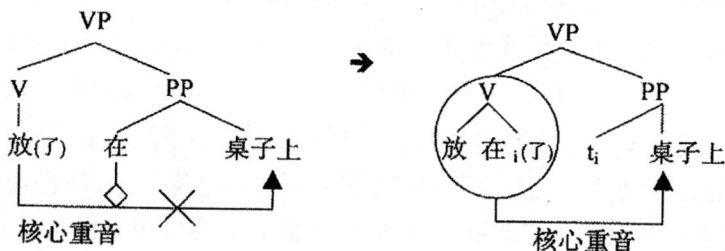

动词后面的介词(在)阻挡了动词把核心重音指派给介词宾语的路径,因此"放了在"这样的句子不合法。我们知道,汉语的核心重音必须落在动词直接支配的姊妹结点上(冯胜利 2000)。因此,介宾结构如果要出现在动词后面,就只有通过语法上的并入运作,将介词贴附到动词之上(上面的右边结构),才能确保核心重音的指派,才能生成合法的句子(亦即"放在了")。这道理虽然简单,但其中潜在的涵义却非同小可:句法并入成了韵律而不是句法的要求。据当代句法理论,启动句法运作的是该语言中形态的作用。如果是这样,那么韵律无疑就是形态的一种,因为介词并入动词的运作是根据韵律的要求而启动的,虽然运作的本身是句法。换言之,韵律像语言的形态要素一样,可以启动句法的运作。因此,韵律不仅在词法上有形态的功能,在句法上同样发挥着形态的作用。

1.2.2　句法运作的韵律条件

如上所述,形态在当代句法学中占有极其重要的地位。当代形式句法理论里的一个普遍原则是：形态要素不仅促发而且保障句法运作的合法性。在这点上，韵律也扮演着同样的角色。请看下面的句子：

* 收徒弟少林寺	收徒少林寺
* 他收徒过	收过徒
* 讲语言学中南海	讲学中南海
* 他讲学过	他讲过学

"收徒"与"收徒弟"在句法上没有任何区别，但其句法运作的结果却大不相同："收徒"可以移动，其运作过程如下图所示：

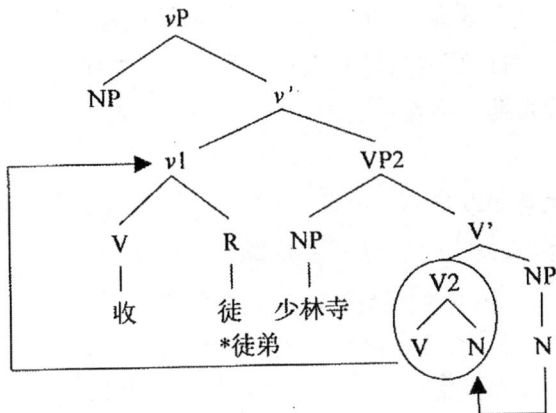

显然，"收徒弟"无法实现上图的句法运作。为什么呢？原因也在韵律：句法的运作受到了韵律的严格控制。因此，符合韵律的就可以运作，不符合韵律要求的则不能运作。前面说过，句法的运作不仅要形态来启动，也要形态来保证。这里我们看到：韵律是保证句法运作的重要条件。在这点上，韵律和形态的功能别无二致。当然，形态在一般的语言里是通过音段来标记的，然而这并不能妨碍汉语里的韵律发挥同样的作用。在我们看来，韵律虽是超音段现象，但也是听而可见的语音，因此语言把韵律作为形态标记，并不足怪。根据这个道理，以往所谓的形态就不仅可以是能用字母写下来看得到的形式标记，而且还可以是听得到但无法用传统方法（字母）写下来的语音标记（如音步和重音）。

2. 韵律在历史句法中的促变功能

上面我们看到的是现代汉语中的韵律作用。在历史上,韵律同样发挥着重要的形态作用。下面我们仅以"从空动词到轻动词的发展"、"被字句的发展"和"动补结构的发展"为例,来分析和阐释韵律的促变作用及其形态功能。

2.1 从空动词到轻动词(从无到有)

从类型学上看,上古汉语的轻动词(light-verb)与中古和现代汉语的轻动词的性质很不一样(参 Feng 2006)。轻动词的语法在上古汉语中属于综合性语言的范畴,而在后来的汉语中则是分析型语言的结果。① 不仅如此,前者是句法的、自由的(如为动、使动、意动和名词动用等),而后者则是词汇的、不自由的(参冯胜利 2005)。从自由的句法空动词(早期轻动词,如"无人门焉")到词汇性轻动词(如"打鱼"的"打"),汉语经历了一个"有史可稽"和与其他变化同步而行的过渡时期。请看:

> a. 公元前 300 年
>
> 日有食之,鼓。(《左传·庄公二十五年》)
>
> 鼓,礼也。(《穀梁传·庄公二十五年》)
>
> 伐人者为客,长言之;伐者(被伐)为主,短言之。(《公羊传·庄公二十八年》,何休注)

先秦以至于东汉以前,词类活用不但比比皆是,而且个个皆可(理论如此)。何休《公羊传注》的"为客长言"、"为主短言"又向我们透露:一个动词的主动语态与其被动语态可以通过音段形态的方式来实现。这些都是早期或原始汉语使用音段形态的例证。而所谓"汉语没有形态"则是后来丢失的结果。这个过程是什么时候开始的呢?请看:

> b. 公元后 300 年
>
> 复教打鼓振铃,遍告城内人。(《佛本行集经》,卷十四)
>
> 天魔军众忽然集,处处打鼓震地噪。(同上,卷二十九)

---

① 有关"综合型语言"和"分析型语言"的区分,参 Huang 2005。

经夜后分，欲打鼓时，明星将现。（同上，卷三十六）

处处打鼓，求欲论议。（同上；卷三十八）

毫无疑问，大量的事实告诉我们，和其他带有类型性演变一道（见后文），空动词（＝非音化轻动词）也是从东汉前后才开始逐步为轻动词（＝音化轻动词）所代替（参 Feng 2006，冯胜利 2008；胡敕瑞 2005）。这里我们关心的是"什么因素"让空动词退出历史舞台，把自己的位置让位给（带音的）轻动词了呢？注意：空动词到轻动词的变化是语言形态学和类型学上的重大改变，因此不管是什么因素，都事关语言类型的本质。其实，从上面的例子可以看出，到了公元 300 年前后，在那些用了（音化）轻动词的语句里，如果仍然像以前一样保持空动词的单音运作，就不再合法，请看：

　　*处处［＿鼓］震地噪。

　　*复教［＿鼓］振铃。

　　*欲［＿鼓］时，明星将现。

　　*处处［＿鼓］，求欲论议。

这并不是说那时的"鼓"字绝对不能"空动"，事实上，"鼓"在双音单位的环境里，仍然可依空动词的格式运作。譬如，在同一部书里，我们发现：

　　不鼓自鸣。（《佛本行集经》，卷二）

空动词运作　　　　　　音化轻动词

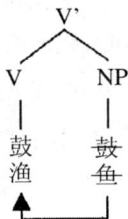
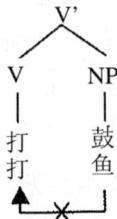

　　不言而喻，"鼓"字是"空动"还是"轻动"的选择，取决于它是否能双的自然语境。因此，凡是单音节"鼓"字不便独立的地方，就采用"音化"轻动词的

方式使之成双（如加"打"、"击"等）。于是才有"处处[打鼓]震地噪"，因为"处处[鼓]震地噪"中的"空动单音运作"在当时新型的韵律系统中难以立足（不管是加辅音、换元音，还是长言或短言）。可见，空动词的位置用一个一般的动词来填充是一种自然而然的韵律结果。然而，避单求双的方法虽简单，但其潜涵的意义却极大：是韵律的要求迫使空动词退位、是韵律的规则实现了轻动词的"现身"。① 这一方面说明韵律到了这个时代才发挥出它的作用，另一方面也看出是韵律的格式保证着轻动词的句法框架，从而把汉语从综合性特征发展到分析型的类型——韵律要求的结果正是分析型语言的运作。韵律的促变和形态作用，于此可见其要也。

2.2　被字句（从词到语）

被动句的历史发展已广为人知，然而其中的问题及其潜在的意义似乎并未引起人们足够的注意。首先，大家知道，"被 V"之间在先秦是不能插入施动者的，东汉以后才能如此。譬如：

> 万乘之国，被围于赵。（《战国策·齐策》）
> 臣被尚书召问。（蔡邕《被收时表》）

我们都知道"被围于赵"是先秦的语法，正如王力先生（1985）所说，"那时候，施动者是不允许插在中间的"。然而，东汉末年出现了"被尚书召问"。我们要问：以前不允许的为什么偏偏在这个时候允许了呢？ 这是第一个问题（时代问题）。第二，"不允许"意味着结构不合法。为什么不合法呢？ 这是先秦被字句的结构问题。如果先秦的被字结构不允许中间插入施动者，那么为什么后来又允许了呢？ 东汉末年的被字结构发生了什么样的变化呢？ 注意：结构上允许但出现频率低的，是使用而不是句法问题；"不允许"是结构而不是使用的问题。因此不从结构上回答为什么不允许的问题等于没有解决问题。被字句的难点还不在于为什么不允许的问题。如果解释了为什么先秦不允许的问题，用同样的理由则无法说明为什么东汉以后又允许了的事实。

---

① 理论上，空动词至少有"causative（使）"、"eventive（有）"、"agentive（为、作、把等）"、"experiential(经)"、"inchoative（化、成、作、为等）"。后来发展为轻动词也不只"打"（汉末有"作、起、取"等，今天有"弄、整、搞"等）。感谢蒋绍愚先生指出这一点。

然而,从韵律的角度来分析,我们不仅解决了这种结构的改变,而且发现这种结构的改变正好和当时的双音化的韵律转型同步而行(双音化实际反映了韵律系统的改变)。最早出现的"被围、被困"都是双音节的标准韵律词(所以在当时的大势之趋下凝固成词,中间才不容插断),到了东汉《论衡》时代才出现"被侮辱、被迫害、被毁谤"一类三个音节的结构。三个音节的[中心词+补述语]与两个音节的绝然不同。这里,我们在历史上第一次看到韵律上的长短之别开始扮演起句法形态上的特有的角色。比较:

词/语:复印文件	进口货物	出版读物
词:复印件	退口货	出版物
语:印文件	进货物	出读物

不难看出,三个音节的"复印件"是名词,而"印文件"是动词短语而不可能是词。这种区别词语的韵律形态在"被诽谤"的历史发展中开始发生作用:"被+VV"是动词短语,因此不再是词。它告诉我们:"被围"在先秦一度被重新分析为一个句法单位,这个单位是在韵律的标识下首先成为一个韵律词,其后固化为一个复合词。在同样的韵律规则驱使下,"谤"也变成了"毁谤",从而也把"被+V"的双音节模式拉长为三个音节的[被+VV]。然而,1+2和2+1两种格式(或韵律形态功能)绝然不同。请看当时的例子:

[2+1]词法成熟于《论衡》:马下卒、偃月钩、丧家狗、兰茧牛、两头蛇

[1+2]造语成熟于《论衡》:被毁谤、被污辱、被迫害、被累害、被棺敛

[2+1]型三音节构词法成熟于《论衡》,与此相反而相成的是,[1+2]式被字句也成熟于《论衡》。这是《论衡》的作者的原因呢,还是时代所致呢?不管怎样,这两种"偶合"反映了一条规律:韵律的形态功能已开始发挥作用,如下:

[1+1]=构词功能(韵律词、句法词、复合词……)

[2+1]=词

[1＋2]＝语

[2＋1]↔[1＋2]＝词语的对立与别语的功能

换言之，不仅[被 V]和[被 VV]截然不同（在韵律形态的系统里，前者为词标记而后者是语标记），就是[2＋1]和[1＋2]也泾渭分明：它们的对立不仅是节律上的不同，更重要的是被用来标示词和短语范畴的对立。必须指出：汉语从这以后便有了"复印件"和"印文件"的语法差异。从而使汉语的词语范畴有了自己的形式标记，虽然这种形式标记和传统所谓"音段形态"的方法不同。在这种韵律形态的作用下，[被 VV]当然就被重新分析为短语。[被 VV]成为短语以后，自然允许施动者插入"被"和后面"双音节动词"之间，以至于今天的被字句里，如果动词挂单，施动者仍然不容置入其中。① 比较：

悟空常被师傅批评。

* 悟空常被师傅批。

在韵律形态开辟的道路上，被字句往后的发展虽经"万变"，而仍然"不离其宗"。如：

被定州官军打败。（《周书·晋荡公护传》）

树被风吹倒。（阇那崛多译《佛本行集经》）

龙被射死。（吴康僧会《生经》）

已被放在此山泽深险之处。（《楚辞补注》）

龟被生揭其甲。（《岭表录异》）

祢衡被武帝谪为鼓吏。（《世说新语·言语》）

2.3　动补结构（R→V Movement）

轻动词和被字句告诉我们从东汉开始，汉语便起用韵律的音步为形态手

---

① 注意：不只今天，就是历史上也有例外。如《朱子语类》："如被人骂，便说被人打；被人打，便说被人杀。"（感谢蒋绍愚先生提供的例子）然而，这类被字句中的挂单动词，要么携带对比重音，要么处于核心重音之外，因此不是真正的反例。（参冯胜利 2000）

段;而东汉以后发展起来的动补结构,又从核心重音的角度向我们揭示了汉语韵律形态标记的另一方式。比较:

　　a. 打破头。(百喻经)
　　b. 打汝头破。(祖堂集)
　　c. 打破烦恼碎。(坛经)
　　d. * 打破碎烦恼。
　　c. * 打烦恼破碎。

从汉末到六朝,动补结构中不仅有"打破头"、"打头破"两种形式,还可以说"打破烦恼碎"这种"一动两补"的句子。有趣的是,历史记载中绝不见"* 打破碎烦恼"和"* 打烦恼破碎"的说法。如何解释这种现象呢? 从句法上说,"打破头"一类句式是从下面的结构中派生出来的(参冯胜利 2005):

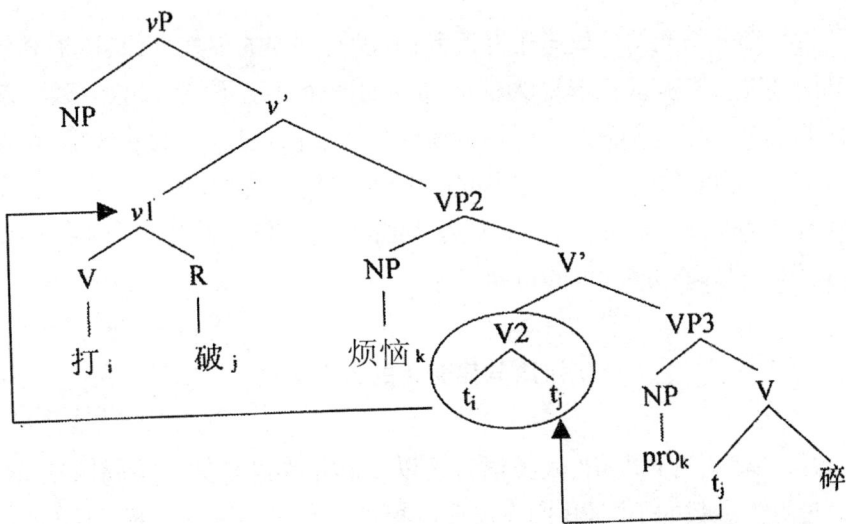

注意:如果采用当代句法的分析,我们无法根据同一形态因素(句法移位元是形态特征导致的结果)让补语成分既移动又不移动。如果根据"形态特性(feature)导致移位"的说法,那么只能得到和"打破烦恼"一样的"* 打破碎烦恼"的结果,而得不到"打破烦恼碎"这样"一个移,一个不移"的结果。为什么会产生违背句法的运作呢? 要解释这一结构的复杂性,我们需要知道为什么

现代汉语不能说"*关窗户严"。我们知道,"关"是动词,"窗户"和"严"都是
"关"的补述语。核心重音只能分派给动词直接支配的姊妹成分,所以只有
"窗户"可以得到重音,因此"关窗户严"不合法。这和"*放了在桌子上"的情
况一样,要想让句子合法,就得把可以并入的成分移出核心重音指派的范域,
于是就促发了补语"严"字上移的句法运作,出现"关严窗户"的句子。这是现
代汉语,而古代汉语的事实更证明了补语上移是韵律促发的结果。正因为是
韵律导致的句法运作,所以是移是留,一决于韵律:如果两个补语("破"和
"碎")都上移,形成"打破碎烦恼",那么"烦恼"就得不到重音;如果两个都不
移动,成为"打烦恼破碎",那么"破碎"得不到重音,句子也不合法。剩下的选
择只能是移动一个(造成合法的"打破烦恼"),保留一个(造成合法的"打烦恼
碎")。前者合法,因为"打破"是一个句法韵律词,核心重音可以指派给"烦
恼";"碎"字殿后也允许,不仅因为和"打头破"同属一类,更重要的是它们所
以合法是因为它们使用频繁,形同"语助"(因此轻读)的原因所致。(参冯胜
利 2005)①

　　总之,动补结构的移位运作告诉我们:没有韵律的促发与保证,很难解决
"一动两补"的结构,很难解释为什么其中的两个补语不能一起上移、一起保
留,而非一个上移一个保留不可的奇怪现象。然而,在韵律的系统里,奇怪变
成了自然。更重要的是,动补结构的韵律作用告诉我们,核心重音从这个时
候开始,便和韵律词法交互作用,促发着新格式的产生和发展。韵律促发的
句法运作,正是它形态功能的重要表现。

3. 汉语韵律变化的历史证据

　　根据当代语言学理论,人类语言所以不同是形态参数的不同所致。② 据
此,通过形态参数的不同,我们不仅可以把英文和汉语区分开来,而且还可以

---

① 这里,特别感谢蒋绍愚先生为本文提供的重要反例:《金瓶梅》"吃了一回,使丫鬟房中
搽抹凉席干净","西门庆即令小厮收拾前厅西厢房干净","搽抹身体干净","涤盏
干净"等。这类"干净"的用法确有待进一步研究,而我们尤其要发现"干净"以外的例子
(不然则是轻读的个例而已)。

② "The observed variation has to do with the degree of morphological realization of the
functional structure",参乔姆斯基(2004:28)。

有效地把印欧语和汉藏语区别开来。理论的功能就在于它的普遍威力——如果形态参数理论正确的话(至少今天已被广为接受),那么处于历时上的不同语言和不同的演变,无疑也是形态参数不同所导致的结果。这本没有什么奇怪:形态参数原则的共时性实现(横向效应)导致语言地域上的不同(不同的语言和方言);而其历时性实现(纵向效应)就造成了语言在时间上的差异(不同历史阶段的语言和嬗变)。语言纵横皆异的基本原理是一样的。根据这一理论,汉语的历史分期可以,也应当以它的形态类型为标准。原因很简单,形态类型的嬗变必然引起由形态决定的句法结构的不同与演变——形态是根。

上面看到,韵律不仅在现代汉语中发挥着它形态的功能,在古代汉语中同样起着促发演变的作用。如果形态是决定语言的基本因素,那么我们要问:韵律的形态作用是否自古而然? 虽然我们现在还不能给这个问题下一定论(即使韵律自身的形态功能,也刚刚被提到日程上来,Feng 2006b),但我们可以肯定地说,上述韵律的形态功能,在远古汉语中是没有的。原因很简单,远古汉语的韵律结构和截至东汉发展起来的韵律结构有着本质的不同。这种不同,我曾在几个不同的地方提出讨论(参冯胜利 2000,2004),这里不妨综旧益新,合为如下七端。

第一,远古的入声字不仅有/p,t,k/,而且,根据近来的研究(参潘悟云 2000),也有/b,d,g/。如果韵尾存在浊塞音,那么远古汉语的音步就和其他韵素音步的语言一样,可以自成音步。就是说,远古汉语的音步很可能是韵素音步,这和后来的音节音步大不一样。

第二,韵素音步不仅可能,事实上也有案可稽。譬如:

> 吾丧我。(《庄子·齐物论》)
> 尔为尔,我为我。(《孟子·公孙丑上》)
> 彼以其富,我以吾仁,彼以其爵,我以吾义。(《孟子·公孙丑下》)
> 尔,而忘勾践之杀女父乎?(《史记·吴太伯世家》)
> 尔无我诈,我无尔虞。(《左传·成公元年》)
> 尔爱其羊,我爱其礼。(《论语·八佾》)

这里"吾/我"虽同义反复,但不容互换;其中"尔/我"、"彼/我"均相互对言,彼此强调。为什么古人用"尔……我……"而不说"汝……吾……"？为什么古人说"彼……我……"而不用"夫……吾……"？其中的奥妙就在于"我"的音节强于"吾"。换言之，强调式的音节强于它的对应式。（参见《俞敏语言学论文集》137页；潘悟云《上古指代词的强调式和弱化式》2001：279～313页）请看：

| 吾 * ŋa | 汝 * njă | 夫 * pă |
| 我 * ŋal | 尔 * njĕl | 彼 * păl |

不难看出，"吾丧我"就是"ŋa 丧 ŋad"（根据俞敏的拟音）——彼此之间的差别就在韵尾的一个/d/（或/l/）。这个/d/韵韵母中的韵素，而它的有无直接影响到能否重读。这说明上古韵素的多少直接关系到音节的"轻重"。譬如：

弱音节	强音节
如[nio]	若[niak]
何[g'a]	曷[g'at]
胡[g'o]	恶[ʔag]
有[wjeʔ]	或[wjek]

根据高岛先生的研究（1999），上述成对的同义词不仅表现为音节上的强与弱，而且是语义上的强弱。亦即：

强调式	一般式
若	如
曷	何
恶	胡
或	有

所有这些强调重读式的音节比相应的非强调式的音节均多出一个韵素，因为它们都是入声字。亦即：CVC 重于 CV。根据当代韵律的理论，CVC 含有两个韵素，所以可以保证音步的实现，所以才可独立成为一个韵律单位、才能

重、才能强调。由此可见,上古汉语韵素音步的存在,确凿无疑。否则,不可能有 CVC 与 CV 词语之间的种种对立。

第三,尾音脱落与声调的产生导致韵素音步的消失。我们知道,原始汉语本无声调,①这一结论已为学界普遍接受。据此,我们可以推知:上古汉语必然存在、至少允许由韵素组合的音步,虽蛛丝马迹也与后来的音步大相径庭。很简单,没有声调自然没有声调对韵素音步的阻扰。而"声调阻止韵素在音节内部建立音步"(参冯胜利 2005),则无疑促发新的音步形式的出现。这又是古今韵律结构必然不同的音步标志:前声调汉语是双韵素音步结构,声调产生后则是双音节音步结构。

第四,事实上,上古音韵学的研究成果,很多都为我们"上古韵素音步"的理论提供了坚实的证据。譬如,三等介音来源于上古的短元音(参包拟古 1980,郑张尚芳 2003,Starostin 1989,白一平 1995[28 届国际汉藏语学会论文],Pulleyblank 1962~1963,潘悟云 2000,等等)。如果上古的元音确有长短之分,那么仅此一端就足以证明那一时期的语言必然对韵素十分敏感,否则元音的长短将无法区别。② 换言之,根据我们韵素音步的理论,长短元音的存在不仅和我们的分析相行不悖,而且本身就是我们理论所预测的直接结果。

第五,新起的声调如果发挥作用,那么上面所论的上古韵素音步(包括充当韵素音步的入声字)必然为整个系统所不容而被取代。因此在声调建立的新型体系中,它们必然逐渐失去存在的地位(有关论证参冯胜利 2000)。这就是为什么上面那些以韵素多少为标志的轻重对立型词语,到了后来便为"以音节多少为标志的轻重形式"所代替。这就是说,声调的逐步建立与双音节形式逐步增加的同步发展,同样可以证明我们声调排斥单音步的理论。早先汉语没有声调,但有韵素多少的对立;后来有了声调,但随之而来是单双音节的对立。譬如:

孔 khloog　　　　　　　　→窟窿

---

① 这一结论实际上可以从段玉裁"古无去声"和黄季刚先生"古无上声"的论断中推演出来。即使从王力先生的"长入短入"说,上古汉语亦非四声,因为"入"声非调也。

② 在汉语方言中没有长短元音的对立,只有在广州话中主要元音为/a/而且带韵尾的韵中有长短对立,不过短元音的音色有变/e/,所以可以解释为伴随性特征。(参潘悟云 2000)

瓜 kʷraa   →果蠃

权 gron   →权舆

笔 brug   →不律

椎 dhjul   →钟魁

偻 groo   →佝偻

茨 zli   →蒺藜

"笔(*brug)"是单音节,但是又可说成"不律";偻(*groo)是一个字,但是可以说成"佝偻"。此外,如"茨"又叫"棘藜","椎"又叫"钟魁"等等,春秋以后更层出不穷。它们本非二物,但却要分为二语(联绵词)。因为急言之则曰"仆",缓言之则曰"不谷"。

综上所述,"我-吾"、"彼-夫"、"尔-汝"、"如-若"以及"仆-不谷"、"孔-窟窿"、"茨-棘藜"、"椎-钟魁"等的轻重缓急之差,虽表现在发语轻重的对立之上,而其所以必此者,乃音步类型不同所致。更有意义的是,这种 CVC 跟 CV 的对立可以告诉我们:汉语史上确曾有过一个以韵素多少为轻重的时期,而这种对立出现在较早文献里的事实,充分证明早期韵素音步的存在。

第六,下面的语言事实,进一步凿实了上面的结论。请看:

唯黍年受?(《甲骨文合集》,9988)

我受黍年。(《甲骨文合集》,10020)

佳丁公报。(《殷周金文集成》,八)

唯余马首是瞻。(《左传·僖公十四年》)

何城不克?(《左传·僖公四年》)

何事能治?(《国语·晋语一》)

甲骨文中"唯黍年受"一类单音节动词殿后的[唯+宾+V]型句子极为普遍(参张玉金 2001:216);然而后来"*唯余马首瞻"一类的话则不复存在,这说明动词挂单殿后的句子已不合法。然而,这不是句法的要求而是韵律的制约。这也足以证明远古的韵律和后代截然不同。

第七,无独有偶,上古文学和语言的同步变化也为上古韵素音步提供了坚实的证据(参冯胜利 2008),请看:

断竹，续竹；

飞土，逐肉。(《弹歌》)

或鼓，或罢，

或泣，或歌。(《易经》中孚，六三)

屯如，邅如；

乘马，班如；

匪寇，婚媾。(《易经》屯六，二)

我们知道，文学史上所谓的"二言诗"都是远古诗歌的残留，后来就全都消失了。我们还知道，天下没有"一行只有一个音步"的诗歌形式(孤词只句者不算)。上述两点的逻辑结果演化出一个自然结论：远古汉语一个音节一个音步。事实上，唯其如此才有"二言两步"的诗体。否则，要么"二言"和"四言"没有区别，要么"二言"诗体本不存在。有了"一个音节一个音步"的理论，二言诗体的韵律结构才可以分析为如下形式(拟音参郑张尚芳《上古音系》)：

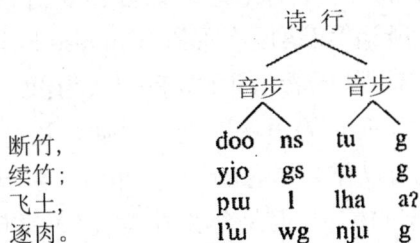

诗　行

音步　　音步

断竹，	doo	ns	tu	g
续竹；	yjo	gs	tu	g
飞土，	pu	l	lha	aʔ
逐肉。	lʼɯ	wg	nju	g

这无疑为我们远古汉语韵素音步的理论提供了又一个铁证。当然，二言诗体后来消失的事实，也为韵素音步变成音节音步的理论提供了额外的证据。

　　无论从音系学(上述一、二两点)还是节律学(三、四两点)，或是词汇学(第五点)，或是句法学(第六点)，以至于文学上看(第七点)，古今韵律结构之不同，均历历在目，不容否认。① 据此，如果韵律不仅在现代汉语中发挥着它形态的功能，而且在古代汉语中同样起着促发演变的作用，那么韵律的这种形态功能绝非自古而然。因为发挥作用的韵律形态是汉语从韵素音步变为音节音步而后的事情。

① 当然，韵素音步与音节音步具体在什么时候交替，就如同声调的产生和完成具体在什么时候出现一样，有赖于将来的深入研究，目前只能给出相对的时间。

那么远古的形态和后来发展出来的韵律形态有何不同呢?无疑,这是汉语史研究的一个崭新的课题。尽管这方面的研究还刚刚起步,令人鼓舞的是:以往汉语没有形态的说法日益被新的上古形态的研究和新的发现所取代(参 Pulleyblank 1962～1963,梅祖麟 1980,潘悟云 2000,沙加尔 1999,包拟古 1980 等)。目前的一般结论是:远古汉语确有形态标志,不过许多都被汉字掩盖了。譬如:

> 王之荩臣,无念尔祖。(《诗经·大雅·文王》)

毛传:"无念,念也。"可见"无"字无义,相当于一个词头。这类现象(潘悟云称为"半音节")在上古汉语研究里越来越引起人们的重视。无论如何,上古汉语有形态语素,而且和现知的语言一样,是用 segmental-phonology(音段)的手段来实现的,无论屈折性语素(inflection)还是派生性语素(derivation)都莫不如此。然而,随着远古音段形态的丢失(伴随着音节的简化和复辅音的丢失),我们认为,汉语并非从一个有形态的语言转变到一个没有形态的语言。换言之,我们认为以往所谓"汉语没有形态(Chinese has no morphology)"的说法是相当片面的。与以往的看法不同,我们认为:如果形态(morphology)的作用是它的语法功能,而它的语法功能一般通过语音的形式来表现,那么韵律也是语音,韵律也可以作为形态的标记。因此,在历史演变中,汉语虽然丢失了大量的音段形态的标记,但是作为补偿,汉语又自己发展出一种超音段的形态标记。最明显的就是"四声别义"。没有人否认声调的形态功能,也没有人否认声调是超音段形式。因此,超音段形式作为形态的标记,自东汉声调趋备以来就已然如此。而事实上,不仅声调,音步、节律还有重音都可以作为汉语形态的标记手段。我们虽然不必说人类语言所有的形态都必须通过语音来标记,但这里所要强调的是:超音段形式也是语音,因此超音段形式(如声调、重音、长短、节律等等)也是实现形态的一种手段(参冯胜利 2007a)。一言以蔽之,韵律是汉语丢失了音段形态手段以后所发展出来的一种新型的形态标记。[①] 如果说汉语有自己的特点,我们认为,把超音段形式作为自己的形态标志,堪称汉语的一大特点。

---

① 至于这种新型标志的形态功能有无音段形态强、有无音段形态范围广,则是可以深入研究的另一个问题。

总而言之,古汉语确曾经历了从音段形态(segmental-phonologic morphology)到超音段形态(supersegmental-phonologic morphology)的历史演变。

4. 以形态类型为标准的汉语史两分法

根据当代语言学的理论,形态决定语法(或语法体系)。据上文所述,如果汉语经历了一个从音段形态到超音段形态的历史发展,那么,区分汉语历史发展阶段的决定因素就不能不从它的形态类型上着眼。换言之,汉语历史发展阶段中的一个本质的不同,就是它自身形态系统的类型转变——从音段形态到超音段形态。据此,我们认为汉语史的分期尽管可以根据不同的标准划分为不同的阶段或时期,但是最重要的、对语言类型起决定作用的因素,是它的形态。如果以形态类型的标准来分期的话,我们主张把古代汉语二分为东汉以前"音段形态类型"的语言和东汉以后才逐步形成的"超音段形态"为主的语言两大类型。音段形态和超音段形态的区分不仅支持了 Huang(2005)提出的古代汉语综合(synthetic)与分析(analytic)的两分法理论,而且进一步凿实了古代汉语从综合走向分析的原因(超音段形态的作用)及其转型年代的确定(以东汉为界)。

这种以东汉为界而一分为二的分期法,不仅考虑到汉语本身的语音、文字、词法和句法的类型不同,同时还兼顾到以语言为基础的文学的发展。大量的事实表明,东汉以后确是汉语形态类型全面转变的时期,也可以说是汉语文学语言面目全新的新阶段。这里不妨胪举数例以见一斑(仅列与韵律形态有关者数例而已)。

东汉以来汉语类型性演化示例:

(一)语音演变

(1)去入有别("去声备于魏晋。"——段玉裁)

(2)离去无破("真正的声调读破是东汉时才产生的。"——参张传曾 1992)

(3)三音节音步成熟(参冯胜利 2008)

(4)声调俱全("四声起于齐梁。"——钱大昕)

(5) 四音节复合音步("密而不促。"——刘勰)

(6) 古注音变出现("古声者,窦、填、尘同。"——郑玄)①

(7) 声训绝迹(古代音系的大转型,使后人无法再因声求源)

(二) 词法演变

(1) 双音词暴涨(创造出大量单双对应词:戮/杀戮、笋/竹笋)

(2) 三音词出现(丧家犬、马下卒、偃月钩、两头蛇。参胡敕瑞 2005)

(3) 四字格成词("但能<u>护持宣助</u>佛之政法。"《法华经·五百弟子受记品》)

(4) 声调形态造词法("四声别义")

(三) 句法演变②

(1) 代词宾语归位(不我知→不知我;何知→知何)

(2) 被字句成熟(被戮→被尚书召问)

(3) 动补结构出现(压死→打死之)

(4) 系词产生([AB 也]→[A 不是 B])

(5) 量词产生(枚,个等)

(6) 轻动词取代空动词(齐王鼓→处处打鼓)

(四) 文体演变

(1) 三言诗出现:颍水清,灌氏宁。

颍水浊,灌氏族。(《史记·灌夫传》)

这是最早的三言诗(体),它与先秦的三言大相径庭(参冯胜利 2008)。

---

① 郑玄是我们看到的最早注解古代音变的注释家(见 Behr 2004)。

② 参 Peyraube 1996,魏培泉 2002。

（2）五言诗出现：青青园中葵，朝露待日晞。

　　　　　　　　阳春布德泽，万物生光辉。

　　　　　　　　常恐秋节至，焜黄华叶衰。

　　　　　　　　百川东到海，何时复西归？

　　　　　　　　少壮不努力，老大徒伤悲。（汉乐府《长歌行》）

这是最早的五言诗（体）。（参冯胜利 2008）

（3）四三体出现：五经无双，许叔重。（《太平御览》495 卷）

　　　　　　　　关东大豪，戴子高。（《后汉书·戴良传》）

这类前四后三押韵的谣谚，始于西汉，盛于东汉。

（4）四六文成熟：迤逦平原，

　　　　　　　南驰苍梧涨海，

　　　　　　　北走紫塞雁门。（《芜城赋》）

骈文是东汉以后六朝的特产。

（5）七言诗出现：红颜零落岁将暮，寒光宛转时欲沉。（《拟行路
难》十八）

严格意义上的标准七言诗体，到刘宋的鲍照才开始。它和辞赋里面的七
字句，无论从音步单位看还是就节律单位说，都不能同日而语。

（五）韵律演变

（1）前有浮声，后有切响。（《宋书·谢灵运传论》）

（2）两句之内，角徵不同。（《南史·陆厥传》）

（3）声有飞沉，响有双叠。双声隔字而每舛，叠韵离句而必睽。
沉则响发如断，飞则声扬而还；并辘轳交往，逆鳞相比。迕其际会，
则往蹇来连。（刘勰《文心雕龙·声律》）

（4）四字密而不促，六字格而不缓；或变之以三五，盖应机之权

节也。（刘勰《文心雕龙·章句》）

在中国古代文献里，上述种种现象都是两汉以来历史上的首次出现，先秦是绝对没有的。这并不是说先秦的作家"才疏学浅"（沈约说前人"未睹此秘"，殊不知那时尚未成"此秘"）。事实上，正如 Sapir（1921）所说"仔细研究一种语言的语音系统……你就可以知道它曾发展过什么样的诗"。毫无疑问，什么样的土壤结什么样的果——先秦的语言"长"不出四六和七五；东汉以后的土壤也"生"不出"单动"与"二言"①。东汉之为汉语转型之大界，亦谛矣！

5. 结 语

综合本文观点，我们认为从音段形态（segmental-phonologic morphology）到超音段形态（supersegmental-phonologic morphology）的发展，是汉语从综合型语言（synthetic language）到分析型语言（analytic language）演变的一种内在契机和根据。我们设想：从远古到上古，音节结构的简化伴随音段形态的失落，不仅导致声调的出现和韵律结构的改变，同时启动了该语言系统中超音段的形态功能，以此补偿音段形态的丢失。其结果，汉语的韵律便负载起一般功能语素所承担的多种职能，在词汇化和句法化的进程中，扮演着促发语言变化、决定变化方向等重要角色。最后所要指出的是：如果韵律本身就是语言形态的一种形式，那么，汉语史的历史分期当以形态标志为标准，分为"音段形态时期的汉语"和"超音段形态时期的汉语"两大类型。由于超音段形态功能的出现与形成在东汉前后，因此，我们提出把东汉作为汉语类型变化的分界期，分界前后的汉语分属两种不同性质或类型的语言：其前为综合型语言（synthetic language），其后属分析型语言（analytic language）。

从普通语言学上看，如果韵律本身就是语言形态之一种，那么，就像决定语言变化及彼此差异的其他形态语素一样，韵律也是语言所以嬗变和不同的一种功能参数。据此，韵律所以有制约词法和句法的巨大力量也便不足为奇。不仅如此，普通语言学上一向所持的"句法无涉语音"之说（phonology-free syntax），也不攻而自破。

---

① 这里的"单动"指"单音节活用的动词"（意思是说：先秦没有"活用"的字，东汉以后很少能够活用的）；这里的"二言"指的是"二言诗体"。

毋庸讳言，本文的论题与论点均为首次提出、且属尝试性论证，再加之以问题复杂、头绪繁多，许多地方均未遑细密，诸多要点更有待续证而后详明。修葺补苴，有待来日，是耶非耶，则尚祈方家是正。

参考文献

包拟古　1980　《原始汉语与汉藏语》，潘悟云、冯蒸译，北京：中华书局，1995 年。

程湘清　1992　《先秦双音词研究》，载程湘清主编《先秦汉语研究》，济南：山东教育出版社。

丁邦新　1979　《上古汉语的音节结构》，《历史语言研究所辑刊》第 50 辑。

———　1998　《丁邦新语言学论文集》，北京：商务印书馆。

冯胜利　1997　《汉语的韵律、词法与句法》，北京：北京大学出版社，2005。

———　2000　《汉语韵律句法学》，上海：上海教育出版社。

———　2001　《论汉语词的多维性》，《当代语言学》第 3 期，161—174 页。

———　2005　《汉语韵律语法研究》，北京：北京大学出版社。

———　2007　《试论汉语韵律的形态功能》，在第 16 届国际汉语语言学会（IACAL-16th）上发言，哥伦比亚大学。

———　2008　《论三音节音步的历史来源与秦汉诗歌的同步发展》，《语言学论丛》第三十七辑，北京：商务印书馆。

胡敕瑞　2005　《从隐含到呈现（上）——试论中古词汇的一个本质变化》，《语言学论丛》第三十一辑，北京：商务印书馆。

刘丹青　1994　《汉语形态的节律制约》，《语法研究与语法应用》，北京：北京语言学院出版社。

梅祖麟　1980　《四声别义中的时间层次》，《中国语文》第 6 期。

潘悟云　2000　《汉语历史音韵学》，上海：上海教育出版社。

乔姆斯基　2004　《论自然与语言》（影印本），北京：北京大学出版社。

沙加尔　1999　《上古汉语词根》，龚群虎译，上海：上海教育出版社，2004。

王洪君　2000　《汉语的韵律词与韵律短语》，《中国语文》第 6 期。

王力　1958　《汉语史稿》，北京：科学出版社。

魏培泉　2003　《上古汉语到中古汉语语法的重要发展》，载何大安主编《古今通塞：汉语的历史与发展》，台北：中研院历史语言研究所。

俞敏　1948　《古汉语里面的连音变读（sandhi）现象》，《燕京学报》第 35 期。

———　1999　《俞敏语言学论文集》，北京：商务印书馆。

张传曾　1992　《从秦汉竹帛中的通假字看入变为去当在两汉之交》，载程湘清主编

《两汉汉语研究》,济南:山东教育出版社。

　　张玉金　2001　《甲骨文语法学》,上海:学林出版社。

　　郑张尚芳　2003　《上古音系》,上海：上海教育出版社。

　　Behr, Wolfgan　2004　"Language change in premodern China-notes on its perception and impact on the idea of a'constant way'," in: Achim Mittag & Helwig Schmidt-Glintzer (eds.), *Ideology and historical criticism*(*Special issue of Historiography East and West*), Leiden: E. J. Brill, 2004, pp. 13 - 51.

　　Feng Shengli　1997　Prosodic structure and compound word in classical Chincse. In: Jerry Pack ard(ed.) *New Approaches to Chinese Word Formation*: *Morphology*, *Phonology and the Lexicon in Modern and Ancient Chinese*. Berlin: Mouton de Gruyter, pp. 197 - 260. (收入冯胜利 2005)

　　——　2006a　"Prosody and poectic evolution in ancient Chinese," Paper presented at AAS Annual Meeting.

　　——　2006b　"Facts and mechanisms of prosodic syntax in Chinese," A talk presented at the Chinese Linguistics Workshop, Chicago University, December 1 - 2, 2006.

　　Huang, C-T. James　2005　"Syntactic analyticity: the other end of the parameters," 2005 LSA Summer Institute Lecture Notes. MIT & Harvard.

　　Peyraube, Alain　1996　"Recent issues in Chinese historical syntax," In: C.-T. James Huang & Y.-H. Audrey Li (ed.) *New Horizons in Chinese Linguistics*. pp. 161 - 213. Dordrecht: Kluwer Academic Publishers.

　　Pulleyblank　1962—1963　"The consonantal system of old Chinese," *Asia Major*.(中译本:《上古汉语的辅音系统》,潘悟云、徐文堪译,北京:中华书局,2000 年)

○ 延伸阅读 ○

1. 管燮初《甲骨文金文中"唯"字用法的分析》,《中国语文》,1962 年 6 月号。

2. 郭锡良《汉语史论集》,商务印书馆,1997。

3. 黄景欣《秦汉以前古汉语中的否定词"弗"、"不"研究》,见《黄景欣语言研究论文集》,江苏教育出版社,1995。

4. 蒋绍愚《近代汉语研究概况》,北京大学出版社,1994。

5. 蒋绍愚《内部构拟法在近代汉语语法研究中的运用》,《中国语文》,1995 年第 3 期。

6. 柳士镇《魏晋南北朝历史语法》,南京大学出版社,1992。

7. 《吕叔湘文集》第二、第三卷,商务印书馆,1995。

8. 吕叔湘、王海棻《马氏文通读本》,上海教育出版社,2000。

9. 王力《汉语史稿》中册,中华书局,1980。

10. 向熹《简明汉语史》下册,高等教育出版社,1993。

11.《中国大百科全书·语言文字》"汉语"和"汉语语法"条,中国大百科全书出版社,1988。

12. Sapir, Edward, *Language—An Introduction to the Study of Speech*. New York:Harcourt, Brace and World Inc, 1921.

13. Starostin, S.A.,《Rekonstrukcija drevnekitajskoj fonologičeskoj sistemy》(The reconstruction of the Old Chinese phonological system). Moskva:Nauka, 1989.

14. Takashima, Ken-Ichi(高岛谦一), "The so-called 'third'-possessive pronoun jue 氒(＝厥) in classical Chinese." *Journal of the American oriental Society*, 1999, vol. 119.3:pp.404 – 431.

15. Xu, Dan, *Typological Change in Chinese Syntax*. Oxford University Press, 2006.

♀ 问题与思考 ♀

1. 试述"所"的功能。
2. 试述汉语给予动词的发展。
3. 试论韵律的形态功能。

♀ 研究实践 ♀

1.

研究课题	汉语虚词分类变迁史
背景材料	卢以纬《语助》 刘淇《助字辨略》 王引之《经传释词》 杨树达《词诠》 裴学海《古书虚字集释》 吕叔湘《文言虚字》
方法提示	• 了解上述文献的版本情况和内容特色,对前人的虚词分类法做到心中有数。 • "汉语虚词分类变迁史"是个大题目。同学起始只需选取汉语中某个虚词或某类虚词来考察历代分类变迁的情况就可以了。

续　表

研究课题	汉语虚词分类变迁史
呈现形式	・论文,如《古今汉语中"所"字的词性问题》、《古今汉语中"者"字的词性问题》等。 ・小型学术研讨会 ・写学术札记

2.

研究课题	某一句式发展史
背景材料	王力《汉语史稿》中册 洪诚《王力〈汉语史稿〉语法部分商榷》,原载于《中国语文》1964 年第 3 期,后收入《洪诚文集・雒诵庐论文集》。 向熹《简明汉语史》下册
方法提示	可选取"是"字句、"被"字句、"把"字句等分别作专题考察;可作断代史研究,亦可作通史研究。
呈现形式	・论文,如《"是"字句研究》、《"为"字句研究》、《"把"字句研究》、《"将"字句研究》、《"被"字句研究》等。 ・小型学术研讨会 ・写学术札记

3.

研究课题	汉语第三人称代词"他"的起源
背景材料	杨树达《高等国文法》,商务印书馆《汉语语法丛书》本。 吕叔湘《汉语语法论文集》,科学出版社 1955 年版。 洪诚《王力〈汉语史稿〉语法部分商榷》 郭锡良《汉语第三人称代词的起源和发展》
方法提示	在上古汉语中,"他"是无定代词。后来才演变成了第三人称代词。一般说来,只有"他"回指前边已经说到的某人时,才能被确认为第三人称代词,用吕叔湘先生的话说就是既要专指,又须有定。那么究竟到何时"他"才演变成了第三人称代词?目前学界的看法尚不一致。 ・王力《汉语史稿》270～271 页说:"他"字起源于唐代。例如:"绣羽衔花他自得,红颜骑竹我无缘。"(杜甫诗)……宋代以后,"他"字就更普遍的应用了。270 页附注:杨树达《高等国文法》(70 页)引《后汉书・方术传》"还他马,赦汝罪"一例,以为其中的"他"是第三身人称代词。查《后汉书》原文,……都不应该认为是人称代词,而仍然应该认为是无定代词,作"别人"解。因为并不是在前文已经说到了某人,后面才用"它"来指此人,而是一开始就用"它"。

研究课题	汉语第三人称代词"他"的起源
	• 郭锡良先生也认为：初唐"他"开始具有第三人称代词的语法功能，盛唐以后正式确立起作为第三人称代词的地位，但和当时别的第三人称代词"渠"、"伊"、"之"、"其"等相比，数量上还处于劣势。此后，"他"的用例越来越多，以至在北方话中逐渐排除了其他第三人称代词，成为唯一的形式。
	• 洪诚先生则认为：王先生没有认清"他"字在上古的意义，因而误解《后汉书·方术传》的"他"字。"他"没有变成第三身代词以前，单用时只指事物，不指人，意义作"别的"解，不作"别人"解。如果要用它表示"别人"，"人"字就非用不可。只有"他人"才有"别人"的意思，光一个"他"字没有"别人"的意思（《百喻经·以梨打破头喻》有作"别人"解的"他"字）。王先生把"还他马"的"他"解释为"别人"，是个误解。正因为"他"字单用不指人，到后汉佛经的译文中才有指人的用法，所以转变为第三人称代词才很迟，如果原来就可以指人，它转成第三身代词就要快得多了。《后汉书》这一段文章劈头是命令语，所以"他"的先行词"社公"补说在后，语言更生动逼真，在前文是插不上的。如果在前文用上它的先行词，就必须叙述情节，文字增多。请看原文： 　　长房曾与人共行，见一书生，黄巾被裘；无鞍骑马，下而叩头。长房曰："还他马，赦汝死罪。"人问其故，长房曰："此狸也；盗社公马耳！" • 杨树达依据《后汉书》这一段材料和《晋书·张天锡传》论定第三人称代词"他"起源于晋宋之间是正确的，王先生误解误驳。《百喻经》卷上《认人为兄喻》出现第三人称的"他"字： 　　昔有一人，……复多钱财。时有愚人，见其如此，便言我兄。……见其还债，言非我兄。傍人语言："汝是愚人，云何须财，名他为兄，及其债时，复言非兄？" 《百喻经》译于齐永明十年。赵翼《陔馀丛考》卷14《史传俗语》举出《南齐书》一条。今录《南齐书》原文如下： 　　上数幸巍第，宋长宁陵隧道出第前路。上曰："我便是入他冢墓内寻人。"（见《豫章文献王巍传》） 这个"他"是第三人称用于领位。根据刘宋时范晔的《后汉书》和齐译《百喻经》以及梁萧子显的《齐书》，证明王先生第三身代词"他"起源于唐代之说是错误的。唐诗里"他"字是常见的字，变文用"他"字作第三身代词极其多。王先生也引用了变文《㜣子赋》，为什么要说"他"字普遍应用在宋代以后呢？令人难解。 • 在了解上述不同观点后，同学们可以通过查证魏晋南北朝时期文献用例，再作出自己的独立判断。

研究课题	汉语第三人称代词"他"的起源
呈现形式	・ 论文,如《也论汉语第三人称代词"他"的起源》、《魏晋南北朝文献中"他"字的新用法》等。 ・ 小型学术研讨会 ・ 写学术札记